Bernd Langer

Antifaschistische Aktion
Von der Geschichte in die Gegenwart

Band 2

Denen, die kämpfen.

Bernd Langer, geboren 1960 in Bad Lauterberg im Harz, ist seit 1978 in der Antifa-Bewegung aktiv. Er gehörte zu den Gründern des *Antifaschistischen Arbeitskreises Bad Lauterberg*, der bis 1985 bestand, und war ein Organisator der autonomen Antifa-Bewegung im Harz, dem Eichsfeld, sowie Göttingen und Umgebung. Seit ihrer Gründung 1981 war Langer an der *Norddeutschen Antifakoordination* beteiligt und am Aufbau der bundesweiten Antifa-Koordination. Er initiierte die erste autonome Antifa-Gruppe in Göttingen und war ab 1987 verantwortlich für die Entwicklung der Bündnispolitik mit etablierten Organisationen wie Gewerkschaften, den Grünen etc. in der Region Südniedersachsen. Langer war Mitbegründer der *Autonomen Antifa (M)*, der *Antifaschistische Aktion / Bundesweite Organisation* (AA/BO) und der kulturpolitischen Initiative *Kunst und Kampf* (KuK), bekannt für ihre Plakate, Bilder und AgitProp-Aktionen. In den 1980er-Jahren entwarf er dass neue Logo der *Antifaschistischen Aktion* mit den roten und schwarzen Fahnen. In einem Verfahren gegen die Autonome Antifa (M) wegen Bildung und Werbung für eine kriminelle bzw. terroristische Vereinigung (§129 bzw. §129a StGB) 1995 gehörte Langer zu den 17 Angeklagten. Die Ermittlungen und die Anklage wurden 1996 nach einem Vergleich mit der Staatsanwaltschaft eingestellt. Im Jahr 2001 löste sich AA/BO auf, die Autonome Antifa (M) folgte 2004. Langer blieb politisch aktiv. Darüber hinaus publizierte er zahlreiche Artikel und Bücher zum Thema Antifaschismus.

Bernd Langer lebt heute in Berlin.

Bernd Langer

Antifaschistische Aktion
Von der Geschichte in die Gegenwart

Band 2

UNRAST VERLAG

Bibliografische Information der Deutschen Bibliothek.
Die Deutsche Bibliothek verzeichnet diese Publikation in der Deutschen Nationalbibliografie; detaillierte bibliografische Daten sind im Internet über http://dnb.de abrufbar.

Impressum

Bernd Langer
Antifaschistische Aktion Band 2
Von der Geschichte in die Gegenwart
ISBN 978-3-89771-363-5
Band 2 von 3, Januar 2024

info@unrast-verlag.de | www.unrast-verlag.de
Mitglied in der assoziation Linker Verlage (aLiVe)

Umschlag und Gestaltung: Bernd Langer & Jürgen Frohnmaier
Satz: Jürgen Frohnmaier
Druck: Multiprint, Kostinbrod

Inhaltsverzeichnis

2005 – 2015

Neonazismus

Rechtsradikalismus

Rechtsterrorismus

Rechtspopulismus

Islamismus

Verzeichnisse

Vorwort

Band zwei der Trilogie über die Antifaschistische Aktion setzt in den 2010er-Jahren ein, einem Jahrzehnt, das durch eine nie dagewesene rechtsradikale Mobilisierung in der Bundesrepublik gekennzeichnet war. Zu den Ursachen zählten der Bürgerkrieg in Syrien und die Aufnahme von Kriegsflüchtlingen. Sexuelle Übergriffe in der Silvesternacht 2015 in Köln, Femizide wie 2017 in Kandel sowie eine Vielzahl islamistischer Anschläge in Europa und der Welt gaben den rechtsradikalen Tendenzen weiteren Anschub. So trat mit PEGIDA erstmals eine rechte Graswurzelbewegung in Erscheinung, und mit der AfD konnte sich eine parlamentarische Kraft rechts von CDU/CSU etablieren. Parallel brannten Flüchtlingsunterkünfte nieder, und vielerorts stellte sich ein rassistischer Mob gegen eintreffende Geflüchtete.

Dabei schien sich mit dem Wegfall der Ost-West-Konfrontation zunächst eine allgemeine Entspannungsphase anzukündigen, es wurde sogar *das Ende der Ideologien* sowie *der Geschichte* und der weltweite Siegeszug der liberalen Demokratie verkündet. Doch im Nahen und Mittleren Osten stieß der totalitäre Islamismus in das Machtvakuum, das die Implosion des Realsozialismus und die veränderten Machtkonstellationen hinterlassen hatten. Gegen die *One World des Kapitals* stand mit einem Mal der islamische Gottesstaat und verbreitete den Terror eines weltweit geführten *Heiligen Krieges*.

Für den Antifaschismus entstand damit eine neue Herausforderung. In Europa gab es kaum Erfahrungen mit dem Phänomen des Islamismus, und er war deshalb nicht in die gängigen Erklärungsmuster einordbar. Bezeichnenderweise fand der Begriff *Islamfaschismus* erstmals im März 1979 Verwendung, nach dem Sturz des Schah-Regimes im Iran: Gegner_innen des neuen Machthabers Ajatollah Ruhollah Chomeini gebrauchten die Wortkombination während der islamischen Revolution. Obwohl der Islamismus von *Al-Qaida* und dem *Islamischen Staat* nicht vom Iran ausging, wurde das Schlagwort nach den Terroranschlägen vom 11. September 2001 verstärkt aufgegriffen.

Doch bleibt eine bloße Gleichsetzung von Islamismus und Faschismus unzureichend. Der politische Islamismus fußt auf dem Islam, der viele Ausprägungen und Auffassungen kennt. Der Islamismus, der mit Beginn des

21. Jahrhunderts eine gefährliche militant/autoritäre Ideologie und Bewegung darstellt, gliedert sich wiederum in diverse Strömungen und Organisationen mit unterschiedlichen Strategien. Ein Exkurs zu Faschismus und Islamismus schließt deshalb diesen Band ab.

Bernd Langer

2005 – 2015

Die Mohammed Karikaturen

Der großen rechtsradikalen Mobilisierung in den Jahren 2014/15 ging eine internationale islamische Empörungswelle voraus. Auslöser war die Veröffentlichung von zwölf Mohammed Karikaturen durch die größte konservative dänische Tageszeitung *Jyllands-Posten* (dt.: Jütland Post) am 30. September 2005. Seine provozierenden Arbeiten wollte der dänische Karikaturist Kurt Westergaard als Beitrag zur Meinungs- und Religionsfreiheit verstanden wissen. *„Ich würde es wieder genauso machen, weil ich denke, dass diese Karikaturenkrise in gewisser Weise ein Katalysator ist, der die Anpassung des Islams intensiviert“*[1], erklärte er der Agentur Reuters im Jahr 2008. Die bekannteste der zwölf Zeichnungen zeigt Mohammed mit einem Turban in Form einer Bombe mit brennender Lunte. Auf der Bombe befindet sich das islamische Glaubensbekenntnis, das Schahāda.

↑ *Schahāda* (dt.: Bezeugung). Das Glaubensbekenntnis befindet sich auch in weißer Schrift auf der grünen Fahne Saudi-Arabiens. Grün ist die Farbe des Islam bzw. des Propheten Mohammed.

Im Sinne einer Dokumentation und Stimmungsmache druckte eine ägyptische Zeitung die zwölf Abbildungen am 17. Oktober 2005 nach. Sofort setzte ein Sturm der Entrüstung in der islamischen Welt ein. Der Prophet würde mit den Karikaturen herabgewürdigt, hieß es. Grundsätzlich seien die Zeichnungen ein Verstoß gegen das Bilderverbot des Islam, das sich im Koran

1 Muscionico, Daniele: *Mohammed-Karikaturist gestorben: Wer sich nicht totlacht, wird ausgepeitscht*, in: Tagblatt, 20.5.2021.

allerdings so nicht findet, sondern Ergebnis späterer Interpretationen ist. Diplomatische Konflikte der dänischen Regierung mit islamischen Staaten waren die Folge. In vielen Ländern kam es zu Demonstrationen und gewalttätigen Ausschreitungen.

Die Aufregung über die Karikaturen wurde von zwei dänischen Imamen bewusst verschärft. Für eine Reise im November und Dezember 2005 nach Ägypten und dem Libanon fertigten sie ein 42-seitiges Dossier an. Ihre Dokumentensammlung reicherten sie mit weiteren Abbildungen und Zeitungsartikeln mit beleidigenden und obszönen Inhalten gegen den Islam an. Angeblich war den Imamen das Material anonym zugeschickt worden. Ihr Dossier überreichten sie Vertretern der *Arabischen Liga* sowie muslimischen Klerikern und Intellektuellen. Das löste ein gewaltiger Echo aus. Weltweit kam es zu Protesten muslimischer Organisationen und Aufrufen zum Boykott dänischer Waren. Dänische und norwegische Botschaften wurden angegriffen, teilweise in Brand gesetzt und zerstört. Mehr als 100 Menschen starben bei gewalttätigen Demonstrationen, für 16 Staaten gab es Reisewarnungen.[2]

In Europa entbrannte ein Streit zum Thema Meinungsfreiheit. Einige Zeitungen, wie die französische Zeitschrift *Charlie Hebdo*, druckten die Karikaturen ganz oder teilweise nach. Andere Medienvertreter_innen und Politiker_innen sahen darin eine unnötige Provokation.[3] Das Thema überschattete das Jahr 2006 und führte in den folgenden Jahren zu massiven Angriffen aufgebrachter Muslime.

Nach einem vereitelten Mordanschlag islamischer Fundamentalisten auf den Karikaturisten Kurt Westergaard im Jahr 2008 veröffentlichten mehrere dänische Zeitungen die Karikaturen erneut. *Al Quaida* verübte daraufhin einen Bombenschlag auf die dänische Botschaft im pakistanischen Islamabad. Am 1. Januar 2010 konnte die Polizei gerade noch einen Islamisten stoppen, der Kurt Westergaard in seinem Haus mit einem Messer und einer Axt ermorden wollte. Im Dezember gelang es den dänischen Behörden erneut, ein geplantes Blutbad zu verhindern. Fünf Islamisten wollten das

2 *Tote bei Protesten gegen Mohammed Karikaturen*, in: DW, 6.2.2006.

3 *Festnahmen nach Gewaltausbrüchen im Libanon*, in: Spiegel/Ausland, 6.2.2006.

Verlagsgebäude von *Jyllands-Posten* in Kopenhagen mit Maschinenpistolen stürmen und dort so viele Menschen wie möglich ermorden.[4]

In Frankreich tat sich weiterhin *Charlie Hebdo* mit satirischer Kritik am Islam hervor – am 2. Novembers 2011 erfolgte ein Brandanschlag auf das Redaktionsbüro in Paris.

Wer Mohammed-Karikaturen ausstellte oder veröffentlichte, machte sich zur Zielscheibe für Angriffe von fundamentalistischen Muslimen. Diese aufgewühlte Stimmung wollte auch die rechtsradikale Kleinstpartei *Pro NRW* bei den Landtagswahl 2012 für ihre Zwecke nutzen. *Pro NRW* gehörte zu einer rechtsradikalen Szenerie, die vorgab, für die Rettung des Abendlandes einzutreten, das sie durch den Islam bedroht sah. Vielerorts kam es zu Demonstrationen gegen den Bau von Moscheen. Vor islamischen Gotteshäusern kündigten die Rechtsradikalen nun eine Serie von 25 antiislamischen Kundgebungen an. *„Der sogenannte Karikaturen-Wettbewerb soll gezielt Muslime provozieren“*[5], meinte NRW-Innenminister Ralf Jäger (SPD). Er wies die Polizeibehörden an, die Demonstrant_innen nicht in unmittelbare Nähe der Moscheen zu lassen.

Ihr erster medienwirksamer Wahlkampfauftritt gelang *Pro NRW* am 1. Mai 2012 vor einer Moschee in Remscheid und der *Milliatu-Ibrahim-Moschee*, die sich in einem Solinger Hinterhof befand. Sie galt als wichtiger Stützpunkt der militanten Salafisten. Salafismus ist eine Strömung des Islamismus, der sich kompromisslos an der islamischen Frühzeit orientiert. Westliche Werte wie eine demokratische Gesellschaft empfinden Salafisten als unislamisch, wesensfremd und unterlegen. Salafisten bekämpfen sogar den schiitischen Islam. Ideologisch legitimieren und stützen sie das saudiarabische Königshaus, was ihre finanziellen Möglichkeiten erklärt.

Auf eine Reaktion der Salafisten und größere Öffentlichkeit spekulierend, wollten die deutschen Rechtspopulist_innen mit den Mohammed-Karikaturen von Kurt Westergaard vor der *Milliatu-Ibrahim-Moschee* provozieren. Kurzerhand untersagte die Polizei das Zeigen der Karikaturen.

4 *Terror in Dänemark. Sie wollten so viele Menschen wie möglich töten*, in: Süddeutsche Zeitung, 30.12.2010.

5 *Salafisten attackieren Polizisten*, in: Spiegel / Panorama, 1.5.2012.

Pro NRW klagte dagegen, und am Vorabend des 1. Mai hob das Oberverwaltungsgericht in Münster das Verbot in zweiter Instanz auf.[6]

Gegen die *Pro NRW*-Kundgebung unter dem Motto *Freiheit statt Islam* meldeten die Salafisten ihrerseits eine Demonstration an. Doch hatten sich die Glaubensbrüder vorher Steine und Stöcke besorgt. Derart ausgerüstet, erwarteten 60 Salafisten die Demonstration der Rechtspopulist_innen.

Dem Aufruf von *Pro NRW* folgten lediglich 24 Islam-Gegner_innen. Als der kleine Haufen die Nähe der Moschee erreichte, versuchten die Salafisten, die Polizeiabsperrungen zu stürmen.[7] Drei Polizisten, ein Passant sowie ein Islamist wurden verletzt. Knapp 40 Salafisten nahm die Polizei fest, was diese als willkürliche staatliche Unterdrückung von Muslimen darstellten. Auch die *Pro NRW*-Demonstration wurde auf diese Weise interpretiert. Demgegenüber sahen die Rechtspopulist_innen wiederum ihre Sicht der Dinge bestätigt.[8]

Diesem öffentlichkeitswirksamen Erfolg sollte am 5. Mai die nächste *Pro NRW*-Demonstration in Bonn folgen. Thematisch ging es unter dem Slogan *Minarettverbot auch für NRW* gegen den Bau von Moscheen. Der als gemäßigt geltende *Rat der Muslime* meldete eine Gegendemonstration an und appellierte an die potenziellen Teilnehmer_innen, sich friedlich zu verhalten. Für den Apell gab es guten Grund, denn die Salafisten-Szene mobilisierte zur Demonstration nach Bonn.

Bestrebt, Szenen wie in Solingen von vornherein zu unterbinden, setzte die Polizei ein umfangreiches Sperrkonzept durch. Bereits im Vorfeld kam es zu ersten Festnahmen von einschlägig bekannten Salafisten. Nach Polizeiangaben standen dann 30 *Pro NRW*-Anhänger_innen 500 bis 600 Muslimen gegenüber. Als in der *Pro-NRW*-Demonstration Mohammed-Karikaturen in die Höhe gehalten wurden, griffen die Salafisten an. Schockiert meinte der Polizei-Sprecher, es sei *„eine Gewalt, wie ich sie in den zurückliegenden 20 Jahren*

6 *Pro NRW provoziert mit Islam-Karikaturen*, in: Welt, 1.5.2012.

7 Justizministerium Nordrhein-Westfalen: *Sachstand strafrechtlicher Ermittlungen aufgrund der schweren Ausschreitungen von Salafisten am 1. Mai 2012 in Solingen und am 5. Mai 2012 in Bonn*, in: 43. Sitzung des Rechtsausschusses des Landes Nordrhein-Westfalen am 22. April 2015.

8 *Salafisten greifen bei rechter Demo Polizisten an*, in: WELT, 2.5.2012.

in Bonn noch nicht erlebt habe“[9] gewesen. 29 Polizist_innen wurden verletzt; 109 mutmaßliche Gewalttäter festgenommen. Die Polizei stellte Messer, Schlagwerkzeuge und eine Schleuder mit Stahlkugeln sicher. Gegen einen 25-jährigen Islamisten wurde Haftbefehl wegen dreifachen versuchten Mordes erlassen. Er hatte einen Polizeibeamten und eine Polizeibeamtin so schwer mit Messerstichen verletzt, dass sie im Krankenhaus notoperiert werden mussten.[10]

Gegen 86 Personen des salafistischen Spektrums wurden Ermittlungsverfahren wegen gemeinschaftlicher gefährlicher Körperverletzung und anderer Straftaten eingeleitet. Etwas später erhob die Staatsanwaltschaft Wuppertal Anklage gegen 36 Beschuldigte.

NRW-Innenminister Ralf Jäger meinte dazu: *„Das waren keine spontanen Angriffe, denn die Salafisten hatten zuvor intensiv bundesweit für ihre Aktion mobilisiert.“*[11] Als Konsequenz setzte sich der Innenminister für ein Verbot der Mohammed-Karikaturen ein. Es folgte ein jahrelanger Rechtsstreit um die Frage der Meinungsfreiheit.[12] In dieser Zeit gingen die Auseinandersetzungen um die Mohammed-Karikaturen in eine weitaus größere Problematik über.

Brauner Herbst

Bereits 2013 war die Zahl der Asyl-Anträge in der Bundesrepublik um 50.000 gestiegen, im Jahr 2014 erhöhte sie sich abermals um 60 Prozent auf 202.834, das entsprach 32,4 Prozent aller in der EU gestellten Anträge.[13]

Im November 2014 beschloss die Bunderegierung, Syrer_innen ohne Einzelfallprüfung als sogenannte Konventionsflüchtlinge aufzunehmen. In einigen Kreisen der Bevölkerung schürte das diffuse *Überfremdungsängste*, zusätzlich befördert durch Berichte über islamistischen Terror und dem

9 Dahmann, Klaus: *Angriff der Salafisten*, in: DW, 25.5.2012.

10 *Verletzte Polizisten bei Krawallen in Bonn*, in: WDR, 6.5.2012.

11 Ebenda.

12 *Streit vor Gericht über islamfeindliche Karikaturen*, in: Frankfurter Rundschau, 19.1.2019

13 Bundesamt für Migration und Flüchtlinge: *Das Bundesamt in Zahlen 2014*, Nürnberg 2015, S. 11.

verstärkten Auftreten salafistischer Prediger. In vielen Städten kam es unter dem Motto *Lies!* zu einer Koranverteilungskampagne, bis dies das Innenminsterium 2016 untersagte.

Auch war es zu weiteren Konfrontationen auf der Straße gekommen. So wollten am 7. August 2014 Jesiden in Herford, Nordrhein-Westfalen, mit einer Demonstration auf das Schicksal ihrer Glaubensbrüder und -schwestern im Irak aufmerksam machen. Als einige Jesiden in einem Imbiss einen Demonstrationsaufruf anbrachten, wurden sie von IS-Sympathisanten angegriffen. Zwei Jesiden erlitten Verletzungen durch Messerstiche. Wenig später stießen mehrere Hundert aufgebrachte Jesiden mit Salafisten und IS-Sympathisanten in der Stadt zusammen. Diese traten mit der Fahne des Islamischen Staates in Erscheinung, die wenig später verboten wurde.

Das schwarze Banner des IS geht auf das 19. Jahrhundert zurück. Oben ist der erste Teil des Glaubensbekenntnisses *Es gibt keinen Gott außer Gott* zu lesen, im unteren das Siegel des Propheten Mohammed abgebildet. Zunächst wurde die schwarze Flagge von den ***Taliban*** aufgegriffen, dann von ***al-Qaida*** übernommen und ging von dort zum ***Islamischen Staat*** über. In der Bundesrepublik ist das schwarze Banner seit dem 12. September 2014 als verfassungsfeindliches Symbol verboten.

Durch massiven Einsatz von Pfefferspray und einem Großaufgebot der Polizei, das bis spät in die Nacht im Einsatz war, wurden größere Auseinandersetzungen unterbunden. Es gab sechs Festnahmen, die meisten richteten sich gegen tschetschenische IS-Sympathisanten.[14] Von dieser aufgeheizten Stimmung versuchten rechtsradikale Kreise politisch zu profitieren. Ausgangspunkt waren einige Netzwerke, die sich an dem Konzept der *English Defence League* (dt.: Englische Verteidigungsliga, kurz EDL) orientierten. Die EDL ist eine 2009 aus der Fußballfan-Szene entstandene Organisation in Großbritannien, die rechtsradikale Positionen mit konservativen verbinden will und sich dabei auf christlich/jüdische Werte beruft.

14 *Großeinsatz nach Attacke auf Jesiden in Herford*, in: WELT, 7.8.2014.

Zunächst agierte *Ho.Ge.Sa* lediglich als Facebook-Gruppe.

Bereits 2010 gründete sich eine *German Defence League*, die jedoch mit bundesweit lediglich 100 Anhänger_innen unbedeutend blieb. Das Konzept, Abendlandretter auf vermeintlich christlich/jüdischer Grundlage unter rechtslastigen Fußballfans zu sammeln, inspirierte jedoch weitere Kreise. In der Bundesrepublik entstanden verschiedene kleine Netzwerke, die sich Anfang 2014 zu den *Hooligans gegen Salafisten* (*HoGeSa*) zusammenschlossen. Über Facebook soll diese Gruppe bis zu 40.000 Personen erreicht haben. Aber dies blieb eine virtuelle Größe, denn bis zum Oktober 2014 rief *HoGeSa* zu einigen Aktionen auf, an denen sich nie mehr als 300 Personen beteiligten.

Das änderte sich mit einer Offensive des IS in Syrien. Seit Ende September 2013 versuchten Islamisten, die strategisch wichtige Stadt Kobane dicht an der Grenze zur Türkei in der Region Rojava einzunehmen. Dank erheblicher US-Luftunterstützung konnte die Stadt von der kurdischen YPG und den Peschmerga gehalten werden. Dann wollte der IS Mitte September 2014 die Entscheidung erzwingen. Im Zuge einer Großoffensive warfen IS-Einheiten YPG und Peschmerga zurück und erreichten am 28. September das Stadtgebiet. Anfang Oktober 2014 waren große Teile von Kobane, samt des kurdischen Hauptquartiers, vom IS erobert. Dann stoppten massive Luftschläge der US Air Force jedes weitere Vordringen, und kurdische Einheiten konnten im Häuserkampf wieder vorrücken. Bis Januar 2015 dauerte die erbittert geführte Schlacht. Am Ende war Kobane nur noch ein Trümmerhaufe, aber der IS vertrieben.

Als der Kampf um Kobane im Oktober 2014 seinen Höhepunkt erreichte, gingen Tausende Kurd_innen in der Bundesrepublik und Europa auf die Straße und forderten Unterstützung für die kurdischen Kämpfer_innen. Zumeist waren es friedliche Manifestationen, doch gingen am 6. Oktober in Celle rund hundert jesidischen Kurden und muslimischen Tschetschenen mit Fäusten und Baseballschläger aufeinander los. Mit 70 Einsatzkräften konnte die Polizei die beiden Lager voneinander trennen. Es gab sechs Verletzte, darunter ein Schwerverletzter.[15] Am nächsten Abend wollten rund 400 Kontrahenten erneut in Celle aufeinander losgehen. Mit mehreren Hundert Einsatzkräften gelang es der Polizei, eine Massenschlägerei wie am Vorabend zu verhindern. Trotzdem gab es fünf verletzte Demonstranten und vier verletzte Polizisten.

Am selben Abend, dem 7. Oktober, lieferten sich mehrere Hundert IS-Sympathisanten und Kurd_innen in Hamburg mit Macheten, Messern und Metallstangen eine blutige Straßenschlacht. Ein junger Mann wurde von einer Machete am Bein verletzt, ein anderer von einem Dönerspieß oder einem langen Messer in den Bauch gestochen.[16] Die Polizei konnte die Lager nur mit massiver Gewalt unter Einsatz von Wasserwerfern trennen. Es gab mindestens 14 Verletzte, darunter einige Schwerverletzte, und 22 Festnahmen.[17] Diese Szenen schockierten und empörten breite Kreise der Bevölkerung.

Vor diesem Hintergrund rief *HoGeSa* am 26. Oktober 2014 in Köln zu einer Demonstration auf. Völlig überraschend brachte die Hooligan-Vereinigung mehr als 5.000 Leute auf die Straße. Die Polizei war auf eine solche Menge nicht vorbereitet, von den Antifaschist_innen ganz zu schweigen.

Nach einem Konzert am Bahnhof brach der teilweise alkoholisierte Mob in Richtung Innenstadt auf. Dabei flogen Steine, Feuerwerkskörper und Flaschen auf die Polizei, und ein Mannschaftswagen wurde auf die Seite gelegt. Es gab über 40 verletzte Polizist_innen. Bilder vom umgeworfenen Polizeiauto und dem Krawall waren die Top Meldung in den Medien – und

15 *Der Irak-Konflikt in Niedersachsen?*, in: detektor.fm / Stadtgespräch, 7.10.2014.

16 *Ich hatte das Gefühl, ich lebe in Hamburgistan!*, in: Spiegel/Politik, 8.10.2014.

17 *23 Verletzte bei Gewalt zwischen Kurden und Islamisten*, in: ZEIT ONLINE, 8.10.2014.

HoGeSa damit in aller Munde. Sogleich wurden weitere Demonstrationen angekündigt, aber allesamt verboten. Nur in Hannover gelang es der Hooligan-Vereinigung, für den 15. November 2014 eine Kundgebung juristisch durchzusetzen. Doch zeigte der Staatsapparat unmissverständlich, dass er Szenen wie in Köln nicht noch einmal zulassen würde. Die Kundgebung wurde lediglich auf dem menschenleeren Gelände des *Zentralen Omnibusbahnhof* (ZOB) hinter dem Hauptbahnhof zugelassen. Die Auflagen des Verwaltungsgerichts waren drastisch. Ein geplantes Konzert der Band *Kategorie C – Hungrige Wölfe* blieb verboten, es herrschte ein generelles Alkoholverbot. Ebenso war das Tragen von Emblemen oder Tätowierungen mit Abbildungen von Totenköpfen untersagt, weil ihnen eine *„einschüchternde und Angst und Furcht erregenden Wirkung“*[18] zukomme. Entsprechende Kleidungsstücke mussten abgelegt und Tätowierungen überklebt werden. Jede_r Demoteilnehmer_in hatte sich, nach Abgabe der Personalien, durchsuchen zu lassen und einem Alkoholtest zu unterziehen. Erst dann kam er/sie in das umzäunte Areal auf dem ZOB, das von 5.300 Polizist_innen in Kampfmonturen, berittenen Einheiten, Wasserwerfern und Räumpanzern umgeben war. Hinter der Polizeiarmee stand eine unübersehbare Menge von Gegendemonstrant_innen. Vielen Hooligans war die Anreise derart erschwert worden, dass sie, von der Polizeipräsenz abgeschreckt, kehrtmachten. Zu dieser finalen Niederlage kamen aber immer noch 3.000 *HoGeSa*-Fans zusammen.

Nachdem feststand, dass die Hooligans nicht durch die Stadt ziehen durften, wurden die meisten der 18 angemeldeten Gegenkundgebungen abgesagt. Trotzdem protestieren in der Innenstadt 2.000 Menschen unter dem Motto **Bunt statt Braun**. Als prominente Redner_innen ergriffen Bundestags-Vizepräsidentin Claudia Roth (Grüne) und Oberbürgermeister Stefan Schostok (SPD) das Wort.

An anderer Stelle fand eine zweite Gegendemonstration mit rund 1.600 Teilnehmer_innen statt. Einige Antifas versuchten, die Absperrungen der Polizei zu durchbrechen. Flaschen und Böller flogen, die Polizei setzte

18 Pressestelle das Verwaltungsgerichts Hannover: *Gericht lehnt Eilantrag gegen Beschränkung zur Versammlung „Europa gegen den Terror des Islamismus“ ab*, in: Verwaltungsgericht Hannover, 14.11.2014.

Pfefferspray ein und unterband diese Angriffe.[19] Hannover machte klar, dass die *HoGeSa* keinen Fuß mehr auf die Erde bekommen würde. Doch mittlerweile bot sich eine Alternative.

In Dresden gingen seit dem 20. September 2014 einige Hundert und bald mehrere Tausend Menschen Woche für Woche unter dem Namen *Patriotische Europäer gegen die Islamisierung des Abendlandes* (PEGIDA)[20] auf die Straße. Friedlich, aber mit stetig wachsender Teilnehmer_innenzahl. Anders als den militanten *HoGeSa* gelang es *PEGIDA*, breitere Kreise der Gesellschaft gegen die Flüchtlings- und Einwanderungspolitik der Regierung zu mobilisieren. In mehr als 20 Städten kam es bald zu ähnlichen Demonstrationen. Wobei regional abweichende Namen die Eigenständigkeit der Gruppen unterstrichen – *LEGIDA* für Leipzig, *BÄRGIDA* für Berlin, *CEGDA* für Chemnitz usw. *HoGeSa*-Aktivist_innen und Rechtsradikale aller Couleur reihten sich in diese Aktivitäten ein und binnen weniger Woche entstand eine Graswurzelbewegung von rechts, die es so schnell wie möglich einzudämmen galt. Eine Sichtweise, die sich auch im Staatsapparat fand, der mit Programmen antifaschistische Initiativen verstärkt unterstützte. Bereits im Jahr 2005 hatten sich unter dem Motto *Bunt statt Braun* Bürger_innen aus eigener Betroffenheit heraus engagiert.

Die sich in Abgrenzung zur Antifa formierenden, sogenannten zivilgesellschaftlichen Gruppen fanden die Unterstützung des bereits im Jahr 2000 von der Bundesregierung ins Leben gerufene *Bündnis für Demokratie und Toleranz*. Es kam zu einem Dualismus von Antifa und den bald als *Initiativen gegen Rechtsextremismus in Deutschland* bezeichneten Gruppen. Wobei meist nur durch ein Zusammenspiel der verschiedenen Fraktionen vor Ort wirkungsvoll interveniert werden konnte.

Ab Dezember 2014 führte das selbst in Städten, in denen die *PEGIDA*-Bewegung gar nicht aufgetreten war, zu großen Anti-*PEGIDA*-Demonstrationen, so in Freiburg am 23. Januar 2015 mit 20.000 Menschen. Die Medien bilanzierten allwöchentlich die Gesamtzahl der Demonstrant_innen, wobei

19 Dpa/AFP: *HogeSa. Keine Krawalle bei Hooligan-Demonstration*, in: ZEIT ONLINE, 15.11.2014.

20 *PEGIDA* ließ sich am 19. Dezember 2014 unter diesem Namen ins Vereinsregister eintragen und beantragte die Anerkennung als gemeinnützig, damit Spenden steuerlich abzugsfähig werden.

Antifa-Aufkleber aus den 2010er Jahren.

die Anti-*PEGIDA*-Demonstrationen im Bundesdurchschnitt stets höhere Teilnehmer_innenzahlen aufwiesen.

Ihren Höhepunkt erreichte die *PEGIDA*-Welle am 12. Januar 2015 in Dresden mit einer Demonstration von 25.000 Menschen (Polizeiangabe). Wenige Tage zuvor, am 7. Januar, war ein schwerer islamistischer Terroranschlag in Paris erfolgt. Mit Sturmgewehren bewaffnet waren zwei maskierte Männer in die wöchentliche Redaktionskonferenz der Satirezeitschrift *Charlie Hebdo* eingedrungen und hatten unter „*Allahu Akbar*"-Rufen (dt.: Gott ist am größten) das Feuer eröffnet. Zwölf Menschen starben, darunter der Herausgeber und der größte Teil der Redaktionsteams. Mindestens 20 Personen wurden, teils schwer, verletzt. Die beiden Attentäter, zwei Brüder, konnten zunächst entkommen.

Am folgenden Tag erschoss ein Dschihadist in Montrouge eine Polizistin und verletzte einen Straßenreiniger schwer. Unerkannt entkommen, überfiel er am Tag darauf einen jüdischen Supermarkt im Osten von Paris, erschoss vier Menschen und verbarrikadierte sich mit mehreren Geiseln. Ausdrücklich stellte sich der Geiselnehmer in den Zusammenhang mit dem Massaker bei *Charlie Hebdo* und forderte freien Abzug für die Attentäter. Deren Aufenthaltsort konnte von der Polizei zwischenzeitlich lokalisiert werden. Am 9. Januar stürmten Spezialeinheiten der französischen Polizei beide Schauplätze in einer koordinierten Aktion und töten alle drei Attentäter.

In Solidarität mit den Opfern gingen allein in Frankreich am 11. Januar, dem Sonntag nach dem Anschlag, 3,7 Millionen Menschen auf die Straßen. An der Spitze des Trauerzuges befanden sich zahlreiche Spitzenpolitiker, unter ihnen Frankreichs Präsident François Hollande, Kanzlerin Angela Merkel, aber auch Palästinenserpräsident Mahmud Abbas oder Israels Premier Benjamin Netanjahu.[21] Weltweit fanden Demonstrationen und Solidaritätsbekundungen statt. Von dieser Stimmung hoffte auch PEGIDA zu profitieren. Für die Demonstration am 19. Januar 2015 in Dresden war mit einer hohen Teilnehmer_innenzahl zu rechnen. Doch wurden alle Demonstrationen in der sächsischen Hauptstadt verboten. Grundlage bot eine angebliche Morddrohung von Islamisten. Alternativ sollten alle PEGIDA-Anhänger_innen am 21. Januar in Leipzig Flagge zeigen. Dort fanden sich aber statt der erwarteten 30.000 nur 15.000 Menschen (Polizeiangabe) zur LEGIDA-Demo ein und waren mit militanten Aktionen konfrontiert. So wurde der gesamte Zugverkehr durch Brandanschläge lahmgelegt und es gab einige Zusammenstöße, bei denen sich Rechtsradikale mit physischen Argumenten auseinandersetzen mussten.

Die Schlappe von Leipzig geriet bald in Vergessenheit, denn wenig später versprach sich PEGIDA von einer bundesweit angekündigten *Generalmobilmachung* gegen eine Salafisten-Kundgebung am 14. März 2015 in Wuppertal einen großen Mobilisierungserfolg. Von mindestens 2.000 Demonstrant_innen gingen die Initiator_innen aus und die Behörden waren alarmiert. Köln und Wuppertal liegen nur 50 Kilometer voneinander entfernt und die Bilder der HoGeSa-Krawalle in Köln von Ende Oktober 2014 hatte man noch vor Augen. Ausschreitungen sollten von vornherein unterbunden werden. Vorsorglich wurde die Innenstadt Wuppertals für den Autoverkehr gesperrt und 1.000 Polizist_innen, mit Reiterstaffel und Wasserwerfern, standen bereit. Ein hoher Aufwand, der dann mit recht klein ausfallenden Demonstrationen konfrontiert blieb. Zu der mit Spannung erwarteten PEGIDA Kundgebung, bei der sich auch etliche HoGeSa-Anhänger einfanden, versammelten sich lediglich 800 Personen.[22] Zu Beginn sprach PEGIDA Grün-

21 *Millionen Menschen demonstrieren gegen Terror*, in: ZEIT ONLINE, 12.1.2015.

22 *Pegida-Demo nach Schlägerei abgebrochen*, in: ntv, 14.3.2015.

der Lutz Bachmann, während einige Böller und Flaschen aus den Reihen der Hooligans in Richtung Polizei flogen. Sogleich forderte Bachmann, die Angriffe zu unterlassen, ohne dass diese Ermahnungen Wirkung zeigten. Daraufhin teilte die Polizei den Veranstaltern mit, dass nicht ausreichend Einsatzkräfte zur Verfügung stünden, um die Sicherheit des Umzuges zu gewährleisten.[23] Die Veranstaltung musste vom Versammlungsleiter abgebrochen werden. Hooligans versuchten daraufhin, eine Polizeisperre in Richtung der Gegendemonstrant_innen zu durchbrechen, was scheiterte und zu einigen Verhaftungen führte.

Die Salafisten, die mit mindestens 400 Glaubensbrüdern und -schwestern in Erscheinung treten wollten, brachten keine 200 Anhänger_innen auf die Straße, während sich die antifaschistischen Aktionen durch diverse, unterschiedliche Aktivitäten unübersichtlich darstellten. Sogar der Wuppertaler Oberbürgermeister hatte zum Protest aufgerufen. Laut Polizeiangaben brachte das *Wuppertaler Bündnis gegen Nazis* mit 700 Demonstrant_innen mehr Menschen auf die Beine als angenommen.[24]

Wuppertal zeigte noch einmal in aller Deutlichkeit, dass der Stern von PEGIDA zu sinken begann. Was auch an Zerwürfnissen in der Führungsmannschaft lag, die von Skandalen, Streitereien und Rücktritten gezeichnet waren. Die Zahl der Demonstrationen und Demonstrant_innen ging rapide zurück. Lediglich in Dresden gelang es PEGIDA nach wie vor, einige Tausend Menschen auf die Straße zu bringen. So wurde der niederländische Rechtspopulist Geert Wilders am 13. April 2015 von 10.000 Teilnehmer_innen in der sächsischen Hauptstadt begrüßt.

Der braune Herbst 2014 machte deutlich, wie schnell eine rechte Bewegung entstehen kann – aber auch, dass sich in der Bundesrepublik ein breit verankertes, antifaschistisches Verständnis findet. Wenn auch die Beteiligung der Antifa beim Ringen gegen die PEGIDA-Welle von der staatskonformen *Bunt statt Braun*-Propaganda weitgehend übertüncht wurde. Lediglich in Ausnahmefällen, wie am 21. Januar 2015 in Leipzig, waren militante Aktionen nicht zu kaschieren und zu vereinnahmen.

23 *Pegida-Umzug durch Wuppertal aufgelöst*, in: ZEIT ONLINE, 14.3.2015.

24 Ebenda.

Neonazismus

Der Niedergang der NPD

Theoretisch hätte die rechte Empörungswelle um PEGIDA zu einem Wiederaufleben der NPD führen müssen, aber die Partei befand sich seit dem Jahr 2009 kontinuierlich im Niedergang. Hatten die Nationaldemokrat_innen 2004 in Sachsen noch 9,2 Prozent erreicht, sank ihr Stimmenanteil 2009 auf 5,6 Prozent.[25] Im selben Jahr scheiterte ihr Einzug ins Landesparlament von Sachsen-Anhalt mit 4,6 Prozent[26], und in Mecklenburg-Vorpommern, wo die NPD 2006 noch auf 7,3 Prozent gekommen war, erreichte die Partei nur noch 6 Prozent.[27]

Zu dieser Zeit wurde ein zweites Verbotsverfahren gegen die NPD eingeleitet. Die ausschlaggebende Rolle spielte dabei der Prozess gegen den NSU, zu dessen Täterumfeld auch Teile des NPD-Milieus zählten. So war Ralf Wohlleben, bis 2008 Pressesprecher und stellvertretende Landesvorsitzender der NPD-Thüringen, im NSU-Prozess wegen Beihilfe zu neunfachem Mord und Beschaffung der Tatwaffe angeklagt.

Gewillt ein politisches Zeichen zu setzen, beschloss die Innenministerkonferenz im Dezember 2011 die Möglichkeiten eines neuen NPD-Verbotsverfahrens zu prüfen. Ab März 2012 wurden systematisch Beweise gegen die Partei gesammelt. Um Verfahrensfehler aus dem ersten Verbotsverfahren zu vermeiden, sollten V-Leute in der Führungsebene der NPD nicht mehr zum Einsatz kommen.

Gegen das drohende Verfahren gingen die Nationaldemokrat_innen in die Offensive, indem sie im November 2012 selbst beim Verfassungsgericht ihre Verfassungstreue überprüfen lassen wollten. Die Partei argumentierte, sie sei durch die Behauptung ihrer Verfassungswidrigkeit in ihren Rechten verletzt worden. Dieser Vorstoß wurde im März 2013 durch das

25 tagesschau: *Landtagswahl Sachsen 2009*, in: Ergebnis, 30.8.2009.

26 tagesschau: *Landtagswahl Sachsen-Anhalt 2011*, in: Ergebnis, 20.3.2011.

27 tagesschau: *Landtagswahl Mecklenburg-Vorpommern 2011*, in: Ergebnis, 4.9.2011.

Der Druck auf die NPD im außerparlamentarischen Bereich durch die Antifa blieb kontinuierlich hoch. Beispielsweise zeigte sich das mit der Demo gegen die Geschäftsstelle der NPD-Thüringen am 7. Mai 2011. Seit dem 20. August 2010 wurde das ***Bürohaus Europa*** in Bad Langensalza von der NPD genutzt und fungierte zeitweise als Hauptquartier für die gesamte rechtsradikale Szene in Mitteldeutschland. An der Antifa-Demo in der Thüringer Provinz beteiligten sich rund 200 Menschen, vorwiegend aus dem linksradikalen Spektrum.

Gericht abgewiesen. Der Bundesrat entschied am 14. Dezember 2012, erneut ein Verbot der NPD beim Bundesverfassungsgericht zu beantragen; nur das Land Hessen enthielt sich. Auch die Bundesregierung schloss sich dem Antrag nicht an, der Bundestag stimmte gegen einen eigenen Verbotsantrag. Es blieb bei einer Initiative der Bundesländer. Nachdem alle juristischen Vorbereitungen getroffen waren, reichte der Bundesrat am 3. Dezember 2013 ein neues NPD-Verbotsverfahren ein.

Bereits am folgenden Tag nahm die NPD mit einer Pressekonferenz gegen ihr drohendes Verbot Stellung. Ihr damaliger Vorsitzender Holger Apfel wetterte, es handele sich um einen „*Skandal*", der Antrag sei ein „*absurdes Possenspiel*".[28] Nachdem der Bundesrat dem Verfassungsgericht Beweise vorgelegt hatte, dass alle V-Leute in der NPD abgeschaltet worden waren, entschieden die Richter am 2. Dezember 2015, das Verbotsverfahren gegen die NPD zu eröffnen. Die Rechtsradikalen versuchten, dies mit Befangenheitsanträgen zu kippen bzw. hinauszuzögern. Dabei lief das NPD-Verbotsverfahren ins Leere, denn mit der Partei ging es rasant abwärts.

Ein Grund fand sich im strikten Legalitätskurs, den die Nationaldemokrat_innen nun fuhren. Der allzu gemäßigte Kurs verprellte die aktivistische Neonazi-Szene. Nutzen brachte das wenig, denn in der Öffentlichkeit

28 Denkler, Thorsten: *NPD reagiert auf Verbotsantrag. Herr Apfel hat die Schnauze voll*, in: Süddeutsche Zeitung, 4.12.2013.

blieb die NPD trotz aller Maßnahmen die rechtsradikale Partei, die seit Jahrzehnten mit dem Neonazis-Sumpf verstrickt war und sich selbst durch das N im Namen stigmatisierte. Vor allem existierte mit der AfD seit 2013 eine neue rechtspopulistische Alternative, die nicht als verfassungsfeindlich galt und das Potenzial rund um PEGIDA und andere Unzufriedene besser bediente. Die AfD lief der NPD den Rang ab und und ließ sie in der politischen Bedeutungslosigkeit verschwinden.

Dass die NPD bei der Europawahl im Mai 2014 ein Mandat errang, verdankte sie lediglich dem Wegfall der Fünfprozenthürde. Für ihren Sitz im Brüsseler Parlament reichte gerade mal ein Prozent der Stimmen. Bei den Wahlen Ende August 2014 in Sachsen scheiterte der Wiedereinzug der Nationaldemokrat_innen in den Landtag knapp mit 4,9 Prozent.[29]

Zu den letzten größeren Schlagzeilen führten die Auseinandersetzungen um den Bundesparteitag der NPD am 21./22. November 2015 in Weinheim an der Bergstraße (Rhein-Neckar-Kreis in Baden-Württemberg). Bereits zum dritten Mal versammelten sich die Rechtsradikalen in der nordbadischen Stadt, aber noch nie war das auf so viel Widerstand gestoßen. Was daran lag, dass Antifa-Gruppen, aus ganz Baden-Württemberg und Hessen, gegen den NPD-Parteitag mobilisierten. Am Samstag, den 21. November um 13 Uhr, sollte am Bahnhof Weinheim eine Antifa-Demo starten. Doch bereits gegen 8 Uhr versuchten einige Gruppen, zum Veranstaltungsort der NPD zu gelangen. An den Polizeiabsperrungen kam es zu Konfrontationen, wobei die Polizei mit Härte gegen die Antifaschist_innen vorging. Es gab zahlreiche Verletzte, 201 Demonstrant_innen kamen in Gewahrsam. Die Polizei gab an, dass von ihren 1.700 sich im Einsatz befindlichen Beamt_innen 16 verletzt worden seien. Am Nachmittag zogen dann 2.000 Demonstrant_innen durch Weinheim.

Das gleichzeitig stattfindende Bürgerfest *Weinheim bleibt bunt*, vornweg der SPD-Bürgermeister, distanzierte sich von den Antifas und diffamierte sie als Gewalttäter.[30]

29 Dpa: *Landtagswahl Sachsen. NPD scheitert knapp*, in: ZEIT ONLINE, 31.8.2014.

30 *Starke Polizeikräfte setzen Bundesparteitag der NPD in Weinheim durch. Massiv und bunt: Protest gegen NPD*, in: Beobacher News, 22.11.2015.

Wegen der brutalen Polizeiübergriffe, von denen Videomitschnitte existierten, leitete die Staatsanwaltschaft Mannheim gegen 16 Beamte Verfahren wegen des Verdachts der Körperverletzung im Amt ein. Sämtliche Verfahren gegen diese Polizisten wurden im Frühjahr 2018 eingestellt. Demgegenüber erwirkte die Staatsanwaltschaft beim Amtsgericht Weinheim gegen 53 Demonstrant_innen Strafbefehle, zumeist wegen Verstößen gegen das Versammlungsgesetz und Landfriedensbruch. Vier weitere Demonstrant_innen wurden wegen des Verdachts auf Landfriedensbruch angeklagt, mindestens zwei verurteilt.[31]

Eine Satzungsänderung durch den Gemeinderat für die Nutzung der Stadthalle verhinderte den für 2016 wieder in Weinheim geplanten NPD-Bundesparteitag. Ausweichort der NPD sollte das hessische Städtchen Büdingen werden.

Gegen die dortige Erstaufnahmeeinrichtung für Flüchtlinge in Hessen hatten am 30. Januar 2016 rund 150 Neonazis demonstrierten. Es gab eine antifaschistische Gegendemo mit 800 Teilnehmer_innen, an deren Rand es zu Auseinandersetzungen zwischen militanten Antifas und der Polizei bzw. Neonazis kam.[32]

Aufgrund der Stimmung gegen das Aufnahmelager erzielten die Rechtsradikalen bei den Kommunalwahlen am 6. März 2016 in Büdingen 10,4 Prozent der Stimmen. Das gab ihnen die Möglichkeit, ihren Parteitag dort abzuhalten. Doch der für Oktober angesetzte Termin wurde wegen des schwebenden Verbotsverfahrens verschoben. Ein paar Prozentpunkte bei den hessischen Kommunalwahlen konnten aber nicht über die generelle Misere der NPD hinwegtäuschen. Am 4. September 2016 erhielten die Nationaldemokraten bei der Landtagswahl in Mecklenburg-Vorpommern lediglich drei Prozent der Stimmen und verloren ihre letzte Landtagsfraktion. Während die AfD ihre Stimmenanteile ständig vergrößern konnte, schmolzen die der NPD dahin. Parallel ging die Mobilisierungsfähigkeit der Partei verloren. Das war u.a. in Norddeutschland zu verfolgen, wo die

31 *Weinheimer NPD-Parteitag 2015. Erste Urteile zu den Protesten sind gesprochen*, in: Rhein-Neckar-Zeitung, 7.3.2018.

32 Dpa: *Neonazis Büdingen. Demo gegen Neonazi-Aufmarsch*, in: Frankfurter Rundschau, 30.1.2016.

NPD am 5. März 2016 in Stade auf die Straße gehen wollte. Ein breites Bündnis aus den im Stadtrat vertretenen Parteien sowie der Kirchen und Gewerkschaften rief zur Gegenkundgebung auf.

Antifa-Zusammenhänge mobilisierten separat. Für die NPD wurde es ein peinlicher Auftritt. Gerade mal 17 Parteifreund_innen folgten ihrem Aufruf. Dagegen stellten sich 350 Antifaschist_innen, die von 150 Polizist_innen auf Abstand gehalten wurden. Am Ende gelang es dennoch, ein Taxi voller NPD'ler zu blockieren. Auf die anrückende Polizei flogen einige Flaschen, was zu einem Pfeffersprayeinsatz gegen Antifas führte. In der unübersichtlichen Situation zerschmetterte ein Antifa-Aktivist die Windschutzscheibe eines NPD-Aktivisten mit einer Eisenstange.[33]

Ein Foto vom demolierten NPD-Fahrzeug in Stade diente ein halbes Jahr später der Antifa-Mobilisierung.

Eine misslungene Demonstration und ein paar Scherben schreckten die Neonazis jedoch nicht ab. Für den 16. April meldete NPD-Ratsherr Mark Michael Proch aus Neumünster für das NPD-nahe Bündnis *Gemeinsam für Deutschland* in Bad Oldesloe eine Demonstration gegen die Asyl- und Europolitik an.

Das *Bündnis gegen Rechts* aus bürgerlichen Parteien, Vereinen, Gewerkschaften, unterstützt von den örtlichen Honoratioren wie dem Bürgermeister und Pastoren, rief unter dem Motto *Bad Oldesloe ist bunt – und das ist gut so!* zu einer Gegendemo am Vormittag auf. Zu dieser Demonstration mobilisierten auch Antifa-Gruppen von Flensburg über Lübeck und Hamburg

33 Kreib, Tom: *Landkreis Stade. Ein Minihäufchen NPD und viele Stader, die dagegen protestierten*, in: Kreiszeitung Wochenblatt, 5.3.2016.

bis Bremen. Das führte zu einer Beteiligung von 1.000 Menschen an der Bündnisdemo, die zunächst friedlich durch die Innenstadt zog. Beim Weg zum Bahnhof, dem geplanten Sammelpunkt der Rechtsradikalen, kam es zu Rangeleien mit den begleitenden Polizeikräften, Steine und Flaschen flogen.

Am Bahnhof hatte ein Großaufgebot der Polizei mit einem Wasserwerfer Position bezogen. Der Vorplatz war mit Gittern abgesperrt. Über der Stadt kreiste ein Hubschrauber. Doch dem martialischen Polizeiaufgebot zum Trotz gelang es, mittels brennender Reifen und Sitzblockaden den Bahnverkehr rund um die schleswig-holsteinische Kleinstadt lahmzulegen. Außerdem brannten einige Container in der Stadt, und der Verkehr auf der Bundesstraße 208 im Zentrum kam teilweise zum Erliegen.

Aufgehalten durch die Blockaden, trafen die etwa 90 Teilnehmer_innen des NPD-Aufmarsches erst mit Verspätung in Bad Oldesloe ein. Weit kamen sie nicht. Mehrere hundert Antifas blockierten die Demoroute. Gegen 16 Uhr hatte die Polizei ein Einsehen und beendete die NPD-Versammlung.[34]

Ihre nächste Schlappe sollten die Nationaldemokrat_innen bei den Kommunalwahlen am 11. September 2016 in Niedersachsen erleiden. Zum Wahlkampfabschluss wollte die NPD am 10. September in Göttingen und Stade Flagge zeigen. In Göttingen, das von den Rechtsradikalen als *Frontstadt* bezeichnet wird, spekulierten sie auf starken, öffentlichkeitswirksamen Gegenprotest. Eine Erwartung, die nicht enttäuscht werden sollte. Aus dem Aufmarsch wurde allerdings nichts. Mit Verweis auf angekündigte militante Antifa-Proteste bestätigte das Oberverwaltungsgericht (OVG) Lüneburg das Verbot der NPD-Demonstration durch die Stadt Göttingen. Lediglich eine stationäre Kundgebung vor dem Bahnhof blieb zugelassen.

Diesen antifaschistischen Erfolg feierten am Vorabend des 10. September über 450 Teilnehmer_innen mit einer Antifa Warm-up-Demo. Tags darauf waren 1.100 Polizist_innen im Dienst, um mögliche Konfrontationen zu unterbinden. Der erste Polizeieinsatz galt der Nord-Süd-Strecke des Bahnverkehrs. Antifas besetzten die Gleise, über Stunden brach der Verkehr auf

34 *Kreis Stormarn. Neonazis-Aufmarsch: Ausnahmezustand in Bad Oldesloe*, in: Hamburger Abendblatt, 16.4.2016.

diesem Abschnitt weitgehend zusammen. 15 Aktivist_innen nahm die Polizei in Gewahrsam.

Derweilen übertönten rund 800 Teilnehmer_innen der Kundgebung des *Bündnisses gegen Rechts* am Göttinger Bahnhofsvorplatz mit Sprechchören, Trillerpfeifen und lauter Rockmusik die Reden der NPD. Rund 100 NPD-Leute standen hinter Gittern eingepfercht in einer Ecke des Platzes und boten Ziele für rohe Eier. Währenddessen zerrten Antifa-Aktivist_innen im Bereich Goßlerstraße und Humboldtallee Autoreifen, Paletten, Mülltonnen und was sich sonst noch finden ließ auf die Straßen und zündeten die Barrikaden an. Rauchwolken, Martinshörner von Feuerwehr und Polizei sowie Einsatzkräfte, die Jagd auf (vermeintliche) Antifa-Aktivist_innen machten, erzeugten eine chaotische Lage.

Das Antifa-Mobi-Plakat erinnerte an den 29. Oktober 2005, als ein NPD-Aufmarsch in Göttingen militant verhindert wurde. Es blieb nicht bei leeren Worten, auch 2016 brannten Barrikaden.

Die Humboldtallee in Göttingen am 10. September 2016.

In Stade konnten die 70 erschienen Rechtsradikalen ihre Demonstration erst mit zwei Stunden Verspätung gegen 16 Uhr beginnen. Unbekannte hatten auf der Bahnstrecke Hamburg – Stade in einem Kabelschacht Feuer gelegt. Bis Sonntag blieb der Bahnverkehr stark beeinträchtigt.

In der Hansestadt waren 800 Polizist_innen im Einsatz. Nach Eigenangabe folgten 800 Menschen, nach Polizeiangaben 400 Menschen dem Aufruf des Bürgerbündnisses *Stade stellt sich quer*. Zwei Sitzblockaden hebelte die Polizei aus, indem sie die Rechtsradikalen auf einer verkürzten Route zurück zum Bahnhof eskortierte. Einige autonome Antifas lieferten sich dabei Scharmützel mit der Polizei, was zu Verletzten und sechs Festnahmen führte.[35]

Zeitgleich mit dem NPD-Spektakel in Stade fand am 10. September der Landesparteitag der AfD-Schleswig-Holstein in Rendsburg satt. Beide Städte sind nur 120 Kilometer voneinander entfernt, Hamburg liegt praktisch in der Mitte. Für die norddeutschen Antifa-Zusammenhänge ergab sich dadurch ein Doppelereignis. In Rendsburg hatte das Kampagnenbündnis *Nationalismus ist keine Alternative (NIKA)* zu Gegenaktionen aufgerufen. Zwischen 150[36] und 300 Menschen[37] beteiligten sich am lautstarken Protest vor dem Tagungsort und demonstrierten am Nachmittag unter dem Motto *Grenzenlos solidarisch gegen den AfD-Parteitag* durch die Innenstadt. Es gab keine Zwischenfälle.

Erwartungsgemäß konnte die NPD bei den Kommunalwahlen am folgenden Tag in Niedersachsen nur noch dort punkten, wo sie ohne AfD-Konkurrenz antrat. Sie kam auf 18 Mandate, von denen sie 17 besetzen konnte, und war in keinem Kreistag oder Stadtrat einer kreisfreien Stadt mehr vertreten.[38]

35 Paul, Reimar: *Proteste gegen Rechts in Niedersachsen. NPD-Schlappe in der „Frontstadt“*, in: taz, 11.9.2016.

36 *Demos gegen AfD-Parteitag in Rendsburg*, in: Kieler Nachrichten, 10.9.2016, Zit. in: linksunten Archiv.

37 Autonome Antifa-Koordination Kiel: *Demos, Tröten, Konfettikanonen: 300 Menschen bei erfolgreichem Antifa-Aktionstag gegen AfD-Landesparteitag in Rendsburg*, in: Antifa-Kiel.Org, 12.9.2016.

38 Giesbers, Tilo: *Vorläufige Ergebnisse der Kommunalwahlen in Niedersachsen*, in: apabiz, 16.9.2016.

Ein letzter Versuch der NPD in Norddeutschland als Organisator der rechtsradikalen Szene aufzutreten, war die dritte Demonstration des Bündnisses *Gemeinsam für Deutschland* im Jahr 2016. Als Anmelder fungierte erneut der Neumünsteraner NPD-Stadtrat Mark Michael Proch. Unter dem Motto *Volkswillen umsetzen!* sollte am 22. Oktober in Neumünster marschiert werden.

Wieder startete die Demonstration verspätet, weil Gegendemonstrant_innen die Route besetzt hatten. Das *Bündnis gegen Rechts Neumünster* konnte 250 Menschen aus dem antifaschistischen Spektrum mobilisieren. Umringt von Polizist_innen mussten die Rechtsradikalen bei strömendem Regen ausharren, bis eine Ausweichstrecke gefunden war. Als es endlich losgehen sollte, fiel ihr zum Lautsprecherwagen umfunktioniertes Auto wegen eines platten Reifens aus. So konnten sich die 42 Teilnehmer_innen auf der verkürzten Route nur durch Sprechchöre bemerkbar machen. Für die drei Redebeiträge war immerhin ein Megafon vorhanden. Ein großes Polizeiaufgebot – sogar ein Polizeihubschrauber war im Einsatz – sorgte dafür, dass es zu keinen Zusammenstößen kam – abgesehen von der der Neonazi-Kneipe *Titanic* in Neumünster, bei der zum dritten Mal die Fenster zu Bruch gingen.[39]

↑ Aufkleber: Zum dritten Mal im Jahr 2016 gegen das NPD-nahe Bündnis *Gemeinsam für Deutschland*. Ein großes Polizeiaufgebot unterband militantes Agieren.

Die NPD brachte einfach keine Leute mehr auf die Straße. Mediale Aufmerksamkeit besaß die Partei nur noch über das laufende Verbotsverfahren. Schließlich lehnte das Bundesverfassungsgericht am 17. Januar 2017

39 Feldmann, Julian: *Durchnässter Neonazi-Aufmarsch*, in: Endstation Rechts, 24.10.2016.

den Verbotsantrag ab. Nach Auffassung der Richter war die NPD zwar verfassungsfeindlich, aber angesichts ihrer Bedeutungslosigkeit ein Verbot nicht gerechtfertigt.

Ihren folgenden Bundesparteitag führte die, nun höchstrichterlich als nicht verbotswürdig befundene, NPD am 11./12. März 2017 in Saarbrücken durch. Die Zusammenkunft traf noch einmal auf größeren antifaschistischen Protest. Einigen Antifa-Gruppen gelang es, Zufahrtswege zu blockieren, sodass 200 Delegierte verspätet zum Tagungsort gelangten. Weitere Konfrontationen erstickte ein Großaufgebot der Polizei bereits im Keim. Höhepunkt des Tages war dann eine **Bunt statt braun**- Demonstration am frühen Nachmittag. Etwa 4.000 Menschen, darunter die saarländische Ministerpräsidentin Annegret Kamp-Karrenbauer (CDU), beteiligten sich an dem Protestzug.

Auf dem Parteitag forderte der aus der Kameradschaftsszene stammende Thüringer NPD-Landesvorsitzende Thorsten Heise den Bundesvorsitzenden Frank Franz heraus. Es ging um einen Kurswechsel, die NPD sollte wieder mehr Präsenz auf der Straße zeigen. Immerhin votieren 69 der abgegebenen 172 Delegierten für Heise. Aber es reichte nicht, alles blieb beim Alten. Franz wurde im Amt bestätigt, Heise zu seinem Stellvertreter gewählt. Die Kursdebatte blieb der Partei erhalten.[40]

Vergeblich hoffte die NPD, die Publizität, die ihr aus der Zurückweisung des Verbotsantrag erwachsen war, in bessere Wahlergebnisse ummünzen zu können; das Gegenteil trat ein. Bei der saarländischen Landtagswahl am 26. März 2017 kam die rechtsradikale Partei nur auf einen Stimmenanteil von 0,7 Prozent, absolut: 3.744 Stimmen.[41] In Schleswig-Holstein und Niedersachsen verzichtete die NPD 2017 von vornherein auf eine Kandidatur, hoffte aber, in Nordrhein-Westfalen einen Achtungserfolg zu erringen. Aber auch in NRW scheiterte die Partei am 14. Mai 2017 mit einem Ergebnis von 0,3 Prozent, absolut: 28.723 Zweitstimmen.[42]

40 Litschko, Konrad: ***NPD-Parteitag in Saarbrücken. „Keine Visionen“***, in: taz, 12.3.2017.

41 Statistisches Amt Saarland: ***Die Landeswahlleiterin Saarland***, in: Landtagswahlen 2017.

42 Ministerium des Innern – Landeswahlleitung: ***Landtagswahl 2017***, in: Endgültiges Ergebnis für Nordrhein-Westfalen, 14.5.2017.

Das parlamentarische Ende kam für die NPD dann mit der Bundestagswahl am 24. September 2017. Der Wahlausgang war für die Nationaldemokraten niederschmetternd, sie landeten bei 0,4 Prozent. In absoluten Zahlen waren das 176.020 der Zweitstimmen. Im Vergleich zur Bundestagswahl 2013, wo die NPD 1,3 Prozent erreicht hatte, bedeutete das einen Einbruch von 70 Prozent. Durch die Unterschreitung der 0,5-Prozent-Schwelle fanden die abgegebenen Stimmen auch bei der Parteienfinanzierung keine Berücksichtigung mehr.[43]

Mit einer letzten öffentlichkeitswirksamen Provokation trat die NPD im Lutherjahr 2017 hervor. Der Reformator hatte seine 95 Thesen im Jahr 1517 an die Kirchentür in Wittenberg genagelt. Diesem Jubiläum gedachte die evangelische Kirche mit vielen Veranstaltungen. Zur Bundestagswahl 2017 warb die NPD deshalb mit Plakaten, die ein Luther-Portrait von Lucas Cranach aus dem Jahr 1528 zeigten. Als Slogan diente eine Abwandlung des Luther-Zitats: *„Hier stehe ich, ich kann nicht anders.“* Bei der NPD hieß es: *„Ich würde NPD wählen – Ich könnte nicht anders.“* Die evangelische Kirche lief Sturm gegen das Plakat und die Wittenberger ***Stiftung Luthergedenkstätten*** ging rechtlich gegen die NPD vor. Doch das war schwierig, weil das Urheberrecht 70 Jahre nach dem Tod einer_s Kunstschaffenden erlischt. Das Unterlassungsverfahren vor Gericht zog sich hin und die NPD nutzte das Plakat auch in den folgenden Jahren. Gezielt wurde es in der Nähe von Kirchengemeinden aufgehängt, bei denen man mit größerem Protest rechnen konnte. Am Bedeutungsverlust der NPD konnte das nichts ändern. Ihre erfolglose Klage zog die Wittenberger ***Stiftung Luthergedenkstätten*** im November 2020 zurück.

43 Die Bundeswahlleiterin: *Bundestagswahl 2017: Endgültiges Ergebnis*, in: Pressemitteilung 12.10.2017.

DIE RECHTE

Der Niedergang der NPD führte im rechtsradikalen Milieu zu internen Auseinandersetzungen. Vor allem der Legalitätskurs der vom Verbot bedrohten Partei hatte zur Folge, dass die Kameradschaftsszene ihr wieder den Rücken kehrte. In diesem Zusammenhang ist auch die Etablierung der Partei DIE RECHTE zu sehen. Gegründet wurde die rechtsaußen Partei zu Pfingsten, am 26./27. Mai, 2012 von Christian Worch und ehemaligen Funktionären der *Deutschen Volksunion* (DVU). Worch war auch bis Oktober 2017 Parteivorsitzender. Eine Funktion, die er 2021 erneut übernahm, gleichzeitig mit dem Amt des Schatzmeisters.

Mit ihrem Namen spielt DIE RECHTE auf DIE LINKE an und schreibt sich wie diese in Großbuchstaben. Außerdem hat sie demonstrativ den roten Wimpel über dem I übernommen. Es weist bei DIE RECHTE allerdings nach rechts. Landesverbände existieren in Baden-Württemberg, Bayern, Berlin, Sachsen, Sachsen-Anhalt, Bandenburg, Niedersachsen und Hessen.[44] Der Landesverband Nordrhein-Westfalen löste sich 2023 auf und ging in den neu gegründeten NPD-Kreisverband Dortmund über, der seit Juni des Jahres unter dem Namen *Die Heimat* agiert.

Nach eigenem Bekunden wollte Worch mit DIE RECHTE an die, im Jahr 2011 in der NPD aufgegangene, *Deutsche Volksunion* (DVU) anknüpfen. Angeblich sollte die Partei inhaltlich zwischen NPD und AfD rangieren. Tatsächlich war die Gründung von DIE RECHTE ein Versuch, den Parteienstatus für eine Neonazi-Partei zu erlangen. Treffender sollte man DIE RECHTE daher als Kameradschaftspartei bezeichnen.

So ging diese Kleinstpartei in Dortmund aus dem *Nationalen Widerstand Dortmund* hervor. Diese 2003 von Siegfried Borchardt, alias *SS-Siggi*, gegründete, neonazistische Vereinigung wurde 2012 vom nordrheinwestfälischen Innenminister verboten. Bereits im selben Jahr reorganisierte sich der aktive Kern im neu gegründeten *Landesverband* NRW DIE RECHTE.

44 Der Landesverband DIE RECHTE Hessen gab 2014 die Einstellung seiner Aktivitäten bekannt wurde aber im November 2017 neu ins Leben gerufen.

Der III. Weg

DIE RECHTE war nicht die einzige Splitterpartei, die aus dem Niedergang der NPD hervorging. Am 28. September 2013 gründeten ehemalige NPD-Funktionäre und Mitglieder des *Freien Netz Süd* (FNS) in Heidelberg den *III. Weg*. Dies geschah wohl auch in der Absicht, eine Auffangstruktur zu schaffen. Jedenfalls wurde das FNS im Juli 2014 verboten.

Im selben Jahr zogen mehrere Parteimitglieder mit ihren Familien von Franken in Bayern ins angrenzende Vogtland nach Plauen in Sachsen. Gute Kontakte in die 65.000-Einwohner_innen-Stadt bestanden seit Längerem. Bereits am 14. April 2012 war das FNS an einem *Trauermarsch* der *Revolutionären Nationalen Jugend* (RNJ Vogtland) in Plauen beteiligt. Geschützt von einem starken Polizeiaufgebot marschierten 200 Neonazis durch die Stadt. Anlass war der Jahrestag der Bombardierung im Zweiten Weltkrieg. Rund 2.000 Gegendemonstrant_innen protestierten mit verschiedenen Veranstaltungen gegen die Rechtsradikalen.[45]

↑ Im Jahr 2012 trafen die Neonazis in Plauen auf starken Antifa-Protest.

Am 26. August 2012 löste sich die *Revolutionäre Nationale Jugend* offiziell auf, und ihre ehemaligen Mitglieder schlossen sich dem *III. Weg* an. Umgestellt lebt der Name in der Jugendorganisation des *III. Weg* als *Nationalrevolutionäre Jugend* (NRJ) fort. Seit dem Jahr 2021 soll es eine NRJ-Gruppe mit eigenem Stützpunkt in Berlin/Brandenburg geben. Ein Jahr später verbreitete der *III. Weg*, dass NRJ-Ableger in Sachsen und Sachsen-Anhalt und Bayern entstanden seien.

45 Hartl, Johanes: *Plauen zeigt Flagge gegen Nazis*, in: Belltower News, 18.4.2012.

Allerdings kann man nicht einfach beim III. *Weg* Mitglied werden. Zunächst muss die Fördermitgliedschaft beantragt werden, die als Bewährungszeit gilt. „*Das Bekenntnis zu unserem Selbstverständnis sowie eine charakterliche Eignung ist Grundvoraussetzung für die feste Mitgliedschaft in unserer Partei. Wir wollen kein Sammelbecken für Selbstdarsteller und Egozentriker sein, und ebenso wenig liegt uns daran, in innere Richtungsstreits zu verfallen. Aus diesem Grund bieten wir unseren Interessenten eine Fördermitgliedschaft an, in deren Rahmen man sich gegenseitig kennenlernen kann.*“[46]

Erst nach einiger Zeit wird über eine Vollmitgliedschaft entschieden, denn die Organisation versteht sich als Kaderstruktur. Seit seiner Gründung steigerte der III. *Weg* seine Mitgliederzahl nur allmählich von 200 auf 700 Parteimitglieder im Jahr 2022.[47]

Indes ist der Erhalt des Parteienprivilegs für den III. *Weg* von zentraler Bedeutung. Nachdem der sächsische Landeswahlausschuss den Neonazis eine Beteiligung an der Landtagswahl 2019 verweigerte, musste die Organisation neu gegliedert werden. Aus den vorherigen Gebietsverbänden wurden die drei Landesverbände Sachsen, Bayern und West gebildet.

Beim *Landesverband West* handelt es sich um den umbenannten *Gebietsverband West*, der Rheinland-Pfalz, Hessen, Nordrhein-Westfalen und das Saarland umfasste. Darüber hinaus unterhielt die Organisation im Jahr 2023 Stützpunkte in Berlin, Burgenlandkreis, Erfurt/Gotha, Kurhessen, Magdeburg/Altmark, Mainfranken, Mittelland, Mittelsachsen, München/Oberbayern, Nord/Ost, Nürnberg/Fürth, Oberfranken, Ostbayern, Ostthüringen, Pfalz, Potsdam/Mittelmark, Rheinland, Sauerland-Süd, Thüringer Wald/Ost, Uckermark, Westerwald/Taunus, Westsachsen und Württemberg.

Durch die eigenwillige Gebietsaufteilung ist eine genaue regionale Abgrenzung der insgesamt 24 Stützpunkte von außen schwer auszumachen. Es bleibt aber festzustellen, dass der III. *Weg* hauptsächlich in Süddeutschland und den östlichen Bundesländern aktiv ist. In Nordrhein-Westfalen bestehen lediglich die zwei Stützpunkte Ostwestfalen und Sauerland-Süd;

46 III. Weg: *Fördermitgliedschaft.*

47 Statista: *Mitgliederzahlen der rechtsextremen Parteien in Deutschland 2012 bis 2022.*

im Norden existiert keine Struktur. Auch wenn die Stützpunkte teilweise recht aktiv sind, bleibt der *III. Weg* eine parlamentarisch bedeutungslose Splitterpartei. Das zeigte sich am 13. März 2016 in Rheinland-Pfalz, wo sich der *III. Weg* das erste Mal an Landtagswahlen beteiligte. Die Neonazis erhielten ganze 0,1 Prozent der Stimmen, wobei sie allein schon den Wahlantritt als Erfolg werteten.

Inhaltlich steht die Kameradschaftspartei für einen nationalrevolutionären dritten Weg jenseits von Kapitalismus und Kommunismus. Ein *deutscher Sozialismus* soll entstehen. Deutlich orientieren sich diese Vorstellungen am Strasser-Flügel der NSDAP. Als Emblem verwendet der *III. Weg* denn auch oft Hammer und Schwert in einem Zahnradkranz.

Abgesehen von seiner ideologischen Verortung als nationalsozialistische Arbeiterpartei macht der *III. Weg* seinen Mitgliedern ein ganzheitliches Angebot und trägt Züge einer Sekte.

Der *III. Weg* definiert sich in einer Artgemeinschaft und lehnt das Christentum als artfremd ab. Stattdessen werden heidnisch-germanische Rieten praktiziert, mit Sonnenwendfeiern und Brauchtumspflege. Man kann sich als gesamte Familie in dieses Weltbild einfügen.

Im Januar 2017 eröffnete die Organisation ihr bundesweit erstes *Partei- und Bürgerbüro* im Plauener Stadtteil Haselbrunn. Vermietet wurde das Eckgebäude Lange Straße/Pausaer Straße von einem Schweizer Immobilienfonds. Das *Bürgerbüro* sollte als Informationszentrum dienen. Auf den Schaufensterscheiben war groß zu lesen *national, sozialistisch, revolutionär*. Hier wollte der *III. Weg* um Akzeptanz in der Bevölkerung werben. Mittels einer wöchentlich stattfindenden Volksküche suchte man, bedürftige Deutsche mit einem kostenlosen Essen zu ködern.

↑ Der *III. Weg* ist eine neonazistische Kameradschaftspartei in der Tradition der NSDAP. Sein öffentlich betont legales Auftreten ist rein taktisch bedingt. Aktueller Aufkleber.

Mit derselben Absicht wurden unter der Überschrift *Deutsche Winterhilfe* Altkleider verteilt.

Unweit der rechtsradikalen Zentrale lag die Markuskirche, was dazu führte, dass die *Evangelisch-Lutherische Markus-Paulus-Kirchgemeinde* mit der *Arbeitsloseninitiative Sachsen* im Stadtteil Haselbrunn ein Kinder- und Jugend-Zentrum initiierten, um der permanenten rechtsradikalen Präsenz entgegenzuwirken.[48]

Mittlerweile ist die Parteizentrale des III. *Weg* in das von der Organisation gekaufte Haus Pausaer Straße 130 gewechselt. Ebenso gehört dem III. *Weg* das Haus Pausaer Straße 132, das als Wohnhaus für Parteimitglieder dient – man könnte hier von zwei Neonazi-Mehrgenerationenprojekten reden. Der Kauf von Immobilien gehört zur Strategie des III. *Weg* und macht einen Gutteil seiner abgeschotteten, stabilen Struktur aus.

Der Umzug in die Pausaer Straße 130 ging aber nicht glatt von statten, was zeigt, dass auch der militante Antifa-Widerstand in Plauen lebt. In der Erklärung hieß es: *„In der Nacht auf Montag, 29.April 2019 haben wir zwei Räumlichkeiten der Neonazi-Partei III. Weg in Plauen angegriffen. Getroffen hat es das seit Jahren bestehende offizielle Parteibüro und die neue Partei-Immobilie, noch bevor diese offiziell beworben und eröffnet wurde. Beim Büro in der Langen Straße 5 zerschlugen wir zwei Eingangstüren und verteilten Bitumen und stinkende Buttersäure in den Innenräumen. Eine weitere große Scheibe ging zu Bruch. In die neuen Räume in der Pausaer Straße 130 sprühten wir ebenfalls Bitumen und Buttersäure durch die eingeschlagenen Fenster.“*[49]

In der P 130, gleichzeitig Kürzel für die Jugendgruppe des III. *Weg*, werden Nachhilfe, AG Kindertheater, Kinderdisco, kostenloser Gitarrenunterricht, Tischtennis und Basketball, Ferienprogramme in den Schulferien, Jugend- und Frauengruppe oder Schulungen angeboten. Selbst Konzerte von Liedermachern bis zur Neonazi-Band fanden und finden hier statt.

Die Strategie des Neonazi-Partei ist auf kontinuierliche Arbeit vor Ort angelegt, ohne dass die Neonazis damit bislang große Erfolge feiern konnten. Bei den Kommunalwahlen in Sachsen, am 26. Mai 2019, erreichte die

48 *Gegen Rechts: Kirche und Initiative planen Zentrum*, in: Süddeutsche Zeitung, 25.2.2020.

49 Anonym: *Buttersäure und kaputte Scheiben für den 3. Weg in Plauen*, in: indymedia, 4.5.2019.

Splittergruppe im Vogtlandkreis 1,7 Prozent der Stimmen. Der aus Franken ins Vogtland eingewanderte, einschlägig vorbestrafte Neonazis Tony Gentsch sitzt seitdem im Kreistag.[50] In der Stadt Plauen entfielen auf den *III. Weg* 3,8 Prozent der Stimmen, sodass Gentsch zusätzlich auch Stadtratsmitglied ist.[51]

Bei der Europawahl im Mai 2019 ging es dem III. Weg darum, sich mit aggressiver Propaganda hervorzutun – was ihm auch gelang. *Reserviert für Volksverräter* stand auf Plakaten, die weit oben an Laternenmasten des Bahnhof Lichtenberg in Berlin angebracht waren. Man konnte das als Aufruf interpretieren, *Volksverräter* an Laternenmasten aufzuhängen. Der Begriff geht auf die sozialistisch-revolutionäre Bewegung des 19. Jahrhunderts zurück, ist aber später vor allem von den Nationalsozialisten verwendet worden.

Medien und Politiker_innen beschäftigten sich mit dem Plakat, die Ordnungsbehörden schalteten sich ein. Ohne weiteres ließ sich die Wahlpropaganda aber nicht entfernen. Das hatte sich im Jahr 2011 gezeigt, als ein Verbot des NPD-Plakat *Gas geben* vor dem Berliner Verwaltungsgericht gescheitert war.[52] Das Plakat zur damaligen Abgeordnetenhauswahl zeigte den süffisant lächelnden NPD-Kandidaten Udo Voigt in Ledermontur auf einem Motorrad sitzend, die Hand am Gas. Assoziationen mit den Gaskammern in den Vernichtungslagern der Nazis waren nahliegend. Ein solcher Zusammenhang wurde von der NPD selbstverständlich bestritten – und hatte juristisch Bestand. Lediglich in einigen Bereichen, wie im Umfeld des Jüdischen Museum, blieb der Aushang untersagt. Im Europawahlkampf 2019 war das Plakat dann erneut an vielen Orten zu sehen.[53]

Mit der Furore um das Plakat *Reserviert für Volksverräter* überflügelte der *III. Weg* bei dieser Europawahl aber die NPD mit ihrem *Gas geben*. Juristisch war das letzte Wort auch noch nicht gesprochen. Wegen des Verdachts der Volksverhetzung erstattete der Bürgermeister von Berlin-Lichtenberg

50 *Was hat der Vogtlandkreis am 26. Mai eigentlich gewählt?*, in: Leipziger Internetzeitung, 3.6.2019.

51 *Europa und Kommunalwahl am 26.5.2019*, in: Stadt Plauen.

52 *Wahlkampf in Berlin Gericht erlaubt „Gas geben"-Plakate der NPD*, in: Spiegel / Politik, 7.9.2011.

53 Mai, Marina: *Nazi-Plakat in Lichtenberg: Im Schutz der Zweideutigkeit*, in: taz, 24.4.2019.

Strafanzeige gegen den *III. Weg*, ebenso leiteten die Staatsanwaltschaften in München und Chemnitz Ermittlungen ein.[54] Eine eindeutige Aufforderung, jemanden aufzuhängen, konnte dem Plakat aber nicht zugeschreiben werden. Das Verwaltungsgericht München stellte am 23. Mai 2019 fest, dass die Parole *Reserviert für Volksverräter* legal sei und den Straftatbestand der Volksverhetzung nicht erfülle.[55] Daraufhin wurden die Verfahren in Chemnitz und Berlin eingestellt.

Dieser juristische Erfolg nutzte dem *III. Weg* wenig. Für die Landtagswahl am 1. September 2019 verweigerte der Landeswahlausschuss den Neonazis die Anerkennung als Partei. Der Ausschuss erkannte keine Parteieigenschaften, da keine Kreis- und Landesverbände existierten.[56] Noch im selben Jahr fand die Umstrukturierung statt. Mit Gründung des Landesverbandes Sachsen wurde Tony Gentsch, Stadt- und Kreisratsmitglied in Plauen und ständiger Anmelder von Demonstrationen, auch Landesvorsitzender des *III. Weg*.

Konkurrenz am 1. Mai

Dass die NPD ihre Führungsrolle im neonazistischen Lager eingebüßt hatte, zeigte sich auch am 1. Mai. War die NPD in der Vergangenheit Anmelderin diverser Demonstrationen im Bundesgebiet, machten sich seit 2014 der *III. Weg*, DIE RECHTE und die NPD, mit jeweils eigenen Veranstaltungen Konkurrenz.

Wobei den 1.-Mai-Demonstrationen beim *III. Weg*, die mehr Aufmärschen bzw. Prozessionen gleichen, eine zentrale Bedeutung zukommt. Man marschiert in Reih' und Glied, vorneweg eine Gruppe mit Landsknechtstrommeln, die den Takt angibt. Alle Teilnehmer_innen im vorderen Teil der Demo laufen in einheitlichen roten T-Shirts, jede_r ein Plakat haltend, dann eine Fahnenabordnung, dahinter der Rest der Demo, ebenfalls –

54 Mai, Marina: *Plakate von „Der Dritte Weg": Lichtenberg klagt gegen Nazi-Partei*, in: taz, 28.4.2019.

55 *Entfernen von Wahlplakaten*, in: BAYERN.RECHT / Bayrische Staatskanzlei, 23.5.2019.

56 *Keine Partei-Eigenschaft. Pro Chemnitz und III. Weg scheitern an Zulassung zur Landtagswahl in Sachsen*, in: Dresdner Neuste Nachrichten, 24.6.2019.

zumindest halbwegs – in Reih und Glied. Aus Lautsprechern animieren Einpeitscher zu Sprechchören. Dem Zufall wird nichts überlassen, alles ist auf Wirkung bedacht und vorher mit der Versammlungsbehörde festgelegt. Auf keinen Fall will der *III. Weg* in den Medien als Krawalltruppe dastehen. Seine Politik ist zwar elitär und voller NS-ideologischer Bezüge, aber auf Legalität bedacht.

Taktisch nutzte der *III. Weg* diese propagandistischen Auftritte, um in den betreffenden Kommunen sogenannte Stützpunkte, also Ortsgruppen, zu etablierten. So war es nach der 1.-Mai-Demo 2014 in Plauen bzw. 2015 in Saalfeld. Besonders groß sollte die zweite 1.-Mai-Demonstration des *III. Wegs* 2016 in Plauen ausfallen. Es gab eine gute Voraussetzung dafür, denn DIE RECHTE hatte das *Antikapitalistisches Kollektiv* (AKK) ein Jahr zuvor durch ihren legalen Kurs bei ihrer 1.-Mai-Demo verprellt.

Denn die DIE RECHTE war auf alle Forderungen der Versammlungsbehörde in Leipzig eingegangen. Um ihre Demo durchführen zu können, hatten die Neonazis sogar freiwillig ihre Demoroute verkürzt. Genützt hatte das nichts, denn die Demo scheiterte an einer Menschenblockade, die von der Polizei nicht geräumt wurde. Das AAK wertete das Vorgehen von DIE RECHTE als Kleinbeigeben und wandte sich dem *III. Weg* zu.

Dessen ungeachtet versuchte DIE RECHTE ein halbes Jahr später in Leipzig erneut ein Zeichen zu setzen. Gemeinsam mit den regionalen Organisationen *Thügida* und *Offensive für Deutschland* wollte sie am 12. Dezember 2015 durch die Südvorstadt und den Stadtteil Connewitz, beide als linke Szeneviertel bekannt, marschieren.

Auf 550 Meter verkürzt, wurde die Demonstration von den Behörden genehmigt und 1.000 Polizist_innen zu ihrem Schutz aufgefahren. Am 12. Dezember fanden sich dann ganze 150 Rechtsradikale ein, die, von der Polizei weiträumig abgeschirmt, ihre Parolen durch die Straßen brüllen konnten.

Mehr als 3.000 Antifaschist_innen fanden dies unerträglich und in der Leipziger Südvorstadt und Connewitz folgten die schwersten Auseinandersetzungen mit der Polizei seit Jahren. Die Einsatzkräfte reagierten rigoros und ohne Rücksicht auf Unbeteiligte. Tränengas, Pfefferspray und Schlagstöcke kamen frühzeitig zum Einsatz. Nach Polizeiangaben wurden

↑ Aufkleber Antifa-Demo als Piktogramm.

69 Beamt_innen verletzt und 50 Dienstfahrzeuge beschädigt. Dazu eine nicht genau bekannte Zahl von Privatfahrzeugen. Auf 21.000 Euro veranschlagte die Stadt Leipzig allein die Höhe der Schäden an den Straßen, da auf einer Gesamtfläche von 65 Quadratmetern Mosaikpflastersteine herausgebrochen worden seien.[57] Wie so oft gab es keine Zahlen über verletzte Demonstrant_innen, 23 Personen wurden festgenommen.

Leipzigs Oberbürgermeister Burkhard Jung (SPD) äußerte sich zu den Krawallen in polizeistaatlichem Sinne: *„Diese Gewalt von Anarchisten und sogenannten Autonomen ist schockierend. Hier waren Kriminelle am Werk, die vor nichts zurückschrecken. Das ist offener Straßenterror. Massive Verletzungen von Polizisten werden nicht nur in Kauf genommen, sondern offenbar angestrebt. Hier haben sich extreme Gewalttäter das Deckmäntelchen des Antifaschismus übergeworfen, um den Staat anzugreifen. Diese Kriminellen diskreditieren, unterlaufen und verhindern letztlich den so wichtigen, friedlichen Protest gegen Neonazis. Mein Dank gilt den (zu wenigen) Polizistinnen und Polizisten, die wieder einmal den Kopf hinhalten mussten. Mit allen friedlichen Demonstranten erwarte ich eine Stärkung der Polizeikräfte und unnachgiebige Verfolgung der Straftäter.“*[58]

Der 12. Dezember 2015 war ein Fanal der Antifa-Szene in Leipzig und eine Niederlage für DIE RECHTE. Deren Versuche, außerhalb der

57 *Demo-Krawalle vom 12. Dezember 2015: Hohe Schäden im Leipziger Süden*, in: Stadt Leipzig, 16.12.2015.

58 *Heftige Krawalle am Rande von Neonazi-Demo im Leipziger Süden*, in: Leipziger Volkszeitung, 13.12.2015.

Kameradschaftsszene Potenzial zu finden, waren eindrucksvoll gescheitert. Das AKK blieb weiterhin auf Abstand und mobilisierte 2016 nicht zur 1.-Mai-Demo von DIE RECHTE nach Erfurt, sondern zum *III. Weg* nach Plauen, wo 800 Neonazis zusammenkamen. Als die Polizei die Neonazi-Demonstration stoppte, übernahm das AKK kurzzeitig die Regie und versuchte, die Polizeiabsperrung zu durchbrechen. Wasserwerfer- und Pfeffersprayeinsätze sowie Prügelszenen waren die Folge.

Genauso rabiat ging die Polizei gegen die mehr als 1.000 Antifaschist_innen vor, von denen viele aus Leipzig angereist waren. Bundesweit sorgten die Auseinandersetzungen von Plauen für Aufmerksamkeit. Das passte dem *III. Weg*, dem sehr an seinem legalen Status gelegen war, gar nicht in den Kram und führte zu Differenzen mit dem AKK. Beide Organisationen gingen wieder getrennte Wege.

Im Gegensatz zu Plauen, fand die 1.-Mai-Demo in Erfurt kaum mediale Erwähnung. Zu ihrem bundesweiten Event konnte DIE RECHTE nur 250 Demonstrationsteilnehmer_innen auf die Beine bringen. Es kam lediglich zu kleinerem Geplänkel mit der Polizei bzw. den mehreren Hundert Antifaschist_innen.

Die NPD demonstrierte am 1. Mai 2016 in Bochum. Ihrem Aufruf folgten ganze 180 Personen. Dagegen standen fast 3.000 Antifaschist_innen. Mit Steinen, Flaschen und Rauchtöpfen erfolgte ein Angriff auf die Polizeiabsperrungen. Die Polizei wehrte die Attacke mit Wasserwerfern und dem massiven Einsatz von Pfefferspray ab. Vier Polizisten erlitten durch Steinwürfe Blessuren, die Zahl der verletzten Antifas blieb unbekannt.[59]

Nach den 1. Mai-Krawallen in Plauen ging das AKK wieder auf DIE RECHTE zu und unterstützte deren erneuten Aufruf für eine Demonstration in Leipzig. Am 18. März 2017 sollte die rechtsradikale Provokation stattfinden. Diesmal war die Polizei erheblich besser vorbereitet und hatte 2.500 Beamt_innen aus verschiedenen Bundesländern samt Wasserwerfern und Räumpanzern zusammengezogen.

Christian Worch erschien persönlich in Leipzig und DIE RECHTE konnte unter Polizeischutz marschieren, wenn auch wiederum nur 150 Neonazis

59 *Verletzte Polizisten bei NPD-Demo und Gegendemos in Bochum*, in: DER WESTEN, 1.5.2016.

zusammengekommen waren. 17 Antifaschist_innen landeten, zumeist wegen des Vorwurfs des Landfriedensbruchs, im Polizeigewahrsam. Außerdem ein Rechtsradikaler, weil er den Hitlergruß gezeigt hatte. Leipzig war ein Probelauf. Das **AKK** und die Kameradschaften hatten diese Aktion unterstützt und mobilisierten nun gemeinsam bundesweit mit **DIE RECHTE** für den 1. Mai 2017 nach Halle/Saale.

Eine weitere 1.-Mai-Demo meldete **DIE RECHTE** zusätzlich in Dortmund an, diese hatte aber von vornherein nur regionale Bedeutung. Der Aufzug von 200 Neonazis wurde von mehreren Hundert Antifaschist_innen blockiert und vorzeitig beendet. Ferner marschierte der ***III. Weg*** an diesem Datum in Gera, wo auch die zentrale Thüringer Mai-Kundgebung des DGB stattfand. Zur DGB-Demo kamen nach Polizeiangaben 400 Menschen.

An der antifaschistischen Demonstration, die sich dem Aufmarsch des ***III. Weg*** mit 400 Marschierer_innen in den Weg stellte, beteiligten sich rund 800 Antifaschist_innen. Es gab keine nenneswerte Zwischenfällen.[60]

Am selben Tag konnte die NPD in Stralsund lediglich 250 Parteifreund_innen versammeln. Eine Gruppe von ca. 100 Jugendlichen, die auf dem Weg zur Gegenkundgebung im Stadtzentrum war, wurde von der Polizei acht Stunden lang eingekesselt. Während der gesamten Zeit gab es keine Versorgung, niemand durfte austreten. Wegen ***Verstoß gegen das Versammlungsgesetz*** wurden dann von allen beteiligten, darunter 43 Minderjährigen, die Personalien aufgenommen.

Dieser Polizeieinsatz wurde zum Thema im Innenausschuss des Landtags.[61] Stoisch erklärten die Verantwortlichen, die Maßnahme sei angemessen und keineswegs überzogen gewesen. Irgendwelche Konsequenzen für die Polizei ergaben sich nicht.

Auch in Bautzen wollte die NPD an diesem 1. Mai marschieren. Den etwa 110 Rechtstadikalen stellte sich breites Bündnis mit einer Menschenkette entgegen, an der sich rund 700 Personen beteiligten. Mehr als 300 Polizist_innen waren vor Ort.

60 Grieser, Katja: ***Rund 1600 Menschen bei Demos in Gera: 800 Gegendemonstranten und 400 Rechstextreme [3. Update]***, in: Thüringer Allgemeine, 1.5.2017.

61 ***Stralsund: Umstrittener Polizeikessel wird Thema im Landtag***, in: nd, 11.5.2027.

Einen Blockadeversuch der NPD-Route von 20 Gegendemonstrant_innen löste die Polzei unter Einsatz von Reizgas auf.[62]

Die größte Herausforderung dieses Tages stellte jedoch der geplante Aufmarsch in Halle dar. Der antifaschistischen Mobilisierung für die Saalestadt kam zugute, dass sie im Einzugsbereich von Leipzig liegt. Von den 4.000 Antifaschist_innen, die das Bündnis in Halle am 1. Mai mobilisierte, kam ein großer Teil von außerhalb. Drei Demonstrationszüge führten zum Hauptbahnhof, wo die Neonazis losgehen wollten. Deren geplante Route war damit von vornherein blockiert und die über 600 eingetroffenen Rechtsradikalen blieben unter staatlichem Schutz auf dem Bahnhofsgelände. Mit Hundertschaften, Absperrgittern, Hunden und mehreren Wasserwerfern hielt die Polizei die Antifaschist_innen auf Abstand. Da die Beamt_innen keine Ambitionen zeigten, den Aufmarsch der Rechten durchzusetzen, versuchten einige Rechtsradikale nach zwei Stunden durchzubrechen; ebenso griffen Antifas die Polizeiabsperrungen an. Es gab auch einige direkte Konfrontationen mit Neonazis und ein Treffpunkt der Rechten wurde entglast. Um die Gesamtsituation nicht weiter eskalieren zu lassen, brach die Polizei nach einer nur kurzen Kundgebung der Rechten die Veranstaltung ab. Auch wurden sämtliche Alternativveranstaltungen in Sachsen-Anhalt untersagt. Während des Abzugs der Neonazis kam es dann zu weiteren Konfrontationen mit Antifas.

Namentlich das AKK wollte an diesem Tag den Plan einer Demo noch nicht aufgeben. Auf der Rückfahrt in Richtung Hessen verließen ca. 150 Rechtsradikale in Apolda, einem kleinen Städtchen in Thüringen, den Zug. Mit der Überraschung auf seiner Seite formierte das AKK eine Spontandemo und verjagte die wenigen Polizisten, die sich ihm in den Weg stellen wollten. Allerdings unterschätzten die Neonazis, wie schnell und rigoros die Thüringer Polizei reagieren würde. Es dauerte keine zwanzig Minuten und ausreichend Verstärkung befand sich vor Ort und griff in diesem Falle einmal gegen die Rechten durch. Die Hände mit Kabelbindern auf den Rücken gebunden und auf dem Bauch liegend, mussten 103 Verhaftete

62 *Neonazis-Demos zum 1. Mai. Randale, Buttersäure und versuchter Totschlag*, in: Belltower.News, 2.5.2017.

Das ***Antikapitalistische Kollektiv*** war eine nationalrevolutionäre Neonazi-Organisierung, die erstmals 2015 bei den Protesten gegen die Eröffnung der ***Europäischen Zentralbank*** in Frankfurt am Main auf der Straße in Erscheinung trat. Aufkleber aus dem Jahr 2017.

warten, bis man sie einzeln auf die Polizeireviere abtransportierte. Gegen alle wurden Verfahren wegen Landfriedensbruch eingeleitet und gegen Einzelne zusätzlich wegen diverser anderer Straftaten. Zwar veröffentlichte das AKK-Propaganda-Videos von ihrer Spontandemo in Apolda, aber mit einem kleinen rechtsradikalen Mob durch ein menschenleeres Thüringer Provinzstädtchen zu ziehen, die örtliche Polizei zu erschrecken und die Scheibe einer Versicherungsvertretung einzuschmeißen, lässt sich einfach nicht als gelungener Schlag gegen den Kapitalismus verkaufen. Schon gar nicht, weil man sich komplett hatte hopsnehmen lassen. Um das AKK ist es jedenfalls seit diesem Debakel still geworden. Ihr Berliner Ableger ***Autonome Nationalisten Berlin*** (AN Berlin) gab am 30. August 2017, ohne Angabe von Gründen, via Homepage seine Auflösung bekannt.

Bedeutete der 1. Mai 2017 das Ende für das AKK, konsolidierte er DIE RECHTE in der Kameradschaftsszene, weshalb die Splitterpartei noch deutlicher auf neonazistischen Kurs gehen wollte.

Das zeigte sich beim Bundesparteitag Ende Oktober des Jahres. Mit fast 80 Prozent der Stimmen wurde Christian Worch als Vorsitzender bestätigt. Dann setzte der Thüringer Landesverband aber einen Antrag durch, mit dem sich die Partei zur Volksgemeinschaft bekannte. Das war nicht im Sinne des Vorsitzenden, Worch wollte, vor allem aus juristischen Gründen, eine klare ideologische Nähe zum Nationalsozialismus vermeiden. Die Mehrheit folgte jedoch dem Antrag des Thüringer Landesverbandes. Daraufhin legte Worch sein Amt nieder. Den Parteivorsitz übernahmen ab April 2018 Michael Brück und Sascha Krolzig. Brück gehörte einstmals dem *Nationalen Widerstand Dortmund* (NWDO) an, Krolzig war führendes Mitglied der *Kameradschaft Hamm* (KS Hamm) gewesen. Beide neonazistischen Organisationen waren 2012 verboten worden.

Mit ihren innerparteilichen Querelen beschäftigt war **DIE RECHTE** 2018 nicht in der Lage, eine zentrale Mai-Demonstration zu organisieren. Lediglich in Dortmund und Köln gab es zwei kleine, regionale Kundgebungen, die vom Kameradschaftsspektrum getragen waren.

↑ Antifa-Plakat frei nach John Heartfield.

Dafür marschierte der *III. Weg* mit großem Tamtam in Chemnitz. Es gelang der Organisation, mehr als 800 Anhänger_innen auf die Straße zu bringen. Die Gegenmobilisierung war u.a. deshalb vor Probleme gestellt, weil drei Bündnisse, drei unterschiedliche Demonstrationen gegen den Neonazi-Aufmarsch organisierten. Insgesamt kamen 4.000 Antifaschist_innen in Chemnitz zusammen, konnten aber wegen eines martialischen Polizeiaufgebots von 2.000 Beamt_innen den Aufmarsch der Neonazis nicht mal behindern.[63]

Ebenso konnte die NPD an diesem Tag unter Polizeischutz in Erfurt laufen. Dort standen 1.500 Menschen 700 Rechtsradikale aus dem gesamten Bundesgebiet gegenüber. Sascha Krolzig, Vorsitzender von **DIE RECHTE** ergriff als erster das Wort, daneben sprachen der NPD-Vorsitzende Frank Franz und andere NPD-Kader.[64]

63 Vorreyer, Thomas: *1. Mai. Wie die Demo des „III. Weg" in Chemnitz ein Reinfall wurde*, in: VICE, 2.5.2018.

64 *1. Mai. NPD zieht durch Erfurt*, in: Endstation Rechts., 2.5.2018.

Tag der deutschen Zukunft

Der *Tag der deutschen Zukunft* (TddZ) wurde erstmals 2009 von der *Initiative gegen Überfremdung* in Pinneberg veranstaltet. Hinter dieser Organisation steckten die beiden norddeutschen Neonazi-Kader Thomas Wulff und Dieter Riefling. Deshalb fanden die ersten TddZ-Demonstrationen mit wenigen Hundert Teilnehmer_innen 2010 in Hildesheim, 2011 in Braunschweig, 2012 in Hamburg und 2013 in Wolfsburg statt. Im selben Jahr starteten die Initiatoren einen bundesweiten Aufruf, sich um die Ausrichtung des TddZ zu bewerben. Den Zuschlag bekam das Dresdner *Netzwerk Mitte*. Damit erfolgte 2014 der Sprung von Norddeutschland ins übrige Bundesgebiet. Jedes Jahr richtete nun eine andere Gruppe den TddZ aus, weshalb auch die Stadt immer wechselte. Es war der einzige regelmäßige bundesweite Aufmarsch mit internationaler Beteiligung der parteiübergreifend aus der freien Kameradschaftsszene organisiert wurde. Der Termin lag jeweils Anfang Juni.

Dresden 2014 war für den TddZ ein Erfolg, weil der Polizeischutz es den Neonazis ermöglichte, ihren Aufzug mit 500 Leuten reibungslos durchzuführen. Jeglicher Protest des *No-TddZ-Bündnisses* wurde auf Abstand gehalten. Was in der sächsischen Hauptstadt gelungen war, glaubten die Neonazis erst recht ein Jahr später in Neuruppin durchsetzen zu können.

Dass es auch in der Brandenburger Provinz antifaschistische Proteste geben würde, war klar. Dafür stand schon allein das *Jugend-Wohn-Projekt Mittendrin* (JWP), das als Ort antifaschistischer Subkultur in der Region bekannt ist und über entsprechende Kontakte verfügt.

Schnell bildete sich aber auch ein breites Bürgerbündnis. Wobei sich die Gespräche untereinander schwierig gestalteten. Beispielsweise durfte auf dem Bündnis-Plakat kein als militanter Aufruf zu verstehender Satz stehen. Was schließlich dazu führte, dass aus autonomen Zusammenhängen ein eigenes Plakat entstand. Letztlich fanden sich die verschiedenen Spektren aber im *No-TddZ-Bündnis* zusammen.

Am Bahnhof Neuruppin/West sammelten sich am 7. Juni 2015 rund 500 Anhänger_innen von *freien Kräften* bis hin zu NPD, *III. Weg* und *DIE RECHTE*. Es war der größte Neonazi-Aufmarsch in Brandenburg seit Jahren.

Das Ansinnen, gegen die *Überfremdung des deutschen Volkes* auf die Straße zu gehen, endete jedoch bereits nach 30 Minuten und einem Kilometer Wegstrecke. Antifaschist_innen hatten die Straßen rund um einen Kreisverkehr besetzt, insgesamt 1.400 Menschen unterstützten diese Aktion, für die Rechtsradikalen ging es nicht weiter.

↑ Plakat gegen den TddZ in Neuruppin von der ***North East Antifa*** (NEA) Berlin.

Da die Polizei nicht räumte und sich der Anmelder der TddZ-Demo nicht auf eine andere Route einließ, standen die Rechtsradikalen zwei Stunden in der brütenden Hitze, bis der Versammlungsleiter die Veranstaltung gegen 16 Uhr auflöste. Sichtlich zum Unmut seiner angereisten Gesinnungsgenossen. Ausgerechnet in der beschaulichen Fontane-Stadt Neuruppin erlitt der TddZ nach sieben Jahren seine erste Schlappe. Allerdings wurden an diesem Tag insgesamt 30 Personen aus dem Antifa-Spektrum in Gewahrsam genommen. 15 Personen davon hatten die Bahnstrecke von Velten nach Neuruppin blockiert. Gegen sie lautete der Vorwurf *gefährlicher Eingriff in den Bahnverkehr*.

Nach der Niederlage in Neuruppin wurde der TddZ am 4. Juni 2016 in Dortmund angekündigt. Die dortige rechtsradikale Szene hatte schon oft Demonstrationen organisiert. Von vornherein konnte von einem hohen Mobilisierungspotenzial ausgegangen werden, was sich dann auch bestätigte: Zum Aufmarsch im Ruhrgebiet kamen rund 1.000 Neonazis. Es war damit die teilnehmerstärkste TddZ-Demonstration.

Groß wie selten war aber auch der antifaschistische Protest. Es gab mehrere Bündnisse und Demonstrationen; insgesamt gingen 5.000 Menschen mit kreativen Ideen gegen die Rechten auf die Straße. So wurden mit großen aufblasbaren Würfeln Barrikaden dargestellt, während das *Bündnis*

BlockaDo, tatsächlich mit Sitzblockaden intervenieren wollte. Ein massives Aufgebot von 5.000 Polizist_innen hielt jedoch die Antifaschist_innen auf Abstand zu den Neonazis. Versuche militanter Antifas, die Polizeiabsperrung zu durchbrechen, wurden schnell unterbunden.

In diesem Zusammenhang war eine größere Anzahl Nazigegner_innen wegen Vermummung längere Zeit von der Polizei eingekesselt. Anwohner_innen versorgten die Eingeschlossenen spontan mit Getränken, Schokoriegeln und Eis. Erfreuliche Solidarität, die aber nichts an der Bilanz des Tages änderte: ohne Störungen konnte der TddZ in Dortmund marschieren und seinen bislang größten Erfolg verbuchen.

Daran wollten die Rechtsradikalen am 3. Juni 2017 in Karlsruhe anknüpfen. Ähnlich wie in Dortmund organisierte sich schnell Widerstand gegen den Aufmarsch. Allein die seit vielen Jahren in der Stadt existierenden und gut vernetzten Antifa-Strukturen garantierten dafür, wie auch ein Bürgerbündnis, das schnell in Erscheinung trat.

Demgegenüber zählt Baden-Württemberg nicht zu den Kerngebieten der Kameradschaftsszene. Prognosen der Behörden und des Polizeiapparates, die erneut von 1.000 Neonazis sprachen, die zu erwarten seien, stellten sich als völlig überzogen heraus.

Diese Verlautbarungen dienten eher zur Legitimation für ein großes Polizeimanöver, das zu diesem Anlass veranstaltet werden sollte. Zum Einsatz kamen 4.000 Beamt_innen, inklusive Wasserwerfer und Reiterstaffel. Je nach Zahlenangabe zwischen 2.800 und über 4.000 Antifaschist_innen wollten den Neonazis die Straße streitig machen, was die Polizei-Armada verhinderte.

Am Ausgangsort des TddZ 2017, dem Karlsruher Bahnhof Durlach, sammelten sich wenig mehr als 300 Neonazis. Die größte Gruppe war aus NRW angereist, ebenso war der als Versammlungsleiter fungierende Christian Worch zugegen. Im Gegensatz zu Dortmund gab es für die Neonazis in Karlsruhe heftige Auflagen.

Von 15 angekündigten Rednern bekamen 12 Sprechverbot, da sie in der Vergangenheit wegen Volksverhetzung aufgefallen waren, als gewalttätig eingestuft wurden oder Kennzeichen verfassungswidriger Organisationen verwendet hatten. Aus den gleichen Gründen wurden etliche Ordner abgelehnt. Zu den verbliebenen drei Rednern zählte Worch, der seinen Ärger über die richterlichen Entscheidungen zum Schwerpunkt seiner Reden machte. Wütend und frustriert gingen die Neonazis ihre Runde.

↑ Antifa-Mobilisierungsplakat.

In den verwinkelten Straßenzügen des Ortsteils Durlach versuchten Antifaschist_innen immer wieder an den Neonaziaufmarsch heranzukommen. Das führte zu Auseinandersetzungen mit der Polizei, zu einigen Verletzten und Festnahmen. Eine größere Konfrontation blieb aber aus, ebenso wenig gelang es, Sitzblockaden durchzuführen. Der Polizeistaat bestimmte die Spielregeln. Nachdem die Rechtsradikalen wieder am Bahnhof Durlach angelangt waren, erfolgte abschließend die Bekanntgabe des nächsten Veranstaltungsorts des TddZ: Goslar. Die Stadt im Harz wurde von Worch im NS-Duktus als Reichsbauernstadt vorgestellt, ein Beiname aus der Zeit von 1936 und 1945. Für die Antifa-Mobilisierung warf die Auswahl für den zehnten Neonazi-Aufmarsch, einige Probleme auf. Vor Ort existierten keine Strukturen. Die Position, als radikale Auswärtige mit dem sich vor Ort bildenden Bündnis in die Diskussion zu kommen, gestaltete sich schwierig.

Trotzdem mobilisierten Antifa-Gruppen aus Niedersachsen und dem Norddeutschen Raum zum 2. Juni 2018 nach Goslar. Mehr als 3.000 Menschen (Polizeiangaben 2.000) beteiligten sich an der Demonstration des *Goslarer Bündnis gegen Rechtsextremismus*, die Neonazis konnten lediglich 260 Kamerad_innen (Polizeiangabe) für ihren TddZ mobilisieren. Die Innenstadt stand vollständig unter der Kontrolle von 2.000 eingesetzten Polizist_innen die den rechtsradikalen Aufmarsch gewährleisteten. Versuche von Antifas, die Polizeiabsperrungen zu durchbrechen, konnten ohne

Probleme unterbunden werden. Nicht so ein Anschlag auf die Bahnstrecke zwischen Halberstadt und Goslar. Brennende Reifen im Gleis, dazu beschädigte Kabelschächte und ausgekippter Flüssigbeton unterbanden den Zugverkehr.[65]

Öffentlich stellte sich die regionale Politprominenz vom Bürgermeister bis zum Landrat als Anführer des antifaschistischen Protestes dar, während der Anteil der auswärtigen Antifa-Gruppen am Zustandekommen der Gegenaktionen kaum Erwähnung fand. Für 2019 kündigten die Neonazis den TddZ für Chemnitz an.

Pleite in Chemnitz, Ende in Worms

Anfang Juni 2018 konnte noch niemand wissen, dass es Ende August in Chemnitz zur Mordtat an Daniel Hillig und den folgenden fremdenfeindlichen Ausschreitungen kommen würde. Vielmehr spekulierten die Veranstalter_innen des TddZ auf die Mobilisierungsfähigkeit der regionalen Neonazis-Szene. Denn bis in die 2000er-Jahre war die NPD in Chemnitz stark vertreten und die Kameradschaftsszene machte durch die **Nationalen Sozialisten Chemnitz** (NSC) von sich reden.

Doch der allgemeine Niedergang der NPD schlug sich auch auf den Kreisverband Chemnitz nieder. Wie andernorts lief die AfD der NPD den Rang ab und die NSC wurden im Jahr 2014 verboten. Auf die rechte Hooligan-Szene in der Stadt hatten diese Einbrüche jedoch keine große Wirkung. Zudem existiert neben der AfD die rechtspopulistische Wählervereinigung *Pro Chemnitz*. Aber in Chemnitz ging es um mehr als die schlichte Ausrichtung des TddZ. Während nämlich die NPD mit ihrer totalen Bedeutungslosigkeit kämpfte und es um die Partei *DIE RECHTE* ähnlich bestellt war, punktete in Westsachsen zunehmend der *III. Weg*.

Das Zentrum der Neonazi-Partei liegt in Plauen, keine 80 Kilometer von Chemnitz entfernt, mit dem Auto etwa 30 Minuten Fahrtzeit. Ein Grund, weshalb der *III. Weg* am 1. Mai 2018 mit mehr als 800 (Polizeiangabe 650) Anhänger_innen durch Chemnitz marschierte.

65 *Neonazis-Aufmarsch in Goslar. Fiasko in der „Reichsbauernstadt“*, in taz, 2.6.2018.

Auch bei den ersten Demonstrationen nach dem Tod von Daniel Hillig war der *III. Weg* mit von der Partie. Seine Kader standen beim rechtsradikalen Protest in der ersten Reihe.

Mit dem TddZ hatte der *III. Weg* jedoch nichts zu tun, er war eine Domäne von DIE RECHTE und der NPD, die sich Chemnitz mit Bedacht ausgesucht hatten, um einen Konkurrenzkampf mit dem *III. Weg* auszutragen.[66]

Organisiert und angemeldet wurde der TddZ in Chemnitz von den *Jungen Nationaldemokraten* (JN), Jugendorganisation der NPD, um ein *Signal gegen Überfremdung* zu setzen. Zudem stand die Veranstaltung unter der Parole: *Deitsch on frei wolln mer sei* – Titel des als *Hymne des Erzgebirges* bezeichneten Volksliedes des regional bekannten Dichters Anton Günter aus dem Jahr 1908. Als Mobilisierungsparole im Jahr 2019 erwies sich böhmisches Platt als nicht sonderlich erfolgreich.

Die Anmelder_innen des TddZ gingen von 500 Mitmarschierenden aus. Eine scheinbar realistische Vorstellung, denn im Zusammenhang mit dem Tod von Daniel Hillig war der rechtsradikale Anhang zu Tausenden durch die Stadt gezogen. Das lag aber bereits etwas mehr als ein halbes Jahr zurück und die Zeiten hatten sich geändert. Bereits am 1. Mai 2019, als AfD und *Pro Chemnitz* erneut in der Stadt demonstrierten, beteiligten sich nur noch einige Hundert Rechtsradikale, denen mehr als 2.000 Antifaschist_innen gegenüberstanden.

Die bundesweite Mobilisierung für den TddZ in Chemnitz traf vor allem in Dortmund auf Unterstützung. Zwischen den rechten Szenen beider Städte bestehen seit vielen Jahren Verbindungen. So erschien die gesamte Führungsriege von DIE RECHTE, doch blieb das Ergebnis weit hinter den Erwartungen zurück. Lediglich 270 Neonazis tauchten zum TddZ in Chemnitz auf, denen 1.500 Antifaschist_innen (Polizeiangabe 1.300) gegenüberstanden. Um Zusammenstöße und Szenen wie im August/September 2018 in Chemnitz unter allen Umständen zu vermeiden, diktierte der Polizeistaat das Geschehen. Rund 2.200 Einsatzkräfte der Chemnitzer Polizei, anderer sächsischer Polizeidienststellen, der Bundespolizei sowie Einheiten aus

66 *Zerstrittene Szene: Neonazi-Event blieb hinter den Erwartungen zurück*, in: Presseservice Rathenow, 2.6.2019.

Baden-Württemberg, Bayern, Niedersachsen, Nordrhein-Westfalen und Thüringen waren im Einsatz. Zudem überwachten rund 360 Bundespolizist_innen die An- und Abreise per Bahn.[67]

Ein starker Polizeikordon sicherte die Neonazi-Demo, an vielen Stellen der Demostrecke waren Gitter aufgebaut. Ein Hubschrauber beobachtete alles aus der Luft, hinzu kam stationäre Videoüberwachung.

Auch war am 1. Juni internationaler Kindertag,[68] so dass in der Innenstadt, am Karl-Marx-Monument, ein Kinderfest stattfand. Ministerpräsident Michael Kretschmer (CDU) reiste dafür eigens an, ohne sich aber an antifaschistischen Protesten zu beteiligten. Vielmehr sagte Kretschmer: *„Ich freue mich, dass sich die Chemnitzerinnen und Chemnitzer nicht beeindrucken lassen, sondern gemeinsam ein Familienfest feiern. Deswegen bin ich gerne zu Besuch in der Stadt. Wir lassen uns die Stimmung nicht vermiesen.“*[69]

Der rechte Aufmarsch startete am Rande der Chemnitzer Innenstadt. Er kam keine zehn Meter weit, bis er von der Polizei gestoppt und die mitgebrachten Trommeln beanstandet wurden. Laut Auflagen war es untersagt, mit den Schlaginstrumenten den Marschrhythmus vorzugeben, getrommelt werden durfte nur, wenn die Demo stand. Also zog der Neonaziaufmarsch ohne Trommeln los. Es ging am Hauptbahnhof vorbei zum Stadtteil Sonnenberg und wieder zurück.

Die antifaschistische Demonstration des Bündnisses *Chemnitz Nazifrei* versuchte, sich der TddZ-Demo entgegenzustellen. Gegenveranstaltungen in Sicht- und Hörweite waren von der Polizei an einigen Stellen zugelassen, Versuche, mit Sitzblockaden den rechten Aufmarsch zu stoppen, wurden jedoch konsequent unterbunden. Mit Bengalos, ein paar Nebeltöpfen und Rangeleien an den Polizeiabsperrungen konnte lediglich für kurze kämpferische Momente gesorgt werden. Letztlich war dies nicht erheblich, denn die Pleite für die Neonazis war überdeutlich.

67 *Das sagt die Polizei zum Demo-Samstag in Chemnitz*, in: Tag 24, 2.6.2019.

68 Dieser internationale Kindertag ist ein Relikt aus DDR-Zeiten. In der DDR wie in anderen Staaten des Ostblocks wurde 1950 der 1. Juni als Kindertag eingeführt und wird seitdem gefeiert.

69 *Demos und Kinderfest – das war der 1. Juni in Chemnitz*, in: Freie Presse, Liveticker, 1.6.2019.

Dem entgegen versuchten Sven Skoda, einer der beiden Vorsitzenden von **DIE RECHTE**, und sein Stellvertreter, der NRW-Landesvorsitzender Michael Brück, in ihren Reden souverän zu wirken. Dennoch gelang es den Rechtsradikalen nicht, ihre Resignation zu verbergen. Rein pflichtgemäß stand am Ende der Aufruf zum nächsten TddZ 2020 in Worms.

Klar zeigte sich die Krise, in welche die Neonazis durch den Aufstieg des Rechtspopulismus geraten waren. Nur im Zusammenhang mit dem Thema *Überfremdung* und der Empörung über Straftaten, die in dieses Schema passten, konnten sie mitschwimmen.Bei eigenen öffentlichen Aktionen gelang es hingegen nur noch, den harten Kern von Anhänger_innen zusammenzutrommeln. Selbst diese Aufgabe konnte der TddZ nicht mehr erfüllen. Abgesehen davon, dass die Szene um den ***III. Weg*** den TddZ ablehnte, brach innerhalb von **DIE RECHTE** ein offener Konflikt aus.

Denn die Mehrheit der Neonazi-Partei wollte einen radikaleren Kurs einschlagen und hatte den Parteigründer Christian Worch am Ende des Parteitages 2017 geschasst. Anfang Januar 2019 kehrte Worch in **DIE RECHTE** zurück und wurde auf dem Bundesparteitag zum Schatzmeister und Beisitzer im Bundesvorstand gekürt. Innerparteilich blieb der bekannte Neonazianführer aber vor allem beim wichtigen NRW-Landesverband nicht wohl gelitten. Dessen ungeachtet sollte Worch, zum Zeichen der neuen Einigung, beim TddZ in Worms als Redner auftreten. Das stieß auf den Unmut der Dortmunder_innen, die deshalb beim TddZ 2020 nicht erscheinen wollten. Da ein Kompromiss unmöglich blieb, wurde Mitte Mai bekannt gegeben, dass in Worms der letzte TddZ stattfinden würde.

Zudem blieb durch die Corona-Pandemie offen, ob überhaupt ein Aufmarsch möglich wäre. Mit Blick auf die Pandemie hatte die Stadt Worms die Versammlung untersagt. Erst am Freitagvormittag, nachdem das Verbot sowohl vom Verwaltungsgericht Mainz als auch vom Oberverwaltungsgericht Koblenz gekippt worden war, wurde der Aufzug unter Auflagen von den Behörden erlaubt. Das war einen Tag vor dem Demotermin. Letztlich geriet der TddZ in Worms zur Blamage. Lediglich 50 *deutsche Patrioten* zeigten Flagge. Dagegen hatten das überregionale Bündnis *Block TddZ Worms* und das *Wormser Bündnis gegen Naziaufmärsche* weit im Vorfeld mobilisiert. Über 50 antifaschistische Organisationen unterstützten das Konzept, die geplante Marschroute der Neonazis zu blockieren. Aus der gesamten Region und den großen Städten Frankfurt, Mainz, Kaiserslautern, Mannheim oder Karlsruhe fuhren Aktivist_innen nach Worms.

Gleich nachdem die Auswärtigen eingetroffen waren, führten Ortskundige sie in Richtung Innenstadt. So gelang es ca. 1.000 Antifaschist_innen, die Neonazi- Demonstration nach 260 Metern zu stoppen und es entwickelte sich ein zweistündiges Katz-und-Maus-Spiel mit der Polizei, die immer wieder Schlagstöcke und Pfefferspray gegen Antifas einsetzte und mindestens 45 Personen verletzte. Die Polizei meldete ihrerseits Steinwürfe, Pyrotechnik sowie Schläge und Tritte vonseiten der Demonstrant_innen. An zwei Standorten führte die Polizei Massenfestnahmen von insgesamt über 500 Antifas durch. Alle wurden erkennungsdienstlich behandelt und nach einer Anzeige wegen des **Verdachts auf Landfriedensbruch** wieder auf freien Fuß gesetzt.[70]

Während der Massenfestnahmen und Scharmützel standen die Neonazis auf dem Bahnhofsvorplatz, geschützt durch Absperrgitter und massive Polizeipräsenz. Ringsherum protestierten Hunderte von Menschen mit Musik, Glockengeläut, Trillerpfeifen. Auch aus Häusern hingen Transparente. Schließlich konnte die Polizei die Neonazis nur eine kleine Runde um den Block laufen lassen. Zurück am Bahnhofsvorplatz, löste die Versammlungsleitung die Kundgebung auf. So endete der 12. und letzte TddZ.

Der **III. Weg** überflügelte szeneintern den blamablen TddZ mit einer kurzfristig für den nächsten Tag (Sonntag) organisierten Kundgebung in Kaiserslautern. Mit Fahnen und einheitlicher Kleidung demonstrierten 60 Neonazis den Führungsanspruch der rechtsradikalen Splitterpartei.[71]

Für die Neonazis war der TddZ damit erledigt, nicht so für die Antifas. Eine Woche nach dem missglückten Neonazi-Aufmarsch in Worms setzte die Polizei eine Ermittlungsgruppe ein, um den 570 von der Polizei festgenommen Antifaschist_innen Straftaten zuzuordnen.[72]

70 *Erfolgreiche Blockade in Worms – Düstere Zukunft für Nazis – TddZ am Ende*, in: Kommunalinfo Mannheim, 8.6.2020.

71 Witzgall, Tom: *Worm: Kaum Teilnehmer und Blockade*, in: Endstation Rechts, 7. Juni 2020.

72 Wößner, Claudia: *Ermittlungsgruppe der Polizei arbeitet „Tag der deutschen Zukunft" auf*, in: Wormser Zeitung, 7.7.2020.

Rechtsrock in Themar

Neben gemeinsamen Aufmärschen blieb die rechtsradikale Subkultur ein entscheidendes Bindeglied in der Neonazi-Szene. Vor allem Liederabende und Rechtsrock-Konzerte hatten sich zu einer festen Größe entwickelt, die meist verdeckt und unbemerkt von der Öffentlichkeit stattfanden.

Im Jahr 2017 zählte der Verfassungsschutz bundesweit 289 rechtsradikale Liederabende und Konzerte, das waren 66 mehr als im Vorjahr. Die meisten dieser Musikveranstaltungen fanden in Thüringen und Sachsen statt.[73] Während in der Regel die Zuschauerzahlen wenige Hundert kaum überschritten, sorgten große Rechtsrock-Veranstaltungen für Aufsehen.

Eine Rolle spielte dabei der fränkische NPD-Funktionär Patrick Schröder. Der rechtsradikale Unternehmer betreibt ein eigenes Modelabel und ist mit einer Radio- und Videoplattform im Internet präsent. Seit 2013 versuchte Schröder sich als Konzertveranstalter und kam nach dem Verbot eines Konzerts in Bayern mit Tommy Frenck aus Thüringen zusammen.

Der gelernte Koch Tommy Frenck kaufte im Jahr 2014 den *Goldener Löwe*, seines Zeichens der einzige Gasthof in der 300-Seelen-Gemeinde Kloster Veßra. Die Gemeinde grenzt an die, weniger als 5.000 Einwohner_innen zählende, Landstadt Hildburghausen. Dort sitzt Frenck für die neonazistische Wählergemeinschaft *Bündnis Zukunft Hildburghausen* seit 2009 im Kreistag und machte der rechtsradikale Gastronom von sich Reden. Beispielsweise bot er zum Hitlergeburtstag am 20. April ein *Führerschnitzel* für 8,88 Euro an. Versuche des Landratsamtes, den Gasthof 2015 wegen einer zu kleinen Sickergrube zu schließen, scheiterten.

Gemeinsam organisierten Schröder und Frenck am 23. April 2015 ein *Rock für Meinungsfreiheit* in Hildburghausen. Um Kosten zu vermeiden und staatliche Unterstützung in Anspruch nehmen zu können, war das Konzert formal als politische Kundgebung angemeldet. Das war bei all diese Festivals so und Redebeiträge bundesweit bekannter Neonazis gehörten zum festen Bestandteil.

73 *Zahl der Rechtsrock-Konzerte nimmt wieder zu*, in: ZEIT ONLINE, 18.4.2018.

Zunächst nahm man das Rechtsrockkonzert nicht sonderlich ernst. Während 1.500 Rechtsradikale beim *Rock für Meinungsfreiheit* gezählt wurden, kamen zu einer Gegenkundgebung gerade einmal 75 Personen. Für die anwesenden 300 Polizisten gab es wenig zu tun.

Die Situation änderte sich bald. Schröder und Frenck organisierten am 7. Mai 2016 in Hildburghausen das Konzert *Rock für Identität*, diesmal kamen 3.500 Teilnehmer_innen, zu einer Gegenkundgebung erschienen zwischen 150 und 300 Menschen. Zwischenzeitlich gelang es Frenck eine private Wiese am Ortseingang von Themar für weitere Konzerte zu pachten. Besitzer des Grundstücks ist der ehemalige AfD-Bürgermeister der Nachbargemeinde Grimmelshausen, Bodo Dressel. Nachdem bekannt wurde, dass Dressel den Neonazis seine Wiese zur Verfügung stellte, trat er, um einem Ausschlussverfahren zuvorzukommen, aus der AfD aus.

Die Wiese liegt keine drei Kilometer vom *Goldenen Löwen* entfernt, Dressler betreibt gegenüber dem Gasthof einen Gebrauchtwagenhandel. Jeder kennt jeden in diesem provinziellen Milieu und verfügt über Kontakte. Eine Grundlage für das große Konzert, das unter dem Motto *Rock gegen Überfremdung*[74] am 15. Juli 2017 in Themar stattfand.

Im Vorfeld versuchten die Behörden das Spektakel zu verhindern. Wochenlang kam es zu juristischen Auseinandersetzungen um die Frage, ob es sich um eine kommerzielle oder eine politische Veranstaltung handeln würde. Um Letzteres durchzusetzen, nahm der Veranstalter von den Besucher_innen keinen Eintritt, sondern empfahl eine *Spende* in Höhe von 35 Euro.

Der Hickhack im Vorfeld machte *Rock gegen Überfremdung*, für das ohnehin europaweit geworben wurde, noch bekannter. Schließlich fanden sich mehr als 6.000 Rechtsradikale zum größten Festival seiner Art in der Bundesrepublik ein.

Im Vorfeld der geplanten Konzerte hatte sich ein Kreis aus Stadt und Landkreis, Kirchen und Parteien gegen die Neonazi-Veranstaltung zusammengefunden. Man wollte unter sich bleiben, Antifa-Gruppen waren

74 Das Erste *Rock gegen Überfremdung* fand im August 2016 mit 500 Personen in Kirchheim Ilmkreis in Thüringen statt. Frenck veranstaltete am 15. Juli 2017 ein zweites Festival unter der Bezeichnung *Rock gegen Überfremdung* in Themar.

ausdrücklich unerwünscht. Vertreter_innen der CDU wollten der Antifa auf keinen Fall hinterherlaufen und der parteilose Bürgermeister von Themar (2.800 Einwohner_innen), Böse, sagte: *„Ich will auch nicht, dass der schwarze Antifa-Block hier aufschlägt!“*[75]

So verfasste das *Bündnis für Demokratie und Weltoffenheit* einen schriftlichen Hilferuf an die Kanzlerin sowie den Bundespräsidenten und den Ministerpräsidenten von Thüringen, Bodo Ramelow. Letzterer forderte, über eine Verschärfung des Versammlungs- bzw. Veranstaltungsrechts nachzudenken, und der Thüringer Landtag bildete eine parlamentarische Beobachtungsgruppe. An diesem Beispiel zeigte sich erneut, dass parlamentarische Initiativen und Protest auf der Straße zwei unterschiedliche Dinge sind. Denn vor Ort kam es nur zu schwachem antifaschistischen Gegenprotest. In den Medien kursierte die Formulierung von einigen Hundert Gegendemonstrant_innen, die Polizei gab die Zahl mit rund 300 an.

Die Bevölkerung verhielt sich weitgehend passiv, wenn sie nicht gar stille Sympathie für das Rechtsrock-Konzert aufbrachte.[76] Ein buntes, weltoffenes Südthüringen ließ sich so nicht darstellen. Das führte zu einer Änderung der Taktik hinsichtlich des zweiten Rechtsrockkonzertes, das am 29. Juli unter dem Titel *Sturm auf Themar 2.0* stattfinden sollte. Nun waren vom bürgerlichen Bündnis auch Antifa-Gruppen erwünscht. Ein Umschwung in der Mobilisierung ließ sich damit aber nicht mehr bewirken. Es blieben nur 10 Tage Zeit und die gemachten Erfahrungen mit der Ausgrenzung antifaschistischen Widerstands in Themar ließen sich nicht einfach wegwischen.[77]

Immerhin konnte die Polizei im Vorfeld von 2.000 zu erwartenden Antifaschist_innen phantasieren. Bei dieser Zahl ging es wohl vor allem darum, den Einsatz von 1.000 Polizist_innen zu legitimieren. Am Ende kamen knapp 500 Antifaschist_innen zusammen.

75 Bartsch, Michael: *Ungebetene Gäste*, in: taz, 26.6.2017.

76 Bei den Landratswahlen im Kreis Hildburghausen im April 2018 erhielt Frenck 16,6 Prozent der Stimmen, im Dorf Grimmelshausen ging er mit 43,9 Prozent als absoluter Sieger hervor.

77 Stellungnahmen und Einschätzungen finden sich auf der Portalseite der *Antifaschistischen Gruppe Südthüringen* (AGST).

Flyer für das zweite, von Patrick Schröder angemeldete, Rechtsrock-Konzert 2017 in Themar.

Das Konzert am 29. Juli 2017 hatte Patrick Schröder angemeldet und über sein *Medienportal FSN (Frei-Sozial-National)* beworben. Von vornherein war dieses zweite Konzert kleiner ausgelegt als das vom 15. Juli. Die Zahl von etwas mehr als 1.000 Besucher_innen entsprach durchaus den Erwartungen. Doch zwischen Frenck und Schröder war es zum Streit gekommen, es ging um Geld. Zusammengerechnet machten die Organisatoren wohl einen Umsatz von etwa 210.000 Euro. Die Einnahmen aus dem Verkauf von Bratwürsten, Bier, CDs und Kleidung nicht mitgerechnet.

An Patrick Schröder hatte es schon lange Kritik aus der Neonazi-Szene wegen seiner Geschäftemacherei und Selbstdarstellung gegeben. Die gipfelten nun im Vorwurf, Schröder habe sich mit dem Konzert nur persönlich bereichern wollen und Verrat am *nationalen Widerstand* begangen. Der NS-Rapper *MaKss Damage* veröffentlichte einen Song, in dem er Schröder den Tod androht.

Obwohl Frenck und Schröder nicht mehr zusammen agierten, führte Schröder im Oktober 2017 ein drittes und letztes Rechtsrock-Konzert unter dem Motto *Rock gegen Links* in Themar durch. Noch einmal kamen knapp 1.000 Neonazis – auch aus dem benachbarten Ausland – zusammen. Rund 150 Antifaschist_innen demonstrierten dagegen. Die Behörden ließen die

Konzerterfolge aber nicht auf sich beruhen. Da die Einnahmen nicht ordnungsgemäß versteuert worden sein sollten, veranlasste die Steuerfahndung im April 2018 Haussuchungen bei Frenck und Schröder.

Der teuerste Gefangene der Welt

Die Rechtsrock-Konzerte zeigten, dass sich mit neonazistischer Subkultur mehrere tausend Menschen erreichen ließen. Ein Potential, das man auch für politische Initiativen auf die Straße zu bringen gedachte. Dafür gab der August 2017 Gelegenheit, denn 30 Jahre zuvor, am 17. August 1987, hatte Rudolf Heß in Haft Selbstmord begangen. Heß, ein *alter Kämpfer* der NSDAP, war von Hitler am 21. April 1933 zum *Stellvertreter des Führers* (StdF) in Parteiangelegenheiten ernannt und ab Dezember 1933 als Reichsminister ohne Geschäftsbereich förmliche in die Reichsregierung aufgenommen worden.

54 Jahre später bereitete der als Kriegsverbrecher verurteilte und seit 46 Jahren in Haft sitzende Heß seinem Leben ein Ende. Mit einem Verlängerungskabel um den Hals, das an einem Fenstergriff befestigt war, fand man den 93-Jährigen tot in seiner Zelle auf. Sogleich wurde ein Freitod von den Rechtsradikalen bezweifelt. Eine Selbsttötung passte nicht zu dem Bild, das sie sich von einem Nationalsozialisten machten, der sich Zeit seines Lebens zu Hitler bekannte. Der Satz von Heß in seinem Schlusswort im Nürnberger Kriegsverbrecherprozess 1946: *„Ich bereue nichts!“* war gleichsam sinnstiftend für den Neonazismus in der Bundesrepublik insgesamt.

Dass Heß in seiner 46-jährigen Haft vier Selbstmordversuche überlebte, als depressiv und paranoider Hypochonder galt, wurde von den Verschwörungsgläubigen tunlichst übergangen. Kaum Erwähnung fand auch, dass Heß dem Okkultismus anhing und sein Handeln von Horoskopen abhängig machte. Mittels Sterndeutung ließ er auch den Zeitpunkt für seinen ominösen Flug im Mai 1941 nach Schottland bestimmen. Den Auftrag dazu hatte er sich selbst erteilt. Nachdem Hitler die Eskapade seines Stellvertreters bekannt geworden war, ließ er ihn sofort aller Ämter entheben und für geisteskrank erklären. Die Funktion eines Hitler-Stellvertreters fiel mit Heß' Abgang einfach weg.

Der Englandflug des Ersatzmannes war in jeder Hinsicht eine hirnrissige Aktion – über die sich aber geheimnisvoll spekulieren ließ. Nach dem II. Weltkrieg entstanden viele entsprechende Bücher, und immer wieder griffen die Medien das Thema dankbar auf.

Befeuert wurde diese Berichterstattung von Hans-Rüdiger Heß (geb. 1937, gest. 2001), der für die Freilassung seines Vaters kämpfte und 1967 die *Hilfsgemeinschaft Freiheit für Rudolf Heß* gründete.

Nach Heß' Lesart verheimlichte die englische Regierung ein Friedensangebot. Demnach hatte sich Rudolf Heß als *Friedensflieger* aufgeopfert und blieb den Rest seines Lebens eingekerkert, damit keine Einzelheiten über seine geheime Mission bekannt würden. Diese abstruse Erzählung ließ sich vortrefflich mit einem vertuschten Mord der Alliierten an dem 93-jährigen Greis abschließen. Hinter dem Mordkomplott wurde der Englische Geheimdienst vermutet.

Dabei war Heß, seit 1966 der letzte Gefangene in Spandau, nur noch in Haft, weil die Sowjetunion eine Entlassung verhinderte. Während der Haftzeit gab es insgesamt 25 Gesuche sowohl von der britischen Regierung als auch von den französischen und US-amerikanischen Behörden an die Sowjetunion, Heß aus humanitären Gründen freizulassen.[78] Darüber hinaus gingen viele Gnadengesuche und Petitionen bei den Alliierten ein, zwei Bundespräsidenten und selbst die Bundesregierung hatten sich für eine Haftentlassung eingesetzt.

Aufgrund seiner langen Haft war Heß eine Symbolfigur für den Rechtsradikalismus geworden. Zu seinem Geburtstag veranstalten Neonazis vor dem Gefängnis immer wieder Demonstrationen, und im Jahr 1977 stellte die *Aktionsgemeinschaft Nationales Europa* ihn sogar als Kandidaten für die Europawahlen auf. Aber die Rolle des Märtyrers konnte Heß nur spielen, weil er einsaß. Bei den Sowjets gab es indes kein Einsehen. So bewachte eine Truppe von 60 schwer bewaffneten Soldaten weiterhin den letzten Gefangen im ansonsten leeren Kriegsverbrechergefängnis in Spandau. Die ehemalige Festungshaftanstalt für Militärangehörige war ein geschichtsträchtiger, roter Ziegelbau aus der zweiten Hälfte des 19. Jahrhunderts.

78 Metzger, Frank: Heß-Revival in Berlin, in: berlin rechtsaußen, 26.8.2017.

Der große Gebäudekomplex, mit dem Aussehen einer kleinen Burg, war vor dem Zweiten Weltkrieg mit über 600 Insassen belegt. Ab 1947 wurde die Haftanstalt zum Gefängnis für sieben im Nürnberger Hauptkriegsverbrecher-Prozess verurteilte ehemalige Nazigrößen. Drei wurden aus humanitären Gründen vorzeitig aus der Haft entlassen. Großadmiral Dönitz hatte seine 10 Jahre 1956 abgesessen. Nach der Verbüßung ihrer Haftstrafe kamen auch Hitlers Architekt Albert Speer und Reichsjugendführer Baldur von Schirach im Jahr 1966 auf freien Fuß. Als letzter Gefangener blieb Rudolf Hess in dem großen Bau zurück.

Jahr für Jahr lösten sich die vier Alliierten monatlich bei der Verwaltung des Gefängnisses ab. Dazu fand vor der wilhelminischen Kulisse des Spandauer Gefängnisses eine imposante, militärisch exakte Wachablösung statt. Die Kosten für das Spektakel um den *teuersten Gefangenen der Welt* hatte die Bundesrepublik zu tragen.

Dass man mit dem Fall Heß über die Jahre eine Märtyrergestalt geschaffen hatte, war den staatlichen Stellen klar. Dies betraf auch das Gefängnis samt Inventar. Kein Tisch oder Stuhl, noch persönliche Gegenstände des Gefangenen sollten zu Reliquien werden. Alles wurde nach seinem Tod verbrannt. Zwei Monate später wurde das Gebäude abgerissen, die Ziegelsteine pulverisiert und der Steinstaub in der Nordsee verklappt. Auf dem Gelände entstand ein Einkaufscenter mit Parkplatz.

Während in Berlin nichts mehr an Rudolf Heß erinnerte, entwickelte sich seine Grabstätte im bayrischen Wunsiedel zu einer Wallfahrtsstätte für Neonazis. Unmittelbar nachdem bekannt wurde, dass Heß im Familiengrab in Wunsiedel seine letzte Ruhe finden sollte, suchten Neonazis am 24. August 1987 den Friedhof auf. Die Beerdigung war für Mittwoch, den 26. August, geplant. Trotz eines Versammlungsverbotes kamen an diesem Tag zirka 500 Heß-Anhänger_innen der verschiedenen Fraktionen in Wunsiedel zusammen. Mit Parolen wie *Du bist nichts – Dein Volk ist alles* oder *Unser Zorn wird mächtig sein* zogen die Neonazis zum Gedenken an den *Märtyrer des Friedens* in Dreier- und Viererreihen durch Wunsiedel. Daraufhin wurde die Beerdigung ausgesetzt, die Polizei nahm 84 Personen vorübergehend fest.[79]

79 Siegler, Bernd: *Vereinigte Kämpfer ziehen gen Wunsiedel*, in: taz, 14.8.1990.

Am folgenden Montag gab der Bürgermeister von Wunsiedel bekannt, er sei von der Familie Heß darüber informiert worden, dass die Bestattung im engsten Kreis an einem unbekannten Ort bereits durchgeführt worden sei.[80] Doch kam man später dem letzten Willen des Toten nach und bettete ihn am 17. März 1988 nach Wunsiedel um. Auch das geschah in aller Stille.

Da Unbekannte immer wieder frische Blumen auf das Grab legten, verhing das Landratsamt Wunsiedel am Jahrestag des Selbstmordes ein Versammlungsverbot. Doch Jürgen Rieger, Rechtsanwalt, Multimillionär und zentrale Figur des Rechtsradikalismus in Deutschland, setzte vor dem Verwaltungsgericht München durch, dass 150 Alt- und Neonazis am Samstag, den 20. August 1988, im oberfränkischen Provinzstädtchen aufmarschieren konnten. Darunter auch die bekannten Neonazianführer Michael Kühnen und Christian Worch. Polizei und *Bundesgrenzschutz* (2005 in der *Bundespolizei* aufgegangen) beschränkten sich auf insgesamt 21 vorrübergehende Festnahmen wegen Tragens von Uniformen und verfassungswidriger Kennzeichen. Spontan protestierten Wunsiedler_innen mit Transparenten wie *Nie wieder Nationalsozialismus* und „*Nazis raus*"-Rufen etwas hilflos gegen das neonazistische Treiben. Es gab keine Gegenmobilisierung.

Um zukünftigen Aufmärschen besser begegnen zu können, gründete sich ein regionaler überparteilicher *Arbeitskreis gegen alte und neue Nazis*. In dem, kurz *Arbeitskreis* oder *AK* genannten, Gremium spielten von Anfang an Antifa-Gruppen eine tragende Rolle, das Spektrum reichte aber von Grünen über Jusos, der Rentner_innenpartei *Graue Panther* bis hin zu Friedensinitiativen.

Wie nötig diese Organisierung war, zeigte sich im folgenden Jahr. Am 19. August 1989 versammelten sich mehr als 350 Neonazis aus allen Teilen der BRD sowie aus Belgien, Dänemark und Österreich in der Kleinstadt im Fichtelgebirge, um an den *Märtyrer für Deutschland – Rudolf Heß* zu erinnern. Von der *Freiheitlichen Deutschen Arbeiterpartei* (FAP) über die *Nationalistische Front* (NF), die *Nationale Liste* (NL) bis zur NPD und DVU war das gesamte neonazistische Spektrum vertreten. Wieder wollte das Landratsamt den Aufmarsch verbieten. Als Begründung wurde diesmal das antifaschistische

80 *Springer beerdigt Rudolf Heß*, in: taz, 25.8.1987.

Engagement angeführt. Durch die vom Wunsiedler *Arbeitskreis gegen alte und neue Nazis* angemeldete Gegenkundgebung würde durch *„zu erwartende Ausschreitungen und gewalttätige Aktionen aufgrund von Aggressionsanreiz beim Zusammentreffen beider gegensätzlicher Gruppierungen“*[81] die öffentliche Ordnung gefährdet. Eine Argumentation, die das Verwaltungsgericht nicht überzeugte. Die Antifa-Zusammenhänge mobilisierten 300 Aktivist_innen, auf einer parallelen Kundgebung von Grünen und anderen bürgerlichen Gruppen versammelten sich 200 Menschen. Unter dem Schutz des bayrischen *Unterstützungskommandos* (USK) der Polizei konnten die Neonazis ihre Demonstration dann ohne nennenswerte Probleme durchführen.
Umrahmt war die Szene von 2.000 schaulustigen Wundsiedler_innen, die alles neugierig beobachteten und kommentierten.[82]

↑ Plakat der ersten großen Antifa-Mobilisierung gegen den Heß-Gedenkmarsch 1990.

↑ Antifa-Plakat für die bundesweite Wunsiedel-Mobilisierung 1991.

81 Zit. in: *Springer beerdigt Rudolf Heß*, in: taz, 25.8.1987.

82 Hasse, Julia / Rosenthal, Gregor / Twisselmann, Joachim (Hrsg): *Wunsiedel ist bunt – nicht braun!*, Bad Alexandersbad – Berlin 2013, S. 19.

Im Jahr 1990 entstand durch den Zusammenbruch der DDR eine grundsätzlich neue Situation. Von nun an agierten die Neonazis gesamtdeutsch und kündigten in Wunsiedel einen großen Aufmarsch an. In der Organisation spielten Jürgen Rieger und Christian Worch eine wichtige Rolle, ebenso der weithin bekannte Neonazi Michael Kühnen, der vor allem in der DDR mobilisierte.

Für die Gegenkundgebung sorgte der *Arbeitskreis*, wobei die Masse der Demonstrant_innen, die sich am 18. August 1990 gegen die 1.300 Neonazis in Wunsiedel stellten, aus Antifa-Zusammenhängen stammten. Ab dem frühen Morgen richtete die Polizei auf allen Zufahrtsstraßen nach Wunsiedel Kontrollstellen ein. Um 14 Uhr begann die Antifa-Demonstration mit 2.500 Teilnehmer_innen, um 16:30 Uhr wollten die Rechten marschieren. Doch das Zentrum der Kleinstadt war von Antifaschist_innen blockiert. Es kam zu Geplänkel zwischen Antifas und Rechten. Bevor sich größere Konfrontationen entwickeln konnten, räumte die Polizei die Straße frei. Anschließend wurden die Neonazis vom bayrischen USK und Bundesgrenzschutzeinheiten sicher durch die Stadt geleitet.[83]

Die Rechtsradikalen feierten ihren Aufmarsch als *Durchbruch*. Der Rudolf-Heß-Gedenkmarsch war zu einem überregionalen Ereignis geworden.

Statt nun alle Kräfte zu bündeln und für das kommende Jahr auf eine breite antifaschistische Mobilisierung hinzuarbeiten, betrieben staatstragende Kräfte im *Arbeitskreis* das Geschäft von Ausgrenzung und Spaltung gegen die Antifa.

Obwohl es zu keinen größeren Konfrontationen gekommen war, kursierten in der Wunsiedler Bevölkerung die wildesten Gerüchte über die *linken Chaoten* von außerhalb. Es herrschte die Meinung vor, dass die Anhänger_innen Rudolf Heß' friedlich durch die Stadt marschiert wären und erst das Auftreten der Antifa Probleme verursacht habe.

SPD-Bürgermeister Otto Rothe meinte: *„Seitdem diese schwarzen Blocks aus Kreuzberg und aus der Hafenstraße nach Wunsiedel kommen, trauen sich meine Bürger an diesem Tag nicht mehr auf die Straße.“* Ähnlich äußerte sich der

83 Schwarzmeier, Antje: *Hickhack um Autonome*, in: taz, 9.7.1991.

CSU-Stadtrat Franz Rattler: „*Die Demonstration hätte eine ganz andere Wirkung auf die Bevölkerung gehabt, wenn nicht diese schwarzen Blocks gewesen wären.*“[84]

Es begann eine massive politische Ausgrenzung des AK. Angriffe in Leserbriefen der Lokalpresse oder persönliche Anfeindungen beim Einkauf gehörten bald zu alltäglichen Erscheinungen. Schließlich durfte sich der AK aufgrund eines Beschlusses des Landratsamtes nicht mehr im örtlichen Jugendzentrum treffen. Einige Gruppen trieben nun die Auseinandersetzung innerhalb des *Arbeitskreises* voran. Autonome Demo-Parolen wie „*Wir haben euch was mitgebracht: Haß! Haß! Haß!*“ galten plötzlich als unakzeptabel oder man hatte, wie der Juso Markus Hofmann, „*Schwierigkeiten mit der psychischen und physischen Gewaltbereitschaft der Autonomen*“.[85]

Das führte zur Spaltung. Während Grüne, Jusos, DKP u.a. die Veranstaltung eines Kulturfestes favorisierten, rief der Flügel der unter dem Namen *Antifa VoFiFra* (Antifaschistische Initiative Vogtland-Fichtelgebirge-Frankenwald) auftrat, wieder zur Gegendemonstration auf.

Die bürgerlichen Kräfte samt der Verwaltung wollten aber am liebsten gar keine Demonstrationen und setzten demokratische Rechte außer Kraft. Im Jahr 1991wurde über den gesamten Landkreis Wunsiedel für den 17./18. August ein 48-stündiges allgemeines Versammlungsverbot verhängt. Das nützte gar nichts.

Jürgen Rieger meldete einfach eine Protestkundgebung im nahegelegenen Bayreuth an, für die europaweit mobilisiert wurde. Am 17. August fanden sich in der Wagner-Stadt 3.000 Neonazis ein, mehr als doppelt so viele wie im Vorjahr in Wunsiedel. Viele waren in Bussen aus Belgien, Frankreich, Italien, Spanien, Österreich und England angereist. Auch das Spektrum der BRD erweiterte sich noch einmal, vor allem um Gruppen aus der Kameradschaftsszene.

Eine von Antifa-Gruppen getragene Demonstration von 2.500 Antifaschist_innen wurden in Bayreuth von einem starken Polizeispalier umringt und wie ein Gefangenentransport durch die Innenstadt geführt. Dass es

84 Schwarzmeier, Antje: *Hickhack um Autonome*, in: taz, 9.7.1991.

85 Ebenda.

trotzdem gelang, den Ort der geplanten Abschlusskundgebung des Rudolf-Heß-Gedenkmarsches zu besetzen, lag im Polizeikalkül.[86]

Die Abschlusskundgebung der Neonazis wurde dadurch zwar in Mitleidenschaft gezogen, aber das tat ihrem Erfolg keinen Abbruch. Bayreuth zeigte, dass sich das alljährlich wiederholende Heß-Spektakel zu einem neonazistischen Kristallisationspunkt mit internationaler Beteiligung entwickelte.

Das forderte noch umfangreichere staatliche Maßnahmen heraus. Im folgenden Jahr wurde der Heß-Gedenkmarsch am 17. August in Wunsiedel, Bayreuth und 16 thüringischen Städten, die als Ausweichorte infrage gekommen wären, verboten. Wie gewohnt ging Rieger juristisch gegen die Verbote vor, und die Mobilisierung lief weiter. Diesmal kam es aber nicht zu einer Aufhebung der Verbote, sondern zur letztinstanzlichen Bestätigung. Allerdings war der Neonazi-Konvoi aus 18 Bussen und vielen Privat-PKW bereits unterwegs, als diese Entscheidung fiel. Nach einer Beratung auf der Autobahnraststätte Hermsdorfer Kreuz entschieden sich die Rechtsradikalen, ihren Gedenkmarsch im thüringischen Rudolstadt durchzuführen. Als der Konvoi dort gegen 14 Uhr eintraf, zeigte sich die Polizei vor Ort überfordert und konnte den Aufmarsch der 2.000 Neonazis nicht unterbinden. In makabrer Pose ging an der Spitze des Aufzuges Esther Simone (genannt Lisa) Wohlschläger, die **Führerin** der **Deutschen Frauenfront**[87] und Verlobte des am 25. April an Aids verstorbenen Neonaziführers Michael Kühnen. Flankiert von Trommlern der FAP trug Lisa Wohlschläger eine Urne in ihren Händen. Um 19 Uhr war der Spuk vorbei, und die Neonazis zogen ungestört von der Polizei wieder ab.

Der Antifa erging es da erheblich schlechter. In einer bundesweiten Mobilisierung hatten Antifa-Gruppen drei Konvois organisiert, die zu einer angemeldeten Demonstration ins bayrische Hof fuhren. Nach Fahrzeugdurchsuchungen kamen insgesamt 2.500 Antifaschist_innen in Hof an. Ihre Demo wurde jedoch immer wieder von USK-Trupps angegriffen, die

86 Für eine große internationalistische antifaschistische Demonstration, in: Antifa Infoblatt 3/1992, 2.9.1992.

87 Die *Deutsche Frauenfront* (DFF) war 1984 als Nachfolgeorganisation des im Zuge des Verbots der ANS/NA 1983 ebenfalls verbotenen *Mädelbundes* gegründet worden.

Transparente beschlagnahmen und einige Personen festnehmen wollten. Dann stoppten starke Polizeikräfte drei Busse aus Berlin, die sich anschickten, nach Rudolstadt zu fahren.

Der Höhepunkt des Polizei-Einsatzes kam aber erst gegen Mitternacht. Auf ihrer Rückfahrt nach Berlin legten Antifaschist_innen am Hermsdorfer Kreuz eine Rast ein. Ein Zivilfahrzeug der Polizei schlich um den Konvoi und verlor dabei eine Seitenscheibe. Daraufhin wurden 93 Demonstrant_innen festgenommen, die knapp eine Stunde mit auf dem Rücken gefesselten Händen, den Kopf nach unten auf den Boden liegen mussten. Beamte mit gezückten Pistolen bewachten die Gefesselten.[88]

Bilder, die an Methoden lateinamerikanischer Militärdiktaturen erinnerten, dokumentierten das Vorgehen der Polizei gegen Antifas, während die Neonazis in aller Ruhe eine nicht genehmigte Demonstration durchführen konnten.

Dass es den Rechtsradikalen trotz aller Verbote gelungen war, ihren Rudolf Heß-Gedenkmarsch in Rudolstadt durchzusetzen, war für Behörden und Polizei blamabel und sollte sich nicht wiederholen. Entsprechende Maßnahmen für das Jahr 1993 stellten alle bisherigen noch einmal in den Schatten.

Bayern verhängte ein komplettes Versammlungsverbot für die Neonazis; auch die Thüringer-Landesregierung wies alle Kommunen an, Kundgebungen zum Gedenken an Heß zu untersagen; in Hamburg und Bonn erließen die Ordnungsbehörden ebenfalls präventiv Versammlungsverbote; in Sachsen wurden in zahlreichen Landkreisen alle Versammlungen unter freiem Himmel und in geschlossenen Räumen vom 13. bis 15. August verboten. Auch die Polizei von Sachsen-Anhalt und Niedersachsen war am 14. August in Alarmbereitschaft versetzt worden.[89]

Die Koordination der Neonazis lief über das *Nationale Infotelefon* (NIT), das am 13. August für den folgenden Tag zu einer Kundgebung vor den Werkstoren der Thüringischen Kaligrube in Bischofferode aufrief. An

88 Siegler, Bernd: *In Sechserreihen ungestört durch Rudolstadt*, in: taz, 17.8.1992.

89 Kleine Anfrage: *Neonazi-Aufmarsch in Fulda am 14. August zum 6. Todestag des Hitler-Stellvertreters Rudolf Heß*, in: Deutscher Bundestag, 12. Wahlperiode, Drucksache 12/5598, 26.8.1993.

diversen Polizeisperren wurden am 14. August auch 40 Rechtsradikale festgenommen, da sie Waffen bei sich hatten oder verfassungsfeindliche Symbole trugen.

Antifa-Zusammenhänge aus Göttingen versuchten, in dem an der Landesgrenze zu Thüringen liegenden, nur 20 Kilometer von Bischofferode entfernten Duderstadt, eine Spontandemo durchzuführen; was aber von der Polizei unterbunden wurde. Die angekündigte Kundgebung in Bischofferode entpuppte sich jedoch als Ablenkungsmanöver, denn der Konvoi der Neonazis, der sich auf der Autobahnraststätte Kassel sammelte, fuhr nur zum Schein Richtung Leipzig.

Erneut glückte den Rechtsradikalen ein Überraschungscoup. Entscheidend war dabei auch die Kommunikation über Mobiltelefone, die von der Polizei noch nicht abgehört werden konnten. Der damalige niedersächsische FAP-Landesvorsitzende, Thorsten Heise, profilierte sich in der rechten Szene, indem er den Konvoi mit 500 bis 700 Neonazis nach Fulda dirigierte. Für die Stadt lag eine undatierte Anmeldung vor, die behördlicherseits unbeantwortet in den Akten liegen geblieben war und auf die sich Heise berufen konnte. So liefen alle neonazistischen Organisationen am 14. August in der hessischen Bischofsstadt hinter den Bannern der FAP auf. Zum ersten Mal war auch die NPD/JN Mitveranstalterin. Darüber hinaus hatte die Kundgebung wieder internationalen Charakter. Vertreter rechtsradikaler Organisationen aus Frankreich, England, Dänemark und Schweden kamen zu Wort. Die Polizei zeigte sich überrumpelt. Ungestört führten die Neonazis ihre Kundgebung durch und fuhren danach auf die Autobahn zurück. In der Folge kam es zu einem enormen, internationalen Medienrummel. Polizei und Behörden der Bundesrepublik hatten sich wieder einmal gründlich blamiert.

An diesen Erfolg wollten die Faschisten 1994 anknüpfen. Ein *Wunsiedel Komitee* unter Christian Worch mobilisierte für eine dezentrale *Nationale Aktionswoche*. Bundesweit meldeten die Rechtsradikalen rund 80 Veranstaltungen an, die alle verboten wurden, doch blieb durch Rechtsstreitigkeiten offen, ob sich in letzter Minute nicht doch noch eine Möglichkeit für eine Demonstration ergeben würde. Aus den Erfahrungen der vergangenen Jahre war jedoch ein neues antifaschistisches Konzept entstanden.

Mit der Initiative *Antifaschistische Aktion '94* gingen die Antifa-Gruppen in die Offensive. Jegliche Nazi-Aktivität sollten unterbunden und bereits die Abfahrt der Neonazis aus ihren Wohnorten verhindert werden. Demonstrationen und Blockaden fanden vor Privatwohnungen und einschlägigen Treffpunkten in Frankfurt und dem gesamten Rhein-Main-Gebiet sowie in Aschaffenburg, Bonn, Düsseldorf, Berlin, Bremen, Hamburg, Leipzig, Oldenburg, Wernigerode, Bielefeld, Northeim und Nürnberg statt.[90] Es gelang, einen Aufmarsch der Neonazis in der Bundesrepublik zu vereiteln.

Am sogenannten Hauptaktionstag, dem 13. August 1994, mussten die Rechtsradikalen nach Luxemburg ausweichen. Bei der Koordination spielte wieder das *Nationale Infotelefon* eine entscheidende Rolle, dass ab 10:15 Uhr Treffpunkte bekanntgab. Angeführt wurde dieser Aufmarschversuch von der FAP Nordrhein-Westfalen unter Siegfried Borchardt.

Als etwa 50 Neonazis vor der deutschen Botschaft ein Transparent entrollten, ging die luxemburgische Polizei sofort dagegen vor. Es gab 30 Festnahmen. Als eine andere Gruppe von 70 Rechtsradikalen im Stadtteil Kockelscheuer marschieren wollte, nahm die Polizei kurzerhand alle Beteiligten fest. Insgesamt waren 180 Rechtsradikale, die vornehmlich aus der Bundesrepublik stammten, nach Luxemburg gekommen. Nach einer erkennungsdienstlichen Behandlung folgte die sofortige Abschiebung. An der Grenze wartete bereits der Bundesgrenzschutz.[91]

Roskilde

Widerstand und Repression zeigten Wirkung. Das Interesse an den aufwändigen Schnitzeljagden quer durch die Republik war deutlich gesunken. In diesem Zusammenhang ist auch das Verbot der FAP am 24. Februar 1995 zu nennen, dass die Neonazi-Szene schwächte. Daher war es für die Rechtsradikalen umso wichtiger, in Erscheinung zu treten. Gelingen konnte das nur, wenn die Vorbereitung zum Rudolf-Heß-Gedenken streng konspirativ liefen, kaum etwas drang im Vorfeld an die Öffentlichkeit.

90 *Aktionen gegen Rechts*, in taz, 10.8.1994.

91 *Rudolf-Heß-Gedenkmarsch 1994*, in: AIB 28 - 4 / 4.1.1995.

Intern gab es unterschiedliche Meinung über den Ort der zentralen Demonstration: Ein Teil des Vorbereitungskomitees wollte von vornherein nach Dänemark ausweichen, während vor allem Funktionäre der verbotenen FAP um Thorsten Heise dafür eintraten, die Demonstration in der Bundesrepublik stattfinden zu lassen. Schließlich wurden beide Ideen realisiert.

Anfang Juni rief ein *Wunsiedel Koordinationsbüro / Die Nationalen* mit Anschrift in Rotterdam zur *Rudolf-Heß-Aktionswoche* vom 12. bis 20. August auf. Die Polizei ließ verlauten, dass sie die Verbreitung neonazistischen Gedankenguts während der ganzen Woche *„bereits im Ansatz unterbinden"* werde – und hielt Wort. So wurde in Thüringen ein einwöchiges Versammlungsverbot ausgesprochen, und einige Ansammlungen von Neonazis wurden komplett in Gewahrsam genommen. Im gesamten Bundesgebiet verhängten die Behörden gegen mehr als hundert Neonazis ein Vorbeugegewahrsam, teilweise von mehr als einer Woche. Vorbeugegewahrsam bedeutet, dass man lediglich auf den Verdacht hin, eine strafbare Handlung zu beabsichtigen, für zwei Wochen in Gewahrsam genommen werden kann.[92] Die groß angekündigte Aktionswoche reduzierte sich dann auf eine Demonstration am 19. August in der Bundesrepublik und eine weitere in Dänemark.

Thorsten Heise glaubte, wie 1993 in Fulda agieren zu können. Absprachen liefen nur über Mobil-Telefone und verlässliche Personen. Zwar stellte sich die Polizei auf eine Spontandemo in Niedersachsen ein, aber der Verfassungsschutz konnte den Ort erst am Vormittag des 19. August in Erfahrung bringen. Gegen 14:30 Uhr versammelten sich im niedersächsischen Schneverdingen (Heidekreis) am Kriegerdenkmal auf dem Friedhof 50 Rechtsradikale, deren Zahl sich schnell auf 200 erhöhte. Alles schien zu funktionieren, eine Demonstration formierte sich. Aber auch die Antifa war den Neonazis auf den Fersen. Gegen 15:25 Uhr gingen zwei ihrer PKW in Flammen auf. Die Polizei trat erst kurz vor 16 Uhr auf den Plan und löste die Demonstration auf. Es gab diverse Identitätsfeststellungen, fünf Strafverfahren wurden eingeleitet, und der Neonazis Michael Petri landete

92 *Aufmarsch von Neonazis in Schneverdingen*, in: Niedersächsischer Landtag – 13. Wahlperiode. Drucksache 13/1577. Kleine Anfrage mit Antwort. Abg. Frau Hoops (Grüne), 22.12.1995.

mit seiner Lebenspartnerin auf der Anfahrt nach Schneverdingen in einer Polizeikontrolle und anschließend im Vorbeugegewahrsam.

Der Aufmarsch der Neonazis in Schneverdingen war durchkreuzt worden, als Hauptaktion des Tages blieb der *Rudolf-Heß-Gedenkmarsch* in Roskilde bei Kopenhagen, angemeldet und juristisch durchgesetzt von der am 1. September 1991 gegründeten *Danmarks Nationalsocialistiske Bavægelse* (DNSB) (dt.: *Dänische Nationalsozialistische Bewegung*). Die DNSB bekennt sich offen zum Nationalsozialismus und steht in der Tradition der *Danmarks Nationalsocialistiske Arbejderparti* (DNSAP) (dt.: *Dänische Nationalsozialistischen Arbeiterpartei*), die in der Zeit der deutschen Besetzung kollaborierte und 1945 von den Alliierten aufgelöst wurde.

In Dänemark ist das Zeigen von Hakenkreuz und Hitlergruß nicht verboten. Daher verwendet die DNSB das alte Symbol der DNSAP, ein weißes Hakenkreuz auf rotem Grund.

Aber nicht nur die Neonazis agierten über die nationalen Grenzen hinweg. Ab 11:30 Uhr blockierten Antifas aus Dänemark, Schweden und der Bundesrepublik den Sammelpunkt für den geplanten *Heß-Gedenk-Marsch*, den großen Parkplatz des örtlichen Museums. In der Einfahrt zeigten sie ein großes Transparent mit Aufschrift *No Fucking Fascists!*. Die dänische Polizei ging gegen die Antifaschist_innen vor, nahm etliche fest und hatte den Platz bis 13:15 Uhr geräumt. Kurz vor 14 Uhr kam ein Fahrzeug-Korso von meist deutschen Autos sowie einem gemieteten dänischen Bus am Museum an.

Kurz darauf formierte sich der *Heß-Gedenk-Marsch*, vorne dänische Nationalfahnen, eine davon mit den Buchstaben DNSB und dem weißen Hakenkreuz auf rotem Grund. In der Demo hatten sich auch etliche Teilnehmer_innen mit Schutzschilden ausgerüstet, die dieses Hakenkreuz zeigten.

An der Spitze des *Rudolf-Heß-Gedenkmarsch* ging der DNSB-Chef Jonni Hansen und der ehemalige Vorsitzende der im Februar verbotenen *Freiheitlichen Deutschen Arbeiterpartei* (FAP), Friedhelm Busse. Auch Christian Worch aus Hamburg und der Brite Charlie Sargent waren mit von der Partie.

Nach einigen Hundert Metern deckten vermummte Antifaschist_innen an einer Kreuzung den Aufmarsch mit einem massiven Hagel aus Steinen, Feuerwerkskörper und Flaschen ein. Die Nazis mussten stoppten, warfen einige Steine zurück. Sogleich ging die Polizei gegen die Nazi-Gegner_innen vor und drängte sie ab. Aber an der mit Scherben und Steinen übersäten Kreuzung ging es für die Neonazi-Demo nicht weiter. Unter dem Applaus des umstehenden Publikums ordnete Jonni Hansen die Umkehr an.

Zurück auf dem Parkplatz, waren die Neonazis von aufgebrachten Anwohner_innen umringt. Einige Rechtsradikale verloren die Nerven, wollten Journalisten angehen und warfen Flaschen in die Menge. Sofort eskalierte die Lage. Ohne den Polizeischutz hätten es die Neonazis kaum zu ihren Autos geschafft. In den voll besetzten, demolierten Fahrzeugen, verschwanden sie gegen 15:30 Uhr fluchtartig aus Roskilde.

Im Laufe des Tages verhaftete die Polizei 57 Antifaschist_innen und vier Neonazis. Die vier Rechtsradikalen setzte die Polizei nicht wegen der Demonstration fest, sondern weil sie in einem gestohlen PKW angereist waren.[93]

Roskilde markierte für die Neonazis eine frustrierende Niederlage, was zu internen Streitereien führte. Vor diesem Hintergrund entstand unter der Bezeichnung **Aktion 96** ein Strategiepapier. Im Jahr 1996 sollte ein ganzer Heß-Aktionsmonat stattfinden. Um der staatlichen Seite keine Angriffsfläche zu bieten, wählte man das Motto **Demokratie und Freiheit schützen – Grundrechte verteidigen.** Als Schwerpunkte waren ein bundesweites Aktionswochenende am 3. und 4. August 1996 und eine zentrale Kundgebung am 17. oder 18. August 1996 angedacht. An anderen Wochenenden sollten dezentrale Aktionen, Saalveranstaltungen oder Konzerte stattfinden. Ein **Aktionskomitee Rudolf Heß** aus Kameradschafts-Szene und NPD/JN versuchte, die **Aktion 96** umzusetzen, wobei die NPD/JN erstmals als führende Kraft auftrat.

Rund 100 Veranstaltungen wurden am 3./4. August ausschließlich von NPD/JN-Kreisverbänden mit vorbereiteten Formularen angemeldet – und sämtlich untersagt. Deshalb versuchten Neonazis, in Bad Harzburg (Niedersachsen) am Samstag, den 3. August, eine Spontandemo durchzuführen. Im benachbarten Vienenburg kamen 60 Kamerad_innen zusammen,

93 Rohleder, Niels: *Panische Flucht der Neonazis*, in: taz, 21.8.1995.

die dann geschlossen nach Bad Harzburg fuhren und hinter einem Transparent mit der Aufschrift *Rudolf Heß – Ein Toter ruft zur Tat* in Erscheinung traten. Nach einer kurzen Wegstrecke im Kurort stoppte die Polizei den Aufzug und nahm knapp 40 Rechtsradikale fest. Einen weiteren Versuch, öffentlich in Erscheinung zu treten, gab es in Wittenberg (Sachsen-Anhalt).

Für den 17. August meldete die NPD/JN bundesweit 45 Heß-Demonstrationen an, die ebenfalls allesamt untersagt blieben; deshalb liefen die weiteren Vorbereitungen konspirativ.

Erst am Freitagabend, den 16. August, gaben *Nationale Infotelefone* bekannt, dass der Marsch im Rhein-Main-Gebiet stattfinden sollte. Ein Radius von 200 km rund um Frankfurt am Main kam dafür infrage. Die Landeskriminalämter von Hessen und Rheinland-Pfalz waren über drei mögliche Aufmarschorte informiert und starke Polizeikräfte wurden in Bereitschaft gehalten. Bereits bei der Anreise kam es zu Festnahmen. So wurden allein 60 Neonazis auf der Autobahnraststätte Wetterau bei Frankfurt aus dem Verkehr gezogen. Insgesamt saßen bereits am Vormittag des 17. August über 100 Neonazis in Gewahrsam.

Gegen 13:30 Uhr informierte der Verfassungsschutz das Landeskriminalamt Rheinland-Pfalz über den Zielort Worms. Dort sammelten sich um 14 Uhr rund 250 Neonazis am Dom und setzten sich mit Transparenten und Fahnen gegen 14:15 Uhr in Bewegung.

Erst als der Marsch beendet war, kesselte ein eilig aus dem 50 km entfernten Kaiserslautern herbeigeschafftes Spezialeinsatzkommando der Polizei die verbliebenen Teilnehmer_innen gegen 15 Uhr ein und verhaftete 187 Personen. Zeitgleich ging ein zweiter Rudolf-Heß-Marsch mit 120 Teilnehmer_innen in Merseburg (Sachsen-Anhalt) völlig ohne Polizeibegleitung über die Bühne. Antifas konnten beide Aufmärsche nur beobachten.

Des Weiteren fand in Trollhättan (Schweden) ein Heß-Gedenkmarsch statt. Einige Hundert Neonazis aus der Bundesrepublik, Norwegen, Dänemark, England und Schweden formierten sich unter starkem Polizeischutz. Trotzdem griffen entschlossene Antifaschist_innen Polizei und Rechtsradikale an. Im Zuge der militanten Konfrontation trieb die Polizei die Antifas auseinander. Auf einer verkürzten Route konnten die Neonazis dann marschieren.

Mitte der 1990er Jahre veränderte die NPD ihre ideologische Ausrichtung und verfolgte einen radikaleren Kurs. Dadurch wurde die Partei zum Anziehungspunkt für Neonazis aus der Kameradschaftsszene bzw. den verbotenen Parteien FAP und NF. So auch in Duisburg, wo Neonazis Ende 1997 eine JN-Kameradschaft gründeten, um die Logistik und den Parteienstatus der NPD nutzen zu können. Die Antifa stellte sich ihnen entgegen.

Am Ende ihres *Aktionsmonats* war es den Neonazis lediglich gelungen, zwei Aufmärsche mit geringer Teilnehmer_innenzahl durchzuführen. Der Aktionsmonat war in viele kleine lokale Aktionen zersplittert, die keine politische Kraft entwickeln konnten. Das Medienecho blieb lau. Ungeachtet dieser Resultate verbreiteten die Rechtsradikalen Optimismus. Allein dass man es geschafft hatte, auf die Straße zu kommen, versuchten sie als Erfolg auszugeben.

Politische Sackgasse

Da sich der Todestag des Hitlerstellvertreters 1997 zum zehnten Mal jährte, sollte das Gedenken in diesem Jahr besonders spektakulär ausfallen. Doch geplante dezentrale Aktionen wie ein Autokorso in der Woche vor dem 16. August blieben allesamt verboten. Mehr noch, um der rechtsradikalen Mobilisierung von vornherein gegenzusteuern, organisierten Antifa-Gruppen bereits im Vorfeld und am Tag des *Heß-Marsches* Demonstrationen in Goslar, München, Quedlinburg, Nürnberg und Bergisch-Gladbach. Fast überall, wo die Neonazis Aufmarschversuche starten wollten, waren Antifas zur Stelle.

Am Abend des 15. August mobilisierten die *Nationalen Infotelefone* mit dem Hinweis, Autobahnen zu meiden, in den Raum Kassel. Gegen Mittag des 16. August wurde in Richtung Braunschweig umgeleitet und ein erster Aufmarschversuch in Wolfenbüttel gestartet. Viele von den schätzungsweise

200 Neonazis, die in die Region gefahren waren, erreichten den angegebenen Ort viel zu spät. Wer nicht schon vorher von der Polizei abgefangen wurde, erhielt in Wolfenbüttel einen Platzverweis. Auch etliche Antifas waren den Rechtsradikalen dicht auf den Fersen und vereitelten einen zweiten Versuch, sich am Braunschweiger Bahnhof zu sammeln. Die Organisierung des Aufmarsches zerfaserte.

Zwar gelang es, in das benachbarte Königslutter zu mobilisieren. Doch wie schon in Wolfenbüttel und Braunschweig bekamen Polizei und Antifas das mit. Es gelang Antifas die Rechtsradikalen in Königslutter anzugreifen. Die Polizei unterband die Konfrontationen und verhaftete 110 Neonazis und 31 Antifaschist_innen.

In Halle und Hannover beendeten Antifas die Neonaziaktionen, während die Polizei in Rinteln, Solingen, Öhringen und auf der Wartburg bei Eisenach verhinderte, dass Heß-Huldigungen zustande kamen. Insgesamt landeten an diesem Tag rund 300 Neonazis in Haft.[94] Damit setzte die Polizei faktisch alle fest, die sich an dem Aufmarsch beteiligen wollten.

Anders stellte sich die Situation in Dänemark dar, wo ein Rudolf-Heß-Aufmarsch in Roskilde genehmigt war. Um keine Konfrontation mit der Demonstration von über 1.000 Antifas zu riskieren, verpassten die Rechtsradikalen absichtlich ihren Zug und fuhren ins 30 Kilometer entfernte Køge. Nach Verhandlungen mit der Polizei konnten die 125 Neonazis dort eine Kundgebung abhalten.

Anschließend fuhren sie mit der S-Bahn zum DNSB-Hauptquartier nach Greve, ein Teil sicherte indes das Haus von Parteichef Jonni Hansen in Havdrup; beide Orte liegen dicht bei Køge. Als die Neonazis gerade aus Køge abgefahren waren, traf ein Zug mit einigen Hundert Autonomen aus Roskilde im S-Bahnhof ein. Es kam, wie bereits vorher in Roskilde, zu Auseinandersetzungen mit der Polizei. Die Konfrontation eskalierte, als die Antifas versuchten, zum DNSB-Hauptquartier durchzubrechen. Stundenlang kam es zu gewaltsamen Szenen, wobei die Polizei massiv Tränengas einsetzte.[95]

94 Paul, Raimar: *Polizeiaufgebot vereitelt Heß-Gedenkmarsch. Rund 300 Festnahmen im Bundesgebiet. Nazi-Demo im dänischen Köge*, in: Junge Welt, 18.8.1997.

95 *Neonazis wichen nach Koge aus*, in: Neues Deutschland, 18.8.1997.

Geschichten und Bilder dieser nächtlichen Stunden sorgten über Dänemark hinaus in der Antifa-Szene für Gesprächsstoff.

Während der Widerstand gegen die Heß-Gedenkmärsche zu legendären Auseinandersetzungen der Antifa mit Polizei und Neonazis führte, kamen die eigentlichen Gedenkmärsche nicht mehr zustande. Um das Scheitern jedoch einzusehen und ihre Kampagne einzustellen, brauchten die Neonazis die finale Niederlage. Die kam 1998. Zuvor hatte es innerhalb des Organisationskomitees große Veränderungen gegeben. Grund war ein in der Nacht vom 21. auf den 22. November 1997 auf der A1 bei Vechta liegengebliebener Sattelzug. Ungebremst raste ein Pkw mit Tempo 140 auf das unbeleuchtete große Hindernis. Die drei PKW-Insassen Andree Zimmermann, Thomas Kubiak und Harald Mehr, Neonazis aus dem Sauerland und gerade auf der Rückfahrt von einem Treffen, waren sofort tot. Ein herber Verlust für die Neonazi-Szene: Andree Zimmermann – von dem 2012 im Zuge des NSU-Prozesses bekannt wurde, dass er für den Verfassungsschutz spitzelte[96] – und Thomas Kubiak waren beide Kader der *Sauerländer Aktionsfront* (SAF) und führende Mitglieder des *Aktionskomitee Rudolf Heß*.

Zudem hatten sich die NPD und die *Jungen Nationaldemokraten* von den Heß-Aktivitäten zurückgezogen. Kurz vor den Bundestagswahlen im September 1998 wollte die Partei nicht mit eventuell illegalen Aktionen in Verbindung gebracht werden. Also musste das bisherige Aktionskomitee völlig umstrukturiert werden. Es lag nun in Händen von jungen Kräften aus der Kameradschaftsszene. Wie in den vergangenen Jahren riefen auch 1998 die Aktionen zum Heß-Todestag im Vorfeld Polizei und Staatsschutzbehörden auf den Plan. Der Verfassungsschutz war in den Besitz einer Bestellliste für Agitationsmaterial gelangt, sodass am 13. August eine großangelegte Durchsuchungsaktion stattfand. Ein wesentlicher Teil der Plakate und Aufkleber zur *Aktionswoche* wurden sichergestellt.

96 In einem Positionspapier des Bundeskriminalamtes zur Rolle des Verfassungsschutzes bzw. von Spitzeln des VS in der rechtsradikalen Szene, wurde Zimmermann 1997 als einer von neun Spitzeln genannt. Das Papier wurde erst 2012 durch einen Untersuchungsausschuss zum NSU-Komplex bekannt und durch einen Artikel im Spiegel öffentlich. Vgl.: Stark, Holger / Röbel, Sven / Baumgärtner Maik: *Innere Sicherheit. Der Brandstifter Effekt*, in: Spiegel, Nr. 45, 4.11.2012.

Von den dezentral angesetzten Aktionen kamen nur wenige und auf geringem Niveau zustande. So etwa in Zielitz bei Magdeburg, wo in der Nacht des 14. August etwa 100 zum Teil vermummte und mit Fackeln ausgerüstete Neonazis eine halbe Stunde durch die Stadt zogen; eine kleinere Kundgebung mit weniger als 60 Teilnehmenden gab es auch in Gotha; in Goslar kam es lediglich zu einem Aufmarschversuch und in Marburg zu einer Kranzniederlegung.

Am 15. August, dem Tag des zentralen Aufmarsches, ließen sich nicht viel mehr als hundert Kamerad_innen mittels einiger Mobiltelefone in Richtung Sauerland lotsen. Diejenigen, die es bis zum ersten geplanten Aufmarschort, Brilon südlich von Paderborn, schafften, wurden dort von zahlreichen Journalist_innen, Antifaschist_innen und der Polizei erwartet. Die bis zu diesem Zeitpunkt noch nicht festgenommenen Kamerad_innen leitete das **Aktionskomitee** in das 20 Kilometer entfernte Marsberg um, wo kein Heß-Anhänger_innen ankam. Mitsamt des **Aktionskomitees** waren es noch 25 Rechtsradikale, die auf dem Weg zum Treffpunkt nach Marsberg von der Polizei einkassiert wurden. Im Bundesgebiet wurden ca. 100 weitere Neonazis von der Polizei festgesetzt.

Blieb noch Dänemark, wo die ursprünglich von der ***Danmarks Nationalsocialistiske Bevægelse*** (DNSB) für den 15. August angemeldeten Demonstrationen in Køge bei Kopenhagen und vor der deutschen Botschaft in Kopenhagen verboten worden waren. Um ein Aufeinandertreffen mit den mehreren tausend angereisten Antifas zu vermeiden, wichen die Neonazis in den Vorort Greve aus, um am bunkerähnlich gesicherten DNSB-Hauptquartier zu demonstrieren. Es wurden lediglich 132 Neonazis gezählt, etwa 120 weitere Gesinnungsgenoss_innen, die aus der Bundesrepublik anreisen wollten, mussten an der Grenze umkehren. Vorsorglich begann der Aufmarsch bereits um 8:30 Uhr. Nach einer Stunde zog man sich in den Partei-Bunker zurück.[97]

Am Grenzübertritt nach Dänemark waren auch zahlreiche Antifaschist_innen gehindert worden. Doch auch ohne diese Verstärkung

97 Rudolf Heß Marsch 1998: *Auf dem Weg in die Bedeutungslosigkeit?*, in: AIB 45/4.1989, 2.12.1998.

demonstrierten mehrere Tausend Menschen am Vormittag in Kopenhagen und Greve gegen den Nazi-Aufmarsch und verhinderten weitere Aktionen. Der Versuch einiger Hundert Antifaschist_innen, nach Greve zum Neonazi-Hauptquartier durchzubrechen, führte zu heftigen Auseinandersetzungen mit der Polizei, die den Angriff unter Einsatz von Tränengas zurückschlug.

Die Ereignisse machten erneut klar, dass die Neonazis ohne Polizeischutz keine Chance hatten und ihr Heß-Tag in der Sackgasse steckte. Der Staatsapparat ließ keinen Heß-Gedenkmarsch mehr zu, und die Antifa blieb den Faschisten auf den Fersen. Vor allem aber war das rechtsradikale Mobilisierungspotenzial auf die engste Kameradschaftsszene geschrumpft. Wer war schon bereit, sich mittels konspirativer Anleitungen kreuz und quer durch die Republik leiten zu lassen, um dann am Ende doch im Polizeigewahrsam zu landen oder von der Antifa aufs Maul zu bekommen?

In der Neonazi-Szene kam es zum Streit über das weitere Vorgehen. Das Konzept, über die mittlerweile von der Polizei leicht zu ortenden und abzuhörenden Mobiltelefone zu kommunizieren und konspirative Ausweichversuche zu organisieren, war überholt.

Im Jahr 1999 schien es, als habe der *Rudolf-Heß-Marsch* sein Ende gefunden. Es gab keinen zentralen Marsch mehr, auch kleinere regionale Kundgebungen wurden von der Polizei verhindert. Die Versuche, ins schweizerische Bern bzw. nach Prag in Tschechien auszuweichen, waren nicht erfolgreich.

Es gelang kaum, mehr 100 als Kamerad_innen zu aktivieren. Noch desaströser endeten Versuche im Jahr 2000, als man Veranstaltungen in Holland bzw. in Dänemark und Schweden durchführen wollte. Doch war das Thema für die Neonazis nicht vom Tisch!

Lex Wunsiedel

Im Jahr 2001 gelang es Jürgen Rieger, das Demo-Verbot in Wunsiedel juristisch zu kippen. Erstmals seit zehn Jahren konnte damit am 17. August wieder ein zentraler *Rudolf-Heß-Gedenkmarsch* im 10.000 Seelen Städtchen stattfinden. Bundesweit wurde der Aufmarsch durch öffentliche Aktionen in zehn weiteren Städten und massive Plakatagitation unterstützt.

Rieger meldete auch gleich bis 2010 entsprechende Veranstaltungen in dem von den Rechtsradikalen als *Märtyrer-Stadt* bezeichneten Wunsiedel an.

Am Tag der Demonstration nahm die Polizei bei umfangreichen Vorkontrollen an den Zufahrtsstraßen elf Neonazis und zwei Antifas fest. Aufgrund dieser Kontrollen und dem Überprüfen der strengen behördlichen Auflagen begann der *Trauermarsch* erst mit zweistündiger Verspätung. Polizei-Hundertschaften ließen niemanden auf den Friedhof und schirmten den Aufmarsch durch die Innenstadt, an dem nach Polizeiangaben 900 Neonazis teilnahmen, ab. Die Stadt gab die Parole aus, man solle den Neonazi-Aufmarsch ignorieren. Dessen ungeachtet mobilisierte ein *Antifaschistische Aktionsbündnis*. Allerdings begann die Agitation aus Rücksicht auf örtliche Gruppen sehr spät, sodass nur 150 Antifaschist_innen eintrafen. Auseinandersetzungen blieben aus.

Zeitgleich demonstrierten im brandenburgischen Wittstock 70 Anhänger der NPD. Die Veranstaltung war erst am Vorabend vom Verwaltungsgericht Potsdam genehmigt worden. Die Polizei stellte mehrere Anzeigen, weil T-Shirts mit verbotenen Abzeichen getragen und Transparente gezeigt wurden, auf denen eine Ermordung von Rudolf Heß behauptet wurde. Auch in Wittstock kam es zu keinen Zwischenfällen.[98]

Doch die Neonazis hatten ihren zentralen Heß-Gedenkmarsch wieder, und nun stand der 15. Todestag des Hitler-Stellvertreters an. Im Jahr 2002 versammelten sich am Samstag, den 17. August, knapp 3.000 Neonazis aus der gesamten Bundesrepublik und dem europäischen Ausland in Wunsiedel. Rund 500 Bürger_innen der Kleinstadt protestierten mit einem Friedensgebet gegen den Aufmarsch. Dieser Protest der *Interessensgemeinschaft Aktionen zum 17.8.*, bestehend aus allen Fraktionen des Wunsiedler Stadtrats sowie der katholischen und evangelischen Kirchengemeinden war strikt getrennt von einer Antifa-Demonstration, mit der sich rund 500 Antifaschist_innen den Rechtsradikalen entgegenstellen wollten. Noch vor Beginn der Kundgebungen kamen 22 Heß-Marschier_innen und neun

98 Dpa: *Rudolf-Heß-Gedenkmarsch: 900 Rechtsextremisten in Wunsiedel*, in: Mitteldeutsche Zeitung, 18.8.2001.

Antifas in Gewahrsam. Die Antifa-Demo wurde von starken Polizeikräften auf Abstand zu den Rechtsradikalen gehalten.[99]
Alles antifaschistische Engagement schien im Fall Wunsiedel nicht zu fruchten. Auch juristisch erfuhren die Behörden eine Schlappe.

Wie in den Vorjahren wurde der am 16. August 2003 geplante *Trauermarsch* zunächst vom Landratsamt Wunsiedel verboten und dieses Verbot vom Verwaltungsgericht Bayreuth bestätigt. Im Unterschied zu den Vorjahren unterlagen die Veranstalter jedoch auch in zweiter Instanz: Erst das Bundesverfassungsgericht hob im Wege einer einstweiligen Anordnung das Verbot am 14. August auf – ganze zwei Tage vor dem geplanten Marsch.

Unter dem Motto *Weder Recht noch Menschlichkeit!* erreichte die Beteiligung eine neue Rekordmarke, nach Polizeiangaben versammelten sich 2.600 Rechtsradikale in Wunsiedel, nach Erkenntnissen des Verfassungsschutzes und Angaben der Veranstalter waren es 4.000 Teilnehmer_innen. Darunter wieder viele Neonazis aus dem europäischen Ausland.

Der Versammlungsleiter Jürgen Rieger eröffnete die Veranstaltung mit einer Ansprache, es folgten zahlreiche Rede- und Liedbeiträgen. Auch Briefe, die Rudolf Heß in der Haft geschrieben hatte, wurden vorgelesen. Anschließend zogen die Teilnehmer_innen in einem ca. einstündigen Schweigemarsch durch Wunsiedel.

An der Gegenveranstaltung unter dem Motto *Wunsiedel ist bunt, nicht braun* beteiligten sich knapp 400 Personen. Die Polizei sorgte für den reibungslosen Ablauf und nahm 67 Rechtsradikale vorübergehend fest, größtenteils wegen Verwendens von Kennzeichen verfassungswidriger Organisationen.[100]

Das Jahr 2004 brachte die höchste Teilnehmerzahl bei einem Rudolf-Heß-Marsch überhaupt. Nach Polizeiangaben kamen 3.800, nach anderen Zählungen mehr als 7.000,[101] Neonazis in Wunsiedel zusammen.

99 Dpa: *Gedenkmarsch von Neonazis für Rudolf Heß*, in: Neue Züricher Zeitung, 19.8.2002.

100 Behörde für Inneres und Sport: *Rudolf Heß Gedenkmarsch in Wunsiedel mit Rekordbeteiligung*, in: Landesamt für Verfassungsschutz Hamburg, 19.8.2003.

101 Bayrische Informationsstelle gegen Extremismus: *Heldengedenken in Wunsiedel: Rechts und Linksextremisten mobilisieren*, in: Gemeinsam gegen Extremismus.

Um der fehlenden antifaschistischen Infrastruktur vor Ort entgegenzuwirken, hatte sich im Jahr 2004 die antifaschistische Kampagne *NS-Verherrlichung stoppen* gebildet, getragen von Antifa-Gruppen aus dem gesamten Bundesgebiet. Dieser Kampagne, die auf mehrere Jahre ausgelegt war, gelang es, 2.000 Antifaschist_innen zu einem *Antifascist Action Day* nach Wunsiedel zu mobilisieren.

Daneben hatte das zivilbürgerliche Engagement auch Wunsiedel erreicht, und die Bürgerinitiative vor Ort veranstaltete einen *Tag der Demokratie*, auf dem die regionale Parteiprominenz in Redebeiträgen eine Gleichsetzung von Rechts- und Linksextremismus betrieb und die Antifa diffamierte.

Das zivilgesellschaftliche Engagement, das mit der Wiederbelebung der Heß-Märsche im Jahr 2001 einsetzte, war indes Teil einer allgemeinen politischen Veränderung. Diese war markiert durch den von der rot/grünen Koalition unter Bundeskanzler Gerhard Schröder (SPD) verkündeten *Aufstand der Anständigen*. Begleitet von massiven staatlichen Programmen wurde damit ein von bürgerlichen Kräften und staatlichen Institutionen dominierter *bunter* Antifaschismus etabliert.

Hatte der ehemalige SPD-Bürgermeister von Wunsiedel, Otto Rothe, immer dazu aufgerufen, die Neonazis schlicht zu ignorieren, beteiligte sich nun der CSU-Bürgermeister Karl-Willi Beck höchstpersönlich an einer Sitzblockade, was natürlich erhebliches Aufsehen in den Medien hervorrief. Für die Neonazis läutete dieser Umschwung das Ende ihrer *Heß-Gedenkmärsche* ein.

Im März 2005 wurde die *Bürgerinitiative Wunsiedel ist bunt* gegründet, und am 1. April 2005 trat die *Lex Wunsiedel* in Kraft. Die Bezeichnung steht für den § 130 Abs. 4 StGB: *„Mit Freiheitsstrafe bis zu drei Jahren oder mit Geldstrafe wird bestraft, wer öffentlich oder in einer Versammlung den öffentlichen Frieden in einer die Würde der Opfer verletzenden Weise dadurch stört, dass er die nationalsozialistische Gewalt- und Willkürherrschaft billigt, verherrlicht oder rechtfertigt."*

Diese Verschärfung des Versammlungsgesetzes war gezielt aufgrund der Heß-Gedenkmärsche zustande gekommen. Der geplante Aufmarsch am 20. August 2005 und alle weiteren wurden daraufhin endgültig verboten.

Aber die Neonazis gaben sich nicht geschlagen. Am 4. September kündigte die NPD eine Wahlkampfveranstaltung zur Bundestagswahl am

18. September in Wunsiedel an. Die Route der NPD-Demonstration entsprach der für den 20. August geplanten, und als Redner trat Jürgen Rieger auf. Zudem verkündete die NPD Bayern auf ihrer Homepage: *„Laßt uns am 4. September 2005 dem Bürgermeister von Wunsiedel zeigen, daß sich die deutsche Jugend und alle Deutschen, die noch Deutsche sein wollen, nicht mundtot machen lassen.“* Augenscheinlich handelte es sich um eine Ersatzveranstaltung für den verbotenen *Trauermarsch*. Der Plan der NPD, an die Heß-Gedenkmärsche anzuknüpfen, schlug jedoch fehl. Statt der angekündigten 500 nahmen nur rund 120 Neonazis an der Demonstration teil.[102]

Die Rechtsradikalen suchten andere Wege, mit denen sie am *Rudolf-Heß-Gedenkmarsch* festhalten konnten. Da ihnen der Marsch als solcher nun verwehrt blieb, wollten sie an vielen Orten im Bundesgebiet gegen das Verbot demonstrieren. Natürlich auch in Wunsiedel, wo die Veranstaltung sogleich vom Landratsamt untersagt wurde. Das Bundesverfassungsgericht bestätigte die Entscheidung in einem Eilverfahren. Parallel meldete die NPD eine Demonstration gegen das Verbot der Heß-Demo für den 20. August im 140 Kilometer entfernten Nürnberg, Ort der Reichsparteitage in der NS-Zeit, an. Auch hier untersagte die Stadt den Aufzug, woraufhin die NPD Klage einreichte.

Statt der Neonazi-Demo feierten am 20. August in Wunsiedel 2.000 Menschen mit einem *Tag der Demokratie* ihren Erfolg. Den konnte jedoch auch die NPD für ihre Demonstration in Nürnberg verbuchen. Das Verbot der Stadt hatte vor Gericht keinen Bestand und die Rechtsradikalen durften in der fränkischen Metropole marschieren. Die NPD bekam jedoch Gegenwind auch aus den etablierten Parteien. Selbst Nürnbergs Oberbürgermeister Ulrich Maly (SPD) rief zu einer Gegendemonstration auf. Nach Polizeiangaben gingen mehr als 500 Menschen gegen die rund 350 NPD'ler auf die Straße. In Berlin zogen 500 rechtsradikale Demonstrant_innen durch die Innenstadt. An der Demonstrationstrecke gab es lautstarken Protest.[103] Ferner kam es in Weißenfels, Ingolstadt, München und Burg zu kleineren Aufmärschen.

102 Zit. in: *4. September 2005*, in: a.i.d.a., 4.9.2005.

103 *Aufmarsch. Rechtsextreme demonstrieren in Berlin*, in: Tagesspiegel, 20.8.2005.

Ein Überraschungscoup gelang den Rechtsradikalen in Niedersachsen. Ohne dass Verfassungsschutz oder Polizei zuvor Kenntnis davon erlangten, erreichten neun Busse mit 500 Neonazis Peine. Die örtliche Polizei konnte nur beobachten, wie eine unangemeldete Demonstration durch die Innenstadt marschierte. Erst als die Demonstrant_innen sich bereits wieder in ihre Busse begeben wollten, war Polizeiverstärkung eingetroffen, die lediglich die Personalien der Teilnehmer_innen feststellte.[104]

Kein Problem mit der Anmeldung eines Rudolf-Hess-Marsches gab es im dänischen Kolding. Allerding hielt die Polizei die Teilnehmer_innen bei der Anreise zeitweise fest. Letztlich veranstalteten etwa 100 Neonazis, darunter auch Gesinnungsgenoss_innen aus Deutschland und Schweden, einen recht armseligen Aufmarsch.[105]

Im Jahr 2006 gewannen antifaschistische Veranstaltungen endgültig die Oberhand über die verschiedenen Gedenkmärsche, mit denen die Rechtsradikalen an den Heß-Kult anknüpfen wollten. In Jena protestierten nach Polizeiangaben rund 1.800 Menschen gegen einen Aufmarsch von etwa 350 Rechtsradikalen. In München demonstrierten rund 700 Menschen gegen eine Kundgebung von 140 NPD-Anhängern.

In Wunsiedel blieb ein Aufmarsch der Neonazis verboten, am *Tag der Demokratie* nahmen dagegen rund 400 Menschen teil. In Fulda sagten die Rechtsradikalen einen geplanten Aufmarsch aufgrund erheblicher Auflagen kurzfristig ab. Trotzdem wurden drei geplante Gegenveranstaltungen durchgeführt, an denen insgesamt rund 1.400 Menschen teilnahmen.

Auch in Berlin beteiligten sich mehrere hundert Menschen an insgesamt drei Demonstrationen gegen einen Neonazi-Aufmarsch mit rund 230 Teilnehmer_innen. Der Aufzug der Rechten wurde immer wieder von Gegendemonstrant_innen gestoppt. Die Polizei räumte unter anderem eine Sitzblockade mit 100 Personen. Weitere Kleinaktionen der Rechtsradikalen mit weniger als 50 Beteiligten fielen nicht ins Gewicht. Bundesweit gingen rund 5.000 Menschen gegen die Heß-Aktivitäten auf die Straße.

104 Niedersächsisches Ministerium für Inneres und Sport: *Neonazi-Aufzug in Peine. Sitzung des Niedersächsischen Landtages am 16.09.2005*, in: Niedersachsen. Klar.

105 *Aufmarsch. Rechtsextreme demonstrieren in Berlin*, in: Tagesspiegel, 20.8.2005.

Außer in Berlin und München, wo es zu kleineren Auseinandersetzungen kam, verliefen alle Veranstaltungen ohne besondere Vorkommnisse. Insgesamt wurden knapp 50 Menschen festgenommen.[106]

Zum 20. Todestag von Rudolf Heß im Jahr 2007 wollten die rechte Szene breites früh Flagge zeigen. Ein für Anfang März geplantes Rudolf-Heß-Gedenken am größten deutschen Soldatenfriedhof im Brandenburgischen Halbe blieb jedoch verboten. Untersagt wurde auch ein Rudolf-Heß-Gedenkmarsch in Berlin.

Trotzdem war eine Demo am Freitag, den 17. August, einen Tag vor dem allgemeinen Aktionstag am Samstag, im Gespräch. Mit einem Großaufgebot an zivilen und uniformierten Einsatzkräften unterband die Polizei ein konspirativ angelegtes Treffen am Bahnhof Mahlow. Von dort wollten die Rechtsradikalen durch den Ort ziehen, der dicht bei Berlin, aber bereits in Brandenburg liegt. Zahlreiche Platzverweise wurden erteilt und der Aufmarsch bereits im Ansatz verhindert.[107]

Auch in Wunsiedel durften die Neonazis am 18. August nicht marschieren. Hier kamen mehrere hundert Menschen erneut zum *Tag der Demokratie* zusammen. Er begann mit einem ökumenischen Friedensgottesdienst. Dann bewegte sich ein *Friedenszug* mit CSU-Vize Horst Seehofer und Bayerns SPD-Chef Ludwig Stiegler an der Spitze durch die Stadt.

Der NPD war es aber gelungen, an diesem Tag in Gräfenberg, nördlich von Nürnberg, eine Versammlung anzumelden. Eine Auflage besagte, dass bei der NPD-Veranstaltung kein Bezug zu Heß hergestellt werden durfte. Etwa 250 Rechtsradikale standen in Gräfenberg rund 1.000 Gegendemonstrant_innen gegenüber.

Einigen Antifas gelang es, dicht an die NPD-Veranstaltungen heranzukommen. Steine und Flaschen flogen, und es konnte verhindert werden, dass die NPD wie geplant zum Marktplatz marschierte. Insgesamt nahm die Polizei 40 Antifaschist_innen in Gewahrsam, überwiegend wegen Verstößen gegen das Versammlungsgesetz.

106 *Demonstrationen. Zeichen gegen Rechts*, in: Frankfurter Allgemeine Zeitung, 19.8.2006.

107 *Polizei-Aufgebot verhindert Neonnazi-Aufmarsch*, in: Berliner Morgenpost, 19.8.2007.

In Jena sahen sich 380 Neonazis mit einer Überzahl von ca. 900 Gegendemonstrant_innen konfrontiert. Größere Zwischenfälle verhinderte die Polizei, die zwei Neonazis wegen des Zeigens von NS-Symbolen in Gewahrsam nahm. Aufseiten der Antifas wurden zehn Personen wegen Stein- und Flaschenwürfen vorläufig festgenommen, außerdem wurden 53 Platzverweise ausgesprochen.

Ein weiterer Aufmarsch von Rechtsradikalen fand in Friedrichshafen am Bodensee statt. Begleitet von einem großen Polizeiaufgebot marschierten etwa 200 Neonazis durch die Stadt; etwa 250 Antifaschist_innen protestierten dagegen. Zu weiteren rechtsradikalen Demonstrationen, etwa in München und Ludwigshafen, kamen deutlich unter 100 Teilnehmer_innen.

Als ein Höhepunkt war der *Heß-Gedenkmarsch* im dänischen Kolding angelegt, auf der Halbinsel Jütland gelegen, gut 80 Kilometer nördlich der deutsch-dänischen Grenze. Aber es kamen nur rund 100 Neonazis zusammen, von denen die Polizei acht festnahm. Ihnen wurde die Störung der öffentlichen Ordnung und illegaler Waffenbesitz vorgeworfen.[108]

Der Heß-Marsch schien für die Zukunft erledigt zu sein. In den Jahren 2008 und 2009 gab es nur noch einige kleinere, nicht angemeldete Demonstrationsversuche, an denen sich nicht mehr als 50 Personen beteiligten. Da starb am 29. Oktober 2009 überraschend Jürgen Rieger im Alter von 63 Jahren an den Folgen eines Schlaganfalls. Seine Familie wollte nichts mit rechtsradikalem Gedankengut zu tun haben. Die Totenfeier spielte sich im engsten Familienkreis ab, politische Weggefährten waren nicht erwünscht. Damit kein neuer Kult entstehen konnte, verschwand Riegers Asche im Meer.

Die NPD wollte ihrem stellvertretenden Vorsitzenden dennoch öffentlich gedenken, und zwar in Wunsiedel. Die Partei meldete für Mitte November einen Trauermarsch für Rieger an, den das Landratsamt Wunsiedel untersagte. Die Behörde sah in dem Aufzug ein getarntes *Rudolf-Heß-Gedenken*. Vor dem Bayerischen Verwaltungsgerichtshof hatte die Argumentation des Landratsamts jedoch keinen Bestand. Das Verbot wurde aufgehoben.

108 *20. Todestag von Rudolf Hess. Proteste gegen recht Aufmärsche*, in: Der Spiegel, 18.8.2007.

An dem Rieger-Gedenkmarsch, in Neonazi-Kreisen war von einer *Totenleite* die Rede, nahmen am Samstag, den 14. November, rund 1.000 Rechtsradikale teil.[109]

Währenddessen unternahmen einige hundert Personen auf Initiative des *Wunsiedler Bündnis gegen Rechtsextremismus* einen Gegengedenkmarsch. Die Route folgte dem Todesmarsch von KZ-Häftlingen, die im April 1945 durch die Stadt geführt worden waren. Auf dem Friedhof von Wunsiedel sind 30 dabei zu Tode gekommene Häftlinge bestattet. Bestandteil dieses Gedenkmarsches war ein ökumenischer Stationen Gottesdienst, mit dem auch der Opfer rechtsradikaler Gewalt seit 1990 gedacht wurde. Abschließend gab es eine Lichterkette durch die Innenstadt.

Das *Wunsiedler Bündnis gegen Rechtsextremismus* war sehr darum bemüht, seinen Aktionen nicht den Charakter einer Gegendemonstration zu geben. Am Tag vor dem Volkstrauertag sollten nicht die Täter, sondern die Opfer im Mittelpunkt stehen, betonte Bürgermeister Karl-Willi Beck (CSU) bei einer Kundgebung auf dem Marktplatz.

Antifa-Gruppen führten eine eigene Demonstration mit dem Ziel durch, den Aufmarsch der NPD zu stoppen. Es gab aber keine Möglichkeit für die 300 Antifas, sich den Neonazis in den Weg zu stellen. Polizeihundertschaften schirmten den an den Stadtrand verlegten NPD-Aufzug ab. Fünf Rechtsradikale und vier Antifas nahm die Polizei fest; bei ihnen waren Messer, Reizgas und Sturmhauben gefunden worden. Bereits bei Kontrollen der Zufahrtsstraßen hatte die Polizei Pfefferspray und Böller sichergestellt.[110]

Zunächst war der *Rieger-Gedenkmarsch* von der NPD als eine einmalige Trauerversammlung organisiert worden. Dann entstand die Idee, mit einer erneuten Demo einen jährlichen Aufmarsch in Wunsiedel zu etabliert.

Ein Aufruf zu einem *Rieger-Gedenkmarsch* erschien am 30. Oktober 2010 beim *Freien Netz Süd*. Als Veranstalter wurde dort neben *Freien Nationalisten* auch die NPD genannt. Die Versammlung stand unter dem Motto *Für Einigkeit und Recht und Freiheit*.

109 Bundesministerium des Innern, in: *Verfassungsschutzbericht 2009*, S. 62; laut Polizeiangabe waren es lediglich 600 Rechtsradikale.

110 *Wunsiedel: Lichterketten gegen NPD-Aufmarsch*, in: Merkur.de, 14.11.2009.

Um den rechtsradikalen Spuk endlich loszuwerden, kam man in der Stadtverwaltung auf eine neue Idee. Jeder Bezug zu Rudolf Heß sollte in Wunsiedel verschwinden. Dem nachdrücklichen Bestreben der Kommune gaben die Angehörigen im Juli 2011 nach und gaben ihr Einverständnis zur vollständigen Auflösung des Heß-Familiengrabes. Grabsteine samt Einfassungen wurden beseitigt. Zudem wurden die Gebeine von Rudolf Heß exhumiert, verbrannt und die Asche über dem Meer verstreut. Es blieb nur eine neu eingesäte Rasenfläche. Trotzdem fanden sich bereits am 13. August einige Neonazis am ehemaligen Grab ein. Die Polizei setzte das Versammlungsverbot durch.

Da bei Demonstrationen in Wunsiedel jeglicher Bezug zu Heß untersagt blieb, verlegten die Rechtsradikalen die Totenehrung in den November und führten von nun an am Vortag des Volkstrauertages ein *nationales Heldengedenken* durch.

Nach offiziellen Zahlen nahmen stets 230 bis 250 Neonazis teil, denen ungefähr doppelte so viele Gegendemonstrant_innen gegenüberstand, aufgerufen vom DGB, den Kirchen und der *Bürgerinitiative Wunsiedel ist bunt, nicht braun*.

Im Jahr 2014 meldete der *III. Weg* zum ersten Mal die Demo in Wunsiedel an. Neben dem 1. Mai zählte sie zu den jährlichen Ritualen der Kleinstpartei. Seit 2015 begann die Demonstration in Wunsiedel ab 16 Uhr in der Dämmerung als Fackelmarsch.

Wieder heß-lich

Im August 2017 stand der 30. Todestag von Rudolf Heß an. Die Mobilisierungserfolge bei den Rechtsrockkonzerten im Rücken, wollten die Neonazis aus diesem Anlass ein Zeichen in Berlin setzten.

Bundesweit riefen von der NPD, über *DIE RECHTE*, *III. Weg* bis zur Kameradschaftsszene nahezu alle Gruppierungen/Parteien aus dem neonazistischen Spektrum auf. Das Konzept sah vor, Partei- und Organisationszugehörigkeiten zu verschleiern, das Thema sollte im Vordergrund stehen.

Im Internet mobilisierte die Neonazi-Szene europaweit in 14 Sprachen für Samstag, den 19. August. Vom Bahnhof Spandau aus sollte es zum Gelände des abgerissenen Kriegsverbrechergefängnisses gehen. Als Anmelder fungierte der langjährige Neonazi Christian Malcoci aus Grevenbroich in Nordrhein-Westfalen. Vor Ort agierten aber vor allem NPD-Kader. Zu Gegenaktionen rief das politisch breit aufgestellte **Spandauer Bündnis gegen Rechts** auf. Die Polizei war mit mehr als 1.000 Beamt_innen aus fünf Bundesländern vor Ort.[111]

↑ Verlogene Nazipropaganda zu Heß von 2017.

Für die Neonazis gab es strenge Auflagen. So durfte der Name Rudolf Heß weder auf Transparenten noch auf der Kundgebung genannt werden, nicht mehr als eine Fahne auf 25 Teilnehmende kommen und vieles mehr. Aus Protest gegen die Auflagen traten die Rechtsradikalen in weißen Hemden an, eine Anspielung auf das Uniformverbot der SA aus dem Jahr 1932. Trotz der Einschränkungen waren im Marschblock etliche schwarz-weiß-rote Fahnen zu sehen, und auf dem Kopftransparent stand in großen Lettern **Ich bereue nichts**, unterzeichnet mit **Nationale Sozialisten Berlin**.[112]

Während immer wieder Gruppen von Neonazis mit Zügen am Spandauer Bahnhof eintrafen, verlief die Anreise nicht für alle störungsfrei. Aufgrund von Sabotageaktionen des Bahnverkehrs im Berliner Umland gerieten Neonazis aus Norddeutschland bei der Anreise ins Stocken und kamen nicht am Zielort an. Unterstützt von Neonazis, die mit zwei Reisebussen aus Nordrhein-Westfalen gekommen waren, meldeten sie unter gleichlautendem Motto einen spontanen Aufmarsch in Falkensee an. Hier spielte u.a. Thorsten Heise eine führende Rolle. Falkensee gehört zwar zu

111 *Zum Todestag von Rudolf Heß. Neonazis können in Spandau auflaufen*, in: ZEIT ONLINE, Störungsmelder, 17.8.2017.

112 Senatsverwaltung des Innern und des Sports: *Schriftliche Anfrage zum Thema Rudolf-Heß-Gedenkmarsch am 19.8.2017 in Berlin-Spandau*, in: Drucksache 18/12 133, 18. Wahlperiode, 6.9.2017.

Brandenburg, grenzt aber direkt an Spandau, zwischen den beiden Stadtkernen liegen nicht viel mehr als 10 Kilometer.

Auch wenn sich ein Großaufmarsch wie in der Vergangenheit in Wunsiedel nicht wiederholte, gingen etwa 1.450 Neonazis, d. h. 1.200 in Spandau und 250 in Falkensee, am 19. August in Berlin auf die Straße. Die oft genannte Zahl von lediglich 750 Heß-Demonstrant_innen in Spandau wurde nach der Auswertung des Filmmaterials korrigiert.[113]
Rund 1.500 Antifaschist_innen[114] stellten sich in Spandau dem Heß-Kult entgegen, weshalb die Rechtsradikalen auch nicht weit kamen. Nach 500 Metern stoppte eine Sitzblockade den Aufmarsch. Es folgten ein paar halbherzige Räumungsversuche durch die Polizei, während die Neonazi-Demo mehr als eine Stunde in der prallen Sonne ausharrte.

Schließlich mussten die Rechtsradikalen auf einer kurzen Ausweichroute zurück zum Bahnhof. Auf der Abschlusskundgebung sprachen Neonazis aus der Bundesrepublik, England, Schweden und Frankreich. Die Polizei nahm 73 Personen kurzzeitig fest und nahm ihre Personalien auf, 35 davon waren Rechtsradikale.[115]

Für die Neonazis war die Heß-Demonstration in Spandau – abgesehen von den Rechtsrockkonzerten – die größte Veranstaltung im Jahr 2017. Allein diese Tatsache, verbunden mit der Medienpräsenz, sprach dafür, es im nächsten Jahr noch einmal zu versuchen.

Wesentlich kleiner und ein nur regionales Ereignis war hingegen das *Heldengedenken* des *III. Weg* am 18. November 2017, dem Vortag des Volkstrauertages, in Wunsiedel. In markanter Performance mit Fackelzug und Landknechtstrommeln marschierten um die 250 Rechtsradikale durch ihre *Märtyrerstadt*. Dagegen organisierte die *Bürgerinitiative Wunsiedel ist bunt* einen *Tag der Menschlichkeit*, an dem sich etwa 300 Menschen beteiligten.

113 Metzger, Frank: *Heß-Revival in Berlin*, in: berlin rechtsaußen, 26.8.2017.

114 Anker, Jens / Betschka, Julius: *Neonazi-Demo in Spandau von Gegendemonstranten blockiert*, in: Berliner Morgenpost, 19.8.2017.

115 *Neonazis-Aufzug zum Gedenken an Rudolf Heß in Spandau wurde von Gegendemonstranten gestoppt*, in: Berliner Zeitung, 20.8.2017.

Trügerische Perspektive

Einige Stimmen im Lager der Neonazis kritisierten die Teilnehmerzahl beim Heß-Marsch in Spandau als zu gering. Im Vergleich zu den Konzertveranstaltungen, zu denen mehrere tausend Besucher_innen angereist waren, ergab sich ein deutliches Gefälle. Auch hatte die gemeinsame Heß-Initiative keine nachhaltigen Effekte auf die Szene – anders als die Rechtsrockkonzerte in Themar, die ab dem Jahr 2017 zum Begriff geworden waren. Daran wollte Frenck 2018 anknüpfen und meldete für den 8. und 9. Juni 2018 ein neues Konzert an. Das Landratsamt reagierte mit einem Verbot – aus Naturschutzgründen. Es folgte ein zäher Rechtsstreit.

Inzwischen sorgte ein anderes Rechtsrock-Konzert für Aufsehen. Unter dem Slogan *Reconquista Europa* fand am 20. und 21. April 2018 im Oberlausitz-Städtchen Ostritz im Südosten von Sachsen das *Festival Schild und Schwert* statt. Gerade mal 2.400 Einwohner_innen zählt die Stadt, die direkt an der Grenze zu Polen liegt. Dass der Konzertbeginn auf den Geburtstag Adolf Hitlers fiel, wurde ebenso als Zufall ausgegeben wie die Abkürzung *SS-Konzert*. Auch die Ähnlichkeit des Konzert-Logos mit dem sogenannten Bandenkampfabzeichen der Wehrmacht galt als politisch motivierte Interpretation.

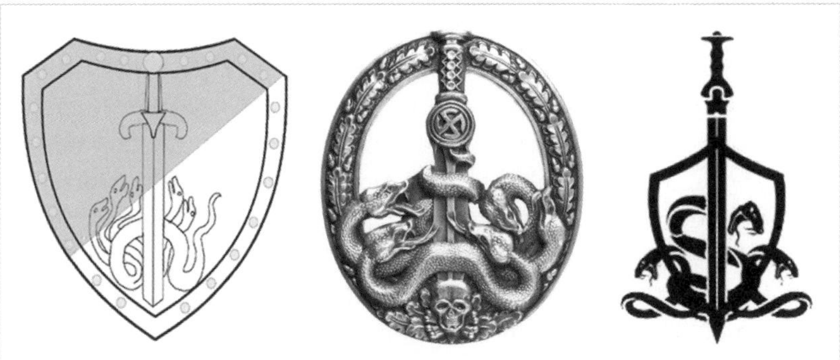

↑ Das Spiel mit den Symbolen: links das Abzeichen des ***Selbstschutz Oberschlesien***, eines vom ***Freikorps Loewenfeld*** 1920 in Breslau gegründeten Verbandes. In der Mitte das auf diesem Entwurf basierende ***Bandenkampfabzeichen*** aus dem Zweiten Weltkrieg, verliehen für den Anti-Partisanenkampf. Rechts das Emblem von ***Schild und Schwert***.

Austragungsort von *Schild und Schwert* war das *Hotel Neißeblick*. Das große Gebäude ist eine umgebaute Textilfabrik, zu der ein umfangreiches Gelände gehört. Platz genug für ein Festival. Zudem gehört das langsam verfallende Anwesen seit 1993 dem Unternehmer und hessischen Kommunalpolitiker Hans-Peter Fischer, der sich politisch rechts von der Mitte verortet. Das heißt, er war zehn Jahre Mitglied der NPD und anschließend der Republikaner.[116] Bereits 2012 hatte Fischer das Gebäude der NPD für ihren Landesparteitag zur Verfügung gestellt. Seit dieser Zeit zieren Überreste von Farbbeutelwürfen die Fassade.

Aufkleber der Antifa Lausitz, die 2012 mit zu den Aktionen gegen den NPD-Landesparteitag in Ostritz aufrief. Die Gruppe löste sich 2014 auf.

Die Beziehungen zur NPD erklären den Kontakt zu Thorsten Heise, dem Anmelder des *Schild und Schwert* Konzerts 2018. Der aus der Kameradschaftsszene stammende Neonazi war mittlerweile einer der drei stellvertretenden Bundesvorsitzenden der NPD und seit Februar 2017 Vorsitzender der NPD-Thüringen. Seit eh und je verfolgte Heise die Strategie, NPD und Kameradschaftsszene zu verzahnen. In diesem Fall ging es aber wohl auch um seine Person, denn ihm wurden Ambitionen auf den NPD-Parteivorsitz nachgesagt. Stets gut gelaunt und immer bereit, im jovialen Ton mit den Medien zu sprechen, trat Heise als Macher in Erscheinung. Viele wichtige NPD-Funktionäre inklusive des Europaabgeordneten Udo Voigt waren

116 Seibel, Frank: *Das ist nicht mein Problem*, in: Sächsische Zeitung, 5.4.2018.

in Ostritz anwesend. Es fiel auf, das der NPD-Parteivorsitzende Frank Franz fehlte. Der werde beim nächsten Mal kommen, meinte Heise auf Nachfrage.

Schild und Schwert galt als politische Versammlung. Neben der Musik gab es Reden und Vorträge, Bücher- und Devotionalienstände, eine Tattoo-Convention und eine Kampfsport-Veranstaltung namens *Kampf der Nibelungen*. Damit waren weite Teile der rechtsradikalen Subkultur abgedeckt.

Demgegenüber spaltete sich die Gegenaktion bereits im Vorfeld. Letztlich gab es dann zwei Veranstaltungen. Auf dem Marktplatz vor dem Rathaus in Ostritz, nur wenige hundert Meter vom Hotel Neißeblick entfernt, fand ein Friedensfest statt. Parteien sollten nicht erkennbar auftreten, denn man wollte die AfD Wähler_innen nicht ausschließen. In Ostritz hatten 25 Prozent AfD gewählt.

Angst hatte man vor allem vor der anreisenden Antifa und *„gewalttätigen Linksextremisten“*[117]. Die nicht allzu lang zurückliegenden Krawalle beim G20-Gipfel in Hamburg wurden als Schreckgespenst an die Wand gemalt. Mit radikalen Gruppen wollte man nichts zu tun haben.

Schirmherr des Friedensfestes war der Ministerpräsident von Sachsen, Michael Kretschmer (CDU). In seiner Rede faselte der Ministerpräsident etwas von der Mitte der Gesellschaft, aus welcher der Widerstand gegen jeglichen Extremismus erwachsen müsse, und dass mit allen rechtsstaatlichen Mitteln gegen das Rechtsrockkonzert eingeschritten werden würde. Besonders glücklich war er wegen des erlassenen Alkoholverbots auf dem Gelände. In dessen Folge versorgten sich die Neonazis in der Stadt mit dem Nötigen und zogen betrunken und lautstark durch die Straßen. Etwa 3.000 Menschen konnten den Tag über beim Friedensfest gezählt werden.

Etliche Gruppen und Einzelpersonen konnten sich von vornherein nicht mit dem lauwarmen und ausgrenzenden Protest des Friedensfestes abfinden. Nachdem zunächst drei Gegendemonstrationen angemeldet waren, einigte man sich schließlich darauf, auf eine Demonstration oder ähnlich offensives Auftreten zu verzichten und dafür gemeinsam das Gegenfestival

117 *Protest gegen Neonazis. „Wenn die mich weiter so ärgern, schenke ich das Haus der NPD“*, in: Welt, 4.2.2018.

Rechts rockt nicht! zu veranstalten, zu dem rund 1.000 Besucher_innen kamen. Am Ende blieb es bis auf ein paar kleinere Zusammenstöße mit alkoholisierten Rechtsradikalen in der Stadt ruhig. Dafür sorgte auch eines der größten Polizeiaufgebote, dass Sachsen in den letzten Jahren gesehen hatte. Gegen etliche Rechtsradikale wurden Verfahren wegen Verwendung verfassungsfeindlicher Symbole eingeleitet.

Insbesondere das *Friedensfest* feierte man als erfolgreichen Beitrag gegen das Rechtsrock-Festival. Aber auch die Rechtsradikalen hatten, medienwirksam wie lange nicht, in der Öffentlichkeit gestanden. Selbst wenn der erhoffte Zustrom aus Osteuropa ausgeblieben war, stellte Ostritz mit rund 1.300 Besucher_innen einen Achtungserfolg für die NPD dar.

Abgesehen davon konnte sich die Neonazi-Szene bei den Konzerten im großen Maßstab treffen und vernetzen. So war Tommy Frenck mit einem Verkaufsstand in Ostritz anwesend, während Thorsten Heise auf dem Rechtsrock-Konzert in Themar als Redner angekündigt war.

Das Konzert in Thüringen mit dem Titel *Tage der Weltoffenheit* am 8./9. Juni 2018 stand bis wenige Tage vor Beginn juristisch infrage. Demzufolge gingen die Behörden von maximal 1.500 Besucher_innen aus. Überraschend musste die Polizei dann mehr als 2.200 Rechtsradikale zählen. Auch die diversen Auflagen, wie Alkoholausschank erst ab 20 Uhr, polizeiliche Durchsuchung der Konzertgäste, Polizei auch auf dem Gelände, um gegen Gesetzesverstöße sofort einschreiten zu können usw., änderten daran nichts.

Mehr noch als in den letzten Jahren spielte die evangelische Kirche beim antifaschistischen Gegenprotest in Themar eine Rolle. Zu einem Friedensgebet, zu dem sich nicht nur die Landesbischöfin, sondern auch der Thüringische Innenminister Georg Maier (SPD) und der SPD-Landeschef einfanden, kamen optimistisch gezählt 250 Menschen. Anschließend prozessierte man mit 193 Holzkreuzen, auf denen Namen von Opfern rechtsradikaler Gewalt seit 1990 standen, in Richtung Konzertgelände. Ein Teil der Kreuze wurde dort aufgestellt.

Derweil erteilte die Polizei am und im Konzertgelände Platzverweise und erstattete insgesamt 84 Anzeigen, zumeist wegen Verwendung verfassungsfeindlicher Symbole. In der Regel bezog sich das auf Tätowierungen, die sofort abgeklebt werden mussten. Auch wurde der Sänger der britischen Rechtsrockband *Brutal Attack* von der Bühne geholt, des Platzes verwiesen und wegen Volksverhetzung angezeigt. *Brutal Attack* existiert bereits seit 1979 und zählt zu den ältesten rechtsradikalen Bands überhaupt. Außerdem gehört die Gruppe zu den Gründungsmitgliedern des Neonazi-Musiknetzwerks *Blood and Honour*.

Doch insgesamt blieben die polizeilichen Maßnahmen nur Begleiterscheinungen, denn am Ende konnte das Konzert in Themar durchgesetzt werden. Zudem war das Gelände von Frenck für zehn Jahre gepachtet. Es schien so, als sei damit künftigen Rechtsrock-Konzerten der Weg geebnet.

Heß und kein Ende

Inwieweit sich die subkulturellen Erfolge der Neonazis auch politisch auf die Straße bringen ließen, sollte sich am 18. August 2018 erweisen. Bundesweit wurde unter der Parole *Mord verjährt nicht, gebt die Akten frei – Recht statt Rache* erneut nach Berlin-Spandau aufgerufen. Wobei mittlerweile die meisten Akten nach der üblichen 30-jährigen Laufzeit freigegeben waren.

Gegen die erneute Heß-Demo mobilisierte ein breites Bündnis unter dem Motto *NS-Verherrlichung stoppen*. Um den Rechten keine Möglichkeit für ihren Aufmarsch zu lassen, wurden verschiedene Demonstrationen angemeldet und zu einem *Fest der Demokratie* aufgerufen. Unterstützt wurden diese antifaschistischen Initiativen unter anderem von Berlins Regierendem Bürgermeister Michael Müller (SPD) und Bundesfamilienministerin Franziska Giffey (SPD), Grünen, Linkspartei, CDU und der SPD, außerdem Kirchen und Gewerkschaften.

Zur Bündnis-Kundgebung fanden sich vor dem Bahnhof Spandau nach Polizeiangaben 1.400 Menschen, laut Veranstalter_innen 2.000 Menschen ein, während sich nur etwa 50 Neonazis blicken ließen.

Wenig später sagten die Rechtsradikalen ihren Aufzug in Spandau ab und wichen ins Berliner Zentrum aus. Die NPD hatte bereits 48 Stunden zuvor eine parallele Demonstration in Friedrichshain-Kreuzberg angemeldet und intern dorthin organisiert. Das mit den Ordnungsbehörden abgekartete Spiel ging auf. Geschützt von 2.300 Polizist_innen, mehr als doppelt so viele wie im Jahr zuvor, marschierten 700 bis 900 Neonazis um 15 Uhr vom Platz der Vereinten Nationen im Bezirk Friedrichshain zum S-Bahnhof Lichtenberg, während in Spandau nur wenige Antifaschist_innen spontan in die S- und U-Bahnen Richtung Stadtzentrum stiegen. Schließlich stellten sich nur einige Hundert Aktivist_innen dem Neo-Nazi-Aufmarsch entgegen.

Versuche, den rechtsradikalen Demonstrationszug durch Sitzblockaden aufzuhalten, wurden von der Polizei schnell abgeräumt oder auf den breiten Straßen einfach umgangen.

Es gab vereinzelte Stein- und Flaschenwürfe, der Kleinlaster einer Mietwagenfirma, die oft von Rechtsradikalen in Anspruch genommen wurde, sowie der Mercedes eines *Kameraden* brannten. Doch das blieben Randerscheinungen. Ihren Aufmarsch konnten die Neonazis, in Absprache mit der Verwaltung und der Polizei, durchsetzen. Die Polizei nahm 29 Antifas fest; 45 Ermittlungsverfahren wurden eingeleitet.[118]

Wie im Jahr zuvor traten die Rechten in weißen Hemden oder Shirts und schwarzen Hosen in Erscheinung. Zudem gab es wieder fast nur schwarz-weiß-rote Fahnen. Der Aufzug war ein Schweigemarsch, lediglich von klassischer Musik aus dem Lautsprecherwagen begleitet. Am Ende der Trauerinszenierung sprachen u.a. der Berliner NPD-Funktionär Sebastian Schmidtke und Thomas Wulff, genannt Steiner.

Letzterer berichtete, wie er mit einigen anderen Neonazis in den 1980er-Jahren zum Heß-Geburtstag Feuerwerksraketen über das Gefängnis geschossen und sich wenig später am Tor ankettet hatte. Heß soll dazu gesagt haben: „*Die meinigen stehen zu mir*". Quasi vom Hitler-Stellvertreter geadelt, forderte Steiner alle Anwesenden auf, politisch weiterzumachen. Es wurde „*vom einsamsten Gefangenen der Welt*" geschwafelt und die „*Ungerechtigkeit der Besatzungsmächte*" beklagt. Abgesehen von einigen Pfiffen und Buh-Rufen verlief die Abschlusskundgebung ohne Störungen. In Spandau feierten derweilen 3.000 Menschen ihr *Fest der Demokratie*.

118 *Gedenkdemo für Hitler-Stellvertreter Rudolf Heß in Berlin. Strafanzeigen und Flaschenwürfe bei Neonazi-Aufmarsch*, in: Der Tagesspiegel, 19.8.2018.

Zwar behaupteten die Neonazis trotzig, ihre Demonstration sei erneut ein Erfolg gewesen, doch war ihr Mobilisierungspotenzial um mehr als die Hälfte gesunken. Der Heß-Aufmarsch in Spandau war nicht zustande gekommen, und die Ersatzveranstaltung in Friedrichshain konnte nur mit Müh und Not und Dank starkem Polizeischutz durchgeführt werden. Wenn das ein Erfolg war, dann brauchte es keine Niederlagen.

Im folgenden Jahr koordinierte das Netzwerk *Berlin gegen Nazis* für den 17. August die Anmeldung von Demonstrationen und Kundgebungen. Von Spandau bis Treptow-Köpenick, von Marzahn bis Charlottenburg, von Pankow bis Neukölln, Friedrichshain-Kreuzberg und Lichtenberg – an mehr als 20 Orten wurden Protestkundgebungen, Straßenfeste und andere Proteste vorbereitet. In Spandau lud ein überparteiliches Bündnis von SPD, CDU, FDP, Grünen und DIE LINKE zu einem *Picknick für die Demokratie* ein. In Lichtenberg meldete die Kampagne *Bunter Wind für Lichtenberg* eine Kundgebung an, in Kreuzberg die AWO an der Straßenkreuzung Köpenickerstraße/Engeldamm direkt vor der ver.di Bundesverwaltung. Mehrere Bezirksverordnetenversammlungen verabschiedeten Resolutionen gegen den Naziaufmarsch.[119]

Damit waren den Neonazis alle Möglichkeiten an diesem Tag in Berlin aufzumarschieren von vornherein genommen. Am Spandauer Bahnhof fand bereits am Freitagabend, dem 16. August, eine Kundgebung mit 50 Antifaschist_innen statt. Was sich jedoch bereits im Vorfeld abzeichnete, bestätigte sich.

Es gab keine Anmeldung für einen *Heß-Gedenkmarsch* in Berlin. Daraufhin wurden die antifaschistischen Veranstaltungen abgesagt und zur zentralen Kundgebung zum Alexanderplatz mobilisiert. Dort versammelten sich am Vormittag des 17. August rund 300 Menschen. Als prominenter Sprecher trat der evangelische Landesbischof Markus Dröge ans Mikrofon. Zwei weitere kleine Manifestationen gab es mit rund 100 Antifaschist_innen am Bahnhof Lichtenberg und 50 Menschen am Spandauer Bahnhof.

119 Dangeleit, Elke: *Schöner Sommer ohne Nazis – Rechtsextremisten sagen ihren Gedenkmarsch ab*, in: DIE LINKE. Friedrichshain/Kreuzberg, 1.9.2019.

Laut Polizei verliefen die Kundgebungen *„ruhig und störungsfrei"*[120]. Dennoch gab es an diesem Tag eine Neonazi Veranstaltung zu Rudolf Heß. Nicht in Berlin, sondern in Ingelheim am Rhein.

Kein Rechtsrock mehr in Ostritz

Hatte sich die Heß-Aufmärsche in Berlin mit dem Jahr 2018 als nicht zukunftsweisend erwiesen, blieben als rechtsradikaler Hoffnungsschimmer immer noch die Rechtsrockkonzerte. Nach dem spektakulären Beginn im April in Ostritz legte Thorsten Heise mit einem zweiten *Schild und Schwert-Konzert* am 2./3. November 2018 nach.

Von den Angeboten an Musik, Kampfsport-Treffen, Tätowier-Möglichkeiten usw. glich das zweite Konzert unter dem Motto *Organisierten Willen in die Parlamente tragen* dem ersten.

Den politischen Höhepunkt bildete ein Kulturprogramm am zweiten Veranstaltungstag mit Redebeiträgen von hochrangigen NPD-Vertretern und den beiden Bundesvorsitzenden der Partei DIE RECHTE.

Wieder gab es umfangreiche Polizeikontrollen und behördliche Auflagen. Als eine Band die nationalsozialistische Parole „*Blut und Ehre*" skandierte, schritt die Polizei ein. Insgesamt wurden 18 Ermittlungsverfahren eingeleitet, vor allem wegen Verstößen gegen das Versammlungsgesetz und dem Verwenden von Kennzeichen verfassungswidriger Organisationen.[121]

Erneut richteten sich mehrere antifaschistische Veranstaltungen gegen das *Schild und Schwert-Festival*. Dazu zählte ein *Friedensfest* auf dem Markt in Ostritz, das mit einer Rede des sächsischen Ministerpräsidenten Michael Kretschmer (CDU) eröffnet wurde. Neben dem *Friedensfest* organisierte die Initiative *Rechts rockt nicht* eine Kundgebung. Laut Versammlungsleiter Mirko Schultze, Landtagsabgeordneter der Linken, beteiligten sich über 200 Personen.

120 *Todestag von Rudolf Heß: Ein Neonazis Aufmarsch wie in den vergangenen Jahren blieb aus*, in: Berliner Zeitung, 17.8.2019.

121 *Mehr als 3000 Besucher beim Ostritz Friedensfest*, in: Wochenkurier, 5.11.2018.

So wichtig der antifaschistische Protest auch war, konnte nicht übersehen werden, dass vor allem die staatlichen Eingriffe im Verein mit den herbstlichen Temperaturen für etliche Absagen sorgten. Es gelang der NPD nicht, einen erneuten Erfolg zu landen. Die Besucher_innenzahl fiel mit ca. 1.000 Personen (Polizeiangabe 700) deutlich geringer aus als im April. Der stellvertretende Bundesvorsitzende der NPD, Thorsten Heise, ließ sich von der Schlappe nicht beeindrucken und meldete das dritte *Schild und Schwert-Festival* für den 21./22.6.2019 in Ostritz an.

Kurz vor dem Konzerttermin wurde bekannt, dass der Rechtsradikale Stephan Ernst wegen des mutmaßlichen Mordes an dem Regierungspräsidenten im Regierungsbezirk Kassel, Walter Lübcke, verhaftet worden war. Öffentlichkeit, Behörden und Polizei waren deshalb besonders alarmiert. Am Freitagnachmittag, kurz vor Beginn der Veranstaltung, überbrachte die Polizei dem Anmelder Thorsten Heise die Nachricht, dass ein Alkoholverbot auf dem gesamten Festivalgelände herrsche. Begründet wurde dies damit, dass Alkoholkonsum die Gefahr gewaltsamer Auseinandersetzungen erhöhe. Umgehend wurden 4.200 Liter Bier unter Polizeiaufsicht mit einem LKW abtransportiert.

Auch am Samstag wurde das Alkoholverbot von der Polizei konsequent durchgesetzt und noch einmal rund 200 Liter an mitgebrachten alkoholischen Getränken beschlagnahmt. Zusätzlich kauften Einwohner_innen von Ostritz in einer gemeinsamen Aktion mit dem *Internationalen Begegnungszentrum St. Marienthal* den gesamten Bierbestand des örtlichen Supermarktes auf.[122]

Bei einem Alkoholverbot allein blieb es aber nicht. Vor und auf dem Gelände patrouillierten ständig uniformierte und zivile Einsatzkräfte. Als ein Sänger eine Sturmhaube aufzog, wurde er sofort von der Bühne geholt. Grund war der Anfangsverdacht, gegen das Versammlungsgesetz verstoßen zu haben. Stimmung kam so unter den Rechtsradikalen nicht auf. Bereits am Abend, während die Bands noch spielten, verließen die ersten Konzertbesucher_innen Ostritz. Was die Beteiligung anging, war die Veranstaltung

122 *Neonazi-Festival in Ostritz: Polizei schreitet bei Rechtskonzert ein*, in: Leipziger Volkszeitung, 23.6.2019.

ohnehin schlecht besucht, lediglich 600 Konzertbesucher_innen waren zusammengekommen.

Auch diesmal gab es antifaschistische Gegenaktionen. Neben den Veranstaltungen der Bürger_innen vor Ort hatten die *Initiativen Rechts rockt nicht* und *Leipzig nimmt Platz* eine Demonstration angemeldet, an der sich nach Polizeiangaben 300 Menschen beteiligten.[123] Es kam zu keinen Zwischenfällen.

Die rechtsradikale Kampfsportveranstaltung *Kampf der Nibelungen*, die im Oktober 2018 rund 800 Neonazis angelockt hatte und am 12. Oktober 2019 das zweite Mal in Ostritz stattfinden sollte, wurde von vornherein verboten.

Weitergehen sollte es mit einem *Schild und Schwert-Festival* am 18. April 2020 in Ostritz, doch die Corona-Pandemie, machte der Veranstaltung einen Strich durch die Rechnung. Zunächst wurde der Termin auf Juni verschoben, dann auf Ende September, schließlich erfolgte die endgültige Absage. Seitdem gab es kein Rechtsrock-Konzert mehr in Ostritz. Der Eigentümer des Geländes, Hans-Peter Fischer, wollte seine Liegenschaft zwischenzeitlich verkaufen um ein *Nationales Großzentrum Neiße-Tal* (NGN) entstehen zu lassen. Interessierte sollten Gesellschaftsanteile an seiner GmbH mit einer Größe von einem Quadratmeter für 28 Euro pro Anteil erwerben. Somit verfügten sie als Anteilseigner *„über ein entsprechendes Eigentums- und Nutzungsrecht an den Grundstücken, Gebäuden und Inventar“*.[124] Von diesem Geschäftsmodell hätte allerdings vor allem der 73-jährige Unternehmer profitiert. Das Interesse blieb gering. Andere Kaufinteressenten fanden sich nicht, da die Stadt das Gelände renaturieren wollte. Das konnte Fischer zwar mit einer Klage vorerst abwenden, aber niemand weiß, was aus dem abgelegenen Flecken Erde werden wird. Rechtsrock-Konzerte finden dort jedenfalls nicht mehr statt.

Für die Neonazi-Szene ist es mittlerweile so gut wie unmöglich geworden große Konzerte in der Bundesrepublik zu veranstalten. Seit Behörden und Polizei verstanden haben, welche Wichtigkeit diesen subkulturellen Events zukommt, wird versucht sie bereits im Vorfeld zu unterbinden.

---

123 *Ostritz: Proteste gegen Neonazi-Festival*, in: Leipziger Volkszeitung, 22.6.2019.

124 Budler, Kai: *Politik / Hans-Peter Fischer. Ein „Dorf in Germanien“*, in: nd, 11.4.2021.

Selbst Versuche Verbote mittels konspirativer Vorbereitung von vornherein zu unterlaufen schlugen fehl. So wollte Rechtsrock-Unternehmer und NPD-Funktionär Thorsten Heise am 4. März 2023 im Vereinsheim der Gartengemeinschaft Heinrich Förster im schleswig-holsteinischen Neumünster ein Konzert durchführen. Offiziell war das Heim an diesem Samstagabend für eine Verlobungsfeier angemietet, während die Werbung verdeckt unter dem Motto *Der Norden rockt* lief. Als Ortsangabe war lediglich der Großraum Hamburg angegeben. Mit ***Endstufe***, ***Radikahl*** und ***Hard & Smart*** bot Heise einiges an einschlägigen Bands auf. Aber auch die Behörden hatten die Veranstaltung auf dem Schirm. Als der Veranstaltungsort gegen 18 Uhr veröffentlicht wurde, dauerte es nicht lange, bis die schleswig-holsteinische Polizei mit einem Großaufgebot anrückte. Bereits beim ersten Soundcheck umstellten Einsatzkräfte die Kleingartenanlage und drangen in den Parzellen vor.

Der Polizeieinsatz wurde damit begründet das einige der, teilweise nicht unerheblich alkoholisierten, Besucher_innen polizeibekannt waren und von ihnen eine Gefahr ausginge. Nach der Aufforderung das Gelände zu verlassen, entfernte sich knapp die Hälfte der rund 400 Konzertbesucher_innen. Andere warfen Gegenstände auf die Polizist_innen, etwa 100 Leuten verschanzte sich im Vereinsheim.[125]

Für die Räumung alarmiert die Polizei Schleswig-Holstein weitere Kräfte aus Hamburg und von der Bundespolizei, sowie zahlreiche Hundeführer. Fensterscheiben zersplitterten, Stühle, Bierdosen und ein Feuerlöscher flogen auf die Polizist_innen als sie das Gebäude stürmten. Zwei Beamt_innen sollen dabei verletzt worden sein. Es bot sich ein Bild der Verwüstung als gegen 23 Uhr alles vorbei war. Die Beteiligten wurden Erkennungsdienstlich behandelt und Anzeigen wegen schweren Landfriedensbruchs, Widerstand und anderer Delikte gestellt.

Im Saal blieb das schwarze Banner der ***Brigade 12 Pommern*** mit zwei gekreuzten Handgranaten hängen. Ein Bild, das durch die Presse ging. Bei dieser ***Brigade*** handelt es sich um eine Gruppe von etwa 20 Personen aus Mecklenburg-Vorpommern. Sie gilt als Ableger der ***Arischen Bruderschaft***

125 Röpke, Andrea: *Rechtsrock-Konzert. Der Norden rockt nicht*, in: Endstation rechts, 5.3.2023.

die von Thorsten Heise aus Thüringen geführt wird.[126] Diese überregional organisierte Neonazi-Kameradschaft trat erstmals im Jahr 2018 als Sicherheitsdienst beim Rechtsrock-Konzert in Ostritz auf. Ihr Abzeichen, zwei gekreuzte Stilhandgranaten, ist dem Symbol der 36. Grenadier-Division der Waffen-SS nachempfundenen. In Ostritz sorgten das für Aufsehen und einen Polizeieinsatz. Da das Divisionsabzeichen aber nicht unter die Rubrik der verfassungsfeindlichen Symbole fällt, schenkte der Polizeieinsatz der *Arischen Bruderschaft* nur Aufmerksamkeit. Bereits Ende Mai 2018 wurde das Verfahren gegen Heise eingestellt. Das Emblem wird weiterhin verwendet, in identischer Form auch von der *Brigade 12 Pommern*.

Themar kein Thema mehr

In Themar gelang es im Jahr 2018 noch einmal ein großes Rechtsrock-Konzert juristisch durchzusetzen und Konzertveranstalter Frenck hatte das Gelände für zehn Jahre gepachtet. Es schien so, als sei damit künftigen Konzerten der Weg geebnet. Doch die Thüringer Regierung unter dem Ministerpräsidenten Bodo Ramelow (DIE LINKE), wollte sich nicht mehr von den Neonazis auf der Nase herumtanzen lassen.

Das wurde bereits deutlich, als Sebastian Schmidtke (NPD) *Tage der nationalen Bewegung – Musik und Redebeiträge für Deutschland* mit geschätzten 800 Teilnehmer_innen in Themar anmeldete. Nur unter erheblichen Auflagen wurden die rechtsradikalen Feiertage vom 5. bis 7. Juli 2019 erlaubt. So mussten die Bands im Vorfeld bei der Polizei Listen mit den Liedern, die sie spielen wollten, einreichen. Auf dem Gelände überwachten Ordnungskräfte, ob auch keine abweichenden Texte gesungen wurden. Am Freitag erschien der thüringische Innenminister Georg Maier (SPD) persönlich zur Inspektion des Veranstaltungsgeländes.

Da die Polizei sämtliche Straßen nach Themar abgeriegelt hatte, konnten viele Teilnehmer_innen nur an einem rund zwölf Kilometer entfernten Stausee parken und mussten die Strecke durch die pralle Sonne zum

126 Landtag Mecklenburg-Vorpommern, 8. Wahlperiode, Drucksache 8/2123, Kleine Anfrage der Abgeordneten Constanze Oehlrich, Fraktion Bündnis90/Die Grünen, 25.5.2923.

Veranstaltungsgelände zu Fuß gehen. In Kloster Veßra, etwa zwei Kilometer vor der Veranstaltungswiese, empfing Tommy Frenck die erschöpften Kamerad_innen in seinem *Gasthof Goldener Löwe* und schenkte Normalbier aus. Am Freitag durften die Besucher_innen auf dem Gelände nämlich nur Leichtbier und Radler trinken. Doch damit nicht genug. Um auf das eigentliche Festivalgelände zu gelangen, musste das Publikum, nach Personenkontrolle und Durchsuchung, erst den *Walk of Shame* (dt.: Gang der Schande) durchlaufen, einen eingezäunten Weg, auf dem jeder Neonazi fotografiert wurde und Antifaschist_innen Lautsprecher aufgebaut hatten, die das rechtsradikale Klientel mit Lachsalven eindeckte.

Mit Gegenprotest blieben die Neonazis ständig konfrontiert. Denn nur vier Meter neben dem Neonazi-Areal fand ein Demokratiefest statt, auf dem sich annähernd so viele Gäste einfanden wie beim Rechtsrockkonzert.

Während man sich beim Gegenprotest frei bewegen konnte, fanden sich die Rechtsradikalen auf ihrer Veranstaltungswiese von der Polizei regelrecht eingepfercht. Das Gelände war mit Gittern ringsherum eingezäunt, Bauzäune in Doppelreihe standen an der Straße, zwei Wasserwerfer und ein Räumpanzer direkt dahinter.

Festivalstimmung kam bei den Neonazis nicht auf und die Besucherzahl blieb mit 750 weit hinter den Erwartungen zurück. Obendrein wurde am Abend der Sänger der Band *Sturmwehr* nach wenigen Liedern von der Bühne geholt. Aufmerksame Polizist_innen hatten bemerkt, dass die Band ein indiziertes Lied spielte; Veranstalter Schmidtke musste die Musiker vom Gelände schicken. *Sturmwehr* erhielt für das gesamte Wochenende Auftrittsverbot. All dem zum Trotz und dennoch vergeblich, versuchte die Band *Oidoxie*, die Stimmung am Freitagabend in Gang zu bringen. Wobei sich der Sänger derart verausgabte, bis ihm die Stimme versagte. Dabei war *Oidoxie* als einer der Headliner am Samstag vorgesehen.

Der endgültige Todesstoß wurde dem Konzert am Samstag durch ein komplettes Alkoholverbot versetzt. Umgehend konfiszierte die Polizei auf dem Gelände 16 Fässer und 188 Sixpacks Bier.[127] Tommy Frenck ließ daraufhin wissen, dass in seinem Gasthof in Kloster Veßra 500 Kästen für bier-

127 *Alkoholverbot bei Rechtsrock-Festival*, in: Berliner Morgenpost, 6.7.2019.

durstige Besucher_innen bereitstünden. Doch die Polizei versiegelte auch diese Bierreserven: Mehrere Hundert Flaschen Radler und einige Bierfässer wurden auf einen Polizei-Laster umgeladen.

Kurz darauf brach die Polizei dann auch noch den Auftritt der Band *Unbeliebte Jungs* ab. Die Musiker hielten sich mit ihren Liedern nicht an die eingereichte Liste. Nun war alles vorbei, wer von den Neonazis konnte, reiste ab, eine ursprünglich für Sonntag angekündigte Fortsetzung der Versammlung wurde abgemeldet.

Neben den Bands bekamen auch einige der Teilnehmer_innen juristischen Ärger. Insgesamt wurden 45 Anzeigen aufgenommen, in den meisten Fällen wegen Verwendung verfassungsfeindlicher Symbole.[128]

Mit seinen Maßnahmen hatte der Staat klargemacht, dass er dieses Konzert nicht tolerierte, und einen *„Wirkungstreffer“*[129] erzielt, wie sich der thüringische Innenminister Georg Maier (SPD) ausdrückte. Ein weiteres, für den September geplantes Rechtsrock-Konzert in Themar, wurde von den Veranstaltern im Vorfeld abgesagt.

Überraschend wurde dann Anfang 2020 bekannt, dass am 14. März ein Rechtsrock-Konzert im örtlichen Schützenhaus stattfinden sollte. Dort hatte die Band *Feine Sahne Fischfilet* erst am 25. Oktober 2019 gespielt, um den antifaschistischen Protest in der Stadt zu unterstützen.

Der Bürgermeister Themars, Peter Harenberg von der *Wählergemeinschaft Pro Themar*, gab dem geplanten Rechtsrock-Auftritt seinen Segen. Politische Parteien und Wählergruppen hätten einen Anspruch auf Nutzung des Gebäudes und der Mietvertrag sei mit der *Wählervereinigung Bündnis Zukunft Hildburghausen* von Tommy Frenck abgeschlossen worden.[130] Politiker_innen auf Landesebene forderten eine Rückabwicklung des Vertrags. Aber die örtlichen Verantwortlichen stellten sich stur und zogen sich hinter gesetzliche Vorgaben zurück. Ein politischer Skandal blieb aus,

128 *LPD-EF: Einsatz der Landespolizeidirektion zur Versammlung „Tage der nationalen Bewegung – Musik und Redebeiträge für Deutschland“ sowie korrespondierenden Versammlungen in Themar und Kloster Veßra*, in: Presseportal, Landespolizeidirektion, 7.7.2019.

129 Haak, Sebastian: *Neonazis sagen Konzert in Themar ab*, in: Neues Deutschland, 10.9.2019.

130 *Thüringen: Neonazi-Konzert in Themar – ausgerechnet in DIESEM Gebäude soll es stattfinden*, in: Thüringen 24, 6.3.2020.

weil aufgrund der Maßnahmen gegen die Corona-Pandemie das Konzert nicht stattfinden durfte.

Nazi-Dorf Jamel

Seit dem *Rock gegen Rechts* Erfolg Ende der 1970er-Jahre in Frankfurt am Main haben sich Konzerte in der Bundesrepublik als wirkungsvolles Mittel des antifaschistischen Protestes bewährt. An diese Strategie knüpfte man in Jamel, einem kleinen Dorf im Landkreis Nordwestmecklenburg, an.

Jamel ist nur durch eine einzige Zufahrtsstraße, die als Sackgasse endet, zu erreichen. In den 1990er wurde der Ort von Rechtsradikalen in Besitz genommen. Abgeschieden von der Welt frönten die 35 Einwohner_innen hier ihrem eigenen Lebensstil, zelebrieren bis heute Sonnenwendfeiern und anderes rechtsradikales Brauchtum.

Zentral im Dorf und als klare Botschaft weithin sichtbar ist ein großes Wandbild auf eine Garagenwand gemalt. Unter blauem Himmel breitet sich eine Landschaft mit grünen Wiesen, Wäldern und einem Hünengrab aus. Auf der linken Seite des Bildes errichten fünf Gestalten die

↑ Klarer NS-Stil, das Wandbild in Jamel aus dem Jahr 2016.

germanische Irminsul. Diesem heidnischen Gegenstück zum christlichen Kreuz gegenüber befindet sich eine arische Familie, um die ein Reichsadler schützend seine Schwingen legt. Am Himmel steht der Slogan *Treu sind mecklenburger Herzen, von Freiheit singt der Wind*. In einer älteren Version (die heutige stammt aus dem Jahr 2016) stand an dieser Stelle auf schlichtem rötlichen Hintergrund *Dorfgemeinschaft Jamel. Frei, sozial, national.*

Das Gebäude gehört dem mehrfach vorbestraften Rechtsradikalen Sven Krüger. NPD-Mitglied Krüger führt das Unternehmen *Abriß Krüger* und warb mit einem Logo, auf dem ein Arbeiter einen Davidstern zertrümmerte. Daraufhin wurde Krüger angezeigt. Seit dem ist auf dem Firmen-Logo nur noch die obere Hälfte dieser Abbildung, ohne Davidstern, zu sehen.

Für die Neonazis endete die beschauliche Ruhe in Jamel mit dem Jahr 2004. Grund war das Künstlerehepaar Birgit und Horst Lohmeyer aus Hamburg, das den dortigen Forsthof erwarb und zu seinem Wohnsitz machte. Damit begann eine hartnäckige Auseinandersetzung mit den restlichen Dorfbewohner_innen. Trotz aufgeschlitzter Autoreifen, angesägter Bäume und ähnlichem Kleinkrieg ließen sich Lohmeyers aber nicht vertreiben, sondern wurden bald überregional bekannt. Vor allem seit sie im Jahr 2007 begannen, das jährliche antifaschistische Open-air-Festival *Jamel Rockt den Förster* am Forsthof zu veranstalten, das von vorn herein unter großem Polizeischutz stattfand. Neben der staatlichen Anerkennung und Unterstützung wurden den Lohmeyers auch zivilgesellschaftliche Auszeichnungen zuteil. So sollte ihnen 2015 der Georg-Leber-Preis für Zivilcourage von der *IG BAU* verliehen werden. Kurz nachdem das bekannt wurde, ging in der Nacht zum 13. August, gegen 0:15 Uhr[131] eine zum Forsthof gehörende große Scheune in Flammen auf. Das Gebäude brannte bis auf die Grundmauern nieder, Menschen kamen nicht zu Schaden. Ein rechtsradikaler Brandanschlag wurde vermutet und bundesweit berichten alle Medien über Jamel. Woraufhin sich die *Toten Hosen* zu einem spontanen Solidaritätskonzert entschlossen.

Damit wurde Jamel endgültig zu einem Begriff. Im Jahr 2016 übernahm die aus Mecklenburg-Vorpommern stammende, damalige Familienministerin

131 Brandanschlag auf Nazi-Gegner in Jamel, in: ZEIT ONLINE, 13.8.2015.

Manuela Schwesig (SPD) – seit 2017 Ministerpräsidentin von Mecklenburg-Vorpommern – gemeinsam mit der Landtagspräsidentin Sylvia Bretschneider (SPD) die Schirmherrschaft über das Konzert.

Bedingt durch die Corona-Pandemie fiel die Veranstaltung im Jahr 2020 aus. Im August 2021 gab es dann zwei Forstrock Ersatzkonzerte am 16./17. September. Es galt die 3 G Regel, Besucher_innen mussten zweimal geimpft, genesen oder negativ getestet sein, um auf das Gelände zu kommen. Ab 2022 gehört *Jamel Rockt den Förster* wieder zum alljährlichen Veranstaltungskalender der Region.

Keine 15 Autominuten von Jamel entfernt liegt Grevesmühlen. Hier erwarb Krüger im Jahr 2008 ein Gebäude, das ab 2010, als *Thinghaus* bezeichnet, ein zentraler Ort für rechtsradikale Zusammenkünfte und Konzerte in Norddeutschland wurde. Zudem unterhielt die NPD hier ein Parteibüro. Bedingt durch den Niedergang der NPD, die Pandemie-Einschränkungen sowie Nachwuchsproblemen in der Rechtrock-Szene, musste Krüger nach mehr als zehn Jahren aufgeben. Ein herber Schlag für die Neonazi-Szene. Seit August 2022 steht die Immobilie zum Verkauf.

↑ Das *Thinghaus* in Grevesmühlen, Juni 2018.

III. Weg versenkt

Aufgrund der Corona-Pandemie fiel 2020 die in Erfurt geplante zentrale 1. Mai Demonstration des *III. Weg* aus. Als Ersatzveranstaltung mobilisierten die Rechtsradikalen bundesweit zum 3. Oktober, dem *Tag der deutschen Einheit*, nach Berlin-Hohenschönhausen. Die erste Neonnazi-Demonstration seit 2018 in der Bundeshauptstadt stand unter dem Motto *Ein Volk will Zukunft! Heimat bewahren! Überfremdung stoppen! Kapitalismus zerschlagen!* Mit diesem Aufmarsch wollte sich der *III. Weg*, der in Berlin noch nie eine Demonstration durchgeführt hatte, in der Neonazi-Szene als führende Kraft profilieren. Dazu musste es der Splitterpartei nur gelingen, auch tatsächlich zu marschieren.

↑ Antifa-Plakate

Um die Neonazi-Demonstration zu verhindern, formierten sich die Aktionsbündnisse *III. Weg versenken* und *Bunter Wind Lichtenberg*, daneben mobilisierten das *Berliner Bündnis gegen Rechts, Reclaim Club Culture* und viele weitere Gruppen und Einzelpersonen. Geplant war eine bunte Mischung aus Kundgebungen, Demonstrationen, Blockaden und mehren Fahrradkorsos. Auch in Plauen, dem Hauptquartier des *III. Weg*, gab es im Vorfeld der Berliner Demonstration eine Aktion. In der Nacht zum 2. Oktober wurden das dortige Parteibüro bis in acht Meter Höhe mit schwarzer Farbe eingesaut, einige Fenster entglast und der Skoda eines Parteimitglieds vor dem Gebäude demoliert.[132]

Die Gegenaktionen in Berlin begannen am 3. Oktober um 11 Uhr. Dabei spielte das Wetter am 30. Jahrestag der Wiedervereinigung mit: Es war ein herrlicher warmer und sonniger Herbsttag, so dass sich viele Menschen an

132 Höfer, Sebastian: *Anschlag auf Parteibüro in Plauen*, in: Spitzenstadt de. Das Online-Magazin im Vogtland, 2.10.2020.

Flagge zeigen bei der Blockade der Demonstrationsroute am 3. Oktober 2020 in Berlin. Die Polizei unternahm Anfangs Versuche, die Sitzblockaden zu räumen, stellte dies aber bald ein.

den antitfaschistischen Aktivitäten beteiligten. Der *III. Weg* hatte von vornherein keine Chance, sein Vorhaben umzusetzen.

Exakt 308 Neonazis, darunter eine 14-köpfige Delegation aus Schweden, fanden sich am S-Bahnhof Wartenberg ein.[133] Nach einer Auftaktkundgebung sollte die Demonstration gegen 16 Uhr losgehen, doch die Aufmarschroute war bereits seit dem Vormittag von Hunderten Gegendemonstrant_innen blockiert. Nach rund 500 Metern ging es für die Neonazis nicht mehr weiter. 1.400 Polizist_innen waren im Einsatz und sorgten dafür, dass ihre Anweisungen befolgt wurden. Über eine Stunde verharrte die Demonstration auf der Stelle. Mit einer Zwischenkundgebung, bei der auch ein schwedischer Vertreter der neonazistischen *Nordic Resistance Movement* als Redner auftrat, vertrieb man sich die Zeit.

Am Rande der Versammlung gab es lautstarken Protest; vereinzelt flogen Steine und Flaschen in Richtung *III. Weg*. Einige Neonazis versuchten daraufhin, aus der Demonstration auszubrechen. Versammlungsleiter Tony Gentsch kündigte schließlich an, die Demonstration aufzulösen, wenn die Polizei nicht die Straße räumen würde. Schließlich folgte in Absprache mit der Staatsmacht der Rückzug. Dazu räumten die Einsatzkräfte kurzerhand eine Blockade in einer Seitenstraße und führten die Neonazis auf einer massiv verkürzten Ausweichroute zum Bahnhof Wartenberg zurück. Nach einer Abschlusskundgebung fand das Specktakel dort sein schmähliches Ende. Die Neonazis hatten lediglich eine Stunde in der prallen Sonne gestanden und waren einmal von der Polizei um einen Häuserblock geführt worden. Das war wahrlich kein Erfolg. Isoliert und politisch weitgehend wirkungslos, blieb den Neonazis nur, weiterhin medial für Wirbel zu sorgen. Das gelang dem *III. Weg* erneut, als er im Jahr 2021 zum ersten Mal bei einer Bundestagswahl antrat. Anscheinend durch das Plakat *Hier könnte ein Nazi hängen* von der Spaßpartei *Die Partei* auf die Idee gebracht, plakatierten die Neonazis in Berlin, Sachsen und Bayern zur Bundestagswahl *Hängt die Grünen!* Unter dieser Aufforderung stand, in erheblich kleinerer Schrift *„Macht unsere nationalrevolutionäre Bewegung durch Plakatwerbung in unseren Parteifarben in Stadt und Land bekannt!“*.

133 *3. Oktober 2020 – „III. Weg“-Aufmarsch in Hohenschönhausen*, in: Fight back, 7.10.2020.

Wer und was aufgehängt werden sollte, war also eindeutig zweideutig ausgedrückt. Die Grünen erstatten Anzeige wegen Volksverhetzung, und die Stadt Zwickau ordnete am 9. September die Entfernung dieser Plakate an. Juristisch hatte aber das Verwaltungsgericht, kurz VG, Chemnitz die Wahlagitation des *III. Weg* zu beurteilen, und das entschied, dass die Plakate wieder aufgehängt werden konnten. Gerichtlich wurde lediglich ein Abstand von 100 Metern zu Plakaten der Grünen angeordnet. Nach den Grundsätzen des Bundesverfassungsgerichts sei offen, ob die beanstandete Parole des *III. Weg* zulässig sei, erklärte das VG Chemnitz in seiner Pressemitteilung.

In einem weiteren Verfahren musste das VG Chemnitz über die Zulässigkeit der Plakate *Nazis töten* und *Feminismus, ihr Fotzen!* von *Die Partei* entscheiden. Diese sollten aufgrund einer Anordnung der Stadt Plauen abgehängt werden, da sie die öffentliche Ordnung bedrohten. Auch in diesem Fall entschied das VG Chemnitz für die Meinungsfreiheit.[134]

Doch mittels Eilantrag vor dem Oberverwaltungsgericht Bautzen erreichte die Stadt Zwickau im Falle des Wahlplakats des *III. Weg*, dass die Entscheidung des Verwaltungsgericht Chemnitz am 21. September[135] aufgehoben wurde.

Unabhängig davon hatte in Bayern die Polizei eigenständig die Plakate des *III. Weg* abgenommen. Das Urteil lieferte das Landgericht München I am 20. September nach. Laut Gericht erfüllte der Aufruf *Hängt die Grünen!* den Straftatbestand nach § 111 StGB, öffentliche Aufforderung zu Straftaten. Damit hatten *Die Grünen* einen Unterlassungsanspruch gegen das Aufhängen des Plakats. Die einstweilige Verfügung des Landgerichts wirkte räumlich unbegrenzt und damit bundesweit.[136]

Unterdessen provozierte der *III. Weg* weiter. Den Ausgangspunkt lieferte die Bluttat eines 24-jährigen Somaliers am 25. Juni in Würzburg.

134 Verwaltungsgericht Chemnitz, *Beschl. v.* 16.09.2021, Az. 7 L 395/21.

135 Sächsisches OVG, *Beschl. v.* 21.9.2021, Az. 6 B 360/21.

136 Rath, Christian: *Plakate der Nazi-Partei III. Weg: „Eine Aufforderung zu Straftaten“*, in: taz, 20.9.2021.

Mit den Worten *„Allahu akbar"* (dt.: Gott ist groß) hatte Abdirahman A. J. drei Frauen erstochen und fünf schwer verletzt.[137]

Drei Monate später nahm das der *III. Weg* zum Anlass für ein makabres Spektakel. Am Tatort, dem Würzburger Barbarossaplatz, drapierten Parteimitglieder drei Strohpuppen als Leichen auf dem Boden. Am Kopfende der in weißen Tüchern eingewickelten und mit Kunstblut bespritzt Leichendummies waren die Fotos der drei Kanzlerkandidat_innen Olaf Scholz (SPD), Armin Laschet (CDU) und Annalena Baerbock (Die Grünen) aufgestellt; dazu der Schriftzug *Schön bunt hier*. Gegen die Aktion des *III. Wegs*, an der 20 Neonazis teilnahmen, protestieren knapp 300 Würzburger_innen. Polizei und Staatsanwaltschaft wertete die Darstellung als eindeutige, nicht strafbare Kritik an der Asylpolitik der etablierten Parteien.[138]

Endlich beendete die Bundestagswahl 2021 weitere Wahlkampfprovokationen. Von einem parlamentarischen Scheitern des *III. Weg* bei dieser Wahl zu sprechen, wäre eine unzulässige Beschönigung. Auf die Neonazis entfielen knapp 8.000 Zweitstimmen, das waren 0,0 Prozent.[139]

Ein weiterer Prozess wegen der *Hängt die Grünen*-Plakate endete am 25. Oktober 2022. Wegen Volksverhetzung und Aufforderung zum Totschlag wurden zwei Mitglieder des *III. Weg* vom Amtsgericht München verurteilte. Der 42-Jährige Karl-Heinz Statzberger, Leiter des Stützpunkts München/ Oberbayern, bekam eine sechsmonatige Freiheitsstrafe ohne Bewährung, der 65-jährige ehemalige Parteivorsitzende Klaus Armstroff, seit Ende 2021 stellvertretender Parteivorsitzender, eine Geldstrafe von 7.000 Euro.[140] Der Anwalt von Statzberger kündigte umgehend an, in Berufung zu gehen.[141]

137 Jansen, Frank: *Messerattacke in Würzburg: Tatmotiv bleibt auch drei Wochen nach Anschlag rätselhaft*, in Tagesspiegel, 15.7.2021.

138 *Bei Kundgebung der Rechtspartei „III. Weg" – 300 Gegendemonstranten*, in: TV Mainfranken, 20.9.2021.

139 Bundesministerium des Innern und für Heimat: Verfassungsschutzbericht 2021, Berlin 2021, S. 52.

140 dpa: *Rechtsextreme Partei. Zwei Männer wegen Wahlplakaten „Hängt die Grünen" verurteilt*, in: Allgäuer Zeitung, 25.10.2022.

141 *Amtsgericht: Münchner Neonazi wehrt sich gegen Urteil*, in: Süddeutsche Zeitung, 28.10.2020.

Bürgerbüro verhindert, Grenzgang gescheitert

Im nordrhein-westfälischen Siegen, Schlachthausstraße 2, eröffnete der *III. Weg* am 6. Juni 2020 sein zweites *Partei- und Bürgerbüro*. Allein die Tatsache der Eröffnung erregte viel Aufsehen. Im Gegensatz dazu schaffte es der *III. Weg* nicht einmal, bei der Kommunalwahl im September 2020 in der Stadt anzutreten.

Kräftigen Gegenwind erfuhren die Neonazis durch *Siegen gegen Rechts*, einem Aktions-Bündnis, das sich in Reaktion auf die Büroeröffnung gründete. Der öffentliche Druck durch Protestaktionen vor dem Büro und Demonstrationen in der Stadt führte dazu, dass der Mietvertrag nicht verlängert wurde und die Immobilie 2023 geräumt werden musste.

Als sich die Schließung abzeichnete, suchte der *III. Weg* nach einem Ausweichquartier. So erwarb der Landesvorsitzende im Dezember 2021 das Haus in der Dammstraße 5 im rund 20 Kilometer entfernten Hilchenbach. Die Stadt Hilchenbach versuchte, die Nutzung des Hauses als Büro für den *III. Weg* zu verhindern und wollte die Immobilie mit einem Vorkaufsrecht erwerben. Das scheiterte aufgrund fehlender gesetzlicher Grundlage.

Dann fand die Verwaltung eine andere Möglichkeit: Der Kreis Siegen Wittgenstein untersagte dem *III. Weg* die Nutzung des Gebäudes, da die Verantwortlichen einen Antrag zur Nutzungsänderung des Hauses als Parteibüro hätten stellen müssen. Zuvor befand sich dort ein Versicherungsbüro. Nun musste der *III. Weg* gegen die Anordnung klagen und das Gericht die endgültige Entscheidung treffen.

Zwischenzeitlich sorgte der *III. Weg* bundesweit für Schlagzeilen, als er im Oktober 2021 auf der Partei-Homepage zur Teilnahme an der Aktion *Werde Grenzgänger – Schütze Deine Heimat vor illegal einreisenden Ausländern!* aufrief.

Der weißrussische Diktator Lukaschenko versuchte 2021 Druck auf die EU auszuüben. Gegen ihn und sein Umfeld erlassene Sanktionen sollten aufgehoben werden. Lukaschenko organisierte massenhafte illegale Einwanderung in die EU. Im Mai begann der staatliche Reiseveranstalter *Zentrkurort*, uneingeschränkt Touristenvisa an Antragsteller aus dem Irak zu vergeben. Wenig später wählte Lukaschenka zwölf Reiseveranstalter aus, die im Irak, der Türkei und anderen Ländern des Nahen Ostens Visa zu einem

Preis zwischen 1.200 bis 2.500 Dollar anboten. Im November 2021 waren es mehrere hundert Personen täglich, die aus dem Nahen Osten nach Belarus einreisten und dort an die Grenze zu Polen und Litauen gebracht wurden. Polen errichtete einen Grenzzaun, der von verstärkten Grenzschutzeinheiten gesichert wurde. Viele tausend Menschen vegetierten bald auf einem Streifen am Zaun im weißrussischen Gebiet und suchten Möglichkeiten, über die Grenzabsperrung zu gelangen. Ziel der Migrant_innen war die Bundesrepublik. Kamen im August über die Grenze von Polen nach Brandenburg 400 Menschen, hatte sich die Zahl im September versechsfacht. Die Aufnahmekapazitäten kamen an ihre Grenzen, und Erinnerungen an die Zeit von 2015 wurden wach.

Erste Stimmen forderten, Bürgerwehren aufzustellen und an der Grenze zu patrouillieren. Das bot dem *III. Weg* Gelegenheit, sich erneut in Szene zu setzen. Am 23. Oktober 2021 sollte ein so genannter Grenzgang im deutsch-polnischen Grenzgebiet bei Guben in Brandenburg stattfinden. Die Polizei war vorbereitet und griff zirka 50 Parteimitglieder in und bei Guben auf. Die mit Schlagstöcken, Bajonett, Machete und Pfefferspray ausgerüsteten Möchtegern-Grenzschützer erhielten Platzverweise und Anzeigen. Außer der Tatsache, dass der *III. Weg* mal wieder in den Medien war, hatte dieser *Grenzgang* keine Auswirkungen. Es gab keinen weiteren Versuch.

Besondere Aufmerksamkeit zog der *III. Weg* mit Beginn des russischen Angriffskrieges gegen die Ukraine auf sich. Nur der *III. Weg* und die *Neue Stärke Partei* stellten sich eindeutig auf die Seite der Ukraine, wobei es ausschließlich um die Unterstützung rechtsradikaler Strukturen ging. Bereits seit einigen Jahren pflegte der *III. Weg* Kontakte zur ukrainischen nationalistischen Partei *National Korps* und ihrem militanten Arm, dem *Asow-Regiment*, das sich allerdings von der gleichnamigen Bewegung abgekoppelt hat. Nachdem sich das *Asow-Regiment* von seinen ideologischen Wurzeln losgesagt hatte, wurde es Teil der Nationalgarde.

Das *Nationale Korps* ist eine unbedeutende Splitterpartei. Obwohl es sich mit anderen rechtsradikalen Parteien zusammentat, verpasste es bei der ukrainischen Wahl 2019 den Parlamentseinzug. Dessen ungeachtet begann der *III. Weg* unter dem Slogan *Nationalisten helfen Nationalisten* seine Unterstützungskampagne.

Im Zuge verschiedener privater Hilfslieferungen stellte es kein Problem dar, auch militärische Ausrüstung in die Ukraine zu liefern. Verdeckt und ohne dass bekannte Parteimitglieder am Steuer saßen – das Bundesinnenministerium hatte angekündigt, die Ausreise von deutschen Neonazis ins Kriegsgebiet verhindern zu wollen –, ließ der *III. Weg* am 22. März und 1. April 2022 zwei Transporte über die Grenze bringen.

Bereits nach der ersten Lieferung gab die neonazistische Partei über ihre Webseite eine Erfolgsmeldung bekannt. Unter der Überschrift *Materialspende für die Front abgeliefert* wurden Einzelheiten propagandistisch aufbereitet. Säckeweise seien Tarnbekleidung und 200 Kampfwesten aus Beständen der britischen Armee geliefert worden. Dazu 800 Kälteschutzanzüge der Bundeswehr, vier Splitterschutzwesten, 24 Funkgeräte, drei Wärmebildkameras und Verbandsmaterial. Das alles wurde mit entsprechenden Fotos groß aufgemacht.[142] Von weiteren Materiallieferungen war dann aber nichts mehr zu erfahren.

Geblieben ist eine ständige Kriegsberichterstattung über die Heldentaten gefallener Rechtsradikaler. Söldner- oder Freiwilligenwerbung wird vom *III. Weg* aber, allein schon aus strafrechtlichen Gründen, nicht betrieben. Da gibt es subtilere Möglichkeiten. So veröffentlichten die Neonazis Interviews mit dem 36-jährigen Stephan K. aus Solingen, der sich den ukrainischen Streitkräften angeschlossen hat. Soweit bekannt, ist er der einzige Rechtsradikale aus Nordrhein-Westfalen, der diesen Schritt vollzogen hat. Laut Bundesinnenministerium reisten insgesamt 26 Personen *„aus dem rechten Spektrum“*[143] seit Kriegsbeginn in die Ukraine aus. Von diesen hatten sich bis Januar 2023 ganze fünf an Kämpfen beteiligt.

142 *Nationalisten helfen Nationalisten: Materialspende für die Front abgeliefert*, in: der-dritte-weg.info, 30.3.2022.

143 Litschko, Konrad: *Rechtsextreme im Ukraine-Krieg. Neonazis an der Front*, in: taz, 24.1.2023.

Rechtsradikalismus

Die AfD

Zur größten Veränderung im rechtsradikalen Lager kam es durch die Gründung der *Alternative für Deutschland* (AfD) am 6. Februar 2013 in Oberursel. Dieser Partei wandten sich viele Wähler_innen der NPD zu und ließen die Nationaldemokrat_innen in der Bedeutungslosigkeit verschwinden.

Unter den Initiator_innen der AfD fanden sich viele enttäuschte CDU-Mitglieder, darunter auch ehemalige Mandatsträger wie der frühere Chef der Hessischen Staatskanzlei, Alexander Gauland.[144] Ebenso spielten Personen wie der Wirtschaftsprofessor Bernd Lucke oder der Publizist und ehemalige BDI (*Bundesverband der Deutschen Industrie*) -Chef Hans-Olaf Henkel eine wichtige Rolle. Unter ihrer Führung gab sich die AfD als bürgerliche Protestbewegung mit national gefärbter, wirtschaftsliberaler Haltung. Hauptkritikpunkt war die EU-Politik, vor allem wurde der Euro abgelehnt. Auch sollte die Bundesrepublik, allein schon aus wirtschaftlichen Gründen, die Anzahl aufgenommener Flüchtlinge drastisch reduzieren und ihre Asylpolitik grundsätzlich ändern.

Forderungen wie sie auch von der NPD erhoben wurden. Aus diesem Grund protestierten Nationaldemokrat_innen unter dem Motto *Raus aus dem Euro! Es gibt nur eine Alternative – die NPD!*[145] gegen den AfD-Gründungsparteitag in Berlin. Der Parteigründung wurde keine große Aufmerksamkeit geschenkt, nur eine Handvoll Antifaschist_innen traten in Erscheinung, um das Geschehen zu beobachten. Es gab nicht viel zu sehen.

Vor dem Tagungshotel an der Budapester Straße im Bezirk Tiergarten kamen am 14. April 2013 nur 15 NPDler_innen zusammen, laut Antifa-Recherche waren es lediglich acht.[146]

144 Jahn, Joachim: *Gründungsparteitag der AfD. Aufstand gegen Merkels „alternativloser Politik“*, in: Frankfurter Allgemeine, 14.4.2013.

145 Kittlitz, Alard von: *Gründungsparteitag der AfD. In Wut vereint*, in: FAZ, 14.4.2013.

146 *Recherche: 14. April 2013 – NPD-Kundgebung im Tiergarten*, in: Fight Back – Antifa Recherche Berlin-Brandenburg, 15.7.2013.

Aufkleber, 2016.

Der AfD-Parteitag verlief ohne Störungen und wählte Bernd Lucke, den Publizisten Konrad Adam und die als Unternehmerin gescheiterte Chemikerin Frauke Petry zu ihren drei gleichberechtigten Sprecher_innen.

Bereits wenige Monate später zeigte sich das Potenzial der AfD. Bei der Bundestagswahl am 22. September 2013 scheiterte die Partei nur knapp mit 4,7 Prozent an der Fünfprozenthürde, ebenso mit 4,1 Prozent bei der am selben Tag stattfindenden Landtagswahl in Hessen. Für eine erst kurz existierende Partei waren das erstaunliche Ergebnisse und ihr Einzug ins Europa-Parlament bei der anstehenden Wahl im Mai 2014 war damit absehbar. Das dazu notwendige Programm sollte auf dem 2. Bundesparteitag der AfD am 22./23. März in Erfurt verabschiedet werden. Vor der Messehalle protestierten rund 50 Antifaschist_innen. Sie begrüßten die Teilnehmer_innen der Versammlung mit einem Pfeifkonzert. Unter anderem waren Plakate mit der Aufschrift *„Gebt der AfD die Reichsmark zurück“*[147] zu sehen.

Parteisprecher Lucke, der faktisch als Vorsitzender agierte, wollte zu Beginn des Parteitages eine Satzungsänderung durchsetzen und sich formell zum alleinigen Parteivorsitzenden wählen lassen. Das wurde als Machtkampf der Parteispitze gegen die Basis interpretiert. Nach einer

147 Jahn, Joachim: *AfD-Parteitag in Erfurt. Schlappe für Bernd Lucke*, in: Frankfurter Allgemeine, 22.3.2014.

langen, hitzigen Debatte strichen die rund 1.000 versammelten Mitglieder die Satzungsänderung von der Tagesordnung.[148]

Wenn Bernd Lucke in Punkto Satzungsänderung auch gescheitert war, blieb er Spitzenkandidat der AfD, die bei der Europawahl am 25. Mai 2014 mit 7,1 Prozent, d.h. sieben Abgeordneten, ins Brüsseler Parlament einziehen konnte. Auf Listenplatz zwei für das EU-Parlament stand Hans-Olaf Henkel. Nicht umsonst hatte Henkel der AfD für den Europawahlkampf ein Darlehen von einer Million Euro gegeben.[149] Der Einzug ins EU-Parlament markierte für die AfD den ersten entscheidenden Schritt in Richtung politische Relevanz. Bereits bei den im selben Jahr stattfindenden Landtagswahlen erzielte die neue Partei deutliche Stimmengewinne. In Sachsen kam die AfD im August auf 9,7 Prozent[150], bei den beiden Wahlen im September in Thüringen auf 10,6 Prozent[151] und in Brandenburg auf 12,2 Prozent[152]. Parteigründer Bernd Lucke wollte im Aufwärtstrend seiner Partei erneut versuchen, die Parteistruktur zu verändern, um seinen neoliberal akzentuierten Kurs durchzusetzen. In dieser Hinsicht würde der 3. Bundesparteitag vom 30. Januar bis 1. Februar 2015 in Bremen entscheidend werden. Bereits im Vorfeld der Tagung kam es, vor allem in der Parteispitze, zu massiven Differenzen über die künftige Führungsstruktur und die geplante neue Satzung. Blieb die Frage, wie die 1.645 Teilnehmer_innen[153], die sich in der Hansestadt zum bis dato größten Parteitag in der deutschen Nachkriegsgeschichte versammelten, abstimmen würde. Da ein entsprechend großer Versammlungssaal in Bremen nicht zur Verfügung stand, fand der Parteitag an zwei Orten, dem *Congress-Centrum* und dem 1.300 Meter entfernten *Musical-Theater*, statt, die über zwei Großbildschirme verbunden waren.

Auch Gegenprotest regte sich. Bereits vor der Tagung flogen Farbbeutel gegen das *Congress-Centrum* und ein antifaschistisches Bündnis mobilisierte

148 Ebenda.

149 *Europawahlkampf. Henkel leiht AfD eine Millionen Euro*, in: ZEIT ONLINE, 30.4.2014.

150 *Sachsen. Landtagswahl 2014*, in: tagesschau.de.

151 *Landtagswahl 2014 in Thüringen. Endgültiges Ergebnis*, in: Freistaat Thüringen.

152 *Landtagswahl im Land Brandenburg am 14.9.2014. Der Landeswahlleiter*, in: Land Brandenburg.

153 *AfD-Parteitag in Bremen. „Wir sind kein Kaninchenzüchterverein“*, in: Deutschlandradio, 31.1.2015.

für Samstag, den 31. Januar, zur Gegendemo. Bei ungemütlich kaltem Wetter protestierten nach Polizeiangaben 3.700 Menschen, nach Angaben der Veranstalter_innen 7.000 Menschen[154] unter dem Motto *Gemeinsam gegen Rechtspopulismus und Rassismus*. Ohne Zwischenfälle zog die Demonstration durch die Bremer Innenstadt und erreichte gegen 15 Uhr die Bürgerweide, wo ein großes Polizeiaufgebot das *Maritim-Hotel* am *Congress-Centrum* abschirmte. Vereinzelte Rangeleien, Flaschenwürfen und das Zünden einer Rauchbombe führten zu mehreren Ingewahrsamnahmen. Verletzt wurde niemand.[155]

Die Proteste wurden von den AfD-Delegierten teilweise von Ferne aus den Fenstern der Tagungsgebäude beobachtet. Man konnte sich sicher fühlen, die Polizei leistete ganze Arbeit und ließ keine Demonstrant_innen in die Nähe.

Zu Beginn der Parteiversammlung warb Bernd Lucke für einen alleinigen Parteivorsitz. Den Vorwurf, er sei machtversessen, wies er zurück, um gleichzeitig mit dem Satz *„Ich bin so etwas wie das Gesicht der Partei“*[156] seinen Führungsanspruch zu erheben. Zur Professionalisierung sollte nach Vorstellung Luckes außerdem ein hauptberuflicher Generalsekretär, als rechte Hand des Vorsitzenden, eingeführt werden.

Die Rede war ein Frontalangriff auf Petry, mittlerweile Fraktionschefin der AfD im sächsischen Landtag, den Parteisprecher Adam und den Parteivize und Landes- wie Fraktionsvorsitzenden der AfD in Brandenburg, Alexander Gauland. Bereits im November 2014 war Lucke von Gauland als *„Kontroll-Freak“* bezeichnet worden, der alles in der Hand haben wolle.[157]

Hinter dieser Äußerung verbarg sich ein, durch persönlicher Aversion gekennzeichneter, politischer Richtungsstreit. Auf diesen hob Lucke in seiner Rede ab, indem er versicherte, Zuwanderung sei nicht das dominante Thema der AfD, sondern – neben dem Euro – die Steuer- und Sozialpolitik.

154 Tausende demonstrierten gegen AfD-Parteitag. Demo geht weitgehend friedlich zu Ende, in: Weser Kurier, 31.1.2015.

155 Ebenda.

156 AfD-Parteitag in Bremen. „Wir sind kein Kaninchenzüchterverein“, in: Deutschlandradio, 31.1.2015.

157 AfD-Parteitag in Bremen. *Luckes einsamer Sieg*, in: Süddeutsche Zeitung, 2.2.2015.

Das gipfelte in dem Satz: *„Wir haben keine Zusammenarbeit, keinen Schulterschluss mit PEGIDA.“*[158]

Viele Mitglieder spendeten Lucke stehend Beifall, Petry und Gauland hingegen klatschten bemüht spärlich und blieben demonstrativ sitzen. Am Ende billigte der Parteitag am Samstagnachmittag mit großer Mehrheit einen Kompromiss, den der Vorstand bereits im Januar vorgeschlagen hatte. Auf einem weiteren Parteitag im April sollte eine Doppelspitze gewählt werden. Es zeichnete sich bereits ab, dass Bernd Lucke und die bisherige Vorstandssprecherin Frauke Petry dafür kandidieren würden. Für Ende November war dann die Verabschiedung eines neuen Parteiprogramms vorgesehen, auf dessen Grundlage es ab Dezember nur noch eine_n Parteichef_in geben sollte. Es schien so, als hätte Lucke das Blatt für sich gewendet.

Wir schaffen das

Ein effektiver Parteiapparat ist für den politischen Erfolg sicher eine Voraussetzung, doch spielte der AfD eine Entwicklung in die Karten, die nicht abzusehen war. Bereits 2014 stieg die Zahl der Asylbewerber_innen in der EU stark an, um im Jahr 2015 in ungeahnte Höhen zu schnellen. Bilder von langen Menschenkolonnen, die zu Fuß auf dem Weg nach Westeuropa waren, beherrschten die Medien.

Die in der EU festgelegten Mechanismen versagten. Großbritannien und die osteuropäischen Staaten nahmen keine Flüchtlinge auf, andere Länder gingen dazu über, die Migrant_innen, von denen viele die Bundesrepublik als Ziel hatten, einfach durchzuwinken. Im Sommer 2015 folgte der Bau eines ungarischen Grenzzaunes, mit dem die sogenannte Balkanroute versperrt wurde, zudem führten EU-Staaten wieder Grenzkontrollen ein.

Um der Situation ein Ende zu setzen, öffnete die Bundesregierung unter Angela Merkel (CDU) und Vizekanzler Olaf Scholz (SPD), schließlich die Grenzen.

158 Wehner, Markus: *Parteitag der AfD. Lukes wackliger Sieg*, in: Frankfurter Allgemeine, 31.1.2015.

„Wir schaffen das!“, sagte die Bundeskanzlerin auf der Bundespresskonferenz am 31. August 2015 in Berlin. Während dieser Ausspruch für einen Teil der Bevölkerung eine neue Willkommenskultur dokumentierte, läutete er für andere den Untergang des Abendlandes an.

Im Jahr 2015 beantragten ca. 1.300.000 Menschen Asyl in den Ländern der Europäischen Union bzw. versuchten, als Kriegsflüchtlinge oder subsidiär Schutzberechtige anerkannt zu werden; 2016 waren es noch einmal ca. 1.260.000 Menschen. Die Bundesrepublik nahm von allen EU-Staaten den weitaus größten Anteil dieser Flüchtlinge auf, und wie kein anderes Thema polarisierte die *Flüchtlingskrise* die Gesellschaft. In ganz Europa kam es zu heftigen Debatten über die Asylpolitik und zu einem Erstarken rechtskonservativer und populistischer Kräfte. In diesem Kontext wandelte sich die PEGIDA-Bewegung zu einem bundesweiten Phänomen und vollzog sich der Aufstieg der AfD.

Eine Hinwendung zum plebejischen Straßenprotest war jedoch mit der neoliberalen Fraktion, um Lucke und Henkel, nicht zu machen. Der Machtkampf in der AfD trat nun mit voller Wucht in Erscheinung.

Den ersten entscheidenden Schritt unternahm der völkisch-nationalistische Teil der Partei. Am 14. März 2015 legte der AfD-Fraktionsvorsitzende und Landessprecher Thüringen, Björn Höcke, gemeinsam mit dem Landessprecher aus Sachsen-Anhalt, André Poggenburg, auf dem AfD-Landesparteitag Thüringen die *Erfurter Resolution* vor.

Darin hieß es: *„Zahllose unserer Mitglieder verstehen die AfD [...] als grundsätzliche, patriotische und demokratische Alternative zu den etablierten Parteien; als Bewegung unseres Volkes gegen die Gesellschaftsexperimente der letzten Jahrzehnte (Gender Mainstreaming, Multikulturalismus, Erziehungsbeliebigkeit usf.); als Widerstandsbewegung gegen die weitere Aushöhlung der Souveränität und der Identität Deutschlands; als Partei, die den Mut zur Wahrheit und zum wirklich freien Wort besitzt.“* [159]

Die Teilnehmer_innen des Parteitages stimmten diesem Text mit großer Mehrheit zu. Unter den Erstunterzeichner fanden sich auch Alexander Gauland und Andreas Kalbitz, der stellvertretende Fraktionsvorsitzende

159 *Erfurter Resolution*, in: derfluegel.de, 14.3.2015.

der AfD in Brandenburg. Damit entstand der *Flügel*, eine Sammlungsbewegung, der sich bald etwa 7.000 AfD-Mitglieder zurechneten.[160] Formale Strukturen, wie eine definierte Mitgliedschaft, wies der bald sehr einflussreiche *Flügel* nicht auf.

↑ Emblem von *Der Flügel*.

Ein wichtiger Kopf dieses rechtsradikalen Zusammenhangs war Björn Höcke, verbeamteter Gymnasiallehrer für Sport und Geschichte in Hessen. Der Oberstudienrat hatte die AfD in Thüringen 2013 mitgegründet und fungierte seit August des Jahres als einer ihrer beiden Landessprecher. In Thüringen spielte Höcke eine Rolle, weil er mit seiner Frau und vier Kindern in Bornhagen, einem 300-Seelen Dorf direkt an der Grenze zu Hessen, lebte. Nach dem Einzug der AfD in den Thüringer Landtag wurde Höcke 2014 Fraktionsvorsitzender und wechselte hauptberuflich in die Politik.

Mit der Formierung des völkisch-nationalistischen *Flügels* sorgte Höcke für Schlagzeilen. Am 6. Mai 2015 zitierte die *Thüringer Allgemeine* den AfD-Fraktionsvorsitzenden mit den Worten: *„Ich gehe nicht davon aus, dass man jedes einzelne NPD-Mitglied als extremistisch einstufen kann. Das würde in der Beurteilung etwas zu weit gehen.“*[161] Bernd Lucke reagierte darauf unmissverständlich: *„Ich fordere Höcke auf, umgehend alle Ämter niederzulegen und aus der AfD auszutreten“*[162], sagte er am 8. Mai, und am 12. Mai 2015 beschloss der AfD-Bundesvorstand, ein Amtsenthebungsverfahren gegen Höcke einzuleiten. Die beiden Lucke-Gegner_innen im Vorstand, Frauke Petry und Alexander Gauland, stützten hingegen Höcke und stimmten gegen das Amtsenthebungsverfahren.[163]

160 Schuhmann, Jan: *Flügel unter Beobachtung: Jetzt steht auch der AfD-Nachwuchs unter Druck*, in: Mitteldeutsche Zeitung, 12.3.2020.

161 Backfisch, Michael: *Thüringer AfD-Chef Höcke distanziert sich nicht von der NPD*, in: Thüringer Allgemeine, 6.5.2015.

162 Backfisch, Michael: *AfD-Chef Lucke fordert Thüringer Landeschef zu Parteiaustritt auf*, in: Thüringer Allgemeine, 9.5.2015.

163 Weiland, Severin: *Äußerungen zur NPD. AfD-Vorstand will Höckes Amtsenthebung*, in: Spiegel, 12.5.2015.

Um den rechten Parteiflügel zu isolieren, ging Lucke aber nicht nur gegen Höcke vor, sondern gründete am 18. Mai 2015 mit dem *Weckruf 2015* eine Sammlungsbewegung gegen den **Flügel** innerhalb der AfD.

Die als neoliberal bezeichnete Fraktion um Lucke und Henkel sahen ihren Einfluss schwinden. Doch noch glaubten Parteigründer Lucke und seine Gesinnungsfreund_innen, sie könnten Tausende von AfD-Mitglieder auf ihre Seite ziehen, um entweder *„die Partei von diesen Elementen"*, gemeint war der völkische **Flügel**, zu *„säubern"*[164], wie sich Henkel ausdrückte, oder eine neue Partei unter ihrer Führung zu gründen.

Mit dem außerordentlichen 4. Mitglieder-Parteitag am 4. und 5. Juli 2015 in der Essener Grugahalle entschied sich die Auseinandersetzung um den weiteren Kurs der AfD. In einer Kampfabstimmung wählten ca. 60 Prozent Frauke Petry zur ersten Parteisprecherin, zweiter Sprecher wurde der Wirtschaftswissenschaftler Jörg Meuthen. Der neue AfD-Bundesvorstand unter Petry und Meuthen stellte das Verfahren gegen Björn Höcke im September 2015 ein. Als Reaktion verließen bis Anfang Juli fast 3.000 Mitglieder, vornehmlich aus den Westverbänden, die Partei. Einige davon waren Abgeordnete, die allesamt ihr Mandat behielten.[165] Darunter auch Lucke und Henkel, die im Europaparlament verblieben.

Bereits am 19. Juli 2015 gründete Bernd Lucke mit den meisten der ausgetretenen *Weckruf*-Mitgliedern die Partei **Allianz für Fortschritt und Aufbruch** (ALFA), die sich im November 2016 in **Liberal-Konservative Reformer** (LKR) umbenannte, aber völlig bedeutungslos blieb.

Ganz anders entwickelte sich die AfD, deren Angriffe sich unter Petry und Meuthen vor allem gegen die Flüchtlingspolitik und die dadurch angeblich entstehende **Überfremdung**, insbesondere durch den Islam, richteten. Das traf den Nerv der Zeit und anders als die NPD konnte die AfD den Unmut in Teilen der Bevölkerung, der sich durch **PEGIDA** und verwandte Bewegungen zeigte, in Wählerstimmen ummünzen. Doch wo immer die AfD öffentlich auftrat, war sie mit Protesten konfrontiert.

164 Meisner, Matthias: *Update / Bernd Lucke gegen Frauke Petri gegen … „Weckruf 2015" soll den Rechtsruck in der AfD stoppen*, in: Der Tagesspiegel, 18.5.2015.

165 Steffen, Tilmann: *Alternative für Deutschland. Petry spricht von Sabotage*, in: ZEIT ONLINE, 10.7.2015.

Das lässt sich an den Widerstandsaktionen gegen ihre Bundesparteitage anschaulich dokumentieren. Der vierte ordentliche Bundesparteitag der AfD fand als Delegiertenparteitag am 28. und 29. November 2015 in Hannover statt. Wobei er ursprünglich in Kassel durchgeführt werden sollte. Doch die kommunale Geschäftsführung des *Kasseler Kongress Palais* zog ihr Angebot für die zweitägige Veranstaltung überraschend Mitte Oktober ohne Angabe von Gründen zurück. Dagegen klagte die AfD vor dem Land- und Oberlandesgericht und unterlag vor beiden Instanzen.[166]

Am Ende musste die Partei nach Hannover ausweichen, wo 1.500 Polizist_innen zum Schutz der rund 600 Delegierten aufmarschierten. Für die AfD-Mitglieder gab es einige Probleme, weil das *Congress Hotel* am Stadtpark in Hannover sämtliche, für die Parteimitglieder reservierten Zimmer stornierte. Zur Begründung hieß es, aufgrund der zu erwartenden Gegendemonstration sei die Sicherheit aller Gäste und der Hotelmitarbeiter sowie der reibungslose Hotelbetrieb nicht mehr gewährleistet.[167]

Letztendlich stellte sich die Situation weitaus weniger dramatisch dar. Eine Gegendemo vom *Bündnis Bunt statt Braun* führte vom Opernplatz zum Tagungsort der AfD, dem *Hannover Congress Centrum*. Laut Bündnis beteiligten sich 1.600 bzw. 3.000[168] Menschen, nach Polizeiangaben waren es 1.200 Teilnehmer_innen [169]. Es blieb beim friedlichen Protest – während die Delegierten des Parteitags die neue Satzung diskutierten. Man habe die *„Satzung von Bremen repariert“*[170], meinte Frauke Petry abschließend.

Die AfD wurde nun weiterhin von zwei oder drei Personen geführt und nicht, wie es Lucke wollte, von einer. Mit rund 19.000 Mitgliedern[171] hatte

166 *Nach Rechtsstreit mit Kassel. AfD muss Parteitag nach Hannover verlegen*, in: FAZ.NET, 16.11.2015.

167 Neuerer, Dietmar: *Congress Zentrum Hannover sperrt AfD aus*, in: Handelsblatt, 26.11.2015.

168 *AfD-Bundesparteitag in Hannover. Kundgebung gegen AfD verläuft friedlich*, in: Hannoversche Allgemeine, 28.11.2015.

169 *Protest-Bündnis demonstriert friedlich gegen AfD-Parteitag*, in: Pressemitteilung, Evangelisch-Lutherische Landeskirche Hannover, 27.11.2015.

170 Jacobsen, Lenz: *Parteitag. Zwei Gesichter der AfD*, in: ZEIT ONLINE, 29.11.2015.

171 *1200 protestierten gegen Parteitag in Hannover. AfD hofft bei Bundestagswahl auf über 20 Prozent*, in: Der Tagesspiegel, 18.11.2015.

Doppelmobilisierung gegen den AfD-Parteitag und den Mai-Aufmarsch vom ***III. Weg*** 2016. Das Motiv wurde als Plakat, Banner und Aufkleber auch zu anderen Anlässen genutzt.

die Partei auch zahlenmäßig das Tief nach dem Austritt der Lucke-Fraktion überwunden. Die Delegierten zeigten mit ihrem Anti-Asyl-Kurs Einigkeit und phantasierten sich aufgrund von Wahlprognosen auf mehr als 20 Prozent bei der nächsten Bundestagswahl im Jahr 2017.

Im Vorlauf zu dieser Wahl, kam dem 13. März 2016 besondere Bedeutung zu. An diesem Tag wurden drei Landtage neu gewählt; jeweils mit außerordentlichen Erfolgen für die Rechtspopulist_innen.

Auf die AfD entfielen in Sachsen-Anhalt 24,3 Prozent, in Baden-Württemberg 15,1 Prozent und in Rheinland-Pfalz 12,6 Prozent, der Stimmen.[172]

Politisch im Aufwind sah die AfD ihrem Bundesparteitag entgegen, der vom 30. April bis 1. Mai 2016 auf dem Messegelände in Stuttgart stattfinden sollte. Zentraler Programmpunkt war die Verabschiedung des Grundsatzprogramms für die Bundestagswahl. Mehr als 2.000 AfD-Mitglieder hatten

172 Bundeszentrale für politische Bildung: *Landtagwahlen in drei Bundesländern*, in: Kurz & Knapp, 14.3.2016.

sich angemeldet und waren mit antifaschistischem Widerstand konfrontiert. Bereits am Morgen des 30. April brannten auf der Bundesstraße 27, der Zufahrtsstraße zum Stuttgarter Messegelände, Autoreifen. Zeitgleich gelang es, den Verkehr auf der Autobahn 8, Richtung München, kurzzeitig auf einer Fahrspur zu blockieren. Die Polizei sprach von ca. 2.000 Antifas, die rund um das Messegelände aktiv waren. Eine Menschenblockade verstellte die Zufahrt zum Bosch-Parkhaus, wo Bengalos und Leuchtraketen gezündet wurden. Unter Einsatz von Schlagstöcken und Pfefferspray gingen Polizeihundertschaften gegen die Antifaschist_innen vor. Nach einer halben Stunde war alles vorbei und mehr als 400 Demonstrant_innen in der Nähe der Stuttgarter Messe in Gewahrsam genommen. Der AfD-Parteitag konnte erst verzögert beginnen.[173]

Eine anschließende Antifa-Demonstration in der Stuttgarter Innenstadt mit 4.000 Teilnehmer_innen (Polizeiangabe: 1.800) verlief ohne größere Zwischenfälle.[174]

Proteste und Randale machten der AfD jedoch weniger zu schaffen als ein innerparteilicher Konflikt, der die Partei erneut an den Rand der Spaltung bringen sollte. Ausgangspunkt war das im Jahr 2012 unter dem Titel *Der grüne Kommunismus und die Diktatur der Minderheiten* erschienene Buch des AfD-Abgeordneten im Landtag von Baden-Württemberg, Wolfgang Gedeon. Anfang der 1970er war Gedeon zunächst bei den Jusos, dann ein maoistischer Kader in Gelsenkirchen und Mitglied der KPD/ML. Er galt als ein engagierter linksradikaler Arzt und wandelte sich erst später zum Rechtsradikalen.[175]

In seinem Machwerk *Der grüne Kommunismus* bezeichnete Gedeon den Holocaust als *„gewisse Schandtaten“* und Holocaustleugner, wie sich selbst, als *„Dissidenten“*. *„Schließlich predigt man Toleranz und ist empört, wenn in China Dissidenten für Jahre ins Gefängnis wandern. Gleichzeitig sperrt man die eigenen*

173 *AfD Parteitag. Polizei setzt bei Randalen Hunderte Demonstranten fest*, in: ZEIT ONLINE, 30.4.2016.

174 *Parteitag in Stuttgart. Leuchtraketen und brennende Autoreifen gegen die AfD*, in: Spiegel Politik, 30.4.2016.

175 Kamann, Matthias: *Wolfgang Gedeon. Wie wird ein ultralinker Agitator zum AfD-Rechtsaußen?*, in: Welt, 13.7.2016.

Dissidenten (z. B. Irving, Zündel, Mahler u.a.) für Jahre hinter Gitter. Ja, bei uns sind die Dissidenten gar keine Dissidenten sagt man, sondern wegen begangener ‚Volksverhetzung' verurteilte Kriminelle."[176]

Der Fraktionsvorsitzende der AfD im *Ländle*, wie Baden-Württemberg umgangssprachlich auch genannt wird, war der Parteisprecher Jörg Meuthen, der den sofortigen Fraktionsausschluss von Gedeon forderte. Die Partei sträubte sich jedoch und wollte einige zur Sprache stehenden Schriften Gedeons vor einer Entscheidung von drei unabhängigen Wissenschaftlern beurteilen lassen.

Nachdem sich Meuthen nicht durchsetzen konnte, drohte er mit seinem Rückzug aus der AfD. Frauke Petry meinte daraufhin, ihren Ko-Vorsitzenden öffentlich kritisieren zu müssen. In einer Erklärung an alle Mitglieder warf sie Meuthen vor, mit seiner öffentlichen Rückzugsdrohung einen Keil in die Stuttgarter AfD-Landtagsfraktion getrieben zu haben. Vor einer Entscheidung über Gedeons Ausschluss seien *„geordnete und seriöse Formen der Aufklärung"*[177] nötig. Diese Zurechtweisung kam bei Meuthen nicht gut an, der Petry umgehend *„bizarres Hineinregieren"*[178] in die Landtagsfraktion vorwarf. Offensichtlich war Petry nicht bereit, die Macht in der AfD zu teilen, und Meuthen nicht willens, sich Petry unterzuordnen.

Als Petry anbot, in der Landtagsfraktion zu vermitteln, lehnte Meuthen umgehend ab und kündigte an, Gedeon aus der Fraktion zu werfen. Nun reiste Petry erst recht nach Stuttgart, wo Meuthen sie im Landtag nicht empfangen wollte. Verbissen ging der Machtkampf weiter. Bevor die Fraktion Gedeons Ausschluss beschließen konnte, erreichte Petry, dass dieser erklärte, seine Mitgliedschaft in der Fraktion ruhen zu lassen.[179]

Meuthen reichte das nicht, er wollte den Ausschluss Gedeons. Anfang Juli bildete der Parteisprecher mit 12 weiteren AfD-Abgeordneten eine eigene Fraktion, die sich den Namen *Alternative für Baden-Württemberg* gab. Um die Spaltung des Landesverbandes zu verhindern, reiste Frauke Petry

176 Saure, Hans-Wilhelm/Maegerle, Anton.: *Skandal um antisemitisches Buch von W. Gedeon. AfDler nennt Neonazi Horst Mahler Dissidenten*, in: Bild, 1.6.2016.

177 *Antisemitismus-Zwist: Streit zwischen Petry und Meuthen*, in: Kölner Stadtanzeiger, 19.6.2016.

178 Ebenda.

179 *Machtkampf in der AfD. Die Meuterei*, in: Spiegel, 11.7.2016.

erneut in Stuttgart an. Nach intensiven Gesprächen mit Wolfgang Gedeon traten sie gemeinsam vor die Kameras und Gedeon erklärte, er werde aus der Fraktion austreten.[180] Fortan saß Gedeon, immer noch Mitglied der AfD, als fraktionsloser Abgeordneter im Stuttgarter Parlament.
Um die Landtagsfraktion wieder zu vereinen, bedurfte es dann noch eines Mediationsprozesses.[181] Im Oktober wurde Jörg Meuthen erneut Vorsitzender der AfD-Landtagsfraktion.

Die Krise in der AfD Baden-Württemberg war abgewendet, doch zwischen Jörg Meuthen und Frauke Petry hatte sich ein tiefer Graben aufgetan. Bald lieferte die Spitzenkandidatur zur Bundestagswahl den nächsten Streitpunkt.

Frauke Petry, in dieser Zeit das Gesicht der AfD, meinte sich auch als alleinige Spitzkandidatin zur Wahl stellen zu können. Vor allem, nachdem ihr Konkurrent Jörg Meuthen Anfang November 2016 seinen Verzicht auf eine Kandidatur für ein Bundestagsmandat erklärt hatte. Eine *One-women-show* lag aber nicht im Interesse der übrigen Parteiführung, die sich in diesem Punkt auch auf eine Basisbefragung stützen konnte. Es kam zur Empfehlung des Bundesvorstandes an den Bundesparteitag, der im April 2017 in Köln stattfinden würde, *„mit einer Spitzenmannschaft in den Bundestagswahlkampf 2017 zu gehen. Über die genaue Anzahl und die Personen soll der Bundesparteitag entscheiden.“*[182] Nun preschte Meuthen, im Namen der baden-württembergischen AfD, mit einem Vorschlag für die Kandidatenliste vor. Petry und Parteivize Alexander Gauland sollten mit zwei weiteren noch zu bestimmenden Persönlichkeiten das Spitzenteam anführen. Meuthen wollte Petry offensichtlich an die politische Leine legen, auf keinen Fall sollte sie das Sagen in der AfD bekommen. In diesem Sinne waren sich Meuthen und Gauland einig. Mit ihnen im Bunde war Björn Höcke, gegen den der AfD-Bundesvorstand im Februar auf Betreiben Petrys ein Parteiausschlussverfahren beschlossen hatte.

180 Friedmann, Jan: *AfD in Baden-Württemberg. Der Chaos-Tag von Stuttgart*, in: Spiegel, 5.7.2016.

181 Soldt, Rüdiger: *Baden-Württemberg. AfD im Südwesten wiedervereinigt*, in: FAZ.NET, 11.10.2016.

182 *Spitzenkandidatur. AfD-Führung bremst Frauke Petry*, in: FAZ.NET, 19.11.2016.

ENF-Kongress Koblenz

Petry zur Seite stand der studierte Jurist und gescheiterte Immobilienentwickler Marcus Pretzell, den sie im Dezember 2016 ehelichte. Einstmals in der FDP, war Pretzell 2013 in die AFD eingetreten und zum Europaabgeordneten und einem der beiden NRW-Landesvorsitzenden aufgestiegen. Der Rechtspopulist verstand es immer wieder, für Schlagzeilen zu sorgen. So verkündete er im Zuge der Flüchtlingskrise 2015: *„Die Verteidigung der deutschen Grenze mit Waffengewalt als Ultima Ratio ist eine Selbstverständlichkeit.“*[183] Momentan wäre ein Waffeneinsatz aber noch nicht notwendig, weil es eine *„ganze Reihe von anderen Möglichkeiten“*[184] gäbe, wie Polizeipräsenz, Wasserwerfer oder Tränengas. Ähnlich äußerten sich Frauke Petry und die AfD-Vize-Vorsitzende und EU-Abgeordnete Beatrix von Storch.[185] Letztere und Marcus Pretzell waren nach der Gründung der Partei ALFA in der AfD verblieben, während die anderen fünf EU-Abgeordneten der AfD zu ALFA übertraten.

In seiner Eigenschaft als Europaabgeordneter nahm Pretzell am 15. April 2016 an dem *Internationalen Jalta-Wirtschafts-Forum* auf der von Russland annektierten Krim teil. Dabei traf er mit dem auf der EU-Sanktionsliste stehenden *Präsidenten der Krim* Sergei Askjonow zusammen und hielt in dessen Beisein eine Rede. Die Reise soll von einer russischen Stiftung finanziert gewesen sein.[186]

Besonders großen medialen Wirbel verursachte Pretzell, als er unmittelbar nach dem Anschlag auf den Berliner Weihnachtsmarkt am 19. Dezember 2016 twitterte: *„Wann schlägt der deutsche Rechtsstaat zurück? Wann hört diese verfluchte Heuchelei endlich auf? Es sind Merkels Tote!“*[187]

183 *Marcus Pretzell. AfD-Chef in NRW: Flüchtlinge notfalls mit Schusswaffen stoppen*, in: Der Tagesspiegel, 1.11.2015.

184 Ebenda.

185 *Facebook-Post von AfD-Vize. Beatrix von Storch will Frauen und Kinder an Grenze mit Waffengewalt stoppen*, in: Stern, 31.1.2016.

186 Praschl, Gerhard: *AfD Spitzenpolitiker auf der besetzten Krim*, in: Gerhard Praschl EASTblog, 15.4.2016.

187 Beisch, Stephanie: *„Es sind Merkels Tote“. Aufregung über AfD-Äußerung zu Berlin*, in: Stern, 20.12.2016.

Kurz darauf, am 22. Dezember, gaben sich Frauke Petry und Marcus Pretzell in Leipzig das Ja-Wort. Das frisch vermählte Paar wollte nun auch auf europäischem Niveau eine Rolle spielen. Eine Gelegenheit bot das von Pretzell organisierte Gipfeltreffen der europäischen ENF-Fraktion, deren Mitglied er war. Die im Jahr 2015 gegründete ENF (*Europa der Nationen und der Freiheit*) war ein Sammelbecken für rechtspopulistische und rechtsradikale Parteien im EU-Parlament.[188]

Wenn die ENF mit 36 Mitgliedern[189] auch die kleinste Fraktion im europäischen Parlament war, reichte es allemal, um sich medienwirksam zu präsentieren. Im Frühling würde in den Niederlanden und Frankreich gewählt werden, im Herbst die Bundestagswahlen in der BRD folgen. So traten unter dem Motto *Freiheit für Europa* am 21. Januar 2017 in der Koblenzer *Rhein-Mosel-Halle* zum ersten Mal alle Spitzenfunktionär_innen der nationalistischen Parteien im EU-Parlament gemeinsam auf. Neben der AfD-Vorsitzenden Frauke Petry waren die Vorsitzende des französischen *Front National*, Marine Le Pen, der Vorsitzende der niederländischen PVV (*Partij voor de Vrijheid*), Geert Wilders, der Parteisekretär der italienischen *Lega Nord*, Matteo Salvini, und Harald Vilimsky von der österreichischen FPÖ anwesend.

Wobei sich Pretzell und Petry als neues *„Führungspärchen“*[190] aus der BRD in der Riege der europäischen Rechten einzureihen trachteten. Gleichzeitig ging es darum, sich auch in der AfD mit einem eigenen Kurs zu profilierten. D. h., die Teilnahme von Petry an der ENF-Konferenz in Koblenz war ein Alleingang und nicht mit dem AfD-Bundesvorstand abgesprochen.

Spektakulär setzte man sich in Szene. Kurz bevor die Rechtspopulist_innen in die Rhein-Mosel Halle kamen, wurde das Licht gedimmt, und bewegliche Deckenstrahler tauchten die Atmosphäre in schummriges blau. Als die ENF-Delegation den Saal betrat, dröhnten tiefe Bässe, und Gesang in verschiedenen Sprachen erklang. Die Prozession wurde von 12 jungen

188 Als Nachfolgeorganisation für die ENF wurde nach den Europawahlen 2019 die Fraktion Identität und Demokratie gegründet.

189 *Fraktionen im Europäischen Parlament*, in: Wikipedia, 19.11.2021.

190 Maas, Stefan: *Kongress von Rechtspopulisten. Veranstaltung in Koblenz war ein Affront*, in: Deutschlandfunk Kultur, 21.12017.

Fahnenträger_innen mit großen National-Flaggen abgeschlossen, eine EU-Fahne suchte man vergebens. Während des Einmarsches änderte sich die Beleuchtung zu hellem Licht und die Lautsprechermusik ging im aufbrandenden Applaus der 1.000-köpfigen Menge unter. Auf der Bühne positionierten sich die Nationalfahnenträger_innen hinter der winkenden Führungscrew.

Auf diese Art eingestimmt, begann der Kongress. *„Wir haben ein Problem mit dem politischen Islam, in Deutschland, in Europa, vor allem in Westeuropa"*, polemisierte Pretzell in seiner Eingangsrede und fuhr fort: *„Es gibt ein Land, was schon Jahrzehnte längere Erfahrungen in dieser Frage hat,"*[191] und meinte damit Israel. Weiter behauptete Pretzell, ohne dies zu belegen, die EU finanziere *„letztlich über Umwege Terrororganisationen gegen Israel"*[192]. Seine Rede gipfelte in dem Satz: *„Israel ist unsere Zukunft, meine Damen und Herren, in der Form, wie man mit dem Islam umgeht."*[193]

Wenig später trat der Rechtspopulist als Unterstützer der Initiative *Freunde Judäas und Samarias* in Erscheinung. Dieser im März 2017 gegründete Zusammenschluss von 15 EU-Parlamentariern setzt sich für die Interessen der israelischen Siedlerbewegung in den seit 1967 von Israel besetzten palästinensischen Gebieten des Westjordanlands ein.[194]

Im Zentrum des ENF-Kongresses stand aber die Kritik an der Flüchtlingspolitik der Bundesregierung unter Angela Merkel. Nun sollte jedoch ein *Jahr der Patrioten* anbrechen. Dazu passte, dass einen Tag zuvor Donald Trump als US-Präsident vereidigt worden war. Keiner der Redner_innen versäumte es, Glückwünsche nach Washington zu adressieren.

Auf Trumps Einzug ins Weiße Haus spielte auch die Parole *Make Racists afraid again* der Nachttanzdemo am Vorabend der ENF-Konferenz in Koblenz an. Der Mobilisierung vom *Antifaschistischen Netzwerk Koblenz* (ANK) waren 200 Teilnehmende gefolgt. Die Polizei hielt sich demonstrativ im Hintergrund. Auch ließen die Staatshüter_innen eine Sitzblockade von

191 *Markus Pretzel (AfD) in Koblenz: „Israel ist unsere Zukunft"*, in: YouTube, 24.1.2017, Timecode: 0.50 – 1.09.

192 Ebenda, Timecode: 1.24 – 1.32.

193 Ebenda, Timecode: 2.03 – 2.09.

194 *EU-Parlament. Neue Gruppe vertritt Interessen von Israels Siedlern*, in: Israelnetz, 30.2.2017.

70 Engagierten aus dem Kreis des ANK am nächsten Morgen an der *Rhein-Mosel-Halle* gewähren, bzw. ins Leere laufen: Die Delegierten der ENF-Konferenz wurden auf anderem Wege in die Halle geführt. Nach Abbruch des Blockadeversuchs schlossen sich die Beteiligten der Demo *Koblenz bleibt bunt!* an.[195] Diese führte zum Haupteingang der Veranstaltungshalle, wo rund 5.000 Demonstrant_innen den frostigen Temperaturen trotzten. Glücklicherweise strahlte an diesem Samstag die Sonne aus einem fast wolkenlosen Himmel. Auf der antifaschistischen Kundgebung sprachen die rheinland-pfälzische Ministerpräsidentin Malu Dreyer (SPD), die Grünen-Vorsitzende Simone Peter und der SPD-Vorsitzende Sigmar Gabriel.

Währenddessen verkündeten die Rechtspopulist_innen in der *Rhein-Mosel-Halle*, dass 2017 zum *„Jahr der Befreiung"*[196] werden würde. Das Ende der bisherigen Flüchtlingspolitik und der EU überhaupt wäre eingeläutet.

Mit diesen Kampfansagen gelang es, einiges Aufsehen zu erregen, doch stieß der Alleingang des selbsternannten *Führungspärchens* beim AfD-Vorstand auf harsche Kritik. AfD-Vize Alexander Gauland zeigte sich ernstlich verstimmt, Jörg Meuthen erklärte, dass die Konferenz nichts mit der AfD zu tun habe. Petry konnte diese Kritik egal sein. Sie setzte im Machtkampf auf die Parteibasis, von der sie sich im April zur Spitzenkandidatin wählen lassen wollte.

Deshalb legte Petry nun Wert darauf, sich von ihren einstigen politischen Spießgesellen absetzen. Eine Vorlage lieferte Björn Höcke, dessen Rede auf einer Parteiversammlung am 17. Januar 2017 in Dresden hohe Wellen schlug.

Mit Bezug auf das deutsche Geschichtsverständnis hatte Höcke von einer *„dämlichen Bewältigungspolitik"*[197] gesprochen und eine *„erinnerungspolitische Wende um 180 Grad"*[198] gefordert. Zum Holocaustmahnmal in Berlin sagte

195 Antifaschistisches Autor*innenkollektiv: *ANTIFA-Bewegung an Rhein und Mosel*, Koblenz, 2021, S. 193f.

196 Bender, Justus: *Gipfel der Rechtspopulisten. Hurra-Rufe für Petry-Wilders, Le Pen und Trumph*, in: FAZ.NET, 21.1.2017.

197 Kamann, Matthias: *Was Höcke mit seiner „Denkmal der Schande"-Rede bezweckt*, in: Welt, 18.1.2017.

198 Ebenda.

er: „*Wir Deutschen sind das einzige Volk der Welt, das sich ein Denkmal der Schande in das Herz seiner Hauptstadt gepflanzt hat.*“[199]

Daraufhin erhob sich ein Sturm der Entrüstung, und Petry drängte im AfD-Bundesvorstand auf ein Parteiausschlussverfahren gegen Höcke. Für das Ausschlussverfahren warb sie sogar mit einem Rundschreiben an alle AfD-Mitglieder.[200] Jörg Meuthen konnte sich lediglich zu einem Tadel der Dresdner Rede durchringen. Gemeinsam mit Alexander Gauland warnte Meuthen vor einer Parteispaltung und stimmte gegen das Verfahren, das trotz beider Gegenstimmen am 13. Februar 2017 beschlossen wurde.[201] Höcke polemisierte, die Entscheidung sei „*unverhältnismäßig*“ und „*machtpolitisch motiviert*“[202]. Diese Ansicht teilte auch der Thüringer Landesverband, der sich vor seinen Vorsitzenden stellte, der auch bundesweit breite Unterstützung in der AfD fand.

Einen Tag nach der Vorstandsentscheidung sprang Alexander Gauland seinem politischen Kumpanen Höcke bei und forderte ihn auf, für den Bundestag zu kandidierten.[203] Dies war als Retourkutsche für Petry gedacht, denn Höckes Bundestagskandidatur würde die AfD-Chefin herausfordern, die bereits auf Platz eins der Bundestagswahlliste ihres sächsischen Heimatverbandes gewählt worden war. Doch Höcke hatte bereits Anfang Januar eine solche Kandidatur ausgeschlossen, da er bei der Landtagswahl im September 2019 in Thüringen als Spitzenkandidat antreten wollte.

Auch wenn ein direktes Kräftemessen mit Höcke ausblieb, schien es immer ungewisser, dass sich Petry auf dem Parteitag durchsetzen würde. Für die Petry-Fraktion galt es, einen Plan B zu entwickeln, der nur auf eine Parteispaltung hinauslaufen konnte.[204]

199 Ebenda.

200 Bender, Justus: *Petry kritisiert Höcke in Rundschreiben an AfD-Mitglieder*, in FAZ.NET, 27.1.2017.

201 *AfD. Bundesvorstand beantragt Parteiausschluss von Höcke*, in: ZEIT ONLINE, 31.3.2017.

202 Bender Justus: *Drohender Parteiausschluss: Höcke warnt vor neuer Spaltung der AfD*, in: FAZ.net, 13.2.2017.

203 *AfD-Machtkampf. Gauland schlägt Höcke für Bundestag vor*, in: WirtschaftsWoche, 14.2.2017.

204 Benzmann, Marcus: *AfD-Spaltung nach der Bundestagswahl*, in: CORRECTIV, 20.4.2017.

Momentan musste aber, um die anstehenden Wahlen nicht zu gefährden, eine weitere Eskalation vermieden werden. In dieser Situation entschied sich Petry für die Flucht nach vorn und verkündete drei Tage vor Beginn des Bundesparteitages, per Videobotschaft, dass sie *„weder für eine alleinige Spitzenkandidatur noch für eine Beteiligung in einem Spitzenteam zur Verfügung“*[205] stünde. Mit diesem Schachzug ging sie einer, für sie von vornherein verlorenen Konfrontation, auf dem Bundesparteitag aus dem Wege. Gleichzeitig trieb sie die Auseinandersetzung in der AfD weiter voran, indem sie forderte, dass die Partei dringend ihre strategische Ausrichtung klären müsse. Ansonsten sei sie überzeugt, dass sich die AfD *„bundesweit nicht zweistellig wird festsetzen können“*[206]. Die Partei müsse sich auf Regierungsübernahmen *„als Seniorpartner“*[207] ab dem Jahr 2022 vorbereiten. Bisher sei das Image der AfD aber von der *„fundamentaloppositionellen Strategie“*[208] dominiert. Der Parteitag versprach, spannend zu werden.

Blaue Pleite

Gegen den 7. Bundesparteitag der AfD am 22. und 23. April 2017 in Köln mobilisierten die Bündnisse *Köln gegen Rechts* und *Köln stellt sich quer*, das *Festkomitee Kölner Karneval* sowie die Südstadt-Initiative BUNT STATT BLA, die mit einem polizeistaatlichen Aufgebot konfrontiert waren. Verantwortlich hierfür war in erster Linie die Polizeiführung, die im Vorfeld des Parteitages von gewaltbereiten Linksradikalen phantasierte, die aus dem gesamten Bundesgebiet nach Köln anreisen würden. Demzufolge wurden Polizeiverstärkungen aus anderen Bundesländern angefordert und das *Maritim-Hotel*, in dem die AfD tagte, weiträumig abgesperrt. Über dem Veranstaltungsort herrschte sogar Flugverbot. Die 4.000 aufmarschierten Polizist_innen boten von einer Reiterstaffel über Hubschrauber,

205 *Innerparteilicher Streit. Frauke Petry verzichtet auf AfD-Spitzenkandidatur*, in: Frankfurter Allgemeine, 19.4.2017.

206 Ebenda.

207 Ebenda.

208 Ebenda.

Wasserwerfer bis hin zu Räumpanzern einiges auf, um die angekündigten 50.000 Demonstrant_innen[209] in Schach zu halten.

Geplant war, den Parteitag mittels Blockaden am 22. April zu verhindern. Bei Nieselregen liefen um sieben Uhr morgens fünf Demonstrationszüge sternförmig in die Innenstadt. Doch die meisten Delegierten waren gegen sechs Uhr angereist und bereits im Hotel. Lediglich einige Nachzügler_innen wurden unter Polizeischutz durch die Menschenblockaden geführt oder geprügelt. Die Polizei garantierte den 600 AfD-Delegierte ihren Parteitag, der lediglich mit einer halben Stunde Verspätung um 10:30 Uhr begann.

An den Blockaden beteiligten sich laut Aktionsbündnis 3.000 Menschen. Durch den Einsatz von Schlagstöcken und Pfefferspray von Seiten der Polizei gab es etliche Verletzte, außerdem vier Ingewahrsamnahmen.

Bei zwei anschließenden Demonstrationen gegen die AfD zählten die Veranstalter_innen zwischen 10.000 bis 20.000 Menschen. Insgesamt bilanzierten die Initiativen 30.000 Demonstrant_innen bei den Aktivitäten gegen den AfD-Bundesparteitag.[210]

Unabhängig vom Straßenprotest vollzog sich im *Maritim-Hotel* die Demontage der Vorsitzenden Petry, die mit ihrer Eröffnungsrede einen *Zukunftsantrag* stellte und für eine Richtungsentscheidung in ihrem Sinne plädierte. Die Anträge des Petry-Lagers, vor allem der *Sachantrag zur strategischen Ausrichtung der AfD*[211], fanden sich ausführlich im Antragsbuch für den Bundesparteitag dargelegt. Der völkische *Flügel* sollte ausgegrenzt werden, Alexander Gauland wurde direkt angegriffen und der Parteiausschluss von Björn Höcke blieb eine zentrale Forderung.

Gegen Petrys Rede erhob sich weder Widerspruch, noch entstand eine Diskussion. Per Geschäftsordnung beschloss der Parteitag, dass der *Zukunftsantrag* der Parteisprecherin und weitere Anträge nicht ergänzend auf die Tagesordnung gesetzt und zur Abstimmung kommen würden.

209 Jacobsen, Lenz: *AfD-Parteitag. Die Spinner da drüben*, in: ZEIT ONLINE, 22.4.2017.

210 *AfD-Bundesparteitag beendet – Bilanz von Köln stellt sich quer, Köln gegen rechts und Polizei*, in: report-K.de Internetzeitung Köln, 23.4.2017.

211 *Alternative für Deutschland: Vorläufiges Antragsbuch zum Bundesparteitag in Köln 22. und 23. April 2017*, 19.4.2017.

Die geplante Auseinandersetzung war damit abgeschmettert und Meuten ließ es sich nicht nehmen, Petry daraufhin noch einmal abzukanzeln.

Zum Spitzenkandidatenteam für die Bundestagswahl wählte der Parteitag Alexander Gauland und die Unternehmensberaterin Alice Weidel aus Baden-Württemberg.

Jede_r andere Parteivorsitzende wäre wohl jetzt zurückgetreten.[212] Doch Frauke Petry blieb – und damit auf der Kanditat_innenliste, schließlich wollte sie in den Bundestag. Dieses Ziel rückte näher, da die AfD trotz aller internen Machtkämpfe nach wie vor Wahlerfolge erzielte. Bei der Landtagswahl im Saarland am 7. Mai 2017 holte die rechtspopulistische Partei 6,2 Prozent[213], eine Woche später erreichte sie in NRW 7,4 Prozent[214]. Dort war Marcus Pretzell als Spitzenkandidaten angetreten, der nach seinem Einzug in den Landtag Fraktionsvorsitzender wurde.

Bis zu diesem Zeitpunkt hatte die AfD einen atemberaubenden Aufstieg zu verzeichnen. In mittlerweile 14 Landesparlamenten vertreten, fehlte sie nur noch in Bayern, weil sie dort bislang nicht zur Wahl angetreten war, und in Hessen, wo sie 2013 im ersten Anlauf, kurz nach ihrer Gründung, noch scheiterte. Durch den Wechsel des FDP-Abgeordneten Jochen Paulus am 5. Mai zur AfD hatten die Rechtspopulist_innen in Hessen vor der dortigen Wahl 2013 allerdings einen Abgeordneten. Es erfülle ihn mit *„Stolz und Demut“*[215], dass er der erste Abgeordnete der jungen Partei in einem deutschen Parlament sein dürfe, sagte Paulus. Tatsächlich hätte ihn die FDP nicht wieder nominiert. Mit der AfD sah Paulus eine Chance auch zukünftig wieder in den Landtag zu kommen. Seine Erwartungen erfüllten sich nicht, die AfD scheiterte und Paulus trat bald darauf aus der Partei aus und zog sich aus der Politik zurück.

212 Schneider, Jens: *AfD-Parteitag in Köln. Frauke Petry – die Parteichefin, die keine mehr ist*, in: Süddeutsche Zeitung, 22.4.2017.

213 Statistisches Amt Saarland: *Die Landeswahlleiterin Saarland, in: Landtagswahlen 2017.*

214 Ministerium des Innern – Landeswahlleitung: *Landtagswahl 2017, in: Endgültiges Ergebnis für Nordrhein-Westfalen*, 14.5.2017.

215 Crolly, Hannelore / Jungholt, Thorsten: *FDP-Abgeordneter in Hessen läuft zur AfD über*, in: Welt, 5.5.2013.

Die Grafik für das *Kyffhäusertreffen* zeigte den 81 Meter hohen Turm des, 1892 bis 1896, zu ehren Kaiser Wilhelm I., erbauten Barbarossa-Denkmals. Darunter im Kreis die Farben von *Der Flügel*.
Die Anlage befindet sich im Gelände der ehemaligen Reichsburg Kyffhausen in Thüringen.

Doch vier Jahre später hatte sich die Situation gewandelt. Es war abzusehen, dass die Rechtspopulist_innen auch in Hessen und Bayern in die Landes-Parlamente einziehen würden. Bereits bei der Bundestagswahl am 24. September 2017 verbuchte die AfD einen großen Erfolg. Mit 12,6 Prozent wurde sie zur drittstärksten parlamentarischen Kraft und zur größten Oppositionspartei im 19. Deutschen Bundestag. In den fünf neuen Bundesländern lag sie sogar auf Platz zwei und in Sachsen wurde sie knapp stärkste Partei. Hier holten die Rechtspopulist_innen auch drei Direktmandate.[216]

Petry, die ein Direktmandant in Sachsen gewann, hatte sich, aus taktischem Kalkül, kurz vor der Wahl vom AfD-Spitzenduo Gauland/Weidel distanziert.[217] Eine Vorlage lieferte eine Rede, die Gauland am 2. September 2017 bei einem Treffen am Kyffhäuser-Denkmal von sich gegeben hatte. Es war bereits das dritte Treffen, das vom **Flügel** um den Thüringer Partei- und Fraktionschef Björn Höcke organisiert worden war. Auf diesem Kyffhäuser-Treffen hörte auch Parteichef Jörg Meuthen der Rede Gaulands zu.

Der Spitzenkandidat äußerte mit Blick auf die NS-Zeit: *„Man muss uns diese zwölf Jahre nicht mehr vorhalten. Sie betreffen unsere Identität heute nicht mehr. Und das sprechen wir auch aus. Deshalb haben wir auch das Recht, uns nicht nur unser Land, sondern auch unsere Vergangenheit zurückzuholen"*, ergo *„haben wir das Recht, stolz zu sein auf Leistungen deutscher Soldaten in zwei Weltkriegen"*.[218] Gauland lieferte Petry damit eine fabelhafte Vorlage, sich über diese

216 am Orde, Sabine: *Analyse AfD-Fraktion im Bundestag. Das Tabu zerbröselt*, in: taz, 25.9.2017.

217 *Kurz vor der Bundestagswahl. AfD-Chefin distanziert sich von Weidel und Gauland*, in: RP Online, 20.9.2017.

218 *Gauland fordert Recht, stolz zu sein auf „Leistungen" in beiden Weltkriegen*, in: Welt, 14.9.2017.

Äußerungen aus ihrer Partei *„entsetzt"*[219] zu gebärden. Ausgerechnet sie, die bislang den Begriff *völkisch* als positiv verteidigt und damit Schlagzeilen produziert hatte,[220] ließ einmal mehr verlauten: *„Ich stehe für einen gemäßigten Kurs."*[221]

Auf der Presskonferenz der AfD einen Tag nach der Bundestagswahl kam es dann zum Eklat. Überraschend erklärte Frauke Petry vor laufenden Kameras den inhaltlichen Dissens in der Partei für unüberbrückbar. Sie werde ihr Mandat deshalb nicht als Mitglied der AfD-Fraktion im Bundestag wahrnehmen, sondern als Einzelabgeordnete. Mit der Bemerkung, dass sie weitere Fragen nicht beantworten würde, packte sie dann schnell ihre Sachen und verließ den Raum – Alice Weidel, Alexander Gauland und Jörg Meuthen konsterniert zurücklassend.[222]

Postwendend forderte André Poggenburg, der AfD-Fraktionsvorsitzende im Landtag von Sachsen-Anhalt, seine Parteivorsitzende Petry über Twitter auf, die AfD zu verlassen. Am Nachmittag forderte dies auch Alice Weidel. Petry stellte sich auf stur und setzte nun ihre fixe Idee, die AfD zu spalten, in die Tat um.

Am 26. September, einen Tag nach der Pressekonferenz, wurde beim Bundeswahlleiter die Gründung der *Blauen Partei* angemeldet. Als Gründungsdatum war in den Papieren der 17. September 2017 angegeben.[223] Pretzell und Petry meinten, unter ihrer Führung, aus der AfD eine Art bundesweite CSU hervorgehen lassen zu können. Deshalb auch die Farbe Blau, die, laut Petry, an die CSU angelehnt, für konservative Politik in Europa stehe. Im deutschsprachigen Raum gilt *blau* umgangssprachlich aber eher als Pseudonym für betrunken. Weshalb eine erste *Blaue Partei* auch vom Kölner Büttenredner Toni Geller 1962 als hochprozentige Alternative erdacht worden war.

219 *Kurz vor der Bundestagswahl. AfD-Chefin distanziert sich von Weidel und Gauland*, in: RP Online, 20.9.2017.

220 *Petry sieht völkisch als positiven Begriff*, in: FAZ.NET, 11.9.2016.

221 Pentz, Jannik: Petry: *Ich steh für einen gemäßigten Kurs*, in: BR24, 24.9.2017

222 Doerfler, Kordula: *Abgang wohl längst geplant. Petry verlässt AfD-Fraktion – und kritisiert Gauland*, in: Weser Kurier, 25.6.2017.

223 *Bundeswahlleiter betätigt Gründung einer Blauen Partei*, in: ZEIT ONLINE, 11.10.2017.

Am 26. September 2017 verließ Petry die AfD-Landtagsfraktion in Sachsen, drei Tage später war ihr Parteiaustritt offiziell. Marcus Pretzell und einige andere Parlamentarier_innen folgten unmittelbar. Doch die als politisches Signal gedachten Austritte verfehlten ihr Ziel, das Echo auf die neue Parteigründung blieb gering. In Sachsen folgten Petry ganze vier Parlamentarier_innen im Landtag und bildeten dort die *Blaue Gruppe* – eine Eigenbezeichnung, da der sächsische Landtag keinen Gruppenstatus kennt und zu einer Fraktion mindestens sieben Abgeordnete notwendig sind.[224] Im Bundestag trat lediglich der AfD-Abgeordnete Mario Mieruch zur *Blauen Partei* über. Es folgten noch ein paar Übertritte auf Landes- und kommunaler Ebene, das war alles. Die *Blaue Partei* war gescheitert, ehe sie angetreten war.

15 Schafe und ein Schwein

Oberflächlich gesehen ist Bornhagen in Thüringen, oberhalb des Werratals und dicht an den Landesgrenzen zu Hessen und Niedersachsen, ein idyllischer Fleck. Eine Gemeinde in malerischer Umgebung von gerade mal 300 Seelen, am Fuße der Burgruine Hanstein. Zu DDR-Zeiten lag Bornhagen im Sperrbezirk und der alte Burgfried diente den DDR-Grenztruppen als Beobachtungsturm. Mit der Grenzöffnung endete der Dornröschenschlaf, die Burgruine wurde, neben dem bald eröffneten Wurstmuseum, zum Ausflugsziel und neue Einwohner_innen siedelten sich an. Darunter Familie Höcke, die das alte Pfarrhaus für sich entdeckte, was Bornhagen internationales Interesse einbringen sollte.

Die Geschichte begann damit, dass der als Rechtsaußen bekannte Björn Höcke bei den Landtagswahlen 2014 in Thüringen als AfD-Spitzenkandidat ins Rennen ging. Auf Anhieb erhielten die Rechtspopulist_innen 10,6 Prozent der Stimmen und Höcke wurde Fraktionsvorsitzender. In seinem Wohnort Bornhagen erhielt er sogar 38 Prozent der Erststimmen. Zu diesem Ergebnis und dem daraus resultierenden Ruf für Bornhagen als *braunes Nest* reichten 56 Stimmen.[225]

224 *Geschäftsordnung des sächsischen Landtages (GO)*, in: landtag.sachsen.de, 12.11.2014.

225 *Landtagswahl 2019 in Thüringen – endgültiges Ergebnis*, in: Thüringer Landesamt für Statistik.

In der Folgezeit wurde Höcke zu einer rechtsradikalen Symbolfigur. Es war Zeit, etwas gegen ihn in Bewegung zu setzten. Hier kamen die *Antideutsche Aktion Berlin*[226] (ADAB), gegründet 2012, im August 2018 aufgelöst, sowie die *Antifaschistische Gruppe Halle* und *Association Progrès (Eichsfeld)* ins Spiel. Denn wenn etwas in Bornhagen geschehen sollte, musste es von außerhalb initiiert werden. Am Donnerstag, den 5. Mai 2016, dem arbeitsfreien Himmelfahrtstag, war es soweit: Unter dem Motto *Straight to hell! – Weg mit den Braunzonen, weg mit der AfD!* sollte die erste Antifa-Demo durch den Ort ziehen. Bereits im Vorfeld durchkreuzte ein Gericht das Vorhaben, die Privatwohnung von Höcke aufzusuchen. Zugelassen blieb lediglich eine Standkundgebung, in einiger Entfernung zum Wohnsitz. Dagegen klagten die Antifa-Gruppen. Letztendlich konnte eine Demo nahe der für die Standkundgebung festgelegten Straße *Am Kulturzentrum* stattfinden.[227]

Ministerpräsident Bodo Ramelow (Linke) hatte die Demonstration im Vorfeld scharf kritisiert. Auf Twitter schrieb er unter anderem: *„Das gehört sich nicht! […] Vor Privathäusern von Politikern zu demonstrieren geht gar nicht. Egal von wem und gegen wen! Zweck heiligt nicht die Mittel!“*[228] Die Methode bleibe NSDAP-Methode und sei tabu. Wer keine Mahnwachen vor Privathäusern wolle, müsse es auch selbst lassen.

Kurz darauf führte der *Tagesspiegel* ein Gespräch mit Ramelow, in dem der Ministerpräsident kein Blatt vor den Mund nahm. Es handele sich um eine *„beschissene Aktion, unerträglich“*[229], meinte er. Der gesamte Ort solle, nur weil der AfD-Landesvorsitzende dort wohne, als *„braunes Kaff“*[230] verunglimpft werden, obwohl es dort *„Leute gibt, die sich vorbildlich um Flüchtlinge kümmern“*[231]. Ein ganzes Dorf werde so an den Pranger gestellt.

226 *Ramelow über die Antifa. „Es kotzt mich an, wie arrogant ihr seid“*, in: Der Tagesspiegel, 25.4.2016.

227 *Bornhagen im Eichsfeld. Antifa darf AfD-Politiker Höcke nicht zu nahe kommen*, in: Der Tagesspiegel, 5.5.2016.

228 *Bodo Ramelow über die Antifa. „Es kotzt mich an, wie arrogant ihr seid“*, in: Der Tagesspiegel, 25.4.2016.

229 Ebenda.

230 Ebenda.

231 Ebenda.

Anti-deutsche Demo gegen das *Scheißdrecksnest* Bornhagen, Wohnort von Björn Höcke, im Jahr 2016.

Wer solch eine Sprache benutze, wolle die Menschen nicht erreichen, sagte Ramelow.[232] Diese Einschätzung entsprach absolut der Realität. Den drei antideutschen Gruppen ging es nicht darum, Überzeugungsarbeit zu leisten, sondern lediglich darum, ihren Unmut kundzutun. Auf Transparenten standen Aufschriften wie *Scheiß Drecksnest* oder *Gegen die Idiotie des Landlebens.*[233] Lautstark wurde skandiert: *„15 Schafe und ein Schwein, das hier muss Bornhagen sein!"*,[234] auch wurde gerufen: *„Dörfer sind scheiße, ihr seid die Beweise!"*.[235]

Durchgehend empörte das antideutsche Auftreten die Dorfbevölkerung, am Tag der Demonstration wendete sich Ramelow nochmals gegen den *„Antideutschen Männertag"*[236]. Um Schlimmeres zu verhüten, war die Polizei mit zwei Wasserwerfern, einem Räumpanzer und 400 Beamt_innen angetreten. Mehr als genug, um die 200 Antideutschen unter Kontrolle zu halten. Die Dorfbevölkerung versorgte die Polizist_innen mit belegten Brötchen, Bratwürsten und Steaks. *„Das Dorf ist empört. Wir sind erfreut"*[237], bilanzierte die **Antideutsche Aktion Berlin** abschließend die Demo auf ihrer Facebook-Seite.

232 *Bodo Ramelow über die Antifa. „Es kotzt mich an, wie arrogant ihr seid"*, in: Der Tagesspiegel, 25.4.2016.

233 *Demonstration in Bornhagen. Antifa: „Das Dorf ist empört. Wir sind erfreut"*, in: Der Tagesspiegel, 5.5.2016.

234 Bernhard, Henry: *Bornhagen in Thüringen. Wo Höcke die Welt in Unordnung bringt*, in: Deutschlandfunk Kultur, 14.2.2018.

235 Ebenda.

236 *Demonstration in Bornhagen. Antifa: „Das Dorf ist empört. Wir sind erfreut"*, in: Der Tagesspiegel, 5.5.2016.

237 Ebenda.

Der rüpelhafte Zug durch die Gemeinde hatte bestenfalls für etwas Stimmung unter den Demonstrierenden gesorgt, die Vorurteile der Dorfbevölkerung bestätigt, den Ruf der Antifa weiter ruiniert und ein paar Hühner aufgescheucht. Schnell kehrte in Bornhagen wieder Ruhe ein.

Etwas mehr als ein Jahr verging. Für Björn Höcke lief es in dieser Zeit gut, der Austritt der Parteivorsitzenden Petry 2017 hatte ihn weiter politisch gestärkt, und zufrieden lebte der Rechtsaußen in seiner dörflichen Idylle – da traf es ihn aus heiterem Himmel!

„22. November, 6 Uhr früh. Der Lärm von Betonpumpen reißt den AfD-Fraktionsvorsitzenden Björn Höcke in aller Früh aus dem Schlaf. Sein 500 Jahre altes Pfarrhaus bebt. Als er zum Fenster stürmt, traut er seinen Augen nicht: Direkt vor seinem Haus entsteht der Erweiterungsbau des Denkmals für die ermordeten Juden Europas. Höcke zittert. Seit einem kalten Tag im November wird zurückgedacht.“[238]

So lautete die Pressmitteilung der Künstler_innengruppe des *Zentrums für Politische Schönheit* (ZPS). Unbemerkt hatte das ZPS das Nachbargrundstück von Höcke gemietet. Fünf Tage werkelte die Gruppe, versteckt unter Planen, an 24 Stelen aus Theaterbeton. Schließlich stand eine verkleinerte Nachbildung des Berliner Holocaust-Mahnmals im Garten.

Das ZPS nutzte eine Lücke im Thüringer Baurecht, nach der das Aufstellen eines Denkmals im eigenen Garten bis zu einer Höhe von vier Metern keiner Genehmigung bedarf. Zu Länge und Breite eines solchen Bauwerks finden sich in den behördlichen Unterlagen keine Vorgaben.

Das Kunstwerk brachte Bornhagen kurzzeitig internationales Interesse ein – und wurde zumindest für Höcke und seine Gesinnungsfreunde ein großes Ärgernis. Kleinere Demonstrationen – im Übrigen auch eine von Unterstützer_innen für das Mahnmal –, die versuchte Kündigung des Eigentümers und Klagen brachten keinen Erfolg. Höckes Blick bleibt mindestens sieben Jahre verstellt. So lange reicht das aus Spendengeldern finanzierte Geld für die Grundstücksmiete.

Neben dem Aufstellen der Stelen erklärte das ZPS, Höcke vom Nachbargrundstück seit zehn Monaten beobachtet zu haben. Die Künstler_innengruppe schlug einen Deal vor: *„Wenn er sich bereit erklärt, vor dem Mahnmal*

238 *Das Holocaust Denkmal vor Höckes Haus*, in: Website Zentrum für Politische Schönheit.

– in Berlin oder Bornhagen – auf die Knie zu fallen wie einst Willy Brandt, um für die deutschen Verbrechen des Zweiten Weltkriegs um Vergebung zu bitten, würde die zivilgesellschaftliche Überwachung vorerst eingestellt. Andernfalls wird die Zivilgesellschaft in die gewonnenen Erkenntnisse unter dem Motto ‚Vertrauen ist gut, Kontrolle ist besser' mit einbezogen. Mehrere aufschlussreiche Dossiers stehen zur Veröffentlichung bereit."[239]

Auch wenn die Überwachung vor allem Behauptung war und die Drohung nicht eingelöst wurde, brachte dieser Teil des Projekts der Gruppe heftige Kritik und ein Verfahren ein. Die Polizei ermittelte von sich aus, da die Ankündigung, nur mit einem Kniefall könne Höcke die Veröffentlichung von Informationen über ihn abwenden, den Anfangstatverdacht der Nötigung erfüllte.[240]

Gegen die ZPS-Aktiven gab es anonyme Morddrohungen und juristische Schritte wurden eingeleitet. Es ging um die Frage, war das Holocaust-Mahnmal in Bornhagen Kunst oder eine politische Aktion? Das Urteil fällte das Kölner Landgericht am 14. März 2018. Demnach ist das Mahnmal durch die Kunstfreiheit geschützt. Auch das zweite Kernelement der ZPS-Aktion in Bornhagen, die angebliche Überwachung Höckes, sei als Kunst anzusehen.[241]

Ein Schwerverletzter in Hannover

Während ein antifaschistisches Kunstwerk in Bornhagen für einigen Wirbel sorgte, wurde bei der AfD der Fall Petry mit dem 8. Bundesparteitag am 2. und 3. Dezember 2017 in Hannover endgültig zu den Akten gelegt. Ein neuer Bundesvorstand musste gewählt werden. Wobei die Besetzung der Bundessprecher personell am bedeutendsten war. Jörg Meuthen wurde ohne Gegenkandidaten mit 72 Prozent der Stimmen im Amt bestätigt.[242] Als neuer Ko-Vorsitzender war der Berliner AfD-Chef Georg Pazderski im

239 *Zentrum für politische Schönheit: Nachbau Holocaust-Mahnmal + Kniefall-Forderung*, in: nachtkritik.de, 22.11.2017.

240 Riese, Dinah: *Holocaust-Denkmal vor Höckes Tür. Tumulte in Bornhagen*, in: taz, 23.11.2017.

241 *ZPS-Mahnmal ist Kunst*, in: Göttinger Tageblatt, 23.3.2018.

242 *Chaotischer Parteitag. AfD wählt Gauland zum Ko-Vorsitzenden*, in: FAZ.NET, 2.10.2017.

Gespräch. Doch der als pragmatisch geltende Pazderski passte den Vertreter_innen des *Flügels* gar nicht.

Um Pazderski zu verhindern, kandidierte überraschend Doris von Sayn-Wittgenstein für das Amt der Bundessprecherin. Sayn-Wittgenstein, AfD-Landtagsabgeordnete in Schleswig-Holstein und Landessprecherin, galt als Vertreterin des *Flügels*. Erst vor einem Jahr in die AfD eingetreten, war sie aber selbst in der Parteiführung noch weitgehend unbekannt. Alexander Gauland gab an, er habe sie nie zuvor gesehen oder gesprochen. Genauso erzählte es Doris von Sayn-Wittgenstein. Auch Björn Höcke kenne sie nicht gut, aber sie sei gern beim *Kyffhäuser-Treffen* dabei gewesen.[243]

Ihre Gegenkandidatur zu Pazderski kam wohl spontan zustande. Jedenfalls ließ die Dame mit dem Adelstitel in ihrer Bewerbungsrede keinen Zweifel an ihrer rechtsnationalen Gesinnung. Sie sagte: *„Ich möchte nicht, dass wir in dieser sogenannten Gesellschaft ankommen.“*[244]

Das Wahlergebnis war dann eine kleine Sensation. Im ersten Wahlgang lag Sayn-Wittgenstein mit 49 zu 47 Prozent vor dem favorisierten Pazderski. Im zweiten Wahlgang kam Pazderski auf 49 Prozent, Sayn-Wittgenstein auf 48 Prozent.[245] Unverhofft wurde sichtbar, wie gespalten die AfD war. Daraufhin herrschte Ratlosigkeit, eine neue Bewerbung musste her. Die Lösung sah wie folgt aus: Nach ihrem Patt zogen beide Bewerber_innen ihre Kandidaturen zurück, und Alexander Gauland stellte sich zur Wahl. Unter dem Applaus der Delegierten sagte Gauland, er wolle, dass die AfD eine einheitliche Partei bleibe, *„und dass beide Flügel, oder wie immer Sie das nennen wollen, konstruktiv zusammenarbeiten“*[246]. Pazderski war damit verhindert und der *Flügel*-Mann Alexander Gauland, ohne Gegenkandidat_innen, mit 68 Prozent zum Ko-Vorsitzenden gewählt.[247]

243 Schneider, Jens: *Profil. Doris von Sayn-Wittgenstein*, in: Süddeutsche Zeitung, 4.12.2017.

244 Kamann, Matthias / Naumann, Anneli: *Doris von Sayn-Wittgenstein. Die AfD-„Fürstin“ und der Neonazi-Treff*, in: WELTplus, 28.11.2018.

245 *AfD-Parteitag: Patt zwischen Doris von Sayn-Wittgenstein und Georg Pazderski*, in: Süddeutsche Zeitung, 2.12.2017.

246 *Chaotischer Parteitag. AfD wählt Gauland zum Ko-Vorsitzenden*, in: FAZ.NET, 2.10.2017.

247 Ebenda.

Gegen den AfD-Parteitag fanden im gesamten Stadtgebiet von Hannover Gegendemonstrationen statt. Unter anderem wurde am 2. Dezember 2017 eine Versammlung unter dem Titel *Verteilen gegen Rassismus* angemeldet. Die Bezeichnung spielte auf *Aufstehen gegen Rassismus* an, ein im Frühjahr 2016 gegründetes, bundesweites Aktionsbündnis, das als öffentliches Gegengewicht zu PEGIDA, AfD und ähnlichen Bewegungen und Organisationen wirken wollte. Der Zusammenschluss reicht von Einzelpersonen über Gewerkschaften sowie zahlreiche Verbände und Organisationen wie Attac, Jusos, Naturfreunde, DIE LINKE, VVN-BdA, Interventionistische Linke, IG-Metall, DGB-Jugend, ver.di, bis zum Zentralrat der Muslime. Nach eigenen Angaben ist *Aufstehen gegen Rassismus* bundesweit in über 70 regionalen und lokalen Gruppen und Bündnissen organisiert.[248]

Wie diese Aufzählung nahelegt, geht es bei *Aufstehen gegen Rassismus* darum, auf Basis gewerkschaftlich/linkssozialdemokratisch/liberalbürgerlicher Grundlage möglichst breiten, gesellschaftlichen Protest zu erzielen. Daher will man den juristisch erlaubten bzw. tolerierten Rahmen nicht verlassen. Als Aktionsform werden passive Blockaden gerade noch akzeptiert – im Gegensatz zu Sachbeschädigung oder Militanz. Das ist nicht nur ein praktischer, sondern auch ein ideologischer Trennungsstrich zur Antifa. Wenngleich in der konkreten Aktion vor Ort vieles zusammenläuft, wie auch in Hannover.

Als Organisatoren bzw. Anmelder traten in der niedersächsischen Landeshauptstadt neben *Aufstehen gegen Rassismus* das gewerkschaftliche Bündnis *Unsere Alternative heißt Solidarität* und der lokale Zusammenschluss *Unser Hannover – bunt und solidarisch* in Erscheinung.

Der Widerstand gegen das AfD-Treffen fiel heftiger aus als in Köln. Antifa-Aktivist_innen versuchten, die Zufahrtsstraßen zum Parteitag zu blockieren. Mit Schlagstöcken und Pfefferspray gingen Polizist_innen gegen diese Menschen-Blockaden vor und setzten, bei Temperaturen um den Gefrierpunkt, auch einen Wasserwerfer ein. Um eine effektive Blockade durchzuführen, hatten sich an einer Straßenecke drei Demonstranten in eine Metall-Pyramide festgekettet. Einer dieser Antifas wurde von

248 Aufstehen gegen Rassismus: *Wer wir sind und wie wir arbeiten*, in: Website, 2016.

enthemmten Beamten aus Hamburg so brutal zusammengeschlagen, dass er an einem seiner Beine einen offenen Bruch beider Unterschenkelknochen erlitt. Bildlich gesprochen war das Bein abgebrochen! Der schwer Verletzte musste einige Zeit auf dem Gehsteig liegen, bis er von einem Notarztwagen ins Krankenhaus eingeliefert werden konnte, wo er notoperiert werden musste.[249] Die zwei anderen Festgeketteten gaben freiwillig auf.

Insgesamt kam es zu zehn Festnahmen. An der Demonstration, die am Nachmittag vor dem Tagungsort der AfD, dem *Hannover Congress Centrum* eintraf, beteiligten sich nach Polizeiangaben 6.000 Menschen, laut Veranstalter_innen waren es 9.500[250] Teilnehmer_innen. Die Demonstration verlief ohne größere Vorkommnisse.

↑ Mit der Absicht, den AfD-Bundesparteitag am 2. Dezember 2017 in Hannover zu verhindern, ketteten sich drei Antifa-Aktivisten an eine festverankerte Stahlpyramide, mit der sie die Hauptzufahrtstraße blockierten. Einem wurde bei seiner Verhaftung von der Polizei der Unterschenkel gebrochen, sodass die Knochen aus der Haut traten. Soliflyer der ***Roten Hilfe***, 2018.

Berlin – AfD wegbassen

Nach einem Jahr als größte Oppositionspartei im Bundestag, beabsichtigte die AfD am 27. Mai 2018 mit einer Art Machtdemonstration in Berlin die politische Initiative zu ergreifen. Bundesweit riefen die Rechtspopulist_innen unter dem Motto *Zukunft für Deutschland* ihre Anhänger_innen

249 Thorwarth, Katja: *AfD-Gegendemonstration in Hannover. An ein Opfer von Polizeigewalt*, in: FR.de, 7.12.2017.

250 *Presserklärung Unsere Alternative heißt Solidarität / Gemeinsam gegen Rassismus: 2017. Gegen den AfD-Bundesparteitag in Hannover*, in: Antifaschistische Linke International.

in die Bundeshauptstadt. Dagegen regte sich breiter Widerstand, allein 13 Gegenveranstaltungen *Stoppt den Hass! Stoppt die AfD* waren angemeldet.

↑ *Serviervorschlag*, Antifa-Ecstasy-Pille gegen AfD-Demo. Aufruf der Berliner Clubs. Aufkleber/Plakat 2018.

Zur AfD-Demonstration vom Berliner Hauptbahnhof zum Brandenburger Tor versammelten sich nach Polizeiangaben 5.000 Parteianhänger_innen, nach Eigenangaben hatte die AfD 10.000 Menschen mobilisiert. Zu ihrem Schutz waren über 2.000 Polizist_innen aus dem gesamten Bundesgebiet im Einsatz[251], die das leicht zu kontrollierende Gelände zwischen Hauptbahnhof und Reichstagsgebäude fest im Griff behielten. Es kam lediglich zu ein paar kleineren Zwischenfällen, eindeutig überwog die Partystimmung. Mindestens 10.000 Menschen[252] kamen allein zum Demonstrationszug *AfD wegbassen* auf der Straße des 17. Juni, zu dem die Berliner Clubs aufgerufen hatten. Gleichzeitig fand eine Bootsdemonstration auf der Spree statt, es gab ein Bühnenprogramm auf der Reichstagswiese und vieles mehr. Zur größten antifaschistischen Manifestation seit Jahren in der Hauptstadt kamen nach Polizeiangaben insgesamt 25.000 Menschen, laut Organisatior_innen demonstrierten und feierten 70.000 Menschen.[253]

Der Versuch der AfD, sich in Berlin auf der Straße durchzusetzen, war im ersten Anlauf eindrucksvoll gescheitert.

251 *Protest in Berlin. AfD trifft auf 25000 Gegendemonstranten*, in: Der Tagesspiegel, 27.5.2018

252 Ebenda.

253 Eckert, Till: *AfD wegbassen: Berlin feierte ein gigantisches Fest gegen Rechts*, in: ZEIT ONLINE, 27.5.2018.

Dafür sorgten die Rechtspopulist_innen medial weiterhin für große Aufmerksamkeit. Erneut zeigte Partei- und Fraktionschef Alexander Gauland, wie mit einer wohlkalkulierten Äußerung viel Staub aufgewirbelt werden konnte. Gauland sagte beim Bundeskongress der AfD-Nachwuchsorganisation *Junge Alternative* am 2. Juni 2018 im thüringischen Seebach: „*Hitler und die Nazis sind nur ein Vogelschiss in über 1000 Jahren erfolgreicher deutscher Geschichte.*“[254] Diese Relativierung des Nationalsozialismus führte zwar international zu Kritik, war juristisch aber nicht zu beanstanden.

Augsburg kontra AfD

Einschlägige Schlagzeilen kamen der AfD gut zupass. Am 14. Oktober 2018 stand die Landtagswahl in Bayern an, gefolgt von der am 28. Oktober in Hessen. Besonders in Bayern rechneten die Rechtspopulist_innen mit einem großen Wahlerfolg. Grund genug, den 9. Bundesparteitag der AfD vom 30. Juni bis 1. Juli 2018 in Augsburg, der drittgrößten bayrischen Stadt, durchzuführen.

Härtester Konkurrent der AfD in Bayern war und ist die CSU. Deshalb lag der konservativsten Regierungspartei der Bundesrepublik, deren Politik oftmals von den rechtspopulistischen Forderungen der AfD kaum zu unterscheiden ist, viel daran, ihre Konkurrenz politisch auszugrenzen und sich selbst als christliche Partei der Mitte darzustellen.

Ein Gegenpol zu diesen parteipolitischen Manövern fand sich im *Augsburger Jugend- und Kulturbündnis*, kurz *Jugendbündnis*, einem Zusammenschluss von DGB-, GEW-, ver.di- und Grüner Jugend, Jusos, Linksjugend [‚solid], SDAJ, SDS, *Initiative für bessere Studienbedingungen*, Katholische Hochschulgemeinde, *Kuhle Wampe Motorradclub*, *Augsburger Friedensinitiative*, *Deutsche Friedensgesellschaft – Vereinigte KriegsdienstgegnerInnen* und VVN/BdA.[255] Des Weiteren erhielt das Bündnis Unterstützung von der Linkspartei und *Aufstehen gegen Rassismus*. Unter dem Slogan *Stoppt die AfD – unsere Alternative ist*

254 *Nationalsozialismus. Gauland bezeichnet NS-Zeit als „Vogelschiss in der Geschichte“*, in: Deutsche Welle, 2.6.2018.

255 *Protest gegen den Bundesparteitag der AfD. 30 Juni 2018 Messe Augsburg*, in: AfD stoppen.

Solidarität organisierte *Aufstehen gegen Rassismus* die Anreise mit Bussen aus Berlin, Fulda, Frankfurt am Main, Landshut und München.[256] Außerdem riefen der *Karneval der Alternativen* und die *Alternative zu Deutschland. AfD blockieren* zu Gegenaktionen auf.

Blieb die Frage, wie sich die Stadt Augsburg verhalten würde. Oberbürgermeister Kurt Gribl (CSU) baute seit 2014 auf eine breite Regierungsmehrheit aus CSU, SPD und Bündnis 90/Die Grünen. Die schwarz/rot/grüne Regierungskoalition verstärkte sich bis Januar 2018, weil zwei AfD-Abgeordnete zur CSU übertraten.

Zumindest einer dieser beiden Abgeordneten war noch in der AfD, als in Augsburg eine erste politische Konfrontation mit den Rechtspopulist_innen stattfand. Auslöser war eine Einladung der AfD-Fraktion an Frauke Petry im Februar 2016. Sie sollte als Gastrednerin beim Neujahrsempfang im Rathaus auftreten.

Oberbürgermeister und CSU-Vize Vorsitzender Kurt Gribl wollte daraufhin sein Hausrecht geltend machen und bezog sich dabei auf Äußerung von Petry über den Schusswaffeneinsatz gegen Flüchtlinge an der Grenze. Doch Gribl scheiterte mit dieser Begründung vor dem Verwaltungsgericht. So sprach die AfD-Vorsitzende am 12. Februar im Rathausaal. Gleich nach ihren ersten Worten stellten sich etwa 20 Personen auf ihre Stühle und zeigten T-Shirts mit Aufschriften wie *Asylant* und *Rassismus hat viele Gesichter ... aber alle sind hässlich.*[257] Es kam zu Tumulten und Handgreiflichkeiten, unverdrossen setzte Petry ihre Rede fort, bis Trillerpfeifen sie übertönten. Der Sicherheitsdienst schritt ein und die Protestierenden verließen unter „*Antifaschista*"-Rufen das Rathaus. Anschließend sprach Petry vor den 250 anwesenden Gästen weiter.

Vor dem Rathaus hatten das *Bündnis für Menschenwürde* (voller Name *Bündnis für Menschenwürde Augsburg-Schwaben e.V.*) und der Stadtjugendring zu einer Mahnwache aufgerufen. Viele der 2.000 bis 3.000 Teilnehmer_innen hatten Kerzen mitgebracht oder hielten Plakate hoch mit Aufschriften wie

256 *Gegen den Bundesparteitag in Augsburg – Unsere Alternative ist Solidarität*, in: aufstehen-gegen-rassismus.de.

257 Mayr, Stefan: *AfD. Eklat bei Petry Auftritt in Augsburger Rathaus*, in: Süddeutsche Zeitung, 12.2.2016.

Schämen Sie sich Frau Petry. Luftballons mit dem Slogan *Amore statt Peng Peng* stiegen in den Himmel. Es gab eine Show-Einlage von Ensemble-Mitgliedern des Theaters, und an der Fassade des städtischen Verwaltungsgebäudes hing ein 20 Meter breites Banner, auf dem zu lesen war: *Wir sind Friedensstadt*[258]. Die Kundgebung und der Empfang wurden von einem großen Polizei-Aufgebot überwacht. Bis auf vereinzelte Pöbeleien gab es aber keine Zwischenfälle.

Parallel hatte Kurt Gribl *„als symbolischen Akt“*[259] kurzfristig eine Stadtrats-Sondersitzung im Goldenen Saal anberaumt – eine Etage über der AfD.

Was 2016 in Augsburg gegen den Petry-Empfang zu Eklat und Schlagzeilen führte, passierte im Wesentlichen im Sinne und unter der Regie der Stadt. Im Jahre 2018 gingen die Aufrufe gegen den AfD-Parteitag hingegen von linken Gruppen aus, denen sich Gribl und die CSU nicht anschließen wollten – genauso wenig wie die örtliche SPD.

Die Stadt agierte wieder mit dem *Bündnis für Menschenwürde*, unterstützt durch den Stadtjugendring. Vorsitzender des *Bündnis für Menschenwürde* war der Bundestagsabgeordnete Heinz Paula (SPD), Mitglied des konservativen *Seeheimer Kreis* in der SPD.[260]

Zeig Dich Aux lautete der offizielle, von der Stadt unterstützte, Aufruf. Weiter hieß es *„Zeig dich Augsburg, zeig deine Haltung, zeig dein Herz, zeig deinen Mut und zeig deine Toleranz!“*[261] Bei so viel positiven Wortschwall fiel kaum auf, dass weder die AfD noch der Parteitag Erwähnung fanden. Demzufolge wollte man auch nicht zum etwas außerhalb liegenden Tagungsort demonstrieren, sondern rief zu einer Kundgebung in der Stadt auf.

258 Der Begriff geht auf den *Augsburger Religionsfrieden* d.h. die Gleichstellung von katholischer und evangelischer Konfession im Jahr 1555 zurück. Der Frieden hielt bis zum Beginn des 30-jährigen Krieges 1618. Am 8. August 1629 wurden in Augsburg alle evangelischen Prediger entlassen und die Kirchen geschlossen oder abgerissen. Im Jahr 1950 beschloss der Bayrische Landtag, den 8. August zum offiziellen, arbeitsfreien Feiertag zu machen, aber nur für die Stadt Augsburg. Ein Feiertag nur für eine Stadt ist weltweit einzigartig.

259 Mayr, Stefan: *AfD. Eklat bei Petry Auftritt in Augsburger Rathaus*, in: Süddeutsche Zeitung, 12.2.2016.

260 Feininger, Peter: *Kampagne gegen den AfD-Parteitag in Augsburg, Teil 2*, in: Forum solidarisches und friedliches Augsburg, 15.7.2018.

261 *Zeig dich Aux*, in: Website zeigdichaux.de, Bündnis für Menschenwürde unterstützt durch den sjr.

Anders die Gruppen um das **Jugendbündnis**, die den AfD-Parteitag verhindern oder zumindest stören wollten.

Die zwei divergierenden Richtungen und insgesamt sieben unterschiedliche Aufrufe[262] bewirkten jedoch zusammen eine Stimmung, die der AfD in Augsburg schwer zu schaffen machte. Drei Wochen vor dem Bundesparteitag stornierten mehrere Hotels prominenten Parteimitgliedern die Zimmer. Das Vier-Sterne-Hotel **Drei Mohren** sagte nach Angaben einer Sprecherin in zehn Fällen ab. Das **Holiday Inn Express** schickte der Partei eine Liste mit Namen von elf prominenten AfD-Funktionären, die man nicht im Hotel begrüßen wollte.

Im Fall des **Holiday Inn Express** begründete der Geschäftsführer die Absage damit, das bereits in der Vergangenheit Gäste abgewiesen wurden, ***„die unseren Grundwerten einer weltoffenen Gesellschaft und einem fairen Miteinander widersprechen"***.[263] Desweiteren verweigerten sich Stadtführer_innen, Teilnehmer_innen des AfD-Parteitages Augsburg zu zeigen und mit ihnen das Wahrzeichen der Stadt, die Ulrichsbasilika, zu besichtigen.[264]

Auch protestierten Fußballfans mit großen Transparenten im Stadion gegen Messechef Gerhard Reiter, weil er der AfD die Tagungshalle vermietet hatte.[265]

Zu den Nadelstichen gegen die AfD zählte auch ein Kolloquium der neueren und neuesten Geschichte an der Universität. Das Thema von Professor Dietmar Süß am 29. Juni lautete: ***„‚Vogelschiss' und ‚Volksgemeinschaft'. Der neue Rechtspopulismus und der Kampf um die Erinnerung."***[266]

Am Freitagabend, dem 29. Juni, organisierte das **Jugendbündnis** unter dem Motto ***AfD wegbassen*** am Rathausplatz ab 18 Uhr die Auftaktkundgebung

262 Feininger, Peter: *Insgesamt sechs ernst zu nehmende Aufrufe gegen den AfD-Parteitag*, in: Forum solidarisches und friedliches Augsburg, 15.7.2018.

263 *AfD-Parteitag. Augsburger Hotels stornieren Buchungen für Fraktionschefs Weidel und Gauland*, in: Süddeutsche Zeitung, 8.6.2018.

264 Feininger, Peter: *Kampagne gegen den AfD-Parteitag in Augsburg*, Teil 1, in: Forum solidarisches und friedliches Augsburg, 15.7.2018.

265 Doerfler, Kordula: *AfD versetzt Augsburg in Aufregung*, in: Frankfurter Rundschau, 30.6.2018.

266 Feininger, Peter: *Kampagne gegen den AfD-Parteitag in Augsburg*, Teil 1, in: Forum solidarisches und friedliches Augsburg, 15.7.2018.

gegen den AfD-Bundesparteitag. Gleichzeitig rief der *Karneval der Alternativen* dazu auf, überall in der Stadt mit Musik und guter Laune den Protest vielfältig und laut auf die Straße zu tragen.[267]

Am Rathausplatz versammelten sich 400 Menschen, einige malten Transparente für den folgenden Tag, oder man hörte Reden und Musik aus einem Lautsprecherwagen zu. Die Polizei war mit einem großen Aufgebot vor Ort und versuchte, möglichst alles und jede_n zu fotografieren. Gegen 21 Uhr beendete die Polizei die Veranstaltung vorzeitig mit der Begründung, es habe zu viele Musikbeiträge gegeben.[268]

Der AfD-Parteitag fand in der Augsburger Schwabenhalle in der Messe statt, fünf Kilometer südlich des Zentrums. Das Gelände war von der Polizei in einen Hochsicherheitstrakt verwandelt worden. Absperrgitter, Kameras, wohin das Auge blickte, im Hintergrund stand schweres Gerät bereit. Der öffentliche Nahverkehr wurde teilweise eingestellt, die Universität geschlossen.

An der Messe hatte das *Jugendbündnis* zur Gegenkundgebung am Samstag, 30. Juni, um 9 Uhr aufgerufen. Der DGB mobilisierte für 10 Uhr zu einer Kundgebung am Gewerkschaftshaus am Katzenstadel. Nach Abschluss der Kundgebungen sollten sich die Teilnehmer_innen in zwei Demonstrationszügen am Königsplatz vereinigen, um gemeinsam um 13 Uhr den Rathausplatz zu erreichen. Dort würde eine große Abschlusskundgebung bis 18 Uhr stattfinden.

Am dichtesten kamen die Demonstant_innen den 500 AfD-Delegierten an der Messe. Mindestens 2.000 Menschen hatte das *Jugendbündnis* auf die Beine gebracht. Versuche, Absperrungen zu überwinden, und jegliche Blockadeaktionen erstickten die zum Schutz des Parteitags aufgebotenen 2.000 Polizist_innen im Keim, wobei auch Pfefferspray zum Einsatz kam. Es gab aber keine Festnahmen, lediglich einige Platzverweise.

Schließlich zogen die Demonstrant_innen mit einiger Verspätung in die Innenstadt. Viele waren froh, endlich den Demonstrationszug des DGB auf

267 *AfD blockieren. Kein AfD Bundesparteitag in Augsburg*, in: blackblogs.org, 30.6.2018.

268 *Kundgebung gegen AfD-Bundesparteitag in Augsburg. Polizei beendet ersten Protest vorzeitig*, in: Beobachter News, 30.6.2018.

dem Rathausplatz zu erreichen, nachdem sie fünf Kilometer bei heißem Sommerwetter hinter sich gebracht hatten.

In der Bahnhofstraße, direkt am Königsplatz, wo sich die beiden Demonstrationszüge vereinigen sollten, hatte **PEGIDA** ***München*** zur Unterstützung der AfD eine zweitägige Dauerkundgebung angemeldet. Diese Provokation ging frustrierend für die Abendlandretter_innen aus. Lediglich zehn Gestalten der **PEGIDA** reisten an und blieben in einem doppelten Ring von Absperrgittern, von massiven Polizeikräften zur Sicherung umstellt. In ihrem, von der Öffentlichkeit abgeschirmten, Käfig verzichtete **PEGIDA** dann auch vollständig auf Reden. Lediglich einige Plakate mit den bekannten Parolen waren bei dauerhafter Musikbeschallung zu sehen. In den kurzen Musikpausen verschafften sich Gegendemonstrant_innen mit Rufen wie ***„Nieder mit Pegida"*** und ***„Haut ab!"*** oder ***„Nazis raus!"*** Gehör.[269]

Auf der Abschlusskundgebung ***Zeig Dich Aux***, für die das ***Bündnis für Menschenwürde*** verantwortlich zeichnete, fanden sich laut Polizeiangaben 5.000, laut Veranstalter_innen 6.000 Menschen[270] ein. Nach kurzer Zeit begannen die Redebeiträge. Als Oberbürgermeister Kurt Gribl an der Reihe war, flogen einige Tomaten, Eier und leere Plastikflaschen in seine Richtung. Die Wurfgeschosse verfehlten ihr Ziel, aber umgehend bezogen Polizeibeamte in schwerer Montur Stellung vor der Bühne. Es folgten Rangeleien mit etwa 20 Antifa-Aktivist_innen, die von Sicherheitsleuten und der Polizei zurückgedrängt wurden. Dann beruhigte sich die Lage.[271]

Gribel, der seine Rede nicht unterbrochen hatte, sah die Affäre ziemlich gelassen. Er schrieb dazu: ***„Natürlich ist das nicht schön, wenn von diesen Leuten Tomaten und Plastikflaschen fliegen. Aber wenn man da das Feld räumt, dann braucht man keine Veranstaltung mehr durch[zu]führen und keinen gemeinsamen Nenner mehr [zu] suchen."***[272] Gänzlich anders wertete sein Parteifreund, der ehemalige Bundesinnenmister und Vizepräsident des Bundestages, Hans-Peter Friedrich (CSU) den Vorfall. Friedrich schrieb auf Twitter: ***„Wie konnte***

269 ***Augsburg: Rund 5000 Demonstranten gegen AfD Parteitag***, in: BR24, 30.6.2018.

270 Ebenda.

271 Ebenda.

272 ***Ex-Innenminister bezeichnet Anti-AfD-Demonstranten als „Linksfaschisten"***, in: WELT, 1.7.2018.

er glauben, dass die #Linksfaschisten Demokraten sind?"[273] Friedrich löste mit seinem Tweet viel Kritik aus. Nach Gribl ergriff Bundestagsvizepräsidentin Claudia Roth (Grüne) das Wort und rief zum Widerstand gegen *„Hass und Hetze"*[274] auf. Roth verurteilte als eine der Ersten die *„Linksfaschisten"*-Äußerung von Friedrich.[275]

Insgesamt verlief der 9. AfD-Bundesparteitag in Augsburg damit ruhiger als der ein Jahr zuvor in Hannover. Auch innerparteilich standen keine wichtigen Personal- und Richtungsentscheidungen an, außer der Wahl des Bundesschiedsgerichts und dem Beschluss für eine parteinahe Stiftung gab es nicht viel Neues.

Sodann sah man mit Spannung den Landtagswahlen entgegen, die für die Rechtspopulist_innen durchwachsene Ergebnisse brachten. In Bayern hatte sich die AfD mehr als die letztlich erreichten 10,2 Prozent erhofft. Es war ihr aber auf Anhieb gelungen, die viertstärkste Kraft in Bayern zu werden und die SPD, die lediglich 9,7 Prozent erreichte, zu überflügeln.[276] Bei der hessischen Landtagswahl verbesserte die AfD ihr Ergebnis aus dem Jahr 2013 von 4,1 Prozent auf 13,1 Prozent und wurde ebenfalls zur viertstärksten Kraft.[277] Damit hatte die AfD überall zugelegt und war in jedem bundesdeutschen Landtag vertreten.

Parlamentarisch ausgegrenzt

Überall stemmten sich antifaschistische Aktivist_innen gegen das Auftreten der AfD. Es gab keinen Parteitag oder öffentlichen Auftritt, der nicht mit Protesten konfrontiert war. In diesen Zusammenhang gehört auch die Demo vom *#unteilbar – Bündnis für eine offene und freie Gesellschaft – Solidarität statt Ausgrenzung* am 13. Oktober 2018 in Berlin. Um einem gesellschaftlichen Rechtsruck etwas entgegenzusetzen, hatte ein Kreis von Anwält_innen,

273 Ebenda.

274 *Augsburg: Rund 5000 Demonstranten gegen AfD Parteitag*, in: BR24, 30.6.2018.

275 *Claudia Roth kritisiert Friedrich für die „Linksfaschisten"-Äußerung*, in: Augsburger Allgemeine, 3.7.2018.

276 *Landtagswahlen 2018, Amtliches Endergebnis*, in: Bayrischer Landtag.

277 *Landtagswahlen 2018, Statistik Hessen*, in: Hessischer Landeswahlleiter.

die im *Republikanischer Anwältinnen- und Anwaltsverein e.V.* (RAV) organisiert waren, *#unteilbar* im Sommer 2018 gegründet.

↑ *Unteilbar*-Logo, das Bündnis entstand 2018, die letzte größere Demonstration fand am 4. September 2021 im Vorfeld der Bundestagswahl in Berlin statt.

Die Demonstration am 13. Oktober in Berlin war keine Aktion zur Verhinderung einer geplanten rechten Provokation, sondern als allgemeines Zeichen gegen die, erst wenige Wochen zurückliegenden, rassistischen Übergriffe in Chemnitz und Köthen gedacht. Den Zuspruch und die Unterstützung die *#unteilbar* erfuhr war beeindruckend. Seit August rief ein breites Bündnis aus mehr als 4.500 Organisationen und Prominenten bundesweit unter dem Motto *Solidarität statt Ausgrenzung – für eine offene und freie Gesellschaft* auf, in die Bundeshauptstadt zu kommen. Als die ersten Teilnehmer_innen den Ort der Abschlusskundgebung, die Siegessäule am großen Stern, bereits erreicht hatten und einem Konzert beiwohnten, standen andere noch am Startpunkt, auf dem Alexanderplatz. Die Veranstalter_innen zählten, bei bestem Sonnenwetter und einer Temperatur von über 25 Grad Celsius mehr als 240.000 Menschen. Laut Polizei waren es 120.000 Personen.[278] Es gab keine nennenswerten Zwischenfälle und blieb ein Tag mit Happening-Charakter. Weder vorher noch nachher gelang es *#unteilbar*, auch nur annähernd so viele Menschen zu mobilisieren. Dennoch gab es auch in der Folge Großdemonstrationen. Vor den Landtagswahlen in Sachsen und Brandenburg brachte *#unteilbar* in Dresden am 24. August 2019 mit einer bundesweiten Mobilisierung unter dem Motto *Solidarität statt Ausgrenzung* 35.000 Menschen, nach eigenen Angaben

278 *Großdemo gegen Rassismus. Mehr als 100.000 ziehen durch Berlin*, in: ntv, 13.10.2018.

waren es 40. 000 Teilnehmende, auf die Straße.[279] Aber weder Massenveranstaltungen oder Demos gegen rechtsradikale Aufmärsche noch militante Angriffe konnten den Aufstieg der AfD zur stärksten Oppositionspartei im Bundestag verhindern. Das größte Manko der Rechtspopulist_innen blieb jedoch, dass keine der etablierten Parteien sie als Koalitionspartner akzeptierte.

Ihre parlamentarische Ausgrenzung nahm die AfD zum Anlass, sich in einer Opferrolle als einzige echte Oppositionspartei zu stilisieren. Wobei die Parteiführung darauf bedacht war, demonstrative Distanz zum Neonazismus zu wahren. Ende November 2018 wurde eigens eine *Arbeitsgruppe Verfassungsschutz* eingerichtet. Unter Leitung des AfD-Bundestagsabgeordneten und früheren Chefsyndikus des Bayer-Konzerns, Roland Hartwig,[280] sollten Vorwürfe, die Partei sei rechtsradikal bzw. von Rechtsradikalen durchsetzt, als politisch motiviert dargestellt und am verfassungstreuen Image der AfD gearbeitet werden. Gleichzeitig kam es aber weiterhin zu gemeinsamen Auftritten von AfD-Prominenz mit *PEGIDA* und den *Identitären*.

Exzessiver Personenkult

Eine besondere Herausforderung im innerparteilichen Richtungskampf war die Auseinandersetzung um den völkisch orientierten *Flügel*. Dieser hatte sich ab 2015 um Björn Höcke, Andreas Kalbitz, bis August 2020 Fraktionsvorsitzender der AfD in Brandenburg, und Hans-Thomas Tillschneider, seit 2016 Abgeordneter im Landtag von Sachsen-Anhalt, etabliert.

Der Einfluss des *Flügels* wurde so groß, dass er begann, sich eigenständig in die Politik einzumischen. Das führte am 1. September 2018, beim *Trauermarsch von Chemnitz*, zum gemeinsamen Auftreten von Vertreter_innen des *Flügels* mit *PEGIDA*, Hooligans und Neonazis. Was als Aufbruchssignal gedacht war, geriet zum Pyrrhussieg. Denn am 6. September erklärte der

279 *Unteilbar. Tausende demonstrieren in Dresden für eine offene Gesellschaft*, in: ZEIT ONLINE 24.8.2019.

280 *AfD-Vorstand setzt Kalbitz-Verteidiger Hartwig ab*, in: RND, 21.12.2020.

Präsident des Verfassungsschutzes Thüringen, Stephan Kramer, den AfD-Landesverband zum *Prüffall*.[281]

Bis dato genoss der Thüringer Verfassungsschutz einen üblen Ruf. In den 1990er-Jahren hatte die Behörde etliche V-Leute der Neonazi-Szene großzügig besoldet. In einigen Fällen wurden selbst Anwält_innen bezahlt sowie Autoreparaturen und Telefonkosten übernommen.[282] Ein wichtiger Informant war der Neonazi Tino Brandt, der zu einer Schlüsselfigur der NS-Szene in Thüringen zählte. Brandt erhielt vom Verfassungsschutz insgesamt 200.000 DM, die er in den Aufbau rechtsradikaler Strukturen investierte.[283] Besonders schwerwiegend wirkte sich aus, dass trotz angeblich intensiver Überwachung die späteren NSU-Terrorist_innen Uwe Mundlos, Uwe Böhnhardt und Beate Zschäpe 1998 abtauchen konnten. Das führte im Jahr 2000 zur Suspendierung des Präsidenten des Thüringer Verfassungsschutzes, Helmut Roewer.

Erst im Jahr 2012 brachten die Nachforschungen des ersten NSU-Untersuchungsausschusses[284] des Thüringer Landtags Details des Behördenskandals ans Licht. Im Zuge der Recherchen verteidigte Roewers Nachfolger, Thomas Sippel, seinen Vorgänger und verspielte damit das Vertrauen des Parlaments. Am 3. Juli 2012 erfolgte Sippels Versetzung in den einstweiligen Ruhestand.[285] Für die Spitze der Behörde wurde nun eine Person gesucht, die dem Ruf des Verfassungsschutzes zuträglich war. Der Posten blieb zwei Jahre vakant, bis die Wahl auf Stephan Kramer fiel.

Kramer konnte auf eine schillernde politische Karriere zurückblicken. Zunächst trat er der Jungen Union bei, dann der CDU. Sein Jurastudium brach Kramer ab und wurde Anfang der 1990er zum Büroleiter für zwei

281 *Thüringen. Verfassungsschutz nimmt AfD ins Visier*, in: tagesschau.de, 6.9.2018.

282 Jüttner, Julia: *V-Leute im „Thüringer Heimatsschutz". „Spitzel bespitzelt Spitzel"*, in: Spiegel.de, 4.9.2012.

283 *Neonazi als V-Mann enttarnt. Thüringer Staatskasse finanziert NPD-Aufmärsche*, in: Antifa-Info Blatt, 29.8.2001.

284 Teilweise mehrfach in aufeinanderfolgenden Legislaturperioden setzten der Deutsche Bundestag und acht Landesparlamente zwischen Februar 2012 und Mai 2022 einige solcher Ausschüsse ein.

285 Müller, Claus Peter: *Pannen bei NSU-Ermittlungen. Vertrauen es Parlaments verloren*, in: FAZ.net, 3.7.2012.

CDU-Bundestagsabgeordnete, dann übernahm er, bei gleichzeitigem Parteiübertritt, einen entsprechenden Posten bei einem FDP-Abgeordneten.[286] Ende der 1990er konvertierte der aus einem evangelischen Elternhaus stammende Kramer zum Judentum und war von 2004 bis 2014 Generalsekretär des *Zentralrats der Juden in Deutschland*. Stolz ist er auch auf den Rang eines Fregattenkapitäns der Reserve bei der Bundesmarine.[287] Im Jahr 2010 trat Kramer in die SPD ein und wurde, obwohl ihm einige Voraussetzungen fehlten, am 19. November 2015 vom thüringischen Innenminister Holger Poppenhäger (SPD) als neuer Präsident des Verfassungsschutzes vorgestellt.[288]

Vor diesem Hintergrund preschte Kramer im September 2018 mit seiner öffentlichen Kategorisierung des AfD-Landesverbandes als *Prüffall* vor. Bislang war ein *Prüffall* die Bezeichnung für ein internes Verfahren, auf dessen Grundlage eingeschätzt wurde, ob ein *Verdachtsfall* vorlag. Kramer überschritt seine Kompetenzen: Bevor kein *Verdachtsfall* vorlag, durfte sich der Verfassungsschutz nicht öffentlich äußern. Es hagelte Kritik und der AfD-Landesverband zog vor Gericht.

Am 15. Januar 2019 legte der Präsident des Bundesamtes für Verfassungsschutz, Thomas Haldenwang, auf einer Pressekonferenz in Berlin nach, indem er feststellte: *„Erstens: Die Gesamtpartei AfD wird als Prüffall bearbeitet. Zweitens: Die ‚Junge Alternative' wird zum Verdachtsfall erklärt. Drittens: Die Sammlungsbewegung innerhalb der AfD ‚Der Flügel' wird zum Verdachtsfall erklärt.“*[289]

Kurz vor den im Mai anstehenden Europawahlen und weiteren, bald darauffolgenden Landtagswahlen in mehreren Bundesländern, kamen diese Maßnahmen gegen die Rechtspopulist_innen zur rechten Zeit. Doch in

286 Paculla, Volkhard: *Neuer Verfassungsschutzchef Kramer. Nicht geeignet für Spitzenamt in Thüringen?*, in: Thüringern Allgemeine, 24.11.2015.

287 Gessler, Philipp/ Mawick, Reinhard: *„Nicht länger verharmlosen. Ein Gespräch mit Stephan J. Kramer“*, in: zeitzeichen, März 2020.

288 Müller, Claus Peter: *Verfassungsschutz in Thüringen. Bloß kein zweiter Roewer*, in: FAZ.net, 2.1.2016.

289 Bernhard, Henry: *AfD und der Verfassungsschutz/Unter Beobachtung*, in: Deutschlandfunk, 22.1.2019.

diesem Fall hatte sich eine Behörde der Exekutive über Gesetze hinweggesetzt, um in eigener Regie politische Ziele zu verfolgen. Abgesehen davon, dass der Verfassungsschutz grundsätzlich abzulehnen ist, sind Selbstermächtigungen dieser Art politisch falsch und gefährlich. Im konkreten Fall war der Angriff noch dazu einfach zu parieren. Mit einem Eilantrag ging die AfD gegen das Bundesamt für Verfassungsschutz vor. Am 26. Februar 2019 untersagte das Verwaltungsgericht Köln der Behörde, die AfD als Prüffall zu bezeichnen, da dies einen *„stigmatisierenden Charakter“* [290] habe und Wähler_innen abschrecken könnte. Es handele sich um einen Eingriff in die Rechte der AfD, der *„rechtswidrig und auch unverhältnismäßig“* [291] sei.

Die Eigenmächtigkeit des Verfassungsschutzes bescherte der AfD einen öffentlichkeitswirksamen Erfolg. Alice Weidel forderte den Präsidenten des Geheimdienstes auf, er solle *„seinen Schlapphut nehmen und abdanken“*.[292]

Ein Sieg auf ganzer Linie war es dennoch nicht. Die *Junge Alternative* wie *Der Flügel* blieben Verdachtsfälle und die gesamte Partei weiterhin im Visier des Inlandsgeheimdienstes.

Dass die AfD Gefahr lief, als verfassungsfeindlich eingestuft zu werden, passte dem Parteivorsitzenden Jörg Meuthen gar nicht. Er war als Spitzenkandidat bei der anstehenden Europawahl am 26. Mai 2019 nominiert und wollte nicht als Extremist dastehen und Stimmen verlieren. Fortan vermied Meuthen allzu schrille Töne und versuchte, sich ein gemäßigtes Image zu geben. In jedem Fall verbesserte die AfD bei der Europawahl ihr Ergebnis aus dem Jahr 2014 von 7,1 Prozent auf nunmehr 11 Prozent.[293] Ein moderates Auftreten schien angezeigt, was Meuthen mit den Anhänger_innen des *Flügels* kollidieren ließ. Zunächst blieb Meuthen aber bemüht, die Wogen in der Partei zu glätten. Diese drohten nach dem Kyffhäuser-Treffen des *Flügels* am 6. Juli 2019 hochzuschlagen, weil Björn Höcke dort ungeniert einen Personenkult um sich inszeniert hatte. Den versammelten 800 Teil-

290 *Gerichtsentscheid. Verfassungsschutz darf AfD nicht als „Prüffall“ bezeichnen*, in: Handelsblatt, 26.2.2019.

291 Ebenda.

292 Ebenda.

293 Der Bundeswahlleiter: *Europawahl 2019: Vorläufiges amtliches Ergebnis*, in: Pressemitteilung Nr. 35/19, 27.5.2019.

nehmer_innen war zunächst ein Video gezeigt worden, das den Thüringer Politiker als vorbildhaft herausstellte. Kaum war der Film zu Ende, da betrat Höcke unter heroischen Klängen und umgeben von fahnenschwenkenden Anhänger_innen den Saal. *„Du bist unser Anführer, dem wir gerne bereit sind zu folgen“* [294], rief einer seiner Gefolgsleute.

In seiner Rede griff Höcke den Bundesvorstand, der gerade mehrere Ausschlussverfahren gegen Rechtsradikale anstrengte, scharf an und prophezeite, dass die Parteispitze in der aktuellen Zusammensetzung Ende des Jahres sicher nicht wiedergewählt werde. Ein Höhepunkt der Veranstaltung bestand dann darin, das Höcke bewährte Paladine auf die Bühne rief, denen er das *Silberne Flügelabzeichen* ans Revers heftete.

Mehr als 100 Funktionär_innen und Mandatsträger_innen der AfD veröffentlichten daraufhin einen Appell gegen den *„exzessiv zur Schau gestellten Personenkult um Björn Höcke“* [295]. Der Parteivorsitzende Meuthen solidarisierte sich zwar mit den Initiatoren, unterzeichnete die Erklärung aber nicht, sondern lavierte zwischen den Positionen. Der Presse sagte er *„Ich verlange vom Flügel, sich absolut trennscharf von jedem Extremismus abzugrenzen. Wir wollen eine Volkspartei sein. Dafür dürfen wir aber nicht jeden Unfug dulden.“* [296] Zugleich äußerte er, der *Flügel* sei eine ganz normale Parteiströmung, *„dezidiert nationalkonservativ, aber auf dem Boden der Verfassung.“* [297] Im selben Atemzug kritisierte Meuthen Maßnahmen des Verfassungsschutzes gegen Rechtsradikale. Kurz vor dem geplanten Aufmarsch der *Identitären Bewegung* am 20. Juli 2019 in Halle sagte er: *„Mir sind keine Gewaltaktionen der Identitären Bewegung bekannt, wie wir sie aus dem linken Lager kennen.“* [298] Daher könne man sich fragen, *„wie gerechtfertigt diese Beobachtung durch den Verfassungsschutz ist“*.[299]

294 *„Exzessiv zur Schau gestellter Personenkult“. Warum Teile der AfD jetzt auf Distanz zu Björn Höcke gehen*, in: Der Tagesspiegel, 10.7.2019.

295 *Rechtsnationale Strömung. AfD-Chef Meuthen: Höchstens 20 Prozent sind beim „Flügel“*, in: ZEIT ONLINE, 23.7.2019.

296 *Rechtsextremismus. Jörg Meuthen stellt Beobachtung der Identitären Bewegung in Frage*, in: ZEIT ONLINE, 20.7.2019.

297 Ebenda.

298 Ebenda.

299 Ebenda.

Querverbindungen zwischen der AfD und der **Identitären Bewegung** räumte Meuthen ein. *„Es gibt vereinzelt Leute bei uns, die Kontakte in diese Kreise hinein unterhalten haben“*[300], allerdings gelte seit 2016 ein Unvereinbarkeitsbeschluss.

Wenn sich Meuthen auch bemühte, alle Parteiströmungen zu repräsentieren, war ein Interessenkonflikt in Gang gekommen. Entweder würde der weitere Weg der AfD maßgeblich vom **Flügel** bestimmt oder unter der Ägide von Meuthen fortgesetzt.

Hoffnung auf PEGIDA

Um aus der parlamentarischen Isolation zu kommen, setzte die AfD im Jahr 2019 vor allem auf einen Wahlsieg in Sachsen. Wenn sie es schaffen würde, dort die stärkste Partei zu werden, glaubte sie den Ministerpräsidenten stellen zu können. Das dafür ein Koalitionspartner von Nöten gewesen wäre, den es nicht gab, wurde in der Propaganda übergangen. Erst einmal galt es den Wahlsieg einzufahren. Als Bündnispartner für den Wahlkampf bot sich PEGIDA an.

Nach wie vor gingen Woche für Woche bis zu 2.000 Anhänger_innen in Dresden auf die Straße, außerdem war **PEGIDA** in der gesamten Bundesrepublik vernetzt. Wenn auch die gewöhnlichen Wochenspaziergänge auf kein größeres Medienecho mehr trafen, sorgten die Jahrestage immer noch für Aufsehen oder, wie in einem Fall, das Begleitprogramm.

Am 11. Januar 2016, dem ersten Jahrestag der **LEGIDA**-Demo, riefen auch **PEGIDA**-Dresden und **CEGIDA** aus Chemnitz zur Demonstration in Leipzig auf. Ein breites Bündnis stellte sich mit Lichterketten, Friedensgottesdienst usw. dagegen; abgesehen von der örtlichen CDU, die sich distanzierte und nicht *„an einer sozialdemokratisch organisierten Geburtstagsfeier für Legida teilnehmen“*[301] wollte.

Laut der Initiative Durchgezählt beteiligten sich insgesamt bis zu 2.800 Menschen an den Anti-**LEGIDA**-Protesten. Die Rechtspopulist_innen

300 Ebenda.

301 *Legida. Hunderte Hooligans randalieren in Leipzig*, in: ZEIT ONLINE, 12.1.2016

brachten 3.400 Menschen auf die Straße. Um auf alle Eventualitäten vorbereitet zu sein, stand ein großes Polizeiaufgebot zur Verfügung. Allerdings an der falschen Stelle. Auf die Bahnstrecke Dresden – Leipzig wurde kurz vor Beginn der LEGIDA-Demonstration ein Brandanschlag verübt. Der Streckenabschnitt vor Leipzig musste vorübergehend gesperrt werden. Vor allem aber erfolgte parallel zur LEGIDA-Demo ein rechtsradikaler Angriff auf den alternativen Stadtteil Connewitz.

Gegen 20 Uhr verwüsteten rund 250 schwarz gekleidete Personen die Wolfgang-Heinze-Straße, die Hauptstraße von Connewitz. Die Rechtsradikalen nahm Läden auseinander, zündeten Autos an und legten Brände. In einem Imbiss detonierte sogar ein Sprengsatz, woraufhin Teile der Decke einstürzten. Die Polizei war schnell vor Ort und konnte 211 Tatverdächtige festnehmen.[302] Gegen 208 von insgesamt 216 Tatverdächtigen wurden Ermittlungen wegen schwerem Landfriedensbruch eingeleitet. Die meisten gehörten rechtsradikalen Fangruppierungen der Fußballvereine *Lokomotive Leipzig* und des *Halleschen FC* an. Erst zwei Jahre später, im August 2018, begannen die Prozesse gegen insgesamt 73 Personen wegen Landfriedensbruch im besonders schweren Fall. Verfahren gegen elf weitere Tatverdächtige wurden an die Generalstaatsanwaltschaft Dresden abgegeben.[303]

Der Aufsehen erregende Überfall löste in Teilen der Antifa-Szene Überlegungen zur effektiven Gegenwehr aus, die bald Folgen haben sollten. Derweilen ging PEGIDA weiter in Dresden auf die Straße. Zum zweiten Jahrestag der Dauerdemonstrationen, am 16. Oktober 2016, versammelten sich 8.000 Rechtspopulist_innen[304] in der sächsischen Landeshauptstadt. Am dritten Jahrestag, dem 28. Oktober 2017, gab es technische Probleme mit der Lautsprecheranlage. Das kalte, windige Regenwetter veranlasste viele der Protestler_innen, den Kundgebungsort zu verlassen. Immerhin waren noch knapp 3.000 Teilnehmer_innen[305] geblieben, als nach einer Stunde

302 Kaul, Martin: *Großangriff auf einen Stadtteil. Der Kampf um Connewitz*, in: Die Tageszeitung, 12.1.2016.

303 Bähr, Sebastian: *Angriff auf Connewitz im Dunkeln. Zwei Jahre nach der Nazi-Attacke gibt es kaum Ermittlungserfolge*, in: Neues Deutschland, 3. Januar 2018.

304 *Tausende Pegida-Anhänger demonstrieren zum Jahrestag*, in: ZEIT ONLINE,16.10.2016.

305 *Demo-Geschehen am 28.10. in Dresden*, in: Sachsen Fernsehen, 28.10.2017.

die Veranstaltung beginnen konnte. Ungefähr genauso groß war die Gegenkundgebung von *Herz statt Hetze*.

Am vierten Jahrestag, im Oktober 2018, wendete sich das Blatt zugunsten der Gegenkundgebung. PEGIDA versammelte 4.000 Teilnehmer_innen an der Frauenkirche. Dagegen demonstrierten, laut Angaben von Polizei und Veranstalter_innen, rund 10.000 Menschen in zwei Demonstrationszügen, die *Herz statt Hetze* organisiert hatte.[306] Trotz aller Gegenmobilisierung steigerte die AfD ihr Wahlergebnis in Sachsen deutlich. Hatte die Partei im Jahr 2014 noch 9,7 Prozent der Stimmen erreicht, kam sie am 1. September 2019 auf 27,5 Prozent und wurde zur zweitstärksten Kraft im Landesparlament. Wahlsieger war die CDU mit 32,1 Prozent.[307] Bei der gleichzeitig stattfindenden Landtagswahl in Brandenburg unterlag die AfD mit 23,5 Prozent knapp der SPD, die mit 26,2 Prozent als stärkste politische Kraft ins Parlament einzog.[308]

Petrys Ende

An der Landtagswahl in Sachsen hatte sich erstmals Frauke Petry mit der *Blauen Partei* unter der Bezeichnung *Blaue #Team Petry* beteiligt. Sie erzielte mit lediglich 0,4 Prozent, insgesamt 7.786 Stimmen, ein niederschmetterndes Ergebnis. Bereits im Vorfeld hatte sich der Landesverband der *Blauen Partei* aus dem Wahlkampf zurückgezogen. Auf Petry selbst, die als Direktkandidatin in ihrem alten Wahlkreis antrat, entfielen 805 Stimmen, rund 2 Prozent.[309]

306 Merker, Henrik: *Pegida zum Jubiläum in der Unterzahl*, in: ZEIT ONLINE, 21.10.2018.

307 *Landtagswahl 2019. Wahl zum 7. Sächsischen Landtag*, in: Statistisches Landesamt Sachsen.

308 *Landtagswahl im Land Brandenburg am 1.9.2019*, in: Der Landeswahlleiter.

309 *Landtagswahl 2019. Wahl zum 7. Sächsischen Landtag*, in: Statistisches Landesamt Sachsen.

Ähnlich verhielt es sich bei der Landtagswahl in Thüringen am 27. Oktober 2019. Dort erhielt die *Blaue Partei* 857 Stimmen, was einem Anteil von 0,1 Prozent entsprach. [310] Nach diesen krachenden Wahlniederlagen gab Petry am 5. November die Auflösung der *Blauen Partei* zum Jahresende bekannt. Bemerkenswert bleibt, das keine/r der von der AfD zur Blauen Partei übergetretenen Politiker_innen je daran dachte, sein/ihr Mandat niederzulegen. Stattdessen wurden die Diäten bis zum letzten Cent und die parlamentarischen Privilegien bis zur letzten Sekunde ausgenutzt. Petry und Pretzell waren mit entsprechendem Beispiel vorangegangen. Er mit seinem Landtags- und EU-Mandat, sie mit ihren Mandaten im Landtag und im Bundestag. Rechtlich waren diese Doppelmandate zwar zulässig aber weder politisch vertretbar, noch vom Arbeitspensum her zu schaffen. Am Ende ihrer politischen Karriere hielt Petry immer noch ihr Bundestagsmandat. Dazu sagte sie, dass sie es bis 2021 behalten würde: *„Danach war es das für mich. Ich werde da konsequent sein."* [311] Etwas anderes blieb der gescheiterten Politikerin ohnehin nicht übrig. So bezog sie fast drei Jahre lang ein ansehnliches, müheloses Einkommen. Die Diäten für Bundestagsabgeordnete lagen ab 1. Juli 2019 bei etwas mehr als 10.000 Euro monatlich, zusätzlich einer Kostenpauschale von knapp 4.500 Euro, weiteren 22.795 Euro zur Besoldung ihrer Mitarbeiter_innen – und einiges mehr.[312] Auch wenn die Einkommen nicht einfach gezahlt, sondern einiges gegengerechnet wurde, blieb ein üppiges Salär.

Kurz vor Ablauf ihres Mandats, d. h. kurz vor der Bundestagswahl 2021, stellte Frauke Petry im gut gefüllten Sitzungssaal E800 im Paul-Löbe-Haus ihr 311-seitiges Buch *Requiem für die AfD* vor.[313] Herausgegeben im eigens dafür geschaffenen Verlag ihres Ehemannes Marcus Pretzell, der ebenfalls anwesend war. Inhaltlich ging es Petry um eine persönliche Abrechnung mit der AfD, der sie auch kriminelle Machenschaften anlastete.

310 *Thüringer Landesamt für Statistik: Landtagswahlen 2019*, in: Wahlen im Freistaat Thüringen.

311 *„Das war es für mich" Frauke Petry zieht sich aus der Politik zurück*, in: Tagesspiegel 5.11.2019.

312 *Aufwandsentschädigung für die Abgeordneten des Deutschen Bundestages*, in: Deutscher Bundestag, Juli 2022.

313 Weiland, Severin / Röbel, Sven: *Ex-AfD-Chefin stellt Buch vor. Frauke Petrys vergiftetes Abschiedsgeschenk*, in: Spiegel, 18.6.2021.

Petry erwähnte dubiose Parteispenden und ihre illegale Verwendung durch Alice Weidel und Jörg Meuthen, was sie letztlich aber nicht belegen konnte. Vor allem der persönliche Kleinkrieg mit Jörg Meuthen schien Petry ein wesentlicher Antrieb zu sein. Außerdem trachtete sie danach, sich in selbstkritischer Pose von ihrer rechtslastigen Vergangenheit freizusprechen. Doch am Ende blieb nur eine selbstgerechte und peinliche Inszenierung.

Im Oktober 2021 wurde Frauke Petry vom Landgericht Leipzig wegen Subventionsbetrug, Untreue und Steuerhinterziehung schuldig gesprochen.

In dem Verfahren ging es um eine Förderung, die Petry 2014 für eine Beratung ihrer damaligen Firma beantragt hatte. In Wirklichkeit soll sie das Geld jedoch verwendet haben, um Rechnungen zu begleichen, die bei der Abwicklung ihrer Privatinsolvenz aufgelaufen waren.[314]

Von Sachsen nach Thüringen

Besondere Aufmerksamkeit galt der PEGIDA-Kundgebung zum fünften Jahrestag, am 20. Oktober 2019. Ihre Wahlerfolge in Brandenburg und Sachsen gab den Rechtspopulist_innen Rückenwind für die eine Woche später im benachbarten Thüringen stattfindenden Landtagswahl. Vor diesem Hintergrund war der PEGIDA-Jahrestag als große Wahlkampfunterstützung gedacht, zu der 5.000 Teilnehmer_innen[315] erwartet wurden. Tatsächlich versammelten sich nur etwas mehr als 3.000 PEGIDA-Anhänger_innen[316] auf dem Neumarkt vor der Frauenkirche.

Wieder hatten das Bündnis *Herz statt Hetze* und zahlreiche weitere linksliberale Vereinigungen zu insgesamt drei Gegendemonstrationen mit Treffpunkt am Neumarkt aufgerufen. Darunter befanden sich auch *Leipzig nimmt Platz* und *Chemnitz Nazifrei*. Sprachen die Veranstalter_innen von

314 *Untreue nach Firmeninsolvenz. Ex-AfD-Chefin Petry wegen Betrugs verurteilt*, in: ZDF, 12.10.2021.

315 *Kundgebung von Pegida – Tausende Gegendemonstranten*, in: DER SPIEGEL, 20.10.2019.

316 *Bündnis Herz statt Hetze. Tausende Menschen demonstrieren in Dresden gegen Pegida*, in: Berliner Morgenpost, 20.10.2019.

Anfang 2023 gab das Bündnis ***Aufstehen gegen Rassismus*** das Plakat mit der Aufschrift *Björn Höcke ist ein Nazi* heraus. Die Polizei sah darin den Straftatbestand *üble Nachrede gegen Personen des politischen Lebens.* Es gab Beschlagnahmungen und staatsanwaltschaftliche Ermittlungen wurden eingeleitet. Im Oktober 2023 stellte die hessische Staatsanwaltschaft ihr Verfahren ein, Anfang November folgte Hamburg. Seitdem kann das Plakat legal verbreitet werden

8.000 Menschen[317], konnten viele Medienvertreter_innen lediglich 4.000 Anti-PEGIDA Demonstrant_innen zählen.[318] Die Polizei gab, nach viel Kritik in der Vergangenheit, keine Teilnehmer_innenzahlen mehr bekannt.

Von der PEGIDA-Rednertribüne wurde der Schulterschluss mit der AfD begrüßt. Martin Sellner von den ***Identitären*** und mehrere Landtags- und Bundestagsabgeordnete der AfD traten ans Mikrofon.[319]

Spitzenkandidat der AfD in Thüringen war Landeschef Björn Höcke, der laut Gerichtsbeschluss, seit dem 28. September 2019 als Faschist bezeichnet werden darf.[320] Es ging daher auch um die Frage, ob ein exponiert rechtsradikaler Kandidat Zuspruch bei der Wählerschaft finden würde. Am Ende erzielte die AFD 23,4 Prozent und konnte ihr Ergebnis im Vergleich zur Landtagswahl 2014 mehr als verdoppeln.

Innerhalb der AfD stärkte das den Einfluss des nationalistischen ***Flügels*** um Höcke. Was Alexander Gauland allerdings am Wahlabend auf Phoenix

317 *Dresden protestiert gegen Pegida*, in: Deutsche Welle. Made for minds, 20.10.2019.

318 Freitag, Michael: *5 Jahre Hass: PEGIDA feiert Geburtstag*, in: Leipziger Internet Zeitung, 20.10.2019.

319 Ebenda.

320 *Gerichtsbeschluss. Björn Höcke darf als „Faschist" bezeichnet werden*, in: Spiegel, 28.9.2019.

bestritt: „*Herr Höcke rückt die Partei nicht nach rechts. Herr Höcke ist die Mitte der Partei*“[321], sagte der Parteivorsitzende. Wie bereits erwähnt, durfte Höcke seit kurzem öffentlich als Faschist bezeichnet werden.

Doch wenn die AfD auch, wie zuvor in Brandenburg und Sachsen, als zweitstärkste Partei aus der Wahl hervorging, änderte das nichts an den Machtverhältnissen. Wahlsiegerin in Thüringen war *Die* LINKE mit 31 Prozent.[322]

Pyrrhussieg

Die Erfolge der AfD bei den Landtagswahlen 2019 alarmierten Gesellschaft und Politik. In dieser Lage setzte sich der Landesvorsitzende der FDP-Thüringen, Mitglied des Bundestages und des Thüringer Landtags und der dortige Vorsitzende der FDP-Fraktion, Thomas Kemmerich mit einem bislang nicht gekannten Tabubruch in Szene.

Nach erfolglosen Sondierungsgesprächen kam in Thüringen keine stabile Mehrheit zustande. Da eine gemeinsame Regierung von CDU und DIE LINKE aufgrund eines Unvereinbarkeitsbeschluss der Christdemokrat_innen ausgeschlossen war, blieb nur eine Minderheitenregierung aus DIE LINKE, SPD und *Grünen* weiterzuführen. Der alte, wie neue Ministerpräsident wäre infolgedessen Bodo Ramelow , DIE LINKE.

Dazu musste Ramelow vom Parlament mit absoluter Mehrheit gewählt werden. Wenn eine solche Mehrheit in zwei Wahlgängen nicht zustande kommt, sieht die Thüringer Verfassung vor, dass bei einem dritten Wahlgang die einfache Mehrheit reicht. Da Ramelow die absolute Mehrheit in den ersten zwei Wahlgängen nicht erreichte, war der dritte Wahlgang nötig – und schien Formsache. In diesem Wahlgang stellte die FDP Kemmerich auf, der überraschend Ramelow schlug, weil er die Stimmen von CDU, FDP und der gesamten AfD-Fraktion auf sich vereinigen konnte.

321 Naumann, Florian / Mehr, Klaus-Maria / Huber, Stefan: *Thüringen-Wahl 2019: Gauland spricht über Höcke – in bezeichnenden Worten*, in: Merkur.de, 28.10.2019.

322 Timcke, Marie-Louise / Pätzold, André / Wendler, David / Klack, Moritz: *Thüringen-Wahl 2019. Gewinner, Verlierer mögliche Koalitionen*, in: Funke Mediengruppe, 28.10.2019.

So wurde der in, seiner Partei als Rechtsaußen bekannte, FDP-Politiker am 5. Februar 2020 zum Ministerpräsidenten von Thüringen gewählt. Getrieben von blinder Machtgier, nahm Kemmerich die Wahl an. Doch er verkalkulierte sich gehörig, sein Vorgehen rief sofort vehemente Kritik quer durch alle Parteien hervor und führte zu einer Regierungskrise in Thüringen die sofort auf die Bundespolitik durchschlug. Zur Ernennung von Ministern kam es erst gar nicht, bereits am 6. Februar musste Kemmerich für Neuwahlen plädieren und kündigte seinen Rücktritt an, den er am 8. Februar vollzog. Bis zur Wahl seines Nachfolgers blieb er lediglich geschäftsführend im Amt.

Bereits am 5. Februar gab es Proteste gegen die Wahl Kemmerichs, so vor der FDP-Parteizentrale in Berlin. In den folgenden Tagen kam es in 15 Städten, davon sechs in Thüringen, zu weiteren Demonstrationen mit einigen Tausend Teilnehmer_innen. Die größte organisierte ***#unteilbar*** am 15. Februar in Erfurt. Unter dem Motto ***#nicht mit uns – Kein Pakt mit Faschist*innen – Niemals und nirgendwo*** gingen 18.000 Menschen, nach Polizeiangaben waren es 9.000 demonstrierende, auf die Straße. Gleichzeitig rief das ***Bündnis Dresden Nazifrei*** dazu auf, sich dem ***Trauermarsch*** der Neonazis in der sächsischen Hauptstadt anlässlich des Jahrestages der Bombardierung entgegenzustellen. Dort gab es zwei Demonstrationszüge mit insgesamt 3.000 Antifaschist_innen. Einzelne Gruppen gelang es immer wieder die rechte Demonstrationsstrecke zu blockiert.[323]

Nach dem Rücktritt Kemmerichs wurden Rufe nach Neuwahlen laut. Die Thüringer Landesverfassung sieht vor das für Neuwahlen ein Drittel der Landtagsabgeordneten einen entsprechenden Antrag stellen und eine Zweidrittelmehrheit diesem zustimmen müssen.

Doch Meinungsumfragen prognostizierten deutliche Verschiebung zugunsten der **LINKEN** und der AfD, bei gleichzeitigen Verlusten der CDU. Die FDP wäre wahrscheinlich nicht mehr im Landtag vertreten gewesen. Deshalb lehnte eine Mehrheit im Landesparlament Neuwahlen ab.

Innerhalb der CDU wurde die grundsätzliche Frage nach einer Zusammenarbeit mit der AfD aufgeworfen. Vor allem aus den östlichen

323 Schindler, Franziska: *Demos in Erfurt und Dresden. Tausende gegen rechts*, in: taz, 15.2.2020.

Landesverbänden gab es Stimmen, die dies befürworteten. Eine Zusammenarbeit mit der AfD wurde aber von der Bundes-Führung der CDU ausgeschlossen. Von den Auseinandersetzungen entnervt gab die CDU-Bundesvorsitzende Annegret Kramp-Karrenbauer am 10. Februar ihren Rücktritt bekannt. Nach weiterem Hickhack, bei dem das Thema Neuwahlen endgültig unter den Tisch fiel, wurde Ramelow schließlich am 4. März 2020 vom alten Landtag wiedergewählt. Er regierte Thüringen mit einer rot-rot-grünen Minderheitenregierung, die nur eine Übergangslösung sein sollte.

Für den 25. April 2021 waren Neuwahlen angepeilt, die aber aufgrund der Corona-Pandemie zunächst auf den September verschoben und schließlich ganz gestrichen wurden. Erst im Herbst 2024 wird in Thüringen ein neues Landesparlament gewählt. Bis dahin, das Hofften zumindest viele Akteure, würden die Skandale und Erschütterungen aus dem Jahr 2021 vergessen sein.

Mit der Wahl Kemmerichs war der AfD in Thüringen unter Björn Höcke ein Coup gelungen, mit dem er die anderen Parlamentsparteien vorführen konnte. Allerdings markierte die nächste Wahl in Sachsen-Anhalt am 6. Juni 2021 für die Rechtspopulist_innen eine Trendwende. Auch in Sachsen-Anhalt schien die AfD zunächst stärkste Partei werden zu können. Am Ende erhielt sie 20,9 Prozent der Stimmen und wurde, wie in Brandenburg, Sachsen und Thüringen, zur Nummer Zwei. Sicherlich immer noch ein starkes Ergebnis, doch im Vergleich zur Wahl von 2016 ein Minus von 3,4 Prozentpunkten.[324]

Es zeigte sich, dass der Anfangsschwung der rechtspopulistischen Sammlungsbewegung, der es gelang, den Unmut der Straße mühelos in stetig steigende Wahlerfolge umzumünzen, ausgeschöpft war. Dazu steckte die AfD weiterhin in einem strategischen Dilemma. Mangels Koalitionspartner blieb sie von jeglicher Regierungsverantwortung ausgeschlossen. Politisch schachmatt gestellt, konnten die Rechtspopulist_innen nur weiter auf ihrem Thema Nr. 1, der Flüchtlingsfrage herumreiten. Damit ließ sich wohl das eigene Klientel bei der Stange halten, aber keine tragfähige Politik entwickeln.

324 John, Stefani: *Kurzanalyse Landtagswahl Sachsen-Anhalt 2021.*

Der Versuch, auf den Corona-Leugner-Zug aufzuspringen, setzte auf eine Minderheit, die wiederum nur zum Teil rechten Parolen zuneigte. Mit dem Flüchtlingsthema war die Protestwelle gegen die Corona-Maßnahmen nicht zu vergleichen.

Was die AfD darüber hinaus programmatisch anzubieten hat, ist eher schlicht. Das Wirtschaftsprogramm der Rechtspopulist_innen verfolgt neoliberale Vorstellungen, dazu gehört, dass der menschengemachte Klimawandel geleugnet wird. Innenpolitisch pocht man auf polizeistaatliche Lösungen, und propagiert außenpolitisch den Schulterschluss mit Russland bzw. dem Putin-Regime. Wobei die Kernfrage, ob die AfD eher einen neoliberalen/rechtskonservativen oder einen völkisch/nationalistischen Kurs verfolgen sollte, die Partei immer wieder vor Zerreißproben stellte.

Rausschmiss im Norden

Als bekannteste Vertreterin des rechten Parteiflügels in Norddeutschland galt Doris Fürstin von Sayn-Wittgenstein. Allein den klangvollen Adelstitel legte sich die als Doris Ulrich geborene erst später zu. Alexander Fürst zu Schaumburg-Lippe nannte sie eine *„Adoptivstaplerin“*.[325] Erst im Jahr 2016 in die AfD eingetreten, war die ehemalige Anwältin bereits im Jahr 2017 sowohl in den Landtag von Schleswig-Holstein eingezogen als auch zur Landesvorsitzenden gewählt worden. Im selben Jahr hatte Sayn-Wittgenstein mit ihrer überraschenden Kandidatur beim AfD-Bundesparteitag den Berliner AfD-Chef Georg Pazderski als Bundessprecher verhindert.

Die weitere Karriere von Sayn-Wittgenstein schien gesichert, da brachten journalistische Recherchen ans Licht, dass sie im Jahr 2014 den *Verein Gedächtnisstätte e. V.* im thüringischen Guthmannshausen unterstützt hatte. Dieser Verein stand seit 2015 auf der Unvereinbarkeitsliste für AfD-Mitgliedschaften. Auf dieser Liste, eine Besonderheit der AfD, sind knapp 400 Organisationen, davon ca. 250 rechtsradikale, aufgeführt.[326]

325 *Adels-Krieg um AfD-Mitgliedschaft. Fürst Schaumburg attackiert Fürstin von Sayn-Wittgenstein*, in: Focus online, 14.9.2016.

326 *Unvereinbarkeitsliste – Alternative für Deutschland*, in: AfD-Website.

Am 4. Dezember 2018 wurde Sayn-Wittgenstein aus der AfD-Landtagsfraktion Schleswig-Holstein ausgeschlossen. Der Bundesvorstand beantragte am 17. Dezember den Parteiausschluss und verfügte, dass sie bis zur Entscheidung des zuständigen Schiedsgerichts von der Ausübung aller Parteiämter ausgeschlossen blieb.[327] Daraufhin gab Sayn-Wittgenstein ihren Rücktritt vom Landesvorsitz bekannt. Umgehend forderte Jörg Meuthen: *„Es ist gut, dass sie ihren Rücktritt als Landesvorsitzende erklärt hat. Noch besser wäre es, sie würde die Partei verlassen.“*[328]

Stattdessen behielt die geschasste Vorsitzende ihr Landtagsmandat und klagte vor dem Landesverfassungsgericht in Schleswig gegen ihren Ausschluss aus der Fraktion. Ihren Rückhalt in großen Teilen des Landesverbandes hatte sie nicht verloren und stellte sich, während des schwebenden Parteiausschlussverfahrens, auf dem Landesparteitag am 29. Juni 2019 erneut zur Wahl. Das Prozedere kam einer politischen Zerreißprobe nahe. In hitziger Atmosphäre, mit ständigen Buh- und Pfui-Rufen standen sich die 240 versammelten Mitglieder unversöhnlich in zwei Lagern gegenüber. Die Wahl entschied Sayn-Wittgenstein mit 137 Stimmen für sich. Auf ihren Gegenkandidaten Christian Waldheim entfielen 100 Stimmen, ein weiterer Kandidat erhielt vier Stimmen.[329] Die alte Landesvorsitzende in Schleswig-Holstein war als neue gewählt.

Doch zeugte dieser Coup eher von egomanischem Verhalten als das er politischen Instinkt bewies. Umgehend verkündete der Bundesvorstand, man sei sich in der Einschätzung einig, dass diese Wahl ein *„falsches politisches Signal“*[330] aussende. Am laufenden Parteiausschlussverfahren gegen Sayn-Wittgenstein würde festgehalten.

Schließlich setzte das Bundesschiedsgericht der AfD dem Treiben in Schleswig-Holstein am 28. August 2019 ein Ende. Sayn-Wittgenstein wurde letztinstanzlich, aufgrund parteischädigenden Verhaltens, ausgeschlossen.

327 *AfD-Spitze beantragt Parteiausschluss von Sayn-Wittgenstein*, in: Der Tagesspiegel, 17.12.2018.

328 *Zoff um AfD-Chefin Sayn-Wittgenstein geht weiter*, in: WELTplus, 3.1.2019.

329 Wyssuwa, Matthias: *AfD Schleswig-Holstein. „Wir holen uns unser Land zurück“*, in: FAZ.net, 29.6.2019.

330 *„Falsch und gefährlich“: AfD-Spitze empört über von Sayn-Wittgenstein Wahl*, in: Merkur.de, 2.7.2019.

„Da kann ich nur sagen, Gott sei Dank, damit wäre das Problem endlich gelöst“[331], kommentierte Alexander Gauland den Vorgang.

Am darauffolgenden Tag entschied das Landesverfassungsgericht in Schleswig, dass auch ihr Ausschluss aus der Landtagsfraktion rechtlich nicht zu beanstanden war. Gegen diese Entscheidung gab es keine Rechtsmittel. AfD-Fraktionschef Jörg Nobis forderte daraufhin Sayn-Wittgenstein auf, ihr Landtagsmandat zurückzugeben. Was diese ablehnte. Stattdessen mobilisierte sie den Landesvorstand, der sie weiter als ihre Landesvorsitzende betrachtete. Doch der Konfrontationskurs mit dem Bundesvorstand war nur von kurzer Dauer. Am 2. September zog sich Sayn-Wittgenstein aus der Vorstandsarbeit zurück. Ihr Mandat behielt sie und blieb als fraktionslose Abgeordnete im Landtag. Die Geschichte fand damit aber immer noch kein Ende, denn gegen ihren Parteiausschluss blieb weiterhin eine Klage anhängig, auch versuchte Sayn-Wittgenstein immer wieder, sich in die tief zerstrittene AfD in Schleswig-Holstein einzumischen.[332]

AfD-Polit-Trash BaWü

Parteiausschlussverfahren wurden zu einer typischen Erscheinung in der AfD. Das lag vor allem daran, dass die Partei erst 2013 entstanden war und binnen weniger Jahre in allen Parlamenten Mandatsträger_innen stellte. Einen solch schnellen Aufstieg zur stärksten Oppositionspartei hatte es in der Geschichte der Bundesrepublik noch nicht gegeben – und auch noch nie eine solche Chaoten Truppe. So gut wie alle Schattierungen, die das rechte politische Lager zu bieten hatte, und Personen mit Sendungsbewusstsein und Geltungsdrang sammelten sich in der AfD, deren Führung mit Ordnungs- und Ausschlussverfahren das Ihre tat, um nicht als verfassungsfeindlich eingestuft zu werden. Das betraf auch ganze Parteistrukturen.

331 *Reaktion auf Rauswurf aus der AfD. Sayn-Wittgenstein zieht sich aus Vorstandsarbeit zurück*, in: Der Tagesspiegel, 2.9.2019.

332 Die Zivilkammer des Berliner Landgericht urteilte am 15. April 2021, dass der Parteiausschluss nicht rechtsgültig war. Die Bundesgeschäftsstelle der AfD teilte daraufhin mit, dass Sayn-Wittgenstein aber durch die Gerichtsentscheidung „nicht wieder Mitglied der AfD“ sei. Ihr Parteiausschluss bleibe bestehen, bis das Berufungsverfahren abgeschlossen sei.

Als im September 2018 die Verfassungsschutzämter in Baden-Württemberg, Bremen und Niedersachsen entschieden, die *Junge Alternative* zu beobachten, drängte der Bundesvorstand der AfD auf umgehende Konsequenzen und wollte die Auflösung der betreffenden AfD-Jugendorganisationen.

In Teilen der AfD machte sich Unmut über das Vorgehen des Bundesvorstandes breit. Zu Wortführer_innen schwangen sich einige dem *Flügel* nahestehende AfD-Mitglieder auf, die am 28. Oktober 2018 den *Stuttgarter Aufruf* veröffentlichten.

Darin hieß es: *„Wir widersetzen uns allen Denk- und Sprechverboten innerhalb der Partei und zeigen allen Vorständen die rote Karte, die sich an Machenschaften beteiligen, den Mitgliedern ihr Recht auf das freie Wort und eine eigenständige Analyse der politischen Zustände zu nehmen.“*[333]

Unter der radikaldemokratisch klingenden Forderung nach grenzenloser Meinungsfreiheit war allerdings zu verstehen, dass ein Björn Höcke eine 180-Grad-Wende der deutschen Erinnerungskultur fordern und das Holocaust-Mahnmal in Berlin als *„Denkmal der Schande“*[334] bezeichnen konnte. Oder der baden-württembergische AfD-Abgeordnete Wolfgang Gedeon, der die Opferzahlen der Schoah auf wenige Zehntausend herunterrechnete und so den Holocaust leugnete.

Der *Stuttgarter Aufruf* hatte binnen sechs Tagen an die 1.000 Unterzeichner_innen in der AfD gefunden.[335]

Allzu auffällige bzw. untragbare Mitglieder, gegen die Ausschlussverfahren eingeleitet werden mussten, stellten sich als Opfer kruder Machenschaften dar. Als Beispiele können der baden-württembergischen AfD-Abgeordneten Stefan Räpple und sein Kumpane Wolfgang Gedeon gelten. Ihr Auftreten und die sich lange hinziehenden Ausschlussverfahren gaben einen tiefen Einblick in den Zustand der Partei.

Vor seiner Zeit in der AfD war Räpple politisch nicht in Erscheinung getreten. Im elterlichen Café absolvierte er eine Konditorlehre und studierte

333 *Stuttgarter Aufruf*, 28.10.2018.

334 Kamann, Matthias: *Eklat um AfD-Politiker. Was Höcke mit dem „Denkmal der Schande-Rede“ bezweckte*, in: WELT, 18.1.2017.

335 Steffen, Tilmann: *Stuttgarter Aufruf. AfD-Radikale rebellieren gegen Bundesspitze*, in: ZEIT ONLINE, 31.10.2018.

anschließend auf dem zweiten Bildungsweg für das Lehramt an Haupt- und Realschulen.[336] Das Studium schloss er nicht ab. *„Weil ich die vermittelten Inhalte nicht mittragen konnte"*[337], lautete seine Begründung. Schließlich bezeichnete sich Räpple als Hypnotiseur und eröffnete zwei Hypnosepraxen. Seit ihrer Gründung im Jahr 2013 Mitglied, war der Hypnotiseur in der AfD zudem Mitbegründer der *Jungen Alternative* (JA) und in deren Bundesvorstand. Bei der Landtagswahl in Baden-Württemberg im März 2016 trat er im Landkreis Kehl für die AfD an und erreichte mit 15 Prozent der Stimmen ein Listenmandat.[338]

Als Parteichef Meuthen den Ausschluss des AfD-Abgeordneten Gedeon aus der Landtagsfraktion wegen dessen antisemitischer Äußerungen forderte, stellte sich Räpple gegen Meuthen. Fortan blieben die beiden Männer Kontrahenten. Anfang Juli 2016 führte der Fall Gedeon vorübergehend zur Spaltung der AfD-Fraktion im baden-württembergischen Landtag. Bevor es zum endgültigen Bruch kam, konnte der Konflikt gerade noch beigelegt und die Fraktion wiedervereint werden. Seit dieser Zeit saß Gedeon als fraktionsloser Abgeordneter im Stuttgarter Parlament, unterhielt aber nach wie vor regen Kontakt zum rechten Flügel in der AfD. Insbesondere zu Stefan Räpple, der mit rechtsradikalen Pöbeleien ständig für Schlagzeilen sorgte. So bezeichnete Räpple die Abgeordneten von CDU, SPD, Grünen und FDP in der Landtagssitzung am 9. November 2016 als *„Volksverräter"*[339].

Etwas später zog Räpple im Landtag über die *„Koksnasen der SPD und Antifa-Kiffer von den Grünen"*[340] her, die nichts weiter als einen *„faulen Haufen floskelschwingender Parlamentsfüllmasse"*[341] darstellten. Sein unberechenbares Auftreten war selbst der AfD zu viel. Ab Februar 2017 durfte Stefan Räpple für seine Fraktion in keinem Landtagsausschuss mehr mitarbeiten, d.h. er

336 Burgmaier, Ralf: *Wahlkreis 51 Offenburg. Kandidatencheck: Stefan Räpple (AfD)*, in: Badische Zeitung, 23.2.2016.

337 *Ortenauer CDU Abgeordneter gegen zu frühe Festlegung*, in: baden online, 14.3.2916.

338 Ebenda.

339 Soldt, Rüdiger: *Abgeordneter beschimpft andere Parteien als „Volksverräter"*, in: FAZ.NET, 16.11.2016.

340 Hunger, Anna: *Räpples Welt*, in: Kontext Wochenzeitung Ausg. 403, 19.12.2018.

341 Ebenda.

durfte sich im Landtag nicht mehr zu Wort melden. Das hinderte Räpple aber nicht daran, weiter für Furore zu sorgen. So störte er am 9. März 2017 die Rede einer Grünen-Politikern derart, dass ihn der Parlaments-Vizepräsident Wilfried Klenk (CDU) zur Ordnung rief. Räpple nannte das eine „*Unverschämtheit*" und bezeichnete den Landtagspräsidenten als „*Drecksack*". Daraufhin warf Klenk den AfD-Abgeordneten aus dem Plenarsaal.[342]

Neben ständigen Beschimpfungen politischer Gegner_innen wollte Räpple erreichen, dass Wolfgang Gedeon wieder in die Fraktion aufgenommen wurde. Zumindest eine offizielle Mitarbeit wurde ab November 2017 möglich, nachdem die AfD-Landtagsfraktion beschloss, dass Gäste an Arbeitskreissitzungen der AfD-Abgeordneten teilnehmen konnten. Das traf auch auf Wolfgang Gedeon zu und führte zu intensiveren Kontakten mit Stefan Räpple. Daraus erwuchs der AfD ein Problem, denn *Ich, die AfD und der Antisemitismus: Populismus oder Mut zur Wahrheit* lautete der Titel eines im September 2018 von Gedeon herausgebrachten Buches. Allein der Titel dokumentierte, dass der Autor seine eigene Person zumindest nicht für unwichtig nahm. Der Text handelte auf fast 30 Seiten Thesen über eine „*zionistische Verschwörung*"[343] ab. Das Interesse an dieser Schrift blieb zunächst auf einen sehr kleinen Kreis beschränkt. Gedeon sorgte jedoch bald dafür, dass seine kruden Vorstellungen eine große Öffentlichkeit erreichten.

Zum Anlass wurde die Gründung der Bundesvereinigung *Juden in der AfD* (JAfD) am 7. Oktober 2018 in Wiesbaden, die auf ein großes Medienecho traf.[344] Parteichef Jörg Meuthen schickte ein Grußwort, auch viele andere Parteimitglieder reagierten auf den neuen Verband positiv. Habe man doch damit den gegnerischen Parteien das „*Spielzeug der Nazikeule*"[345] weggenommen, so der AfD-Bundestagsabgeordnete Petr Bystron.

342 *AfD-Mann sorgt für neuen Eklat*, in: Mannheimer Morgen, 10.3.2017.

343 Steffen, Tillmann: *Wolfgang Gedeon. AfD-Spitze will Holocaustleugner aus der Partei werfen*, in: ZEIT ONLINE, 15.10.2018.

344 Die AfD bemühte sich um ihr Image. Bereits 2014 war ein „Arbeitskreis Homosexuelle in der AfD" gegründet worden, 2019 folgte der Verein „Die Neudeutschen" von AfD-Politiker_innen mit Migrationshintergrund.

345 Kamann, Matthias/ Breyton, Ricarda: *AfD-Politiker Gedeon „Im ungünstigsten Fall eine zionistische Lobby-Organisation"*, in: WELT, 8.10.2018.

Im Gegenzug veröffentlichte Wolfgang Gedeon wenige Stunden nach der JAfD-Gründung auf Facebook einen Text mit antiisraelischen Positionen. Die JAfD seien *„ein taktischer Fehler […] Im günstigsten Fall ist diese Gründung überflüssig wie ein Kropf, im ungünstigsten Fall handelt es sich um eine zionistische Lobbyorganisation, die den Interessen Deutschlands und der Deutschen zuwiderläuft.“* [346]

↑ Das Symbol der im Oktober 2018 gegründeten JAfD.

Am folgenden Tag verkündete Stefan Räpple: *„Ich stehe voll und ganz hinter den Äußerungen von Herrn Gedeon.“* [347] Räpple weiter: *„Die zionistische Ideologie, also die Durchsetzung israelischer Interessen auf deutschem Boden, lehne ich ab. Es geht mir um deutsche Interessen, nicht um israelische.“* [348]

Die AfD ließ daraufhin Gutachten erstellen, um den antisemitischen Charakter von Gedeons Äußerungen zu belegen, und kündigte einen weiteren Ausschlussantrag gegen ihn an. Der Landesvorstand der Südwest-AfD trat dem Parteiausschlussverfahren des Bundesverbands bei. Zudem gab der Landesverband Stefan Räpple eine Woche Zeit, sich von Gedeon zu distanzieren. Anderen Falles würden Ordnungsmaßnahmen ergriffen.

Von solcherlei Drohungen ließ sich Räpple selbstverständlich nicht beeindrucken und provozierte in bekannter Manier weiter. So nahm er am 27. August 2018 mit einem Fraktionskollegen an der Demonstration von *Pro Chemnitz* nach dem Tod des 35-jährigen Tischlers Daniel Hillig teil, der bei einem Streit von Asylbewerbern niedergestochen und getötet worden war. Räpple und sein Kollege veröffentlichten Fotos von sich bei Twitter.

346 Kamann, Matthias/ Breyton, Ricarda: *AfD-Politiker Gedeon „Im ungünstigsten Fall eine zionistische Lobby-Organisation“*, in: WELT, 8.10.2018.

347 Ebenda.

348 Ebenda.

U. a. schrieb Räpple dazu: *„Falls ich später mal gefragt werden sollte, wo ich am 27. August 2018 war, als die Stimmung in #Deutschland kippte: Ja, ich war in #Chemnitz dabei!“* [349]

Ein völliger Alleingang von Räpple war dann eine Demonstration gegen den UN-Migrationspakt am Samstag, den 8. Dezember 2018, in Stuttgart. Mit ihr war ein symbolischer Schulterschluss mit der Gelbwesten-Bewegung beabsichtigt, die gerade Frankreich in Atem hielt. [350] Ein Sprecher der AfD stellte im Vorfeld klar, dass es sich bei der Demo um keine Veranstaltung der Landespartei handelte, sondern um eine Eigeninitiative des Abgeordneten Räpple. Der erlebte am Versammlungsort, dem Kronprinzplatz, eine Enttäuschung. Statt einer unüberschaubaren Zahl von **Gelbwesten** fanden sich lediglich 40 [351], nach anderen Angaben 70 [352], Personen ein.

In seiner Eingangsrede bezeichnete Räpple die **Junge Alternative**, die aufgrund ihrer Nähe zur **Identitären Bewegung** seit Anfang September vom Verfassungsschutz in Niedersachsen und Bremen überwacht wurden, als *„gute Jungs“* [353]. Etwas später versuchte Räpples Vertrauter, Wolfgang Gedeon, zu Wort zu kommen. Was gar nicht so einfach war, denn das **Bündnis Stuttgart gegen Rechts** protestierte mit 400 [354] bis 700 [355] Menschen lautstark gegen die Räpple-Kundgebung. Die Polizei schützte die Veranstaltung mit 300 Beamt_innen, zwei Wasserwerfern und einer Reiterstaffel. Zweieinhalb Stunden versuchte das rechtsradikale Häuflein, sich Gehör zu verschaffen. Am Ende gelang es einem Antifa-Aktivisten, eine Sitzbank auf Räppels Kleinbus zu werfen. Die Frontscheibe zersplitterte, was Räpple aus dem

349 *Landesminister warnt. Strobel: AfD entwickelt sich in Richtung Rechtsextremismus*, in: ZEIT ONLINE, 31.8.2018.

350 Maier, Sascha: *AfD-Demo am Kronprinzplatz. AfD provoziert mit Gelbwesten auf Stuttgart-Demo*, in: Stuttgarter Zeitung, 8.12.2018.

351 Stavrakis, George: Stuttgart: *Wasserwerfer bei AfD-Veranstaltung. Hunderte Polizisten sichern AfD-Demo*, in: Stuttgarter Zeitung, 8.12.2018.

352 Hunger, Anna: *Räpples Welt*, in: Kontext Wochenzeitung Ausg. 403, 19.12.2018.

353 Krohn, Knut: *Wieder Streit bei Alternative für Deutschland. AfD will Abgeordneten Räpple aus der Partei werfen*, in: Stuttgarter Zeitung, 12.12.2018.

354 Stavrakis, George: Stuttgart: *Wasserwerfer bei AfD-Veranstaltung. Hunderte Polizisten sichern AfD-Demo*, in: Stuttgarter Zeitung, 8.12.2018.

355 Hunger, Anna: *Räpples Welt*, in: Kontext Wochenzeitung Ausg. 403, 19.12.2018.

Wageninneren filmte. Sofort behauptete er, man habe ihn töten wollen, und erstattete Anzeige wegen versuchten Totschlags. Gegen einen Tatverdächtigen leitete die Polizei Ermittlungen ein.[356]

Allein die ständigen Alleingänge von Stefan Räpple wurden der AfD zu viel. Am 11. Dezember 2018 fasste der Landesvorstand der AfD-Baden-Württemberg den Beschluss, gegen Räpple ein Parteiausschlussverfahren wegen Verstößen gegen die Grundsätze der Partei und wiederholten parteischädigenden Verhaltens einzuleiten.[357]

Da lösten Räpple und Gedeon, noch bevor das eingeleitete Ausschlussverfahren bekannt wurde, einen noch nicht dagewesenen Eklat aus. Auf Antrag der AfD sollte der Landtag in Stuttgart am 12. Dezember über Forderungen aus der SPD-Nachwuchsorganisation Jusos, Schwangerschaftsabbrüche vollständig zu legalisieren, und vermeintliche *linksideologische Einflüsse* in baden-württembergischen Kindergärten debattieren.

Angriffslustig beschimpfte Räpple gleich zu Beginn der Debatte die SPD mit dem Satz: *„So sind sie, die roten Terroristen!“*[358] Dafür bekam er von der türkischstämmigen Landtagspräsidentin Muhterem Aras (Grüne) einen Ordnungsruf. Dann ergriff FDP-Fraktionschef Hans-Ulrich Rülke das Wort und beendete seinen Redebeitrag mit einer Erwiderung auf Räpple. Vor 80 Jahren seien *„die geistigen Vorgänger von Leuten wie Herrn Räpple im Stechschritt durch das Brandenburger Tor marschiert“*.[359] Das führte zu einem regelrechten Ausrasten des Angesprochenen. Räpple bestand schreiend darauf, dass nun auch Rülke einen Ordnungsruf von Aras erhalten müsse. Die Landtagspräsidentin sah das anders, räumte Räpple aber die Möglichkeit einer persönlichen Erklärung ein und rief ihn zur Ruhe. Doch Räpple war in Fahrt, schrie weiter dazwischen. Schließlich sagte Aras zu dem Wüterich:

356 Stavrakis, George: Nach AfD-Demo in Stuttgart. Sitzbank gegen Auto von AfD Mann geworfen, in: Stuttgarter Zeitung, 9.12.2018.

357 Krohn, Knut: *Wieder Streit bei Alternative für Deutschland. AfD will Abgeordneten Räpple aus der Partei werfen*, in: Stuttgarter Zeitung, 12.12.2018.

358 *AfD in Baden-Württemberg. So sind sie, die roten Terroristen*, in: Süddeutsche Zeitung, 12.12.2018.

359 Ebenda.

„Sie verlassen jetzt die Sitzung“ [360]. Räpple kochte vor Wut, entgegnete: *„Nein, ich bleibe hier“* [361], und rührte sich nicht von seinem Platz. Aras drohte mit der Polizei, falls Räpple sich nicht füge, doch der blieb stur. Schließlich kam es zum ersten Polizeieinsatz im Stuttgarter Landtag. Drei Polizeibeamte mussten minutenlang auf Räpple einreden, bis er den Saal endlich verließ. Aus Protest zog sich die gesamte AfD-Fraktion aus dem Plenum zurück und kehrte wenig später ohne Räpple zurück. Der kündigte an, Verfassungsklage einzureichen.

Nach der Rückkehr der AfD-Fraktion ging die Debatte mit lautstarken Zwischenrufen und Beschimpfungen weiter. Der fraktionslose Wolfgang Gedeon solidarisierte sich mit seinem Parteifreund Räpple. Gedeon ging über zwei Ordnungsrufe von Landtagspräsidentin Aras hinweg und sagte: ***„So können sie ein Parlament in Anatolien führen, aber nicht in Deutschland.“*** [362] Nach dieser diskriminierenden Bemerkung verwies Aras Gedeon des Saales. Auch Gedeon weigerte sich und musste von der Polizei vor die Tür begleitet werden. Die beiden Rechtsaußenpopulisten blieben für die nächsten drei Sitzungen ausgeschlossen, was sie, wie ihren Rauswurf, als ungerechtfertigt ansahen. Gemeinsam beantragten sie den Erlass einstweiliger Anordnungen mit dem Ziel, ihre Sitzungsausschlüsse aufzuheben. Mit ihrem Eilantrag vor dem Verfassungsgerichtshof von Baden-Württemberg scheiterten sie im Januar 2019. An Einsicht oder Kleinbeigeben war natürlich weder für Gedeon noch Räpple zu denken. Selbstverständlich musste der Instanzenweg voll ausgekostet werden.

Während sich die Justiz also weiterhin ausführlich mit den Anträgen der beiden rechtsradikalen Querulanten befassen musste, sorgte Gedeon zwischenzeitlich erneut mit einer rassistischen Äußerung für Aufsehen. Im März 2019 ging es im Stuttgarter Landtag um Wiedergutmachungsgesten zu den von deutschen Schutztruppen ab 1904 begangenen Verbrechen bei den Herero-Aufständen im ehemaligen Deutsch-Südwestafrika.

360 Ebenda.

361 Ebenda.

362 Reiners, Willi: *Eklat im Landtag. Räpple und Gedeon gegen Aras – Verfassungsrichter entscheiden*, in: StN.de, 17.1.2019.

Gedeon kommentierte das im Landtag mit den Sätzen: *„Der Kolonialismus ist Zeichen dafür, dass die europäische weiße Rasse anderen Völkern und Ethnien zivilisatorisch weit überlegen war."* Das habe *„den Völkern dort eine Menge an Blut, eine Menge an Schweiß erspart"*.[363]

Bei einem solchen Weltbild war es nicht verwunderlich, dass Gedeon das letztinstanzliche Urteil des Verfassungsgerichtshofs von Baden-Württemberg im Juli 2019 (Urt. v. 22.07.2019, Az. 1 GR 1/19 und 1 GR 2/19), der Ausschluss von ihm und Räpple aus dem Landtag sei rechtens gewesen, nicht akzeptierte.

Verblendet zeterte Gedeon, die Justiz sei *„Anhängsel der Politik"*[364] und das Menschenrecht der Meinungsfreiheit missachtet worden. Räpple wetterte über einen *„Schauprozess"* und meinte: *„Das war ein politisches Urteil und kein juristisches Urteil."*[365] Nichts und niemand schien die beiden Rechtsaußen-Abgeordneten in Baden-Württemberg stoppen zu können. Weiterhin nutzten sie hemmungslos das Podium, das ihnen der Landtag bot bzw. den Einfluss, den sie als Abgeordnete nehmen konnten.

Am 16. Oktober, eine Woche nach dem antisemitischen Anschlag in Halle, veröffentlichte Wolfgang Gedeon auf seiner Homepage den Entwurf einer Resolution für den nächsten AfD-Parteitag, in der es hieß: *„Der Antisemitismus in Deutschland wird durch ein Heer staatlich bezahlter ‚Antisemitismus-Beauftragter' und ihrer medialen Handlanger gewaltig aufgebauscht. Tatsächlich ist aber die Israelhörigkeit bei uns das größere Problem, und gerade die Israel-Lobby missbraucht systematisch den Antisemitismus-Vorwurf, um eine einseitige Erinnerungskultur und ein verzerrtes Geschichtsbild sowie eine bedingungslose Pro-Israel-Politik durchzusetzen."*[366]

Dass ein Parteiausschlussverfahren wegen rassistischer und antisemitischer Äußerungen gegen ihn lief, störte Gedeon offensichtlich nicht. Er glaubte sich im Recht und wähnte einen Großteil der AfD-Mitglieder

363 Kamann, Matthias: Wolfgang Gedeon. *Warum es so schwierig ist diesen Mann aus der AfD zu werfen*, in: WELT, 31.10.2019.

364 *Ausschluss von AfD-Politikern war rechtens*, in: LTO (Legal Tribune Online), 22.7.2019.

365 Ebenda.

366 Kamann, Matthias: *Antisemitismus-Vorwürfe lassen AfD-Parteigericht kalt*, in: Die Welt, 1.11.2019.

hinter sich. Es zeigte sich bald, dass er nicht so ganz falsch mit dieser Annahme lag. Aufgrund parteiinterner Vorgänge und Regularien lief sein Verfahren vor dem Landesschiedsgericht der AfD in Schleswig-Holstein – also der Instanz, die bereits den Ausschluss von Doris von Sayn-Wittgenstein abgelehnt hatte. Insofern war es keine völlige Überraschung, als das Schiedsgericht am 30. Oktober 2019 auch den Parteiausschluss von Gedeon abwies. Der Antrag sei ***„zum Teil unzulässig"***[367] und ***„zum Teil als unbegründet"***[368] zu betrachten, hieß es. Nun blieb dem Bundesvorstand nur noch, den Ausschluss Gedeons vor dem Bundesschiedsgericht der Partei durchzusetzen. Parteichef Jörg Meuthen sagte: ***„Ich sehne den Tag herbei, da der Mann nicht mehr zur AfD gehört."***[369] Ähnlich äußerte sich Bundesvorstandsmitglied Alice Weidel.

Wenig später brachte sich Stefan Räpple, gegen den ebenfalls weiterhin ein Ausschlussverfahren anhängig war, wieder in Erinnerung. Diesmal reiste er dazu ins sächsische Zwickau, wo am Sonntag, dem 3. November 2019 ein antifaschistisches Denkmal der Öffentlichkeit übergeben werden sollte.

Zehn Bäume und Gedenktafeln erinnerten fortan im Schwanenteichpark an die Mordopfer der Neonazis-Terrorzelle NSU. Uwe Mundlos, Uwe Böhnhardt und Beate Zschäpe, die Kerngruppe des NSU, hatte elf Jahre unerkannt in Zwickau gelebt. Allein die anwesende Polit-Prominenz machte den politischen Stellenwert deutlich. Neben Sachsens Ministerpräsident Michael Kretschmer (CDU) war auch Bundeskanzlerin Angela Merkel anwesend.

Bereits im Vorfeld der Veranstaltung war im Gedenken an Enver Şimşek, dem ersten Opfer des NSU, am 8. September eine Eiche gepflanzt worden. Neun weitere Bäume sollten folgen. Doch Unbekannte sägten die frisch gepflanzte Eiche ab. Während der Einweihung am neuen Gedenkbaum kam es aufgrund eines Blumenkranzes der Zwickauer AfD zu einer Auseinandersetzung zwischen einigen Teilnehmer_innen der Gedenkfeier und der Polizei.[370]

367 Steffen, Tilman: *AfD. Gericht lehnt Parteiausschluss von Wolfgang Gedeon ab*, in: ZEIT ONLINE, 31.10.2019.

368 Ebenda.

369 Ebenda.

370 *Zwickau weiht Mahnmal für NSU-Opfer ein*, in: ZEIT ONLINE, 3.11.2019.

Auch Bundeskanzlerin Merkel legte am neuen Gedenkbaum für Enver Şimşek eine weiße Rose nieder. Kaum 100 Meter entfernt zählte die Polizei etwa 100 Gegendemonstrant_innen. Unter ihnen der eigens angereiste Stefan Räpple. Gegen 16:30 Uhr veröffentlichte dieser auf Facebook einen Text, in dem er die Einweihung als Propagandaaktion diffamierte. Räpple behauptete, dass *„dieser Fake-NSU-Blödsinn in Zwickau durch eine sinnlose Baumpflanzaktion in die Gehirne des gebeutelten und geschröpften Volkes wieder und wieder hineingehämmert wird“*. Merkel wolle *„in Ruhe an der Fake-NSU Gedenkveranstaltung Rosen niederlegen“*.[371]

Erfolge im Osten, Streit im Westen

Skandale, interne Machtkämpfe und negative Schlagzeilen, all das, was parlamentarische Parteien in große Probleme zu bringen pflegt, zeigte bei der AfD keine Wirkung.

Unangefochten profitierte die Partei weiterhin von einer weit verbreiteten Unzufriedenheit, vor allem in den fünf neuen Bundesländern. Das belegten die Erfolge bei den Landtagswahlen im Jahr 2019. Bei einer Pressekonferenz in Berlin verkündete Meuthen, seine Partei sei der große Sieger im Wahljahr 2019 und präsentierte sich einträchtig mit Höcke und seinem Ko-Vorsitzenden Alexander Gauland.[372]

Ob und wie sich diese Wahlerfolge auf die Neubesetzung des Bundesvorstands auswirken würden, blieb aber eine offene Frage, die von den Parteisprechern Gauland und Meuthen unterschiedlich beantwortet wurde. Die Neuwahl des Vorstandes stand mit dem 10. Bundesparteitag der AfD vom 30. November bis 1. Dezember 2019 in Braunschweig an. Meuthen, der sich zur Wiederwahl stellen wollte, rechnete nicht mit einem Machtzuwachs für die ostdeutschen Landesverbände. Gauland hingegen meinte, es sei ganz normal, aufgrund der Wahlergebnisse dem Osten und damit dem

371 Feyder, Franz: *Stefan Räpple über Terrorgruppe. AfD-Mann sorgt mit Äußerung über NSU für entsetzen*, StN.de, 7.11.2019.

372 Schneider, Jens: *AfD. Niemand kennt die Stärke von Höckes „Flügel“*, in: Süddeutsche Zeitung, 29.10.2019.

Flügel mehr Einfluss im Vorstand zu geben.[373] Wenn auch nach außen der Schein gewahrt blieb, brodelte untergründig ein Zwist, der beim 10. Bundesparteitag zum Tragen kam.

Das *Braunschweiger Bündnis gegen Rechts* hatte Gegenaktionen angekündigt. Bereits am Freitagabend vor dem Parteitag gab es eine erste Demonstration mit 900 Teilnehmer_innen. Am Samstag gingen dann nach Angaben der Veranstalter_innen 20.000 Menschen gegen die AfD auf die Straße. Die Polizei gab keine Zahlen bekannt. Der Demoaufruf des Bündnisses war von *Aufstehen gegen Rassismus*, dem Betriebsrat von VW Braunschweig, dem DGB Niedersachsen sowie weiteren Gewerkschaftsorganisationen, mehreren Sozialverbänden, der evangelischen Kirche, dem *Zentralrat der Muslime Niedersachsen* und der *Deutsch-Israelischen Gesellschaft* unterstützt worden, außerdem riefen Grüne, Linkspartei, mehrere SPD-Ortsvereine sowie Jusos und die Piratenpartei dazu auf.[374] Die Demonstration verlief absolut friedlich.

In der *Volkswagenhalle*, deren Schriftzug auf Betreiben des Autokonzerns abgedeckt war, versammelten sich 570 AfD-Delegierte.[375] Ein riechtungsweisender Parteitag begann, denn an der Parteispitze würde es eine Veränderung geben. Der 78-jährige Alexander Gauland räumte seinen Posten als Parteisprecher für den 44-jährigen sächsischen Bundestagsabgeordneten Tino Chrupalla. Chrupalla, ein Malermeister aus Görlitz, war Anfang der 1990er-Jahre Mitglied in der *Jungen Union* und jahrelang CDU-Wähler, bis er bei **PEGIDA** mitmarschierte.[376] Seit 2015 in der AfD, nahm er bei der Bundestagswahl 2017 Michael Kretschmer, Ministerpräsident von Sachsen (CDU), das Direktmandat im Wahlkreis Görlitz ab. Chrupalla, der sich nicht als Sachse, sondern als Schlesier fühlt[377], wurde vom *Flügel*

373 Wehner, Markus: *Wahlsiege im Osten. Die selbsternannten Bürgerlichen von der AfD*, in: FAZ.NET, 2.9.2019.

374 *AfD-Parteitag Braunschweig. 20.000 Menschen protestierten gegen AfD*, in: Der Tagesspiegel, 30.11.2019.

375 Thorwarth, Katja: *AfD-Parteitag in Brauschweig – Zum Abschluss wird gesungen*, in: FR.de, 1.12.2019.

376 Wegen wiederholter Provokationen und zu großer Nähe zu rechtsextremen Organisationen und Personen wurde Räpple Ende März 2020 vom Schiedsgericht des AfD Landesverbandes Baden-Württemberg aus der AfD ausgeschlossen.

377 Sternberg, Jan: *Neuer AfD-Chef. Wer ist eigentlich Tino Chrupalla?*, in: RND,1.12.2019.

respektiert, genauso war er in der übrigen Partei, speziell den West-Verbänden, vermittelbar. Als Ko-Parteisprecher stellte sich Jörg Meuthen zur Wiederwahl. Von den letzten Wahlergebnissen beseelt, rief Meuthen die AfD auf, in den nächsten Jahren regierungsfähig zu werden. Die Partei habe in den vergangenen Jahren ihre Professionalität deutlich verbessert, dürfe dabei aber nicht stehenbleiben. *„Jetzt kommt erst die eigentliche Bergetappe."*[378] Meuthen bezeichnete seinen politischen Kurs als *„konservativ, freiheitlich und patriotisch"*.[379]

Den Aussagen Meuthens über Professionalität und einen seriösen politischen Kurs stand selbst auf dem Parteitag einiges entgegen. Zunächst kandierte Wolfgang Gedeon gegen Meuthen um den Posten des Parteisprechers bzw. gegen den Bundesvorstand. Natürlich war das chancenlos, Gedeon kandidierte einfach, weil er es konnte. Während seiner Bewerbungsrede machte sich unüberhörbarer Unmut im Saal bemerkbar, etliche Delegierten drehten sich weg oder verließen den Raum, andere zeigten rote Karten. In Wortmeldungen auf seine Rede griffen ihn Delegierte hart an. Trotzdem blieb Gedeon bei seiner Kandidatur und scheiterte eindrucksvoll mit 22 Stimmen[380] d.h. weniger als vier Prozent.[381]

Zu Beginn des Parteitages hatte Stefan Räpple eine Diskussion über die Unvereinbarkeitsliste auf die Tagesordnung setzen lassen. Räpple und einige andere dem **Flügel** nahestehende Delegierte wollten *„dieses Satzungsrelikt aus der Lucke-Zeit"*[382] abschaffen. Zumindest die ***Identitäre Bewegung*** sollte von der Liste gestrichen werden. Der alte und neue AfD-Parteisprecher Meuthen sprach sich strikt gegen einen Kurswechsel aus. Würde die AfD als verfassungsfeindlich eingestuft, wären die Absichten, in Regierungsverantwortung zu kommen, in weite Ferne gerückt. *„Für eine Rechtsaußenpolitik stünde ich nicht zur Verfügung"*[383], betonte Meuthen.

378 *AfD-Vorsitz: Jörg Meuthen und Tino Chrupalla gewählt*, in: Luxemburger Wort, 10.11.2019.

379 Ebenda.

380 *Antisemitismus. AfD schließt Wolfgang Gedeon aus der Partei aus*, in: ZEIT ONLINE, 20.3.2020.

381 Wehner, Markus: *Analyse vom Parteitag. Die AfD will regieren*, in: ZEFAZ.NET, 1.12.2019.

382 *Verhältnis zu Identitären. AfD Abgeordnete rütteln an Unvereinbarkeitsliste*, in: FAZ.NET, 22.11.2019.

383 *Gauland bereitet sein Vermächtnis vor*, in: Süddeutsche Zeitung, 1.12.2019.

In diesem Zusammenhang hielt er auch die Unvereinbarkeitsliste der AfD weiterhin für absolut notwendig. Diese Position setzte sich durch, Räpple unterlag.

Der letzte Dreck

Die Ausschlussverfahren gegen Gedeon und Räpple zogen sich hin. Offensichtlich wollten viele in der AfD die beiden in der Partei halten. Das zeigte sich, als Gedeons Wiederaufnahmeantrag in die Fraktion im September 2019 zwar an der nötigen Zweidrittelmehrheit scheiterte – aber knapp die Hälfte der Fraktion für seine Wiederaufnahme stimmte. Auch bekam Gedeon im Stuttgarter Landtag für seine kruden Verschwörungstheorien weiterhin regelmäßig Beifall aus den Reihen der AfD.

An der Parteispitze sah man das anders. Insbesondere Parteichef Meuthen trieb das Ausschlussverfahren gegen Gedeon über Jahre persönlich voran. Endlich landete das Verfahren vor dem Bundesschiedsgericht der AfD. Die letzte Instanz, bestehend aus drei Parteijuristen, entschied einstimmig, dass Gedeon der Partei durch antisemitische Äußerungen Schaden zugefügt habe. Sein Ausschluss wurde am 20. März 2020 bekannt gemacht. Der 72-Jährige war damit ein einzelner fraktions- und parteiloser Abgeordneter im Landtag von Stuttgart.[384] Sein Mandat gab er nicht zurück, sondern blieb bis zum Ende der Legislaturperiode 2021 auf seinem Abgeordnetensessel sitzen.

Fast zeitgleich traf es auch Gedeons Kumpan Stefan Räpple. Ende März 2020 schloss ihn das Schiedsgericht des AfD Landesverbandes Baden-Württemberg wegen parteischädigenden Verhaltens aus der Partei aus. Räpple gab nicht klein bei, sondern kündigte an, durch alle Instanzen, bis zum Bundesschiedsgericht der AfD, zu gehen.[385]

In die Zeit des schwebenden Ausschlussverfahrens gegen Räpple fiel die Ausbreitung des Corona-Virus. Die Proteste gegen die Maßnahmen der

384 *Antisemitismus. AfD schließt Wolfgang Gedeon aus der Partei aus*, in: ZEIT ONLINE, 20.3.2020.

385 Schmitz, Jens: *Stefan Räpple soll raus aus der AfD – will aber nicht*, in: Badische Zeitung, 1.4.2020.

Bundesregierung zur Eindämmung der Pandemie wurde ein neues Betätigungsfeld für den AfD-Landtagsabgeordneten. Am 21. August 2020 veröffentlichte Räpple ein YouTube-Video, in dem er stolz verkündete, gegenüber dem Zugpersonal das Anlegen eines Mundschutzes verweigert zu haben, und auch der Aufforderung, ein ärztliches Attest zur Befreiung von der Maskenpflicht vorzulegen, nicht nachgekommen sei. Diese Maßnahmen gegen die Corona-Pandemie halte er für nicht rechtmäßig. Die Bundesrepublik bezeichnete er als *„Willkürstaat"* und den *„letzten Dreck"*[386].

Eine Woche später beteiligte sich Räpple an der großen *Querdenken*-Demo in Berlin. Er gehörte an vorderster Front zu denjenigen, die am 29. August 2020 die Absperrgitter vor dem Reichstagsgebäude überstiegen, die Treppe zum Reichstag hinaufstürmten und Polizisten wegschubsten, die versuchten, das Gelände zu räumen.[387]

Es scheint, dass die Szenen vor dem Reichstagsgebäude großen Anteil daran hatten, das Räpple nun jegliches Maß verlor. Zum Showdown geriet die Demonstration *Corona Diktatur beenden* am 26. September 2020 in Mainz. Am Rheinufer sagte der AfD-Landtagsabgeordnete zu rund 350 Zuhörer_innen: *„Wir brauchen eine Masse auf der Straße und wir müssen die Regierung zuallererst stürzen. Und zwar mit Gewalt. Es geht nicht gewaltfrei. Wir müssen um unser Recht kämpfen. Wir müssen kämpfen. Jeder von uns muss bereit sein, sein Leben dafür zu geben, dass wir in Freiheit leben. Wir müssen uns gewaltsam Zutritt zum Kanzleramt verschaffen. Wir müssen die Regierungsstuben räumen."*[388]

Das Bündnis *Aufstehen gegen Rassismus Offenburg*, das gegen die Kundgebung protestierte, zeigte Räpple umgehend an und die AfD-Fraktion schloss ihn mit sofortiger Wirkung am Montag, dem 28. September, aus. Ebenso wurden ihm seine Mitgliedschaftsrechte entzogen.

Am folgenden Tag stand die Entscheidung des AfD-Bundesschiedsgerichts über den Parteiausschluss Räpples an. Der gab seinen Austritt aus der AfD bei einer Pressekonferenz in Stuttgart, unmittelbar vor seinem

386 *Kriminalität Mainz. Ex-Parlamentarier Räpple wegen Verunglimpfung vor Gericht*, in: Süddeutsche Zeitung,19.1.2022.

387 *Prozess Mainz. Ex-Parlamentarier Räpple zu Bewährungsstrafe verurteilt*, in: Süddeutsche Zeitung, 19.1.2022.

388 *Aufstehen gegen Rassismus Offenburg: Räpple ruft Volk zu Gewalt auf*, in: facebook, 27.9.2020.

Ausschluss, bekannt. Er bereue die Wortwahl bei der Demonstration in Mainz, aber habe es gesagt, wie er es gemeint habe.[389]

Wie Gedeon war Räpple nun partei- und fraktionsloser Landtagsabgeordneter. Sein Mandat gab er nicht zurück, blieb im Landtag, solange es ging. Freimütig hatte Räpple einst in einem Interview seine Sicht der Dinge erklärt: *„Politiker ist der lockerste Job ever. Da wird einem das Geld hinterhergeschmissen, du brauchst nichts machen. Ich hab' Mitarbeiter, die machen die Arbeit, die Abgeordneten kassieren die Knete.“*[390]

Räpples *Kassieren* setzten die Landtagswahlen in Baden-Württemberg am 14. März 2021 ein Ende. Auf die AfD entfielen 9,7 Prozent der Stimmen, das entsprach 17 Mandaten. Gegenüber der Wahl von 2016 war das ein Minus von 5,4 Prozent.[391]

Abschließend wurde Räpple noch eine juristische Rechnung für seine Beteiligung bei den – videodokumentierten – Eskapaden auf der Reichstagstreppe und dem Aufruf zur Gewalt in Mainz präsentiert. Allen politischen Ämtern und Posten entkleidet, stand ein reumütiger Räpple vor dem Richter. Der Angeklagte entschuldigte sich für seine Taten und bedankte sich bei der Staatsanwaltschaft für den *„Warnschuss“*[392], der die Anklage für ihn gewesen sei.

Das Landgericht Mainz verurteilte Räpple am 19. Januar 2022 wegen des öffentlichen Aufrufs zu Straftaten und Widerstands gegen Vollstreckungsbeamte zu zehn Monaten Freiheitsstrafe auf Bewährung sowie zur Zahlung von 2.400 Euro an eine gemeinnützige Organisation.

Strafmildernd habe sich ausgewirkt, dass der Angeklagte die Taten vollumfänglich gestanden habe, keine Vorstrafen hatte und nicht mehr politisch aktiv sei, sagte der Vorsitzende Richter. Räpples Verteidiger kündigte an, keine Rechtsmittel gegen das Urteil einzulegen.[393]

389 *Baden-Württemberg. Stefan Räpple ist nicht mehr AfD Mitglied*, in: ZEIT ONLINE, 29.9.2020.

390 Hunger, Anna: *Räpples Welt*, in: Kontext, Ausg. 403, 19.12.2018.

391 Statistisches Landesamt Baden-Württemberg: *Amtliches Endergebnis der Landtagswahl 2021*, in: Baden-Württemberg.de, 1.4.2021.

392 *Stefan Räpple. Ex-Parlamentarier zu Bewährungsstrafe verurteilt*, in: StN.de, 19.1.2022.

393 Ebenda.

Sachsen-Anhalts Rechtsaußen

Die Gründe für Ausschlussverfahren in der AfD fanden sich vor allem im Auftreten von Charakteren, die sich nicht in den Parteiapparat integrieren ließen und ihre rechtsradikale Gesinnung ohne jegliche Rücksicht in die Öffentlichkeit posaunten. In erster Linie ging es der Parteiführung darum, eine verfassungsfeindliche Einstufung zu vermeiden. Auch schien es, dass teilweise Menschen mit der ihnen plötzlich zufallenden Macht nicht zurechtkamen und sich als die großen Führer_innen aufführten. Ein Beispiel lieferte André Poggenburg aus Sachsen-Anhalt.

Politisch bislang nicht weiter in Erscheinung getreten, führte Poggenburg seit 1996 im Sachsen-Anhaltinischen Stößen bei Weißenfels ein Unternehmen für Apparatebau.[394] Vieles änderte sich, als der Unternehmer im Jahr 2013 in die AfD eintrat. Bereits im Mai 2014 zog er als Abgeordneter in den Kreistag des Burgenlandkreises ein. Überraschend erfolgte noch im selben Jahr Poggenburgs Karrieresprung zum Landesvorsitzenden der AfD Sachsen-Anhalt. Den Grund lieferte der durch Korruption und Vetternwirtschaft erschütterte Landesverband. In diesem Zusammenhang musste der bisherige Vorsitzende Arndt Klapproth zurücktreten, mit ihm gingen neun von elf Vorstandsmitgliedern.[395]

Bei der Neuaufstellung protegiert Frauke Petry mit aller Kraft André Poggenburg, weil sie sich dadurch Unterstützung in ihrem Machtkampf gegen den Parteigründer Lucke versprach. Petry wurde nicht enttäuscht. Als sie auf dem AfD-Parteitag im Juli 2015 in Essen als neue Bundesvorsitzende Lucke verdrängte, zahlte sich das dann auch für Poggenburg aus, der in den Bundesvorstand gewählt wurde. Als Nationalkonservativer stand er aufseiten der Bundesvorsitzenden.

Bald entwickelte Poggenburg aber eigene Ambitionen. Berührungsängste mit Rechtsradikalen, wie NPD-Mitgliedern, kannte er nicht. Ebenso wollte er den wohl bekanntesten Protagonisten der Neuen Rechten in

394 Zur Person: *Mit eigenem Betrieb im Gut Nöbeditz in Stößen ansässig*, in: Naumburger Tageblatt, 12.5.2014.

395 Könau, Steffen: *AfD Sachsen-Anhalt: Machtkampf für Deutschland*, in: Mitteldeutsche Zeitung, 5.6.2015.

Sachsen-Anhalt, Götz Kubischeck und seine Frau Ellen, in den AfD-Landesverband aufnehmen. Innerparteilich stand Poggenburg ohnehin dem Rechtsaußen Björn Höcke nahe und trat 2015 als einer der Initiatoren der *Erfurter Resolution* in Erscheinung, mit der die nationalistische Gruppierung *Der Flügel* in der AfD begründet wurde.

Des Weiteren unterstützte Poggenburg die *Patriotische Plattform*, eine seit 2014 bestehende, parteiinterne, völkisch/nationalistische Strömung, die vor allem im Islam und einer multikulturellen Gesellschaft eine Bedrohung sah.[396] Sprecher der PP war der rumäniendeutsche Hans-Thomas Tillschneider. Der promovierte Islamwissenschaftler unterstützte ebenfalls die Kandidatur Petrys gegen Lucke und war beim *Flügel* aktiv. Tillschneider und Poggenburg lagen politisch auf einer Wellenlänge und wurden auf dem Höhepunkt der Protestwelle gegen den *Flüchtlingssommer* zu den prominentesten Köpfen der AfD in Sachsen-Anhalt. Tillschneider zog wegen der Landtagswahl extra von Sachsen nach Sachsen-Anhalt um.

Bei dem Votum am 13. März 2016 trat Poggenburg als Spitzenkandidat der AfD an und holte als Direktkandidat im Wahlkreis Zeitz 31,6 Prozent der Erststimmen. Mit diesem Ergebnis, das deutlich über den 24,3 Prozent im Landesmittel lag[397], wurde Poggenburg im März 2016 zum Vorsitzenden der AfD-Landtagsfraktion gewählt.

Gleichzeitig holte auch Tillschneider im Wahlkreis Bad Dürrenberg-Saalekreis mit 30,9 Prozent ein Direktmandat.[398] Neben seinem Abgeordnetenbüro in Bad Dürrenberg eröffnete Tillschneider im September 2017 ein zweites Büro außerhalb seines Wahlkreises im Haus der *Identitären Bewegung* in Halle. *„Wir brauchen, gerade auch in der Nähe zu den Universitäten, Begegnungsorte einer Gegenkultur zum linksversifften Mainstream"* [399], begründete der AfD-Abgeordnete seine Unterstützung.

396 Um einer drohenden Beobachtung der AfD durch den Verfassungsschutz keine Argumente zu liefern, leitete die *Patriotische Plattform* im September 2018 ihre Selbstauflösung ein.

397 Statistisches Landesamt Sachsen-Anhalt: *Wahl des 7. Landtags von Sachsen-Anhalt am 13. März 2016*, in: Wahlen 2016 B VII 5j16, Februar 2017.

398 Ebenda.

399 *Rechte Verquickungen in Halle (Saale): AfD-Politiker Hans-Joachim Tillschneider hat Büro im Identitären-Haus*, in: Mitteldeutsche Zeitung, 22.9.2017.

Der AfD-Landeschef André Poggenburg sah keine Veranlassung, Tillschneiders Zweitbüro zu beanstanden. Landtagsabgeordnete erhalten eine Pauschale, um Kontaktmöglichkeiten für die Wähler_innen anbieten zu können. Wie sie das Geld verwenden, entscheiden sie selbst. Poggenburg erklärte lediglich, dass eine organisatorische Zusammenarbeit zwischen AfD und *Identitären „nicht angedacht“*[400] sei.

Doch so nahe sich Poggenburg und Tillschneider politisch auch standen, blieben sie doch sehr unterschiedliche Charaktere. War der eine Wissenschaftler und Intellektueller, verkörperte der andere eher einen ungehobelten Poltergeist.

Wobei sich Poggenburg stets als erfolgreichen – Steuern zahlenden – Geschäftsmann darstellte. Zu seiner Erzählung gehörte, dass er sich im Jahr 2007 das Rittergut Nöbeditz gekauft hatte. Bestehend aus einem Herrenhaus, samt Stallungen und Scheunen, umgeben von einem Gutspark. Doch mit dem Kauf hatte sich Poggenburg wohl übernommen.

Das Amtsgericht Naumburg erließ im Februar 2013 aufgrund unbezahlter Rechnungen gleich zwei Haftanordnungen gegen ihn. In der folgenden Zeit erschien Poggenburg mindestens sieben Mal nicht zur Abgabe der, im Volksmund Offenbarungseid genannten, Vermögensauskunft.[401] Wegen weiterhin unbeglichener Rechnungen und Verweigerung der Vermögensauskunft wurde im Oktober 2015 erneut ein Haftbefehl gegen den säumigen Schuldner erlassen.[402]

Kurz vor der heißen Phase des Wahlkampfes für Sachsen-Anhalt, Ende Januar 2016, war das wirtschaftliche Chaos des Landesvorsitzenden und Spitzenkandidaten ein öffentliches Thema. Poggenburgs politische Karriere stand auf dem Spiel. Sein Landesverband stellte sich jedoch hinter ihn und er ergriff die Flucht nach vorn. Die Schuld an den unbezahlten Rechnungen gab er politischen Gegner_innen. Bei ihm sei mehrfach eingebrochen

400 *Rechte Verquickungen in Halle (Saale): AfD-Politiker Hans-Joachim Tillschneider hat Büro im Identitären-Haus*, in: Mitteldeutsche Zeitung, 22.9.2017.

401 Müller, Uwe / Nagel, Lars-Marten / Pauly, Marcel: *AfD Wahlsieg als Weg aus dem privaten Finanzdisater*, in: WELT, 31.2.2016.

402 Kranert-Rydzy, Hendrik: *Haftbefehl gegen André Poggenburg erlassen: AfD-Chef kam Forderung nach Offenbarungseid nicht nach*, in: Mitteldeutsche Zeitung, 25.1.2016.

worden und seitdem er einen AfD-Aufkleber auf seinem Postkasten habe, sei die Post des Öfteren herausgerissen und verstreut oder der Kasten zerstört worden. *„Da sind viele Unterlagen abhandengekommen.“*[403] Nachdem ihm seine Schulden bekannt geworden seien, würde er sich mit dem Gerichtsvollzieher in Verbindung setzen und sie sofort begleichen. Diese Version gab auch seine Partei bekannt.[404]

Stimmen, dass Poggenburg seine politische Arbeit im Kreistag vernachlässigt habe und es beim Kampf um ein Landtagsmandat wohl vor allem um seine finanzielle Absicherung ginge, wurden als Wahlkampftaktik seiner Gegner_innen abgetan.[405]

Abgesehen von seiner, ohnehin nicht von Minderwertigkeitskomplexen geplagten, Persönlichkeitsstruktur stieg Poggenburg sein plötzlicher Aufstieg offensichtlich zu Kopfe. Bald nach dem Einzug der AfD in den Landtag wurde der Fraktions- und Landesparteichef von mehreren AfD-Kreisfunktionären und Fraktionsmitgliedern für seinen Führungsstil kritisiert. Immer wieder hieß es, politische Lager und Personen, die Poggenburg nicht passten, würden mundtot gemacht und unter Druck gesetzt. Im Februar 2017 führte dieses Verhalten fast zur Spaltung der AfD-Fraktion. Höhepunkt war eine hitzige Debatte, die sich die Fraktion bis weit in die Nacht über den Ausschluss des Abgeordnete Daniel Roi lieferte. Am Ende verlieb der Poggenburg-Kritiker in der Partei und die Krise war abgewendet. Poggenburg proklamierte daraufhin einen *„Burgfrieden“*[406], der aber nur bis kurz vor dem Landesparteitag am 25./26. März in Badeborn, einem Dorf im östlichen Harzvorland, Bestand hatte.

403 Kranert-Rydzy, Hendrik: *Haftbefehl gegen André Poggenburg erlassen: AfD-Chef kam Forderung nach Offenbarungseid nicht nach*, in: Mitteldeutsche Zeitung, 25.1.2016.

404 Bingener, Reinhard: *Haftbefehl gegen AfD-Spitzenkandidaten besteht weiter*, in FAZ.NET, 28.1.2016.

405 Carsten Schmidt, 2014 mit Poggenburg als AfD-Mitglied in den Kreistag des Burgenlandkreises gewählt, 2015 wegen seines Parteichefs ausgetreten: „Und deswegen sag ich immer, das ist das Privatprogramm Poggenburg. Endziel ist Geld.“ Siehe: Richter, Christoph: *Vorwürfe gegen AfD-Landeschef. Mobbing, Denunziation, Beschimpfungen*, in: Deutschlandfunk, 11.2.2016.

406 Schumann, Jan: *AfD in Sachsen-Anhalt: André Poggenburg lässt Fragen nach Spaltung offen*, in: Mitteldeutsche Zeitung, 3.4.2017.

Auf diesem *Listenparteitag* genannten Event ging es vor allem um die Aufstellung der Kandidatenliste für die anstehende Bundestagswahl im Oktober. Manche Mitglieder der AfD aus Sachsen-Anhalt rechneten sich Chancen aus, in den Bundestag einzuziehen. Hinter den Kulissen ging es deshalb recht heftig zu. Poggenburg selbst kandidiert nicht, aber der Parteitag ernannte ihn, bei lediglich drei Gegenstimmen, zum *„Spitzenwahlkämpfer"*.[407]

Bereits Tage vor dem Parteitag kursieren innerhalb der AfD Auszüge aus Chatprotokollen einer WhatsApp-Gruppe mit Namen *Verbündete in der AfD*.[408] Diese plante, Poggenburg und seinen Vorstand auf dem Parteitag zu entmachten. In den Chats war kein Blatt vor den Mund genommen worden. So hieß es, man wolle der *„abgehobenen Kaste einen Zermürbungskrieg leisten"* und: *„Wir müssen und werden sie wie Unkraut bekämpfen. Mit Strunk und Wurzel rausreißen und für immer entsorgen."*[409] In der Chatgruppe waren bis zu 60 Parteimitglieder.

Dieser Komplott blieb nicht verborgen und Poggenburg schritt mit seinen Kumpanen zu Gegenmaßnahmen. Während des Parteitages wurden besonders brisante Nachrichten aus den Protokollen mit Klarnamen und Handynummern per Beamer an die Wand geworfen.[410] Was die ohnehin aufgeheizte Stimmung in der knapp zweistündigen Debatte zum Kochen brachte.

Poggenburg bezichtigte seine Gegner_innen der Verschwörung und meinte, in dem konspirativen Chat hätten sich Mitglieder *„zusammengerottet"*, um *„mit System Umstürze herbeizuführen. Das ist subversives Verhalten. Das geht mir ganz gewaltig auf die Ketten. Das geht nicht so weiter."*[411] Sein Zorn richtete sich vor allem gegen seinen Widersacher, den AfD-Kreisverbandsvorsitzenden von Anhalt-Bitterfeld, Daniel Roi. Der verteidigte seine Teilnahme

407 Eichler, Hagen: *Streit und persönliche Attacken. Sachsen-Anhalt. AfD-Parteitag droht „Verschwörern" mit Strafe*, in: Mitteldeutsche Zeitung, 25.3.2017.

408 Eichler, Hagen: *AfD Sachsen-Anhalt: Zerrissene Alternative: In der Landes AfD sind die Fronten verhärtet*, in: Mitteldeutsche Zeitung, 31.7.2017.

409 Bock, Michael: *AfD-Parteitag. Die Abrechnung*, in: Volksstimme, 27.3.2017.

410 Eichler, Hagen: *AfD Sachsen-Anhalt: Zerrissene Alternative: In der Landes AfD sind die Fronten verhärtet*, in: Mitteldeutsche Zeitung, 31.7.2017.

411 Ebenda.

an der Chatgruppe, sprach von einer weit verbreiteten Unzufriedenheit in der Partei. Daraufhin warf Hans-Thomas Tillschneider den Chat-Teilnehmer_innen „*Bolschewismus*"[412] vor. Frank Bauermeister aus dem Kreisverband Harz rief: „*Verschwindet aus der Partei!*"[413] Der Landtagsabgeordnete Jan Wenzel Schmidt sagte, es sei in den Chats gehetzt worden. „*Das kenne ich nur von der Antifa.*" „*Halte die Fresse!*"[414], war aus dem Saal zu hören. Etliche Anwesende legten jetzt jegliche Zurückhaltung ab, man brüllte sich an, es gab Pfui-Rufe, verbale Pöbelattacken, persönliche Angriffe, tumultartige Szenen. Der Parteitag drohte in einem allgemeinen Tohuwabohu unterzugehen. Wiederholt musste der Sitzungsleiter durchgreifen und konnte die Situation gerade so retten.

Ein anderer Streitpunkt waren die Parteifinanzen. Gernot Nette, AfD-Mitglied aus Halle, hatte Poggenburg und Landesschatzmeister Frank Pasemann wegen Veruntreuung von Geldern angezeigt. Für die Landesgeschäftsstelle in Magdeburg sei ein Mitarbeiter ohne den vorgeschriebenen Haushaltsplan eingestellt worden. Nette erntete für seine, letztlich substanzlose, Anschuldigung nur höhnisches Gelächter der Mehrheit.[415]

Am Ende obsiegte Poggenburg. Mit großer Mehrheit forderte der Landesparteitag den Landesvorstand auf, notwendige Schlussfolgerungen aus dem Aufdecken einer Verschwörung zu ziehen. Auch bei der Aufstellung der Kandidatenliste für die Bundestagswahl setzte sich die Poggenburg-Fraktion durch. Auf den fünf Plätzen fanden sich ausschließlich Kandidaten, die der Landesvorstand ins Rennen schickte.[416]

Doch die Widersprüche in der Partei gärten weiter. Ende Mai 2017 verlor die AfD-Fraktion ihr erstes Mitglied. Die Abgeordnete Sarah Sauermann,

412 *Streit und persönliche Attacken. Sachsen-Anhalt. AfD-Parteitag droht „Verschwörern" mit Strafe*, in: Mitteldeutsche Zeitung, 25.3.2017.

413 Ebenda.

414 Ebenda.

415 Eichler, Hagen: *Streit und persönliche Attacken. Sachsen-Anhalt: AfD-Parteitag droht Verschwörern mit Strafe*, in: Mitteldeutsche Zeitung, 25.3.2017.

416 Eichler, Hagen: *AfD Sachsen-Anhalt: Zerrissene Alternative: In der Landes AfD sind die Fronten verhärtet*, in: Mitteldeutsche Zeitung, 31.7.2017.

von Beruf Architektin, kündigte ihren Austritt an.[417] Da eine *„konstruktive Arbeit im Sinn der Sache unmöglich“*[418] sei. Dass sie bis vor Kurzem noch mit Daniel Roi liiert gewesen war und die Trennung wohl auch eine Rolle für ihren Rückzug spielte, blieb unerwähnt. Aus der AfD trat Sauermann nicht aus, nahm aber an keiner einzigen Plenar- oder Ausschusssitzung mehr teil. Ihr Wahlkreisbüro in Bernburg löste sie 2018 auf und setzte die Telefonnummer in ihrem Landtagsbüro samt ihrer Handynummern außer Betrieb. Damit war der Wahlkreis Bernburg, über den sie ihr Direktmandat erhalten hatte, ohne parlamentarische Vertretung. Über eine psychische Erkrankung wurde gemunkelt, was Sauermann jedoch nicht davon abhielt, ihr Mandat zu behalten. Ohne irgendeine Tätigkeit nachweisen zu müssen, bekam sie monatlich 6.600 Euro als Abgeordnetendiät plus 1.850 Euro als Bürokostenpauschale. Journalist_innen mokierten sich zwar über dieses Verhalten, doch es blieb verfassungsmäßig legal. 2019 stellte die hoch bezahlte, tatenlose Politikerin einen Aufnahmeantrag bei der CDU.[419]

Nur wenige Tage nach dem Austritt Sarah Sauermanns aus der AfD-Fraktion folgte ihr am 2. Juni 2017 Gottfried Backhaus. Vor seinem Einzug ins Parlament war Backhaus einige Jahre arbeitslos gemeldet. Sein direkter Konkurrent im AfD-Saalekreis war Hans-Thomas Tillschneider, der ihm nach langer Schlammschlacht bereits im Frühjahr den Kreisvorsitz abnahm.

Einige Zeit später, während sich Backhaus von einem Schlaganfall im Krankenhaus erholte, wurde ihm sein Posten als kirchenpolitischer Sprecher der AfD und seine Funktionen in den Ausschüssen für Bildung und Landwirtschaft entzogen. Backhaus nannte das eine *„Säuberungsaktion“*[420]. Die Fraktionsspitze um Chef André Poggenburg würde kritische Mitglieder mundtot machen.

417 *AfD-Fraktion in Sachsen-Anhalt schrumpft*, in: FAZ.NET, 29.5.2017.

418 Bock, Michael: *Krankheit. Ex-AfD-Abgeordnete wird im Landtag vermisst*, in: Volksstimme, 27.11.2018.

419 Eichler, Hagen: *Sie kassiert 8.450 im Monat. Sachsen-Anhalt: AfD-Abgeordnete Sauermann schwänzt Landtag*, in: Mitteldeutsche Zeitung, 23.11.2018.

420 Schumann, Jan: *AfD Sachsen-Anhalt: Backhaus verliert Posten – während er mit Schlaganfall im Krankenhaus liegt*, in: Mitteldeutsche Zeitung, 19.5.2017.

Nach seinem Rückzug aus der Fraktion verließ Backhaus am 17. Oktober 2017 gleichzeitig die AfD[421] und schloss sich im Januar 2018 der *Blauen Partei* an.[422]

Am 6. Juni 2017 kehrte Jens Diederich, als dritter AfD-Abgeordneter, Fraktion und Partei den Rücken. Sieben Tage später trat er zur CDU-Fraktion über.[423] Diederich galt dort als Hospitant, eine Art Gast-Mitglied.

Bei der CDU-Parteibasis traf dieses Vorgehen auf vehementen Widerspruch. Das lag an der schillernden Vorgeschichte des Hospitanten, der von 1987 bis 1990 NVA-Offizier und SED-Mitglied war. Nach der Wiedervereinigung gehörte Diederich von 2011 bis 2014 der SPD an. Dann trat er in die AfD ein und wurde Vorsitzender des Kreisverbandes Mansfeld-Südharz. Im Wahlkampf 2016 griff Dietrich mehrere CDU-Politiker scharf an und nahm der CDU das Direktmandat im Landkreis ab.

Mit Diederichs Übertritt 2017 sollte das alles mit einem Mal der Vergangenheit angehören. Von Stund an segelte der Hospitant unter dem CDU-Logo und glänzte bei Terminen mit den Ministern der Landesregierung. Da wollten viele CDU-Mitglieder nicht mitspielen und der CDU-Kreisverband Mansfeld-Südharz forderte die Landtagsfraktion schriftlich auf, Diederich wieder auszuschließen.[424] Aufgrund des starken Drucks der Parteibasis verließ der Überläufer am 2. Januar 2020 die CDU-Fraktion.[425]

So verhielt es sich mit den drei Abgeordneten, die binnen weniger Tage aus der größten AfD-Landtagsfraktion in der Bundesrepublik ausgetreten waren. Die Fraktion war von 25 auf 22 Mitglieder geschrumpft.

Deren Vorsitzender trat zwischenzeitlich mit einem neuen Skandal in Erscheinung. In einer internen Chat-Gruppe hatte sich Poggenburg mit anderen Rechtsradikalen zusammengeschlossen. Dieser Kreis tauschte sich ungeniert über eine *„Erweiterung der Außengrenzen"*, die Parole

421 Schumann, Jan: *Nächster AfD-Austritt: Landtagsabgeordneter Gottfried Backhaus verlässt die Partei*, in: Mitteldeutsche Zeitung, 17.10.2017.

422 *Backhaus wechselt nach AfD-Austritt zur Blauen Partei*, in: Süddeutsche Zeitung, 23.1.2018.

423 Eichler, Hagen: *Unmut über Rechtsruck: AfD-Landtagsfraktion verliert dritten Abgeordneten – an die CDU?*, in: Mitteldeutsche Zeitung, 6.6.2017.

424 *AfD-Überläufer. CDU-Kreisverband fordert Ausschluss*, in: Volksstimme, 29.1.2018.

425 *Jens Dietrich verlässt CDU-Fraktion*, in: Landtag von Sachsen-Anhalt, 15.1.2020.

„Deutschland den Deutschen“ bis hin zu einer *„Machtergreifung“*[426] aus. Nachdem der Chat-Verlauf auf einer linken Internet-Seite veröffentlicht wurde, brachte das Poggenburg eine Abmahnung durch die AfD-Parteispitze ein. Es blieb bei Worten, was den Rechtsradikalen umso bekannter machte.

Doch damit nicht genug. Weiterhin bestimmten Machtkämpfe, Intrigen, Vetternwirtschaft und Korruption das Geschehen im Landesverband der AfD Sachsen-Anhalt.

Im Juli 2017, mitten im Bundestagswahlkampf, wollten einige Kreisverbände die Kandidatenliste neu wählen lassen; da es *„massive Wahlbeeinflussung“*[427] auf dem Listenparteitag gegeben hätte. Es blieb bei einem aussichtslosen Störfeuer gegen die Poggenburg-Fraktion, bei dem wieder Daniel Roi eine führende Rolle spielte. Doch die Kritiker_innen ließen nicht locker und arbeiteten daran den Machtkampf erneut eskalieren zu lassen. Dieses Ziel wurde im September mit der Wahl von Steffen Schroeder zum Vorsitzenden des AfD-Kreisverband Börde erreicht. Diese Wahl konnte Poggenburg nur als Kampfansage verstehen, denn Schroeder war Vorsitzender des ebenfalls im September 2017 gegründeten Landesverbands Sachsen-Anhalt der *Alternative Mitte Deutschland*,[428] eines innparteilichen Zusammenschlusses, der ein Gegengewicht zum rechten *Flügel* und der *Patriotischen Plattform* bildete.

Sofort polterte die Poggenburg-Fraktion los, Schröder hätte gar nicht kandidieren dürfen, da er nie im Landkreis Börde gelebt habe. Er war lediglich im dortigen Einwohnermeldeamt eingetragen. Ein Parteischiedsgerichts-Verfahren nahm seinen Anfang. Ende des Jahres fand die Konfrontation einen neuen Höhepunkt. Für Poggenburg war der Kreisverband Börde ein ständiger *„Unruheherd“*[429] mit ungeklärter Rechtslage. Am 6. Dezember

426 *Erweiterung der Außengrenzen. Afd-Spitze mahnt Poggenburg ab*, in: Der Spiegel, 26.6.2017.

427 Schuhmann, Jan: *Bundestagswahlkampf 2017: Streit um AfD-Landesliste in Sachsen-Anhalt*, in: Mitteldeutsche Zeitung, 10.7.2017.

428 Zunächst entstand im Juli 2017 die *Alternative Mitte NRW*, aus der im Oktober des Jahres eine bundesweite parteiinterne Interessensgemeinschaft wurde. Nachdem die *Patriotische Plattform* im September 2018 ihre Auflösung bekannt gab, erklärte die *AM* in Sachsen-Anhalt im Oktober ihre Arbeit für beendet.

429 Lüthe, Ivar: *Partei-Streit. AfD-Kreisverband droht Auflösung*, in: Volksstimme, 15.12.2017.

beschloss der AfD-Landesvorstand einstimmig, den Kreisverband, und damit auch die beiden betreffenden Ortsverbände, mit sofortiger Wirkung aufzulösen.[430] Der Kreisvorsitzende Steffen Schroeder ging sofort beim Landesschiedsgericht gegen die Auflösung vor, welche sie am 22. Dezember zunächst aufhob. Der Landesvorstand sollte bis zum Jahresende konkretere Gründe für seinen Schritt darlegen.[431] Besonders stichhaltig waren diese Gründe wohl nicht. Das Landesschiedsgericht erklärte die Auflösung des Kreisverbandes Börde am 5. Januar 2018 für ***„rechtswidrig und nichtig"***[432]. Poggenburg wertete die Entscheidung als Affront und bezweifelte öffentlich die Unparteilichkeit des Landesschiedsgerichts. Dieser Anwurf ging dem dreiköpfigen Gremium zu weit. Geschlossen wollte man zurücktreten. Um eine möglichst große Öffentlichkeit zu erreichen, suchte sich das Landesschiedsgericht für seinen Rücktritt den anstehenden Landesparteitag am Samstag, den 27. Januar 2018, in Gardelegen aus. Vor den 200 AfD-Mitgliedern griffen der Präsident des Schiedsgerichts, Christian Hecht, und sein Kollege Ronald Bischoff den Landesvorstand scharf an. Hecht sagte: ***„Das Landesschiedsgericht ist nicht der***

↑ AfD-Kandiat Daniel Schneider aus Sachsen-Anhalt, gleichzeitig Vorstandsmitglied der ***Patriotischen Plattform***, warb bei der Bundestagswahl 2017 mit dem Konterfei des ehemaligen KPD-Vorsitzenden Ernst Thälman, der 1944 von den Nazis im KZ-Buchenwald ermordet wurde. Enkelin Vera Dehle-Thälmann erstattete Strafanzeige.

430 Bock, Michael: *Parteistreit. AfD löst Börde-Kreisverband auf*, in: Volksstimme, 21.12.2017.

431 Bock, Michael: *Parteistreit. Schiedsgericht kippt Auflösung der Börde-AfD*, in: Volksstimme, 5.1.2018.

432 *Parteien – Gardelegen. AfD Parteitag berät Auflösung von Kreisverband*, in: Süddeutsche Zeitung, 27.1.2018.

Schoßhund des Landesvorsitzenden oder des Landesvorstands. Es springt nicht über den Stock, den man ihm hinhält, nur weil man der Ansicht ist, unfehlbar zu sein.“[433]

Gegen den AfD-Parteitag am Holocaust-Gendenktag ging ein Bündnis unter dem Motto *Blau ist das neue Braun. Nicht heute. Nicht hier. Nie wieder!* auf die Straße. Etwa 120 Menschen, versammelten sich am Samstagmorgen gegen 9 Uhr zur angemeldeten Kundgebung. Auf dem Fußweg der gegenüberliegenden Straßenseite des Veranstaltungsortes *Volkshaus* versuchte man, der AfD mit Redebeiträgen, lautstarker Musik und trommeln auf Fässern etwas entgegenzuhalten.

Mehrfach rollten die mitgebrachten Fässer auf die Straße, doch die Polizei unterband rigoros jeglichen Blockadeversuch. Dabei wurde nach Angaben der Behörden eine 30-jährige Beamtin verletzt, die aber dienstfähig blieb. Später konnte die Polizei einen 30-jährigen Tatverdächtigen ausmachen. Er kam in Gewahrsam, wurde Erkennungsdienstlich behandelt und Ermittlungen wegen Körperverletzung und Widerstand gegen Vollstreckungsbeamte eingeleitet. Gegen 10:30 Uhr endete die Protestaktion.[434]

Anschließend fand ab 11 Uhr auf der *Gedenkstätte Feldscheune Isenschnibbe Gardelegen* eine Mahn- und Gedenkveranstaltung statt. Es handelt sich um den historischen Tatort des Massakers von Gardelegen, wo am 13. April 1945 in einer Feldscheune 1.016 KZ-Häftlinge aus vielen europäischen Ländern ermordet wurden. Zum Gelände gehört ein Ehrenfriedhof, auf dem die Opfer des Massakers beigesetzt sind. Etwa 130 Personen[435] nahmen an der Gedenkfeier teil.

Rattenloch

Seit Ende Sommer 2017 machte Sachsen-Anhalts AfD-Chef Poggenburg demonstrativ auf Familienmensch. Seine Lebensgefährtin, Lisa Lehmann, war die stellvertretende Vorsitzende des Landesvorstandes der *Jungen*

433 Bock, Michael: *Streit. Schiedsgericht attackiert AfD-Landesvorstand*, in: Volksstimme, 29.1.2018.

434 *Polizistin bei Demonstration in Gardelegen verletzt*, in: Sachsen-Anhalt 112.de, 27.1.2018.

435 *Polizeibeamtin wird verletzt. Demo gegen Landesparteitag der AfD im Gardelegener Volkshaus*, in: az-online.de, 27.1.2018.

Alternative für Deutschland. Der JA-Landesverband war erst 2015 gegründet worden und Lehmann machte sich gerade einen Namen als rechte Influencerin. Poggenburgs Freundin war 20 Jahre jünger als er, was Privatsache sein sollte. Doch der Landes- und Fraktionsvorsitzende stellte sein Privatleben selbst immer häufiger öffentlich zur Schau.[436]

Er empfand sich wohl als eine Art Überflieger, gewohnt, an der Parteispitze und auch sonst nach eigenem Gutdünken zu agieren. Folgerichtig verschaffte Poggenburg seiner Freundin eine Ausbildungsstelle in der Fraktion. Das Azubi-Thema winkte der Fraktionsvorstand einfach durch. Kein Wunder, denn in diesem Fünf-Mann-Vorstand saß neben Poggenburg auch der Abgeordnete Mario Lehmann, Vater von Lisa Lehmann. Bekannt geworden war Lehmann 2017 damit, dass er Flüchtlinge als *„Ficki-Ficki-Fachkräfte"*[437] verunglimpfte. Zu diesem Zeitpunkt war Lehmann ein vom Dienst freigestellter Polizist.[438]

Die übrigen AfD-Abgeordneten erfuhren erst im Nachhinein, dass man in ihrer Fraktion jetzt auch eine Ausbildung machen konnte. Niemand erhob dagegen seine Stimme. Lediglich hinter vorgehaltener Hand wurde über diese Kungelei gemunkelt.

Poggenburg selbst fand an der Ausbildung seiner Lebensgefährtin nichts Anrüchiges. *„Selbstverständlich ist alles ordnungsgemäß angemeldet"*[439], teilt er mit. Auch die Bezahlung mit Fraktions-, also Steuergeldern war juristisch legal.

Dieses selbstherrliche Vorgehen steigerte in Teilen der AfD die Unzufriedenheit mit Poggenburg, der aber auch weiterhin fest im Sattel saß und

436 Schumann, Jan: *Vorwurf der Vetternwirtschaft. André Poggenburg vor AfD-Parteitag in der Kritik – Lebensgefährtin arbeitet in Fraktion*, in: Mitteldeutsche Zeitung, 30.11.2017.

437 *Umstrittener ehemaliger AfD-Politiker zurück im Polizeidienst – in der Kleiderkammer*, in: MDR Sachsen-Anhalt, 13.6.2022.

438 Lehmann war er stellv. Chef des damaligen Reviers Quedlinburg und Leiter des Revierkommissariats Ballenstedt. Nachdem er sich mit seinem Arbeitgeber heftige Streitigkeiten und Prozesse geliefert hatte reichte er seine Kündigung ein. Wurde dann aber in den Landtag gewählt so das sein Dienstverhältnis ruhte. Ende 2020 trat er aus der AfD aus und schied 2021 aus dem Landtag aus. Seitdem ist er in Kleiderkammer der Polizei in Magdeburg angestellt.

439 Schumann, Jan: *Vorwurf der Vetternwirtschaft. André Poggenburg vor AfD-Parteitag in der Kritik – Lebensgefährtin arbeitet in Fraktion*, in: Mitteldeutsche Zeitung, 30.11.2017.

meinte, tun und lassen zu können, was ihm beliebte. Das Maß war jedoch voll und der Landesvorsitzende brachte das Fass mit seiner Rede am 14. Februar 2018 auf dem politischen Aschermittwoch der AfD im sächsischen Nentmannsdorf zum Überlaufen.

Zu der Veranstaltung waren über 1.000 AfD-Anhänger_innen gekommen. Vor diesem johlenden Publikum pöbelte Poggenburg mit einer inhaltlich und sprachlich entglittenen Rede auf unterstem Niveau in Richtung der *Türkischen Gemeinde in Deutschland* (TGD). Grund war die Kritik der TGD an einem geplanten Heimatministerium. Der AfD-Landesvorsitzende sprach von *„Kümmelhändlern"* und *„Kameltreibern"*, die *„selbst einen Völkermord an 1,5 Millionen Armeniern am Arsch"* [440] hätten. Sie sollten *„sich dahin scheren, wo sie hingehören, weit, weit, weit, hinter den Bosporus zu ihren Lehmhütten und Vielweibern. Hier haben sie nichts zu suchen und zu melden."* [441] Außerdem sagte Poggenburg, dass die doppelte Staatsbürgerschaft nichts als *„heimat- und vaterlandsloses Gesindel"* [442] herbringe, welches *„wir hier nicht länger haben wollen"* [443]. Den Zuhörer_innen im Saal sprach ihr Vorsitzender offensichtlich aus der Seele, die Menge skandierte: *„Abschieben, abschieben!!"* [444]

Auf der Bühne traten neben Poggenburg und Björn Höcke die AfD-Landeschefs aus Sachsen und Brandenburg, Jörg Urban und Andreas Kalbitz, sowie Jürgen Elsässer, Chefredakteur des *Compact-Magazins* auf. [445] Zum abschließenden, gemeinsamen Absingen der Nationalhymne wurde auch der anwesende PEGIDA -Frontmann Lutz Bachmann auf die Bühne geholt. Mit PEGIDA wollte man fortan offiziell zusammenarbeiten.

440 *Rassistische Aschermittwochsrede. Türkische Gemeinde erwägt Anzeigen gegen AfD-Politiker Poggenburg*, in: Spiegel Politik, 15.2.2018.

441 Meyer-Wellmann, Jens: *Hamburg. AfD lädt als extrem rechts geltenden Redner ein*, in: Hamburger Abendblatt, 13.10.2018.

442 *Rassistische Aschermittwochsrede. Türkische Gemeinde erwägt Anzeigen gegen AfD-Politiker Poggenburg*, in: Spiegel Politik, 15.2.2018.

443 *Rassistische Aschermittwochsrede. Türkische Gemeinde erwägt Anzeigen gegen AfD-Politiker Poggenburg*, in: Spiegel Politik, 15.2.2018.

444 Ebenda.

445 am Orde, Sabine: *Politischer Aschermittwoch der AfD. André Poggenburg sorgt für Eklat*, in: taz, 15.2.2018.

Umgehend leitete die Staatsanwaltschaft Dresden Ermittlungen wegen Verdachts auf Volksverhetzung ein, auch der TGD und 240 Privatpersonen erstatteten Strafanzeige. Selbst der Bundespräsident nahm Stellung.

Auch die AfD regierte und mahnte Poggenburg zum zweiten Mal ab. Bundeschef Jörg Meuthen sagte, Poggenburg sei *„deutlich zu weit“*[446] gegangen. Nachdem die AfD-Fraktion ihrem Vorsitzenden schließlich das Vertrauen entzog, trat er im März von seinen Ämtern als AfD-Chef und Fraktionsvorsitzender in Sachsen-Anhalt zurück.

Juristisch waren die Äußerungen von Poggenburg jedoch nicht zu beanstanden. Im Juni 2018 stellte die Dresdner Staatsanwaltschaft die Ermittlungen ein. Es läge weder Volksverhetzung noch Beleidung vor, teilte ein Sprecher mit.[447]

So verblieb der ehemalige Landesvorsitzende ohne Vorstandsposten in der AfD. Das gefiel seinen innerparteilichen Gegner_innen nicht, die Anfang September zu einem neuen Schlag ausholten. Unbekannte machten Screenshots von intimen WhatsApp- und SMS-Nachrichten Poggensburgs öffentlich. Eine Affäre, von der Poggenburgs Partnerin keine Kenntnis hatte, gelangte so an die Öffentlichkeit. Details über erotische Vorlieben samt Fotos waren nun ausgerechnet über die linke Internetseite *Indymedia* abrufbar. Poggenburg schäumte vor Wut: *„Ich frage mich ernsthaft, was für ein Rattenloch eine Partei oder Fraktion überhaupt sein kann.“*[448] Seine Lebenspartnerin fand diese Neuigkeiten gar nicht lustig, so Poggenburg.[449]

Die äußerst kompromittierenden Fotos von WhatsApp-Nachrichten waren zwischen 2015 und Sommer 2018 erstellt worden. Poggenburg

446 *Politischer Aschermittwoch. AfD-Bundesvorstand mahnt Poggenburg ab*, in: ZEIT ONLINE, 16.2.2018.

447 *„Kümmelhändler“-Rede von André Poggenburg von Meinungsfreiheit gedeckt*, in: Radio Dresden, 5.6.2018.

448 *Intime Chats veröffentlicht. AfD-Politiker André Poggenburg bezeichnet eigene Partei als „Rattenloch“*, in: Westdeutsche Zeitung, 4.9.2018.

449 Die Beziehung zwischen Poggenburg und Lisa Lehmann endete 2019. Ihre politische Karriere ging jedoch weiter, beispielsweise als eine von drei Moderatorinnen der Sendung *Die Woche Compact* bei YouTube, einer Werbesendung des Compact Magazins von Jürgen Elsässer. Die Kauffrau für Büromanagement, Jahrgang 1996, so ihr Instagram-Profil, blieb auch darüber hinaus als rechte Influencerin aktiv.

betonte in einer Stellungnahme, dass er, zumindest in der Zeit seiner festen Beziehung, also von 2017 bis 2018, *„außer pikantem ‚Schriftverkehr' mit der Frau keinen weitergehenden ‚Verkehr'"*[450] gehabt habe. Er stellte Strafanzeige gegen unbekannt und warf seinen parteiinternen Gegnern vor, mit dem *„linken Mob und Feind paktiert"*[451] zu haben.

Poggenburg, der öffentlich sagte, es sei legitim, rechtsradikal zu sein, twitterte zur Jahreswende: *„Den Mitbürgern unserer Volksgemeinschaft ein gesundes, friedliches und patriotisches 2019!"*[452] Wenige Tage später trat er aus der AfD aus. Den letzten Anstoß gab der Plan des AfD-Bundesvorstandes, Poggenburg für die Dauer von zwei Jahren von allen Parteiämtern auszuschließen.

Bereits am 10. Januar 2019 gründete der ehemalige AfD-Funktionär die Partei *Aufbruch deutscher Patrioten – Mitteldeutschland* (kurz ADPM bzw. AdP) und ließ sich zum Vorsitzenden wählen. Bei der Kreistags- und der Landtagswahl 2019 in Sachsen blieb die AdP jeweils deutlich unter einem Prozent der Stimmen. Im August beantragte Poggenburg, die AdP aufzulösen und gab seinen Parteiaustritt bekannt. Ohne, dass eine offizielle Auflösung erfolgte, ist die ADPM seit Frühjahr 2020 nicht mehr in Erscheinung getreten. Mit seinem eigenen Projekt gescheitert, versuchte Poggenburg, wieder bei der AfD Fuß zu fassen – das blieb jedoch erfolglos.

Flügellos

Parallel zu der Affäre Poggenburg in Sachsen-Anhalt versuchte die AfD-Führung zu verhindern, dass die Partei als verfassungsfeindlich eingestuft wurde. Zunächst betraf es Teile der Jugendorganisation *Junge Alternative*, welche die Verfassungsschutzämter Bremen und Niedersachsen ab September 2018 unter Beobachtung stellten. Postwendend gab der Bundesvorsitzende der *Jungen Alternative*, Damian Lohr, bekannt, dass die

450 *AfD Sachsen-Anhalt. Sex-Nachrichten und intime Fotos veröffentlicht – Poggenburg nennt seine AfD „Rattenloch"*, in: Stern, 4.9.2018.

451 Ebenda.

452 Amann, Melanie: *Interner Streit. André Poggenburg tritt aus AfD* aus, in: Spiegel, 10.1.2019.

Landesverbände in Niedersachsen und Bremen *„zum Schutze der Gesamtorganisation“*[453] aufgelöst werden sollten. Dazu wurde am 4. November 2018 ein außerordentlicher Bundeskongress der JA in Barsinghausen bei Hannover durchgeführt. Rund 260 stimmberechtigte JA-Mitglieder sowie AfD-Chef Alexander Gauland und die Landeschefin Dana Guth nahmen teil.

Gegen den außerordentlichen JA-Bundeskongress rief das **Bündnis Barsinghausen ist bunt** zur Demo auf. Nach Angaben des Bündnisses beteiligten sich 1.300 Menschen, laut Medienberichten rund 1.000 Menschen, unter dem Motto *Verfassung und Vielfalt schützen – Barsinghausen nazifrei* an den Protesten gegen die JA-Versammlung. Die Menge zog friedlich vom Bahnhof ins Stadtzentrum. In der Nähe des Gebäudes, in dem der Bundeskongress stattfand, kamen später noch einige Dutzend Gegner_innen zu einer Kundgebung zusammen.[454]

Mit mehr als zwei Dritteln der Stimmen beschloss der Bundeskongress, den Landesverband der **Jungen Alternativen** Niedersachsen aufzulösen, außerdem sämtliche Mitglieder aus der JA auszuschließen.[455] Erst nach zweieinhalb Jahre, im April 2021, wurde die *JA* in Niedersachsen erneut gegründet.[456]

Anders verhielt es sich beim Landesverband Bremen. Da sich die Vorwürfe in diesem Fall weniger massiv darstellten wurde eine diesbezügliche Entscheidung vertagt.

Kaum schien die Krise in Norddeutschland abgewendet, gab das Landesamt für Verfassungsschutz Baden-Württemberg bekannt, die Jugendorganisation der AfD seit November zu beobachten. Sogleich legten der JA-Landesvorsitzende Moritz Brodbeck und vier weitere Mitglieder des zehnköpfigen Landesvorstands ihre Ämter nieder und traten aus

453 *Junge Alternative. Verfassungsschutz von Bremen und Niedersachsen beobachten AfD-Jugend*, in: Spiegel, 3.9.2018.

454 Kasse, Wolf: *Barsinghausen ist kein Gau-Land*, in: Deister Journal, 4.11.2018.

455 Speit, Andreas: *Junge Alternative Niedersachsen aufgelöst. AfD Nachwuchs zerbröckelt*, in: taz, 5.11.2018.

456 Kurz nach der Neugründung des JA-Landesverbandes gab der niedersächsische Verfassungsschutz bekannt, dass für ihn auch die wiedergründete Organisation Beobachtungsobjekt sei. Auf dem folgenden Landesparteitag am 28. Mai 2022 in Hannover erkannte die niedersächsische AfD den Jugendverband deshalb nicht an.

der JA aus. Sie seien nicht mehr bereit, mit ihrem Namen und Gesicht für die Verfehlungen anderer einzustehen, gaben die fünf Vorstandsmitglieder bekannt.[457] Die *Südwest-JA* löste sich auf.[458] Doch der Verfassungsschutz blieb hartnäckig. Im Januar 2019 erklärte das Bundessamt die JA und den *Flügel* zum Prüffall, für den bayerischen Verfassungsschutz wurden beide Parteigliederungen daraufhin zum Beobachtungsobjekt.[459] Die Berliner Behörde folgte diesem Kurs, stufte JA und *Flügel* ab Januar als Verdachtsfälle ein[460], der hessische Verfassungsschutz tat dies im März 2019.[461]

Die AfD-Bundesführung mahnte ihre Mitglieder, nur an AfD-Kundgebungen teilzunehmen und Demonstrationen *radikaler* Gruppierungen zu meiden. Außerdem setzte sie eine Arbeitsgruppe aus Bundestagsabgeordneten ein, die in der Partei Tendenzen erkennen sollten, die Anlass für weitere Beobachtung sein könnten.

Diese Taktik ging jedoch nicht auf, der Verfassungsschutz blieb den Rechtspopulist_innen auf den Fersen. Gründlichkeit ging den Behörden dabei vor Geschwindigkeit. Ein Desaster, wie im Jahr 2019, sollte sich nicht wiederholen. Endlich preschte der Verfassungsschutz Thüringen vor und stufte den AfD-Landesverband im März 2020 als Verdachtsfall ein. Björn Höcke, Vorsitzender der Thüringer AfD, galt als Gründer des rechtsradikalen *Flügels*, was die Partei nun in Bedrängnis brachte. Denn das Bundesamt für Verfassungsschutz zog schnell nach und vermeldete am 12. März, dass

457 *Baden-Württemberg. Verfassungsschutz beobachtet AfD-Jugend*, in: Frankfurter Allgemeine, 5.11.2018.

458 *AfD-Nachwuchsorganisation will sich mäßigen*, in: RP ONLINE, 30.11.2018.

459 *Bayern. Verfassungsschutz beobachtet Junge Alternative und „Flügel“*, in: WELT, 23.1.2019.

460 *Junge Alternative und der „Flügel“. Berliner Verfassungsschutz nimmt sich AfD vor*, in: Der Tagesspiegel, 13.3.2019.

461 Bebenburg, Pitt von / Voigts, Hanning: *Hessischer Verfassungsschutz beobachtet „Junge Alternative“*, in: Frankfurter Rundschau, 1.4.2019.

vom *Flügel „gesichert rechtsextremistische Bestrebungen“*[462] ausgingen. Daher betrachtete das Bundesamt diese Vereinigung mit ihren etwa 7.000 Angehörigen als *Verdachtsfall*. Nun lief die AfD insgesamt Gefahr, bald als verfassungsfeindlich zu gelten.

Die Partei reagierte umgehend, löste den *Flügel* durch Vorstandsbeschluss auf und wickelte ihn bis zum 30. April 2020 ab. Name und Strukturen verschwanden, doch alle Mitglieder des *Flügels* blieben in der AfD, inklusive der beiden Führungsfiguren Björn Höcke und Andreas Kalbitz.

Dabei wollte es der AfD-Vorsitzende Jörg Meuthen jedoch nicht bewenden lassen, der Machtkampf ging weiter. Zum Zankapfel wurde der einflussreiche Landes- und Fraktionschef der AfD in Brandenburg, Andreas Kalbitz. Der Verfassungsschutz überwachte den AfD-Funktionär seit Anfang des Jahres 2020 mit nachrichtendienstlichen Mitteln. Daneben wurde er zum Gegenstand journalistischer Recherchen. So kam heraus, dass Kalbitz bei seinem Parteieintritt 2013 seine Beteiligung an einem Zeltlager der *Heimattreuen Deutschen Jugend* (HDJ) verschwiegen hatte. Beim HDJ handelte sich um eine im Jahr 1990 gegründete Neonazi-Organisation, die zum Zeitpunkt ihres Verbots im Jahr 2009 rund 400 Mitglieder zählte.

Mitte April 2020 forderte der Bundesvorstand der Partei von Kalbitz eine Liste der politischen Organisationen und Vereinigungen, in denen er Mitglied gewesen war, oder zu denen er in Kontakt gestanden hatte. Diese stellte er zusammen und bestritt gleichzeitig, je Mitglied in der HDJ gewesen zu sein. Dem Verfassungsschutz lag aber ein Mitgliedsantrag der *„Familie Andreas Kalbitz“* vor.[463] Am 15. Mai 2020 beschloss der AfD-Bundesvorstand mit sieben gegen fünf Stimmen bei einer Enthaltung, Kalbitz' Mitgliedschaft für nichtig zu erklären.[464] Kalbitz, unter dessen Führung die AfD bei den Landtagswahlen in Brandenburg am 1. September 2019 mit 23,5 Prozent der Stimmen zur zweitstärksten Partei geworden war, erklärte, juristische Schritte gegen seinen Ausschluss einzuleiten. Parteifreunde sprangen ihm

462 *Bundesamt für Verfassungsschutz stuft AfD-Teilorganisation „Der Flügel“ als gesichert rechtsextremistische Bestrebung ein*, in: Pressemitteilung vom 12. März 2020.

463 am Orde, Sabine: *Neuer Machtkampf in der AfD*, in: taz, 16.5.2020.

464 Kamann, Matthias: *Der Rauswurf von Andreas Kalbitz hat großen Symbolwert*, in: WELT, 15.5.2020.

bei, forderten einen Parteitag. Drei Tage nach dem Beschluss zur Aberkennung der AfD-Mitgliedschaft entschied die AfD-Landtagsfraktion Brandenburg, dass Kalbitz weiterhin Fraktionsmitglied bleiben solle. Um einem Parteilosen die Zugehörigkeit zur Fraktion zu ermöglichen, änderte die Fraktion eigens ihre Geschäftsordnung.

Ihre Führungsfigur versuchten die Kalbitz-Freund_innen in Brandenburg mit Zähnen und Klauen zu verteidigen, freiwillig zogen sie sich nicht zurück. Ein Eilantrag vor dem Berliner Landgericht gegen den Rauswurf hatte am 19. Juni 2020 Erfolg. Bis zur Entscheidung des AfD-Bundesschiedsgerichts durfte Kalbitz Parteimitglied bleiben. Wohl in der Annahme, aus der innerparteilichen Konfrontation siegreich hervorzugehen, rief er seine Anhänger_innen dazu auf, in der Partei zu bleiben. Schließlich bestätigte das AfD-Bundesschiedsgericht am 25. Juli seinen Parteiausschluss, wogegen Kalbitz wieder zivilrechtlich vorging. Seinen Fraktionsvorsitz in Brandenburg gab er derweilen nicht auf, wollte ihn aber bis zur letztinstanzlichen Entscheidung ruhen lassen.

Immer verworrener stellte sich das juristische Hickhack dar, da boxte sich Andreas Kalbitz am 10. August 2020 selbst ins politische Aus. In *männlichem* Überschwang begrüßte der frühere Landeschef seinen kommissarischen Stellvertreter, Dennis Hohloch, mit einem Faustschlag in den Bauch. Hohloch kam daraufhin mit Milzriss ins Krankenhaus. Es wurde bekannt, dass Kalbitz für diese Art rüder Umgangsformen, Wutausbrüche und Übergriffe berüchtigt war. Sofort gingen viele Parteifreund_innen auf Distanz.[465] Damit hatte sich die Personalie Andreas Kalbitz erledigt.

Am 21. August wies dann noch das Landgericht Berlin den Eilantrag von Kalbitz gegen die AfD ab, mit dem er festgestellt wissen wollte, dass er weiterhin Mitglied der Partei sei. Doch der frühere Brandenburger Landeschef blieb ausgeschlossen. Am 27. August legte Verfassungsschutzchef Thomas Haldenweg nach. Seine Behörde verfüge über eine HDJ-Mitgliedsliste, auf der eine „*Familie Andreas Kalbitz*“ mit der Mitgliedsnummer „*1330*“ aufgeführt sei. Aufgrund zusätzlicher Angaben auf der HDJ-Liste könne kein

465 Lehmann, Timo / Müller, Ann-Katrin / Welland, Severin: *AfD-Zoff in Brandenburg. Wirbel um Kalbitz – und einen Boxhieb*, in: Spiegel, 17.8.2020.

Zweifel bestehen, dass es sich bei der dort aufgeführten *„Familie Andreas Kalbitz“* um den Brandenburger Politiker Kalbitz handele.[466]

Probleme in Niedersachsen

Die Affäre Kalbitz war kaum vorüber, da brachen die innerparteilichen Auseinandersetzungen beim Landesparteitag der AfD-Niedersachsen vom 12. bis 13. September 2020 in Braunschweig erneut auf. Im Landesverband standen sich die Fraktionen um die bisherige Landes- und Fraktionsvorsitzenden Dana Guth, kontra Jens Kestner, der zum Kreis um Björn Höcke zählte, gegenüber. Eine Kampfkandidatur um den Landesvorsitz zeichnete sich ab. Bezeichnend für die AfD war, das sie den Parteitag, in der beginnenden Corona-Pandemie, demonstrativ als Präsenz-Veranstaltung ankündigt. Im Landesverband standen sich die Fraktionen um die bisherige Landes- und Fraktionsvorsitzenden Dana Guth, kontra Jens Kestner, der zum Kreis um Björn Höcke zählte, gegenüber. Eine Kampfkandidatur um den Landesvorsitz zeichnete sich ab.

Bezeichnend für die AfD war, dass sie den Parteitag, in der beginnenden Corona-Pandemie, demonstrativ als Präsenz-Veranstaltung ankündigt.

Vor Veranstaltungbeginn gelang es Gegendemonstrant_innen, die Zufahrtswege zum Veranstaltungsort, der *Milleniumhalle*, zu blockieren. Mit Pfefferspray, Schlagstöcken und Hunden bahnte die Polizei den 500 AfD-Delegierten den Weg. Auch ein Hubschrauber und eine Reiterstaffel kamen zum Einsatz. Vermummte Antifas attackierten AfD-Mitglieder und Polizist_innen. Die Versammlung konnte erst mit Verspätung beginnen, wobei die Reden der AfD-Bundesvorsitzenden Tino Chrupalla und Jörg Meuthen vorgezogen werden mussten. [467] Nach Polizeiangaben protestierten 3.500[468], nach Eigenangaben 4.000 Menschen gegen die AfD.

466 *Dauerzoff bei der AfD: Geheimdienstdokument belastet Kalbitz – „kein Zweifel“*, in: Merkur.de, 27.8.2020.

467 *AfD-Parteitag in Braunschweig. Polizei setzt Pfefferspray und Schlagstöcke gegen Demonstranten ein*, in: Der Spiegel, 12.9.2020.

468 *Parteien – Braunschweig. Rechtsruck in Niedersachsen AfD: Kestner wird Landeschef*, in: Süddeutsche Zeitung, 13.9.2020.

Die aufgeheizte Stimmung vor der Halle griff der Bundesvorstand auf und appellierte bei den Versammelten im Saal an ein Wir-Gefühl. Der Bundesvorsitzende Chrupalla betonte, dass niemand eine zerstrittene Partei wähle, es müsse endlich „*mit dem Lagerdenken*" aufgehört werden. Die „*Patrioten*" gehörten zur AfD, meinte Chrupalla und bekam tosenden Applaus für Sätze wie: „*Schluss mit der Ausschließeritis, Schluss mit der Anpasseritis!*"[469] Chrupallas Worte hoben auf die Wahl Jens Kestners ab, der sich in einer Stichwahl gegen Dana Guth durchgesetzt hatte.

Mit dem gemeinsamen Auftritt von Chrupalla und Meuthen beim AfD-Landesparteitag in Niedersachsen gelang es der Parteiführung, die Wogen zu glätten. Unterm Strich blieb aber die Frage offen, welche Fraktion die inhaltliche Ausrichtung der Partei bestimmte.

Dana Guth konnte ihre Niederlage jedenfalls nicht verwinden und trat am 22. September mit zwei weiteren Abgeordneten aus der AfD-Landtagsfraktion aus, blieb aber in der Partei. Für die AfD in Niedersachsen hatte das gravierende Folgen, da sie ihren Fraktionsstatus verlor.

Niedersachsen blieb nicht das einzige Problem der Partei. Bereits drei Tage später, am 25. September, überraschte der AfD-Abgeordnete Frank Brodehl im Kieler Landtag mit seinem Rücktritt als Fraktionschef und dem gleichzeitigen Parteiaustritt. Woraufhin die AfD im schleswig-holsteinischen Landtag ebenfalls ihren Fraktionsstatus einbüßte.[470]

Brodel und Guth konstatierten einen Rechtsruck in ihren Landesverbänden. Wie weit auch in diesen Fällen eher entäuschte Machtallüren und mangelnder politischer Überblick ausschlaggebend waren, muss dahingestellt bleiben.

In jedem Fall geriet die AfD in Norddeutschland, wo die bereits zuvor durch die Affäre Wittgenstein für Schlagzeilen gesorgt hatte, in eine schwere Krise. Um Handlungsfähigkeit und Geschlossenheit zu demonstrieren, forderten viele Stimmen in der AfD den Parteiausschluss von Dana Guth. Dem kam sie mit ihrem Parteiaustritt am 3. Dezember 2020 zuvor.

469 Speit, Andreas: *Noch weiter rechts*, in: taz (Nord), 13.9.2020.

470 *Abgeordneter verlässt Partei. AfD verliert Fraktionsstatus*, in: Frankfurter Allgemeine, 25.9.2020.

Konfrontation in Kalkar

Der Machtkampf, wer zukünftig den Kurs der Partei bestimmen sollte, spitzte sich auf dem 11. AfD-Bundesparteitag am 28. und 29. November 2020 in Kalkar, zu. Wiederum fand der Parteitag in der Corona-Krise als Präsenz-Veranstaltung statt. Allerdings galt es, strenge Hygiene-Auflagen zu beachten.

Rund 540 von den erwarteten 600 AfD-Delegierten versammelten sich in der Messehalle von Kalkar. *„Im Großen und Ganzen"*[471], so das Ordnungsamt, wurden die Auflagen, also Hygiene- und Abstandregeln, inklusive Maskenpflicht, eingehalten.

Vor der Halle wollten sich rund 500 Demonstrant_innen[472] gegen die AfD stellen. Aber die Polizei hatte das Gelände weiträumig abgesperrt. Es gab keine Möglichkeit, die Anfahrtswege zu blockieren.

Auf dem Parteitag sollten in erster Linie Beschlüsse zur Renten- und Sozialpolitik hinsichtlich der anstehenden Bundestagswahl getroffen werden. Die Aufmerksamkeit richtete sich aber gleich auf AfD-Chef Jörg Meuthen, der mit seiner Eingangsrede am Samstag die Fraktion um den AfD-Ehrenvorsitzenden Alexander Gauland angriff. Des Öfteren war in der AfD der Begriff *Corona-Diktatur* benutzt worden, nicht zuletzt vom Ehrenvorsitzenden selbst. *„Wir leben in keiner Diktatur, sonst könnten wir diesen Parteitag heute wohl auch kaum abhalten"*[473], stellte Meuthen fest. Scharf kritisierte der Partei-Chef, dass Gäste von AfD-Abgeordneten eine Woche zuvor, parallel zu einer *Querdenken*-Demo in Berlin, Parlamentarier_innen im Reichstagsgebäude belästigt hatten. Meuthen wandte sich gegen die in der AfD oft praktizierte Strategie der gezielten Provokation. Den bei Corona-Demonstrationen populären NS-Vergleichen erteilte er eine Absage und sprach sich für gemäßigtes Auftreten aus. Ein Bündnis mit der *Querdenken*-Bewegung schade der

471 Steffen, Tilman: *AfD-Parteitag in Kalkar. Jörg Meuthen stellt die Existenzfrage*, in: ZEIT ONLINE, 28.11.2020.

472 Kissler, Alexander: *Parteitag unter Corona-Bedingungen: Die AfD ringt um ihren zukünftigen Kurs*, in: Neue Züricher Zeitung, 29.11.2020.

473 Ebenda.

AfD nur, denn sie gerate in ein Fahrwasser, das sie *„massiv existenziell“*[474] gefährde. Es folgte ein von Streit, Vorwürfen und Geschrei geprägter Parteitag. Am Ende stand jedoch nicht die Spaltung, sondern es zeigte sich, dass sich die zwei Lager von Jörg Meuthen auf der einen und Gauland, Chrupalla & Co auf der anderen Seite zusammenraufen konnten. Taktisches Ziel war es, für die kommenden Wahlen ein möglichst geschlossenes Bild abzugeben. Das Jahr 2021 galt als *Superwahljahr*. D. h. außer der Bundestagswahl im September fanden im Laufe des Jahres noch sechs Landtags- bzw. Abgeordnetenhauswahlen statt, zudem zwei Kommunalwahlen.

Während auf der Bundesebene ein großer Eklat verhindert werden konnte, brodelten die parteiinternen Auseinandersetzungen unterschwellig weiter. Erneut geriet dabei Niedersachsen in den Fokus, wo die Fraktion um Jens Kestner direkt auf eine neue Machtprobe mit den sogenannten moderateren Kräften des Landesverbands zusteuerte. Es ging um die Aufstellung der Kandidat_innen-Liste für den Bundestagswahlkampf 2021. Die Liste sollte auf dem Landesparteitag am 5. und 6. Dezember 2020 in Braunschweig gewählt werden. Wie üblich, führte die AfD ihren Parteitag, mit knapp 600 Delegierten, während der Pandemie in Präsenz durch.

Gegen die AfD rief das *Bündnis gegen Rechts* zum Protest auf, an dem sich laut Bündnis 800 Menschen[475], nach Polizeiangaben 400 Menschen beteiligten. Der letzte Landesparteitag der AfD in Braunschweig lag erst drei Monate zurück und es standen nur wenige Tage für die Mobilisierung zur Verfügung. Nach der Abschlusskundgebung kam es lediglich zu einigen kleineren Blockadeversuchen.

Für die AfD stand das parteiinterne Ringen im Vordergrund. Parteichef Jörg Meuthen reiste eigens an, um seinen Leuten den Rücken zu stärken und setzte sich durch. Der AfD-Landesverband Niedersachsen wählte nicht nur den pensionierten Bundeswehr-General Joachim Wundrak auf Listenplatz 1, sondern es fanden sich ausschließlich Vertreter_innen der Meuthen-Fraktion auf der niedersächsischen Liste für die Bundestagswahl.

474 Kissler, Alexander: *Parteitag unter Corona-Bedingungen: Die AfD ringt um ihren zukünftigen Kurs*, in: Neue Züricher Zeitung, 29.11.2020.

475 Wertemüller, Sebastian: *5.12.2020 – hunderte demonstrierten gegen „AfD-Hotspot“ Braunschweig*, in: Braunschweig Spiegel, 5.12.2020.

Hingegen scheiterten alle Kandidat_innen aus dem Kreis des ehemaligen *Flügels*, nicht einmal der gerade neugewählte Landesvorsitzende schaffte die Nominierung.[476] Meuthen triumphierte.

VS-Schlappe und Spitzenduo

Am 3. März 2021, kurz vor den wichtigen Landtagswahlen, verlautbarten die Medien, dass das Bundesamt für Verfassungsschutz die gesamte AfD als Verdachtsfall eingestuft habe. Der Verfassungsschutz hielt die vom AfD-Bundesvorstand beschlossene Auflösung des *Flügels* für vorgeschoben. Es gäbe deutliche Anzeichen dafür, dass die Strukturen der innerparteilichen Organisation und Netzwerke unverändert fortbestünden. Auch der Machtkampf zwischen den verschiedenen Lagern in der Partei sei weiterhin sichtbar, wie sich zuletzt beim Parteitag in Kalkar gezeigt hätte.

Der Verfassungsschutz gab bekannt, dass die Einstufung als Verdachtsfall direkte Auswirkungen auf AfD-Mitglieder haben könnte, sofern sie Angehörige des öffentlichen Dienstes seien. Polizist_innen, Richter_innen usw. müssten ja einen Eid auf die Verfassung ablegen. Sollte die AfD zum Beobachtungsobjektes hochgestuft werden, wären auch Entlassungen möglich.

Umgehend gingen zwei Eilanträge der AfD-Parteiführung beim Verwaltungsgericht Köln ein. Parteisprecher Jörg Meuthen sah den Versuch einer Wahlbeeinflussung. Die AfD beantragte, dem Verfassungsschutz zu verbieten, sie öffentlich als rechtsextremistischen Verdachtsfall zu bezeichnen. Außerdem sollte der Verfassungsschutz nicht mehr angeben dürfen, über wie viele Mitglieder der aufgelöste *Flügel* in der AfD verfügte. Das Gericht folgte Meuthens Argumentation und erkannte im Durchstechen entsprechender Informationen an die Medien einen unvertretbaren Eingriff in die Chancengleichheit der Parteien. Bereits zwei Tage nach seinem Bekanntwerden war das Vorgehen des Verfassungsschutzes gestoppt. Solange die Eilanträge der AfD nicht abschließend entschieden waren, musste auf eine geheimdienstliche Überwachung von Abgeordneten in Bund, Ländern und

476 *AfD Niedersachsen wählt Wundrak zum Spitzenkandidaten*, in: NDR, 4.7.2021.

im EU-Parlament verzichten werden. Dasselbe galt für Kandidat_innen bei den anstehenden Wahlen im Jahr 2021.[477]

Meuthen war es gelungen, die Beobachtung durch den Verfassungsschutz noch einmal abzuwenden, was seine Position weiter zu stärken schien. An den Stimmverlusten der AfD konnte das juristische Manöver jedoch nichts ändern. Bei den Landtagswahlen am 14. März 2021 in Baden-Württemberg kam die AfD auf 9,7 Prozent[478], ein Verlust gegenüber 2017 von 5,4 Prozent. Konnte man für diese Verluste vielleicht noch die Skandale um Räpple und Gedeon verantwortlich machen, war das bei den am selben Tag stattfindenden Wahlen in Rheinland-Pfalz schon schwieriger. Hier erreichte die AfD 8,3 Prozent[479], ein Verlust von 4,3 Prozent.

Mit den Schlappen bei den Landtagswahlen konnte man sich nicht lange aufhalten, der Blick war in die Zukunft zu wenden und hier stand als zentrales Ereignis die Bundestagswahl an. Zur Vorbereitung fand der 12. Bundesparteitag der AfD vom 10. bis 11. April 2021 in der *Messe Dresden* statt. Das Bundeswahlprogramm war zu beschließen, Einigung über die Spitzenkandidat_innen zu erzielen, und ein Abwahlantrag gegen Jörg Meuthen sollte auf der Tagesordnung stehen.

Während andere große Parteien ihre Zusammenkünfte nur noch online stattfinden ließen, führte die AfD nunmehr ihren zweiten Bundesparteitag in Präsenz durch. Es galt Masken- und Abstandspflicht.

Zusammen mit dem Aktionsbündnis *Stoppt die AfD* rief die *Undogmatische Radikale Antifa Dresden*, kurz URA, am 10. April zu Blockaden auf. Knapp 150 Menschen nahmen an einer Fahrrad-Demonstration von der Neustadt in Richtung Messegelände teil. Nach Polizeiangaben versuchten anschließend etwa 40 Personen, die Hauptzufahrt zum Parkplatz des Messegeländes zu blockieren. Da die anderen Zufahrten offenblieben, kam dieser Aktion lediglich symbolische Bedeutung zu, sie wurde nach Ansprache durch die Polizei beendet. Parallel konnten einige große Banner gegen die AfD an Brücken und in Bäumen aufgehängt werden, und die AfDler_innen

477 *Verfassungsschutz / Die AfD und der Verdachtsfall*, in: Deutschlandfunk, 6.3.2021.

478 *Baden-Württemberg. Landtagswahl 2021*, in: tagesschau.de.

479 Ebenda.

mussten an Demonstrant_innen vorbei zum Parteitag gehen. Mehr war nicht drin, am zweiten Tag fanden keine Gegenaktionen mehr statt.[480]

So konnten die knapp 550 AfD-Delegierten, von Protesten weitgehend ungestört, ihre interne Konfrontation führen. Gleich am ersten Tag scheiterte der Antrag zur Abwahl von Parteichef Jörg Meuthen. Der Bundesparteitag lehnte es ab, die Tagesordnung, um diesen Punkt zu erweitern. Ein kleiner Punktsieg für den Parteivorsitzenden. Hauptsächlich ging es aber darum, das Bundeswahlprogramm zu beschließen. Dazu zählte der Dexit, der deutsche Austritt aus der EU.

Das Wahlprogramm durchlief ohne großes Aufheben die Abstimmungen, problematischer entwickelte sich die Diskussion um das Spitzenduo, mit dem die AfD in den Wahlkampf ziehen wollte. Idealerweise sollte die Doppelspitze aus Mann und Frau bestehen, die beide große Fraktionen der Partei repräsentierten. Ein Teil der Delegierten, darunter Ko-Bundeschef Tino Chrupalla, wollte das Spitzenteam gleich auf dem Parteitag bestimmen. Es konnte kein Zweifel daran bestehen, dass er selbst einer der beiden Kandidat_innen sein würde. Chrupalla war ein Mann Gaulands und genoss die Unterstützung des nationalistischen Parteiflügels um Björn Höcke.

Jörg Meuthen favorisierte Joana Cotar als zweite Kandidatin. Die hessische Bundestagsabgeordnete gehörte seit November zum AfD-Bundesvorstand. In Dresden schien diese Zusammensetzung als Kompromiss möglich. Meuthen schlug jedoch die Möglichkeit, Cotar durchzusetzen, aus. Er hielt dagegen, dass verschiedene Landesverbände ihre Kandidat_innenlisten für die Bundestagswahl noch nicht aufgestellt hätten. Das müsse abgewartet und bis zum 7. Mai Zeit gegeben werden, damit Anwärter_innen gemeldet werden könnten.

Obwohl bis zur Bundestagswahl am 26. September nur noch wenige Wochen blieben, entschied sich der Parteitag, bei der äußerst knappen Mehrheit von 51 zu 49 Prozent[481], für den Vorschlag von Parteichef Meuthen. Die Mitglieder sollten bis zum 25. Mai über das Spitzenteam abstim-

480 Tunk, Carola: *Dresden: Aktivisten protestieren gegen AfD-Bundesparteitag*, in: Berliner Zeitung, 10.4.2021.

481 Steffen, Tilmann: *AfD Bundesparteitag. Ein Wahlprogramm, keine Köpfe*, in: ZEIT ONLINE, 10.4.2021.

men. Angeblich ging es bei diesem Wahlverfahren darum, Kungeleien bei der Personalfrage einen Riegel vorzuschieben. Doch es steckte mehr dahinter. Im Bundesvorstand verfügte Meuthen noch über eine Hausmacht, wie es sich mit der Basis verhielt, musste sich mit der Abstimmung über das Spitzenkandidatenduo beweisen. Ein entsprechendes Mitgliedervotum wäre auch eines für seine politische Linie.

Am Ende des Parteitags präsentierte die AfD-Führung den Delegierten für den anstehenden Wahlkampf zwar keine Spitzenkandidat_innen, dafür aber Plakatmotive und ein Video. Das Motto lautete *Deutschland, aber normal*.

Im Kontrast zu dieser Aussage schien das Maß des Hauens und Stechens bei den zu bestimmenden Landeslisten für die Bundestagswahl bei der AfD mancherorts verloren zu gehen. Austragungsort eines solchen Kampfes wurde noch einmal Niedersachsen. Der AfD-Landesvorsitzende Jens Kestner wollte seine Schlappe gegen Meuthen vom Dezember 2020 auf dem Landesparteig in Braunschweig nicht einfach hinnehmen. Ein außerordentlicher Landesparteitag trat am 15. Mai 2021, wiederum in Braunschweig, zusammen. Bereits im Vorfeld säte die Fraktion um Kestner Zweifel am rechtmäßigen Zustandekommen der Kandidat_innenliste zur Bundestagswahl. Es gab einen Antrag, die Landesliste neu aufzustellen. Im Gegenzug lagen Abwahlanträge gegen den AfD-Landeschef Jens Kestner und drei weitere Vorstandsmitglieder wegen parteischädigenden Verhaltens vor. Eine politische Schlammschlacht zeichnete sich ab.

Antifaschist_innen versuchten, die Anreise der AfD-Mitglieder zum Landesparteitag mittels Sitzblockaden und Menschenketten zu verhindern. Laut *Bündnis gegen Rechts* beteiligten sich 800 Menschen an diesen Aktionen, die Polizei sprach von rund 500 Personen. Bei den Blockadeaktionen wurden zwei Antifas festgenommen.

Obwohl die Polizei den Partei-Mitgliedern den Zutritt ermöglichte, musste der Parteitag aufgrund der Corona-Auflagen gegen Mittag abgebrochen werden. 649 Parteimitglieder waren in der *Milleniumhalle*, einige warteten noch außerhalb, doch nur 500 Personen durften laut anwesenden Vertreter_innen des Ordnungsamtes in das Gebäude.[482]

482 *Draußen Protest, drinnen zu voll*, in: taz, 15.5.2021.

Da keine Stimmberechtigten von der Abstimmung ausgeschlossen werden sollten, vertagte man sich. Der erwartete Schlagabtausch kam nicht zustande, stattdessen brodelte es in der Partei weiter.[483] So nahm Tino Chrupalla keinen Kontakt zu Joana Cotar auf, sondern bildete lieber mit Alice Weidel ein Team. Woraufhin Meuthen die Doppelspitze Joana Cotar und Joachim Wundrak gegen Tino Chrupalla und Alice Weidel zur Abstimmung stellte. Die Mitgliederbefragung ergab eine Zustimmung von 71 Prozent für die Spitzenkandidatur von Weidel und Chrupalla.[484] Eine deutliche Niederlage für Meuthen. Noch dazu musste die AfD bei der Landtagwahl in Sachsen-Anhalt am 6. Juni Stimmeneinbußen hinnehmen. Sie erreichte 20,8 Prozent[485], gegenüber 2016 ein Verlust von 3,4 Prozent. Keine positive Einstimmung auf die bevorstehende Bundestagswahl am 26. September 2021.

Flyerservice Hahn

Einige Wochen vor der Bundestagswahl bot ein *Flyerservice Hahn* der AfD an, ihr das Wahlkampfmaterial in großem Stil abzunehmen und *„zu einem akzeptablen Preis in die Haushalte“*[486] zu verteilen, so die Parteichefs Tino Chrupalla und Jörg Meuthen. Das Angebot muss sehr überzeugend gewesen sein, denn 85 AfD-Parteiverbände wurden Kunden des Flyerservice. Ohne Auftragsbestätigungen oder rechtsgültige Verträge kamen Woche für Woche ganze Lkw-Ladungen mit AfD-Werbematerial bei der Geschäftsadresse des *Zentrums für politische Schönheit* (ZPS) an, welches hinter dem *Flyerservice Hahn* steckte.

Insgesamt waren es schließlich fünf Millionen Flyer (nach AfD-Angaben über eine Million), von denen kein einziger jemals zur Verteilung kam.

Obwohl beim *Flyerservice Hahn* mehr und mehr Anrufe von erbosten AfD-Parteiverbänden eingingen, gelang es, die Rechtspopulist_innen

483 *AfD bricht Landesparteitag in Braunschweig ab*, in: NDR, 15.5.2021.

484 Fiedler, Maria: *71 Prozent Zustimmung bei Mitgliedern. AfD geht mit Duo Weidel und Chrupalla in den Bundestagswahlkampf*, in: Der Tagesspiegel, 25.5.2021.

485 *Sachsen-Anhalt. Landtagswahl 2021*, in: tagesschau.de.

486 *Zentrum für politische Schönheit. Künstler bekennen sich zu Anti-AfD-Aktion*, in: tagesschau.de, 28.9.2021.

↑ *Wer hat der AfD fünf Millionen Flyer geklaut?* Banner des ***Zentrums für Politische Schönheit***.

hinzuhalten. Erst zwei Tage nach der Wahl ging das ZPS mit seiner Sabotageaktion an die Öffentlichkeit. Die Lacher auf ihrer Seite, präsentierte das Kollektiv große Container randvoll mit AfD-Werbematerial. Nach eigenen Angaben „72 **Tonnen AfD-Müll.**“[487] Das wären 14 Gramm pro Flyer, was etwas übertrieben scheint.

Umgehend warf AfD-Bundessprecher Tino Chrupalla dem ZPS einen ***„massiven Eingriff in den demokratischen Wahlkampf“*** und ***„einen Angriff auf unsere Demokratie“***[488] vor. Ko-Bundessprecher Jörg Meuthen kündigte an, Anzeige zu erstatten und weitere rechtliche Schritte zu prüfen.

Da der **Flyerservice Hahn** keine Rechnung gestellt hatte, konnten jedoch keine Ermittlungen wegen Betrugs und Urkundenfälschung eingeleitet werden. Zum Einsatz kam daher der verklausulierte § 269 StGB, der demjenigen mit einer Freiheitsstrafe bis zu fünf Jahren oder eine Geldstrafe droht, der ***„zur Täuschung im Rechtsverkehr beweiserhebliche Daten so speichert oder verändert, dass bei ihrer Wahrnehmung eine unechte oder verfälschte Urkunde vorliegen würde“***.

487 **Flyerservice Hahn: Wer hat der AfD fünf Millionen Flyer geklaut?**, in: Politische Schönheit.

488 Fleckenstein, Hanno: **Guerilla-Aktion vor Bundestagswahl. Millionen AfD-Flyer im Altpapier**, in: taz, 28.9.2021.

Mit anderen Worten geht es um die fiktive Firma **Flyerservice Hahn**, die mit falschen Angaben auf ihrer Website und im E-Mail-Verkehr agierte. Strafrechtlich stand die Frage im Raum, ob das ZPS die Website im Nachhinein verändert hatte. Ursprünglich sollen dort keine AGB zu finden gewesen sein. Stattdessen hätten dort eine falsche Umsatzsteuer-Identifikationsnummer und Registriernummer gestanden. Ebenso habe die Werbung mit dem angeblichen Kunden FDP nicht der Wahrheit entsprochen und auch die Kooperation mit der **Deutschen Post** sei vorgetäuscht gewesen. Alles in allem ein Fall für die Berliner Staatsanwaltschaft. Am 13. Januar 2022 klingelte es morgens um 7 Uhr und zehn Beamt_innen des für politische Straftaten zuständigen Staatsschutzes beim Landeskriminalamt (LKA) drangen in die Wohnung und das Atelier eines Tatverdächtigen ein. Bis 9 Uhr dauerten die Durchsuchungen, bei denen die Ermittler_innen Datenträger sicherstellten. Die Staatsanwaltschaft Berlin gab bekannt, dass sie im Fall des **Flyerservice Hahn** gegen weitere unbekannte Mittäter ermittle.[489]

Die juristische Würdigung ging in die Kontroverse über, ob im Fall des **Flyerservice Hahn** die Kunstfreiheit lediglich dazu genutzt wurde, um strafrechtliche Grenzen zu übertreten. War diese Aktion überhaupt eine demokratische Methode? Woran sich die Frage, was ist Kunst, anschließt? Eine sicherlich interessante Diskussion.

Meuthens Abgang

Am 26. September 2021 war es dann so weit: Am Tag der Bundestagwahl wurde auch das Berliner Abgeordnetenhaus und der Landtag von Mecklenburg-Vorpommern neu gewählt. In Berlin kam die AfD auf 8 Prozent bei einem Verlust von 6,2 Prozent[490] und in Mecklenburg-Vorpommern auf 16,7 Prozent, bei einem Verlust von 4,1 Prozent.[491]

489 **Anti-AfD-Aktion „Flyerservice Hahn". Razzia der Berliner Polizei beim „Zentrum für politische Schönheit"**, in: Der Tagesspiegel, 13.1.2022.

490 Senatsverwaltung für Inneres und Sport: Der Landeswahlleiter für Berlin. Ergebnisse.

491 Landesamt für innere Verwaltung: Landtagswahl am 26. September 2021 in Mecklenburg-Vorpommern.

Bei der Bundestagswahl entfielen auf die AfD unter ihren Spitzenleuten Alice Weidel und Tino Chrupalla 10,3 Prozent der Stimmen. Damit schrumpft die AfD 2021 im 20. Deutschen Bundestag zur fünftstärksten Partei.[492] Im Jahr 2017 war sie mit 12,6 Prozent noch drittstärkste Kraft geworden.

↑ Meist waren AfD-Plakate zu den Berliner Senatswahlen am 26. September 2021 nur kurze Zeit in den Straßen zu sehen. Man ging dazu über sie sehr hoch an Laternen anzubringen. Daraufhin wurde die rechtspopulistische Propaganda treffend mit Farbbeuteln eingesaut.

Bezeichnend war, dass die Partei im Westen, abgesehen vom Saarland, einstellig blieb. Ihr Gesamtergebnis konnte sie aber durch weiterhin hohe Stimmenanteile in den fünf neuen Bundesändern ausgleichen. In Sachsen und Thüringen ging die AfD, mit rund einem Viertel der Stimmen, als stärkste Partei hervor, in Brandenburg und Mecklenburg-Vorpommern schafft sie es auf Platz zwei.[493]

Tino Chrupalla holte mit 35,8 Prozent der Erststimmen erneut das Direktmandat für seinen Wahlkreis Görlitz. Wie war dieser Wahlausgang zu bewerten? Parteichef Meuthen sah seine Kritik am Kurs der AfD bestätigt und ließ bereits am Wahlabend jegliche taktische Zurückhaltung fallen. ***„Wir haben mit dem Wahlprogramm und sicher auch mit den Spitzenkandidaten eher unsere eigene Blase bedient“***[494], äußerte

492 *Der Bundeswahlleiter, Bundestagswahl 2021: Endgültiges Ergebnis*, in: Pressemitteilung Nr. 52/21 vom 15. Oktober 2021.

493 *Stimmenanteile der AfD in den Bundesländern bei der Bundestagswahl am 26. September 2021*, in: statista, 24.1.2022.

494 Küstner, Kai: *AfD nach der Bundestagswahl. Zurück zum Machtkampf*, in: ARD-Hauptstadtstudio, 27.9.2021.

der Parteichef im Interview mit dem *ARD-Hauptstadtstudio*. Am folgenden Tag führte die Auseinandersetzung um die Deutungshoheit des Wahlergebnisses zwischen Ko-Chef Meuthen und den beiden Spitzenkandidat_innen in der Bundespressekonferenz[495] zu einem offenen Schlagabtausch vor laufenden Kameras.

Für ihn sei es erfreulich, dass die AfD wieder ein zweistelliges Ergebnis erzielt habe, sagte Meuthen. Zur Wahrheit gehöre aber auch, dass die Partei erhebliche Stimmenverluste erlitten habe. Ob es klug gewesen sei, die Forderung nach einem Austritt Deutschlands aus der Europäischen Union ins Wahlprogramm zu schreiben, bezweifelte der Europaabgeordnete. Man habe lediglich sein *„Kernklientel“* bedient. *„Unter dem Strich“* sei die Wahl kein Erfolg. AfD-Spitzenkandidatin Weidel konterte, sie lasse sich das Wahlergebnis *„nicht schlechtreden, von niemandem“*[496]. Die AfD habe sich etabliert. Chrupalla sprach von einem *„stabilen Ergebnis“*, auch wenn er nicht *„hundertprozentig zufrieden“* sei.[497] In Richtung Meuthen zielte dann der Satz *„Wir werden natürlich schauen: Was haben wir in den östlichen Bundesländern besser gemacht als in den westlichen.“*[498]

Wie auch immer man das Wahlergebnis einschätzte, Fakt war, dass die Rechtspopulist_innen den größten Zuspruch von Arbeiter_innen und Arbeitslosen erhalten hatten. Damit setzt die AfD den von Alexander Gauland eingeschlagenen Kurs fort, sich als *„Partei der kleinen Leute“* zu etablieren. Bei Selbstständigen und Rentner_innen schnitt die einstige *Professorenpartei* dagegen deutlich schwächer ab.[499]

Gegen den Widerspruch von Meuthen wurden Alice Weidel und Tino Chrupalla am 30. September 2021, ohne Gegenkandidat_innen, zu gemeinsamen Vorsitzenden der 82-köpfigen AfD-Fraktion im Bundestag

495 Die Bundespressekonferenz ist keine Einrichtung des Bundes oder des Bundetages, sondern eines eigenständigen Vereins von Medienschaffenden.

496 *Verluste im Bund, in Berlin und in Mecklenburg-Vorpommern. AFD-Spitze streitet über Wahlergebnis*, in: Spiegel Politik, 27.9.2021.

497 Ebenda.

498 Küstner, Kai: *AfD nach der Bundestagswahl. Zurück zum Machtkampf*, in: ARD-Hauptstadtstudio, 27.9.2021.

499 *Nach Verlusten bei Wahl. AfD-Spitze kehrt zum Machtkampf*, in: ntv, 27.9.2021.

gewählt. Sie übernahmen das Amt von Alexander Gauland, der zum Ehrenvorsitzenden der Fraktion ernannt wurde.[500]

Jörg Meuthen geriet immer weiter in die Defensive und zog die Konsequenzen. Am 11. Oktober 2021 gab er in einem Rundbrief an die AfD-Mitglieder bekannt, nach sechs Jahren auf dem kommenden Parteitag vom 11. bis 12. Dezember 2021 in Wiesbaden nicht erneut für den Parteivorsitz kandidieren zu wollen.[501]

↑ Bündnisaktionen gegen den AfD-Bundesparteitag in Wiesbaden waren vorbereitet, Plakate gedruckt, die Antifa-Szene im Rhein-Main-Gebiet und darüber hinaus mobilisiert. Da sagte die AfD ihren Parteitag kurzfristig ab.

Die Versammlung sollte, wie bei der AfD üblich, während der Corona-Epidemie in Präsenz stattfinden, eine Verlagerung ins Digitale lehnt die Partei ab. Ihre als oppositionelle Geste ausgegebene Marotte führte dann aber zur kurzfristigen Absage des in Wiesbaden geplanten AfD-Bundesparteitags. Aufgrund der Corona-Maßnahmen sei es für ungeimpfte Delegierte kaum möglich gewesen, Hotelzimmer zu finden, hieß es dazu. Die Neuwahl des Parteivorstands musste verschoben werden und sollte im Frühjahr 2022 stattfinden. So lange konnte und wollte Jörg Meuthen nicht warten. Mit sofortiger Wirkung erklärte er am 28. Januar 2022 seinem Rücktritt vom Amt als Ko-Bundesvorsitzender und seinen Austritt aus der AfD. Einen Rück- und Austritt eines amtierenden Parteivorsitzenden hatte es in der Geschichte der Bundesrepublik, wenn überhaupt, nur äußerst selten gegeben und zeigte, wie sehr Meuthens innerparteiliche

500 Stanberg, Jan: *Nach holprigem Start: Chrupalla und Weidel übernehmen AfD-Fraktionsvorsitz*, in: RedaktionsNetzwerk Deutschland, 30.9.2021.

501 Prantner, Christoph: *Jörg Meuthen will nicht mehr für AfD-Vorsitz kandidieren*, in: Neue Züricher Zeitung, 11.10.2021.

Stellung erschüttert war. Er begründete seinen Schritt mit einer Niederlage im Machtkampf gegen den formal aufgelösten rechtsradikalen Flügel und mangelnden Rückhalt in der Partei.[502] Wie bei solchen Rücktritten üblich, behielt Meuthen aber sein EU-Mandat bei vollen Bezügen.

Nach Bernd Lucke und Frauke Petry war Meuthen damit der dritte Parteivorsitzende, der die AfD im Streit um ihre Ausrichtung verließ. Ein wenig schwang seine Parteitätigkeit aber noch nach. Eine Schweizer PR-Firma soll ihn im baden-württembergischen Landtagswahlkampf 2016 mit einer Werbekampagne von rund 90.000 Euro unterstützt haben. Das würde den Tatbestand der illegalen Parteienfinanzierung erfüllen und wäre ein Verstoß gegen das Parteiengesetzt. Die Berliner Staatsanwaltschaft beantragte die Immunitätsaufhebung, um ein Strafverfahren einleiten zu können. Dem kam das europäische Parlament am 15. Februar 2022 nach.[503] Große Folgen hatte dieses Verfahren nicht, vor allem, weil der ehemalige Parteivorsitzende schnell in der politischen Bedeutungslosigkeit verschwand.

Meuthens letzter Versuch politisch eine Rolle zu spielen verband sich mit seinem Eintritt in die *Deutsche Zentrumspartei* am 10. Juli 2022. Für die Kleinstpartei wurde das zum Problem, da sie die nötigen 2.000 Unterschriften für die Zulassung zur niedersächsichen Landtagswahl im selben Jahr nicht zusammenbekam. Etliche Unterstützer_innen verweigerten sich mit Verweis auf die AfD-Vergangenheit des designierten Zentrumskandiaten.[504] Aus der zweiten politischen Karriere wurde also nichts. Der gescheiterte Rechtspopulist gab am 8. September 2023 seinen Parteiaustritt bekannt.

Die Identitären

Zu den neueren Erscheinungen der radikalen Rechten zählt die *Identitäre Bewegung* (IB). Ihren Ursprung hat sie in Frankreich wo sich regionale Gruppen, die der Neuen Rechten zuzuordnen waren, am 6. April 2003 mit

502 Müller-Vogg, Hugo: *Meuthen verlässt AfD: Der Opportunist scheitert an den Ultra-Rechten und sich selbst*, in: FOCUS online, 28.2.2022.

503 *Ehemaliger AfD-Chef. EU-Parlament entzieht Jörg Meuthen die Immunität*, in: StN.de, 15.2.2022.

504 Steffen, Tillmann: *Jörg Meuthen. Meuthen verschärft Krise der Zentrumspartei*, in: ZEIT ONLINE, 23.8.2022.

Frankophonen aus Belgien zum *Bloc identitaire – Le mouvement social européen* (dt.: Identitärer Block – Die Europäische Sozialbewegung) zusammenschlossen. Als Symbol wählten sie den elften Buchstaben des griechischen Alphabets, das Lambda. Das ist eine geschichtsträchtige Ableitung, da das Lambda bereits auf den Schilden der Spartanischen Hopliten als Wappen Verwendung fand.

Weitere Gruppen aus Europa folgten dem *Bloc identitaire*; 2012 gründete sich in Österreich der *Verein zur Erhaltung und Förderung der kulturellen Identität*, in der Bundesrepublik ließen sich die *Identitären* im Jahr 2014 als Verein beim Amtsgericht Paderborn eintragen. Eine Besonderheit in Deutschland ist, das sich die *Identitären* hier auf das Buch von Thilo Sarrazin aus dem Jahr 2010, *Deutschland schafft sich ab*, beziehen, dessen Thesen sie durch die Flüchtlingswelle 2014/2015 bestätigt sahen. Die Organisation, die sich als Bewegung versteht, zählte in der Bundesrepublik 2016 etwa 400 Mitglieder.

Identitäre sind keine martialisch auftretenden Neonazis, sondern rekrutieren sich aus dem jugendlich-intellektuellen Bürgertum, was ihnen in Antifa-Kreisen die Bezeichnung *Nazi-Hipster* einbrachte. Ihre Aktionen sind meist öffentlichkeitswirksame Akte zivilen Ungehorsams, wobei dem Internet eine große Rolle zukommt. Mit einer Vielzahl von Videos und Berichten in den sozialen Netzwerken versuchen die *Identitären* ihre Proteste größer darzustellen, als sie eigentlich sind, und mit diesen Selbstinszenierungen die Wirkung zu steigern.

Im August 2016 gelangten rund 15 Angehörigen der *Identitären* über einen Zugang im *Raum der Stille* am Brandenburger Tor in Berlin auf das Dach des Bauwerks. Den Wachmann sperrten sie einfach aus. Unter der Quadriga entrollten sie ein großes Transparent mit der Aufschrift *Sichere Grenzen – sichere Zukunft* und verteilten Flugblätter. Noch größeren Wirbel verursachte die Aktion am 19. Mai 2017 am Justizministerium in Berlin. Nachdem der damalige Bundesjustizminister Heiko Maas (SPD) das *Netzwerkdurchsetzungsgesetz* (NetzDG) in den Bundestag eingebracht hatte, blockierten am selben Tag *Identitäre* den Eingang des Ministeriums. Mit dem Gesetz wollte die Bundesregierung soziale Netzwerke wie Facebook und Twitter zwingen, Hassbotschaften, Verleumdungen und Beleidigungen konsequent zu entfernen. In der Bundestagsdebatte über das Netzwerkdurchsetzungsgesetz

hatten Redner von Grünen und Linken den Entwurf von Maas heftig kritisiert. Die *Identitären* schlugen, wenn auch politisch aus der entgegengesetzten Richtung, in eine ähnliche Kerbe und verbreiteten über Twitter, ihre Aktion sei ein *„Protest gegen NetzDG & Zensur in den sozialen Medien durch Heiko Maas“*[505]. Während einige *Identitäre* den Eingang blockierten, hielten andere mit einem Lastwagen auf dem Bürgersteig vor dem Ministerium und versuchten mit einer Leiter auf das Vordach zu steigen. Polizisten konnten dies verhindern. Dabei hatten die rechtsradikalen Akteure Transparente mit der Aufschrift *Schon vergessen?* dabei, waren teilweise in DDR-Uniformen gekleidet und mit DDR-Flaggen ausgestattet. Die Anhänger der Gruppe skandierten Sprüche wie *„Festung Europa, macht die Grenzen dicht!“* und hielten ein Transparent mit der Aufschrift *Zensurministerium* hoch. Die Polizei sprach 49 Platzverweise aus und nahm eine weitere Person vorrübergehend in Gewahrsam.

Kurz darauf, am 17. Juni 2017, wollte die Identitäre Bewegung eine Großdemo durch die Berliner Innenstadt veranstalten. Unter dem Motto *Zukunft Europa – bewegen und verändern* lief die europaweite Mobilisierung. Es war geplant vom Bahnhof Gesundbrunnen bis ins Regierungsviertel zu laufen.

Dem Ruf zur Demo folgten nur 800 Personen, die teilweise weit angereist waren. Außer ihren Mitgliedern hatten die *Identitären* lediglich Sympathisierende aus dem PEGIDA-Klientel, der NPD und von den *Freien Kräften* auf die Straße gebracht. Es waren allerdings nur Fahnen mit dem Emblem der

505 Roßmann, Robert: *Facebook-Gesetz. „Identitäre“ blockieren Justizministerium*, in: Süddeutsche Zeitung, 19.5.2017.

Identitären auf der Demo zu sehen. Eine antifaschistische Gegenmobilisierung von 1.400 Menschen (Polizeiangaben – laut Veranstalter_innen mehr als 3.000) verstellte die vorgesehene Route. Nach sechshundert Metern mussten die Rechten stoppen. Zwar versuchte die Polizei, auch mit dem Einsatz von Pfefferspray und etlichen Ingewahrsamnahmen, die Blockaden zu räumen, aber immer wieder setzten sich Menschen auf die Straße. Für die Idetitären ging es nicht weiter. Sie kamen zwei Stunden nicht vom Fleck, bis der Versammlungsleiter die Demo auflöste. Als anschließend einige Versammlungsteilnehmer versuchten, trotzdem einen Aufzug durchzusetzen, wurde dies von der Polizei unterbunden.

Die Demo in Berlin stand auch in Zusammenhang mit einer weiteren Aktion der *Identitären*. Im Juni 2017 charterte die Organisation unter österreichischer und bundesdeutscher Federführung von einem schwedischen Reeder ein ehemaliges Vermessungsschiff samt Besatzungsmitgliedern aus Sri Lanka. Dazu sammelten die *Identitären* unter dem Kampagnentitel *Defend Europe* über das Internet 150.000 Euro Spenden ein. Mehrere europäische Rechtsradikale wollten die Boote von privaten Hilfsorganisationen wie *Sea-Watch* oder *Jugend Rettet* im Mittelmeer blockieren. Von diesem Ansinnen trat man aber zurück und bot stattdessen der libyschen Küstenwache die Zusammenarbeit an. Man wollte die libysche Behörde auf Flüchtlingsboote aufmerksam machen, damit diese die Bootsinsassen wieder zurück in das nordafrikanische Land bringen sollte. Eine Kooperation wurde von der libyschen Küstenwache jedoch zurückgewiesen.

Tatsächlich legte das Schiff mit dem Namen *C-Star* im Juli 2017 im griechischen Teil Zyperns an. Die Rechtsradikalen konnten das Schiff aber nicht übernehmen, stattdessen wurden der Kapitän und ein weiteres Crewmitglied verhaftet. Auch der Besitzer des Schiffs in Schweden wurde unter dem Vorwurf der Schlepperei und Schmuggelei festgenommen. Fünf tamilische Besatzungsmitglieder nutzen die Gunst der Stunde und beantragten Asyl. Nach diesem Reinfall wurde es um die *Identitären* etwas ruhiger. Erst am Jahrestag des islamistischen Anschlags auf dem Breitscheidplatz[506]

506 Am 19. Dezember 2016 steuerte der islamische Terrorist Anis Amri einen gestohlenen Sattelzug in eine Menschenmenge auf den Weihnachtsmarkt am Breitscheidplatz an der Gedächtniskirche. Elf Besucher wurden getötet und 55 verletzt.

am 19. Dezember 2017 machten sie wieder von sich reden. Am Morgen fuhren rund 20 *Identitäre* mit einem LKW samt Anhänger am Brandenburger Tor vor und luden mittels LKW-Kran fünf große Betonsteine ab. Die Steine trugen Inschriften wie *„den Opfern des islamistischen Terrors"*, Flugblätter wurden verteilt, sowie Rosen und Bilder vor den Steinen abgelegt. Via Facebook bekannte sich die *Identitäre Bewegung* (IB) zu der Aktion. Die Steine sollten ein *„europäisches Denkmal für die Opfer von Multikulti und islamistischen Terrorismus"* sein.

Ende des Leuchtturmprojekts

Ein Schwerpunkt der IB lag in Halle, wo sie, kurz vor den Landtagswahlen am 13. März 2016, mit einer Aktion bundesweites Aufsehen provozierte. Mit 30 Hohlblockziegeln und Bauschaum mauerten *Identitäre* am 10. März 2016 in Halle den Zugang zu einem Probewahllokal für Migrant_innen zu und versperrten ein weiteres am 11. März mit Ketten.[507]

Von großer Bedeutung war die Adam-Kuckhoff-Straße 16 im Zentrum von Halle, gleich gegenüber der Universität. Im April 2016 hatte der Leiter des *Instituts für Staatspolitik* (IfS) und hessische AfD-Landtagsabgeordnete Andreas Lichert das Haus erworben.[508] Das im Jahr 2000 gegründete IfS ist nach eigenen Angaben eine *„Organisations- und Aktionsplattform für neurechte Bildungsarbeit"*. Hinter dem seriös klingenden Namen *Institut für Staatspolitik* verbirgt sich schlicht ein spendenfinanzierter rechtsradikaler Verein. Mitbegründer des IfS und ebenfalls strategischer Kopf hinter dem Hausprojekt in Halle war der rechtsradikale Verleger und Publizist Götz Kubitschek. 2002 zog er mit seiner Familie ins 200-Seelen-Dorf Schnellroda in Sachsen-Anhalt. Kubitschek residiert im Hauptgebäude des ehemaligen Ritterguts, wie er sein Gehöft auch gern weiterhin bezeichnet. Dort ist seit dem Jahr 2003 auch der Sitz des IfS und des von Kubitschek geführten *Verlag Antaios*.

Im Geflecht der *Neuen Rechten* übt der rechtsradikale Verleger über seine publizistische Tätigkeit, einigen Einfluss aus. Auch unterstützte er diverse

507 *Rechtsextreme Gruppe bekennt sich zu Mauerbau-Aktion*, in: ZEIT ONLINE, 11.3.2016.

508 Speit, Andreas: *Identitäre ohne Zentrum*, in: taz, 13.12.2019.

Kampagnen wie die *Konservativ-subversive Aktion* (KSA) oder *Ein Prozent für unser Land*. Dieser Verein, kurz *Ein Prozent*, wurde 2015 gegründete. Seine Initiatoren gehen davon aus, dass es nur ein Prozent der Deutschen bräuchte, um wirkungsmächtig in Erscheinung zu treten.

Ein Prozent stellt eine Schnittstelle zwischen dem IfS, der *Identitären Bewegung*, dem *Compact-Magazin* um Jürgen Elsässer und dem sachsen-anhaltinischen AfD-Landtagsabgeordneten Hans-Thomas Tillschneider dar.

Im Jahr 2015 trat Kubitschek auch mehrfach bei *PEGIDA*-Demonstrationen in Sachsen als Hauptredner auf und verfügte über gute Kontakte zum *Flügel* in der AfD. Nach wie vor pflegt er intensiven Austausch mit entsprechenden Politikern. Beispielsweise ist er mit Björn Höcke persönlich befreundet.

Auch bei der *Identitären Bewegung* in Deutschland hatte Kubitschek von Beginn an seine Finger mit im Spiel. Zu deren zentralem Projekt wurde das nicht viel mehr als 30 Kilometer von Schnellroda entfernt liegende Haus in Halle. Gleich gegenüber der Universität sollte ein Anlaufpunkt geschaffen werden.

Im April 2016 hatte der Leiter des *Instituts für Staatspolitik* (IfS) und hessische AfD-Landtagsabgeordnete Andreas Lichert das Gebäude mit einer Grundfläche von 338 Quadratmetern für 330.000 Euro erworben. Knapp ein Jahr später, im Frühjahr 2017, bezog dort die regionale Gruppe *Kontrakultur Halle* der IB das von ihr als *Patriotisches Hausprojekt Flamberg* bezeichnete Objekt. Neben einer Büroetage waren ein Filmstudio, ein Veranstaltungssaal und ein Konferenzraum geplant.

Obwohl die AfD einen Unvereinbarkeitsbeschluss gefasst hatte, der jede Verbindung der Partei mit den *Identitären* verbietet, eröffnete der AfD-Landtagsabgeordnete Hans-Thomas Tillschneider Anfang September 2017 in dem Gebäude sein Büro.

Gegen das Hausprojekt in Halle gab es von Beginn an Protest. Mehrfach richteten sich Demonstrationen und Angriffe gegen das IB-Haus. Eine größere Attacke erfolgte Ende Oktober 2017, Farbbeutel und Steine flogen, Mülltonnen wurden angezündet, die Eingangstür mit Buttersäure bedacht. Als es Ende November wieder zu Pöbeleien und Flaschenwürfen vor dem Haus kam, schlugen die *Identitären* zurück. Ausgerüstet mit Schutzhelmen,

Schildern, und Baseballschlägern, stürmten sie auf zwei mutmaßliche Angreifer los und sprühten ihnen Pfefferspray ins Gesicht. Erst als diese in Panik ihre Pistolen zogen, wurde klar, dass es sich um Zivilfahnder der Polizei handelte. Zwei **Identitäre** wurden festgenommen.[509]

Dem anhaltenden Druck von Antifa-Gruppen, Anwohner_innen, der Universität und der Stadt Halle konnte das IB schließlich nicht standhalten. Ein letzter Versuch, am 20. Juli 2019, dem Jahrestag des Attentats auf Hitler, mit einer Demonstration öffentlich in Erscheinung zu treten, scheiterte an massiven Protesten. Während sich lediglich 250 **Identitäre** im Haus versammelten, blockierten mehr als 3.000 Gegendemonstrant_innen die Straßen, zusätzlich fand auf dem Marktplatz ein großes Bürgerfest statt.[510]

Das Mietverhältnis wurde im Oktober 2019 aufgelöst, im November wurde das neurechte **Leuchtturmprojekt AK 16** endgültig beendet. Frustriert lamentierte Kubitschek: ***„Es ist dem Staat samt seinen gewalttätigen Helfern aus Antifa-Kreisen gelungen, einen jungen, patriotischen Ansatz zu kriminalisieren und letztlich zu marginalisieren.“***[511]

Überhaupt ging es mit der rechtsradikalen Kaderorganisation nicht mehr voran. In Österreich kam es im April 2018 wegen des Verdachts der Bildung einer kriminellen Vereinigung und Verhetzung zu Hausdurchsuchungen in sechs Wohnungen und vier Geschäfts- und Vereinslokalen der **Identitären**. Auch der Chef der Gruppe in Österreich, Martin Sellner, war davon betroffen. Der 29-Jährige galt als Schlüsselfigur der Kampagne ***Defend Europe*** 2017 im Mittelmeer.

Am 4. Juli 2018 begann der Prozess vor dem Straflandesgericht in Graz gegen die Anhänger der ***Identitären Bewegung Österreich***. Die 17 Angeklagten, darunter eine Frau, wurden am 26. Juli 2018 von den Vorwürfen der Verhetzung und der Bildung einer kriminellen Vereinigung freigesprochen. Zwei Angeklagte wurden lediglich zu Geldstrafen wegen Sachbeschädigung bzw. Nötigung und Körperverletzung verurteilt.

509 *„Identitäre“ in Halle – Gewalt, Einschüchterung und Verharmlosung*, in: ZEIT ONLINE, 27.11.2017.

510 *Geplante Demonstration der Identitären abgesagt*, in: Süddeutsche Zeitung, 20. Juli 2019.

511 Speit, Andreas: *Identitäre ohne Zentrum*, in: taz, 13.12.2019.

Im Mai 2018 war das Lambda-Symbol der IB bei *Instagram* und *Facebook* verboten und die Accounts, die den Namen oder das Symbol trugen, gesperrt worden. Davon nicht betroffen blieben private Accounts einzelner Mitglieder, über die zunächst weiter agiert werden konnte. Twitter und YouTube zogen im Juli 2020 nach und sperrten in ganz Europa die Konten der Organisation samt einschlägig bekannter Akteur_innen [512]

Daraufhin nannten sich Regionalgruppen um oder bezeichneten sich, etwa im Saarland, in Erfurt und in Österreich, als *Kontrakultur*.[513]

Wenn auch erheblich eingeschränkt, blieb es bei den Aktionsformen und Inhalten der ID. Statt auf *YouTube*, *Facebook* oder *Twitter* agierten Gruppen oder einzelne Akteur_innen auf neueren Plattformen wie *Telegram* und *Instagram*. Trotzdem war die Strategie, Aktionen vor allem über die Sozialen Medien zu verbreiten, nicht mehr in demselben Maße umsetzbar wie zuvor. Auch schien den bürgerlich-elitär auftretenden *Identitären*, bedingt durch die Repression, das Personal auszugehen.

Rechtsterrorismus

Mordfall Walter Lübcke

Im Bürgerhaus von Lohfelden, einer Gemeinde von 60.000 Einwohner_innen bei Kassel, herrschte am Abend des 14. Oktober 2015 eine gereizte Stimmung. Durch die Flüchtlingswelle mussten auch in Nordhessen dringend Erstaufnahmelager für Geflüchtete entstehen. An jedem Ort, an dem Unterkünfte eingerichtet werden sollten, organisierte das Regierungspräsidium Informationsveranstaltungen. Der CDU-Politiker Walter Lübcke aus Kassel, Regierungspräsident für die Region Nordhessen, erschien persönlich, um sich den Fragen der Bevölkerung zu stellen.

512 Identitäre Bewegung: *Twitter geht gegen Rechtsextreme vor*, in: tagesschau, 11.7.2020.

513 Lauer, Stefan/Kracher Veronika: *Wie sich die rechtsextreme „Jugendbewegung“ neu ausrichtet*, in: Bell Tower New, 21.1.2022.

Viel Zeit blieb nicht. In Lohfelden würde die Flüchtlingsunterkunft bereits am folgenden Tag in einem leerstehenden Baumarkt eingerichtet werden. Das erhitzte die Gemüter. Entsprechend groß war das Interesse am Info-Abend im Bürgerhaus, dessen Versammlungssaal, mit 800 Personen, so vollbesetzt war wie selten. Es herrschte eine aggressive Stimmung. Dafür sorgten vor allem die anwesenden Vertreter_innen von KAGIDA (Kassel gegen die Islamisierung des Abendlandes), einem Ableger der PEGIDA-Bewegung, die Woche für Woche Demonstrationen gegen die in ihren Augen drohende Überfremdung organisierten. Mitten im Publikum saßen außerdem Stephan Ernst und Markus H., zwei Neonazis mit aktenkundiger Vergangenheit.

KAGIDA-Vertreter_innen in den vorderen Reihen provozierten den Regierungspräsidenten mit ihren Unmutsäußerungen, während Markus H. die Veranstaltung mit einem Handy filmte. Walter Lübcke, durch Dauereinsatz gestresst und durch eine Erkältung angeschlagen, ließ sich zu der Aussage hinreißen: *„Ich würde sagen, es lohnt sich, in unserem Land zu leben, da muss man für Werte eintreten, und wer diese Werte nicht vertritt, der kann jeder Zeit dieses Land verlassen, wenn er nicht einverstanden ist – das ist die Freiheit eines jeden Deutschen.“* [514] Daraufhin kam es zu tumultartigen Szenen im Saal. Unmittelbar nach der Veranstaltung lud Markus H. diese Szene auf YouTube hoch, Stephan Ernst verschickte sie per Handynachricht.

Noch am selben Abend erhielt Lübcke zahlreiche Anfeindungen und Morddrohungen. In den folgenden Tagen ging das Video bundesweit durch die sozialen Netzwerke und machte Lübcke zu einer Feindfigur für Rechtsradikale. Insbesondere traf dies auf Stephan Ernst zu. Er war Walter Lübcke an diesem Abend zum ersten Mal begegnet. Fortan galt ihm der CDU-Politiker als verhasst.

Ernst, Jahrgang 1973, stammt aus Wiesbaden und hatte im Jahr 2015 bereits ein langes Strafregister, das ihn als gewalttätigen, rechtsradikalen Schläger auswies. Im Alter von 19 Jahren attackierte Ernst einen türkischen Imam im Bahnhof von Wiesbaden. Ernst gab später an, dass er sich sexuell bedrängt gefühlt und deshalb dem Imam ein Messer in Brustkorb und

514 Kazim, Hasnain: *Mordfall Walter Lübcke. Soll ich bleiben?*, in: Zeit online, 2.6.2020.

Bauchhöhle gerammt habe. Nur eine Notoperation rettete dem Schwerverletzten das Leben. Ein Jahr darauf wollte Ernst eine Bombe an einer Asylbewerberunterkunft explodieren lassen. Auf einer Wiese in Steckenroth im Taunus lebten Geflüchtete aus dem Jugoslawienkrieg in Containern. Kaum war das Provisorium aufgestellt, wurden die Container mit Hakenkreuzen und SS-Runen beschmiert. Wenig später legte Ernst eine selbstgebastelte Bombe in ein Auto und zündete es an. Der Wagen konnte gelöscht werden, ehe die Bombe explodierte.[515] Für den versuchten Bombenanschlag und den Mordversuch in Wiesbaden erhielt er sechs Jahre Jugendstrafe.

Nach Verbüßung der Haft zog Ernst nach Kassel, wo auch sein Freund und Kamerad Markus H. lebte, der seit 1993 wegen der Verwendung von Nazisymbolen und Landfriedensbruch aktenkundig war. In Kassel wurde Ernst wieder politisch aktiv, trat im Jahr 2000 in die NPD ein und bewegte sich mit seinem Freund Markus H. im Kreis der militanten Kasseler Kameradschaftsszene, die über Kontakte zum *Netzwerk Combat 18*[516] verfügte.

Der Verfassungsschutz beobachtete diese Szene und führte über den rührigen Neonazi Stephan Ernst eine Personenakte. So wussten die Behörden, dass er im Jahr 2001 bei einer Demo gegen das NPD-Verbotsverfahren in Berlin mit von der Partie war und sich im folgenden Jahr an einer militanten Konfrontation mit Antifaschist_innen am Rande einer NPD-Demonstration in Kassel beteiligte. Beim Rudolf-Hess-Gedenkmarsch 2002 in Wunsiedel ließ sich Ernst mit Reichkriegsfahne fotografieren. Dann folgten einige Aufmärsche der NPD in Göttingen. Strafrechtlich relevant wurde

515 In Auto Bombe entdeckt, in: Wiesbadener Tageblatt, 24. Dezember 1993.

516 *Combat 18* (dt.: Kampf 18) ging 1992 aus einem Saalschutz der BNP (British Nationalist Party) hervor. Die Zahlenkombination bezieht sich auf den ersten und achten Buchstaben im Alphabet, also AH, die Initialen Adolf Hitlers. 1993 löste sich *Combat 18* von der BNP und breitete sich in andere Länder aus. Nach einer Neugründung von *Combat 18* im Jahr 2012 auf internationaler Ebene, der sogenannten *Reunion 28*, existierten in circa 25 Staaten *Divisionen* von *C18*. Obwohl *C18* weiterhin als bewaffneter Arm des internationalen Netzwerks *Blood and Honour* (dt.: Blut und Ehre – in der BRD sei dem Jahr 2000 verboten) firmierte, lag ein Schwerpunkt der Aktivitäten der neu gegründeten Gruppen auf der Produktion und Verbreitung von Musik mit rechtsradikalen Inhalten. Im Juni 2019 stufte Kanada C18 als Terrororganisation ein. Am 23. Januar 2020 wurde *Combat 18* in der BRD durch das Bundesinnenministerium verboten. Nach Einschätzung der Sicherheitsbehörden zählte die Vereinigung bei ihrem Verbot 20 Mitglieder.

es für Ernst nach der Eröffnung der Wehrmachtsausstellung in Neumünster 2003. Neonazis und Antifas gerieten aneinander und Ernst landete vor Gericht, das ihn wegen Körperverletzung zu einer Geldstrafe in Höhe von 90 Tagessätzen zu je 10 Euro verurteilte. Im Januar 2004 beleidigte er einen Polizisten während einer Demo in Gladenbach, des Weiteren wurde ein Messer bei ihm sichergestellt. Erneut musste Ernst eine Geldstrafe zahlen. Hingegen sparte er sich die Beiträge für die NPD, weshalb ihn die Partei im Jahr 2004 aus ihrer Mitgliederkartei löschte. Ernst verlagerte seine Aktivitäten in die Kameradschaftsszene. Bei der Demo zum Jahrestag der Bombardierung von Dresden, am 14. Februar 2009, gehörte er zusammen mit Markus K. zu denjenigen, die das Fronttransparent des Freien Widerstand Kassel trugen. Auch am 1. Mai 2009, als Neonazis die Demonstration der Gewerkschaften in Dortmund angriffen, waren die beiden mit von der Partie und unter den Festgenommenen. Wieder landete Ernst vor Gericht. Er hatte einen Pflasterstein in Richtung eines Motorradpolizisten geworfen und wurde wegen Landfriedensbruch und versuchter gefährlicher Körperverletzung zu einer Bewährungsstrafe verurteilt. Insgesamt hatte Ernst 50 Einträge im Bundeszentralregister, darunter 37 mit rechtsradikalem Bezug und mehrere schwere Gewalttaten.[517]

Dann rissen die Aktivitäten von Stephan Ernst und Markus H. ab. Ernst begann sich 2010 in Forstfeld, einem Stadtteil von Kassel, eine bürgerliche Existenz aufzubauen. Er gründete eine Familie, setzte zwei Kinder in die Welt, besaß ein Eigenheim und arbeitete im Schichtdienst. Ganz in seiner Nähe wohnte auch Markus H., zeitweise arbeiteten beide sogar beim gleichen Arbeitgeber. Markus H. nahm seinen Freund Stephan Ernst auch mit in seinen Schützenverein. Wegen seiner Vorstrafen durfte Ernst aber, anders als Markus H., keine Schusswaffen besitzen. Ernst wurde Übungsleiter für Bogenschießen. Von der Kameradschaftsszene hielten sich beide fern und galten bei den Behörden als ***abgekühlt***. Ihre Gesinnung hatten sie jedoch nicht abgelegt. Da Ernst nicht mehr als Neonazi in Erscheinung trat und keine weiteren Straftaten beging, wurde er nach einiger Zeit nicht mehr als Gefährder eingestuft. Nach fünf Jahren, im Jahr 2015, kurz vor der

517 Eckhardt, Karl: *Tödliche Ignoranz*, in: Junge Welt, 27.4.2020.

Veranstaltung in Lohfelden, sperrte das Landesamt für Verfassungsschutz schließlich seine Personalakte und nahm sie aus dem Bestand.

Stephan Ernst war jedoch gerade wieder dabei, seine Gesinnung neu zu entdecken. In seiner ersten Vernehmung nach dem Mord an Lübcke führte er dazu aus, dass er sich ab 2012/13 über Gespräche in seinem sozialen Umfeld über Themen wie *Überfremdung*, *Ausländerkriminalität* und die angeblich *fehlende Souveränität Deutschlands* erneut radikalisiert habe.[518] In seinen Kreisen ging man davon aus, dass die fortgesetzte Flüchtlingspolitik der Bundesregierung in einem Bürgerkrieg mit den Zugewanderten enden müsse. Um vorbereitet zu sein und sich und seine Familien beschützen zu können, wollte man sich bewaffnen.

Hier spielte auch Markus H. eine Rolle. Die beiden Kameraden bestärkten sich in ihren Auffassungen und Ernst besorgte sich über Markus H. illegal Waffen. Außerdem verfasste er unter dem Namen *Game Over* im Internet Hasskommentare.

Dann kam das Jahr 2015 mit der Flüchtlingskrise und die Silvesternacht 2015/16 in Köln. Die Übergriffe in der Silvesternacht und islamistische Anschläge beschäftigten Ernst, insbesondere der Anschlag von Nizza im Juli 2016, bei dem ein Islamist mit einem LKW in eine Menschenmenge raste und 86 Menschen ermordete. Nach seinen eigenen Aussagen schaute Ernst sich Videos über diesen und ähnliche Anschläge immer wieder an. Bald stand für ihn fest, Walter Lübcke, dessen Politik er für diese Vorgänge mitverantwortlich machte, *„was anzutun"*.[519]

Er besorgte sich die Adresse von Walter Lübcke und kundschaftete die Gegend aus. Bereits 2017 und 2018 fuhr Ernst, mit einer Pistole bewaffnet, zum Haus von Walter Lübcke und ließ eine Kamera an der Windschutzscheibe laufen.

In dieser Zeit sympathisierten Ernst und Markus H. mit der AfD und besuchten Veranstaltungen der Partei. Im hessischen Wahlkampf klebte Stephan Ernst Plakate für die AfD und spendet dem Landesverband Thüringen 150 Euro.

---

518 *Nazi-Terrorist im Verhör*, in: Exklusiv: Die Vernehmung des Stephan Ernst | STR_F.

519 Ebenda, Timecode 22.40.

Auch beim *Schweigemarsch* rechtsradikaler und -populistischer Gruppen am 1. September 2018 in Chemnitz, zu der *Pro Chemnitz* aufgerufen hatte, marschierten Ernst und Markus H. mit.

DNA-Spur

Wenige Wochen nach dem Mord beschrieb Ernst in einer vierstündigen Aussage ausführlich den Tathergang. Er sei allein in der Nacht des 1. Juni 2019 vom Kasseler Stadtteil Forstfeld ins 20 Autominuten entfernt liegende Istha gefahren. Dort schlich er gegen 23 Uhr zum Haus von Walter Lübcke. Der Zeitpunkt war mit Bedacht auf die Weizenkirmes in Istha gelegt. Ernst hatte vor, den Terror zu den Feiernden zu bringen.[520]

Nichts ahnend saß der Regierungspräsident, eine Zigarette rauchend, auf der Terrasse vor seinem Tablett, als gegen 23:30 Uhr ein dunkler Schatten an ihn herantrat. Sekunden später fiel der gezielte Schuss. Aus kurzer Distanz wurde Walter Lübcke vom Projektil einer 9-mm-Pistole in den Kopf getroffen. Ernst konnte unerkannt und, wie es zunächst aussah, spurlos verschwinden.

Obwohl der Mord für großes Aufsehen sorgte, blieben Motiv und Hintergrund der Tat zunächst unklar. Am Tatort fand die Polizei keine verwertbaren Spuren. Erst mittels einer kriminaltechnischen Untersuchung am Hemd Walter Lübckes konnte DNA von Stephan Ernst festgestellt werden. Der dringend Tatverdächtige wurde am 15. Juni 2019 festgenommen und legte überraschend am 25. Juni ein umfangreiches Geständnis ab, in dem er sich als alleinigen Täter darstellte.

Am 2. Juli widerrief Ernst sein Geständnis und ersetzte es am 8. Januar 2020 durch ein neues Teilgeständnis, in welchem er seinen Freund Markus H. schwer belastete. Ernst behauptete nun, dass er die Waffe gar nicht in der Hand gehabt habe, sondern Markus H. Dieser habe Ernst nach Istha gefahren und sei auch mit auf der Terrasse gewesen. Angeblich hätten die beiden Lübcke nur einschüchtern wollen und der Schuss habe sich versehentlich gelöst.

520 Ebenda, Timecode 23.55.

Dieses nachgeschobene Geständnis beinhaltet allerdings so viele Widersprüche und Ungereimtheiten, dass es von den Ermittlungsbehörden stark angezweifelt wurde.

Mit dem Mord an Walter Lübcke war in der Bundesrepublik zum ersten Mal ein Regierungsbeamter von einem Rechtsradikalen getötet worden. Das löste eine breite Berichterstattung über Bedrohungen von Kommunalpolitiker_innen aus, ebenso war die Hasskriminalität im Internet, gegen die man staatlicherseits härter vorgehen wollte, Thema.

Währenddessen versuchten die Ermittlungsbehörden die Tat aufzuklären. Neben Ernst kam auch Markus H. in Untersuchungshaft und wurde der Beihilfe zum Mord an Lübcke angeklagt. Markus H. habe Ernst zum Mord motiviert und mit ihm das Schießen trainiert.

Stephan Ernst war gleichzeitig des versuchten Mordes und der Körperverletzung angeklagt. Er wurde beschuldigt am Abend des 6. Januar 2016 einen Iraker aus der Flüchtlingsunterkunft von Lohfelden von einem Fahrrad aus niedergestochen haben. Der Tatort lag in der Nähe von Ernsts Wohnung, in der bei einer Hausdurchsuchung im Jahr 2019 ein Messer mit DNA-Spuren des Opfers sichergestellt werden konnte.

Die Hauptverhandlung im Mordfall Lübcke begann am 16. Juni 2020 vor dem Oberlandesgericht Frankfurt/Main. Nachdem sich Ernst von einem seiner Anwälte getrennt hatte, ließ er am 8. August vor Gericht ein weiteres Geständnis durch seinen zweiten Anwalt verlesen. In einer Art Lebensbeichte zeichnete Ernst seinen Lebensweg nach und entschuldigte sich für die Tat. Kernpunkt der einstündigen Lesung war die detaillierte Beschreibung der Mordnacht, die Markus H. erneut schwer belastete. Ernst und Markus H. hätten den Anschlag auf Lübcke gemeinsam seit 2016 ins Auge gefasst und durchgeführt. Als Lübcke die beiden Rechtsradikalen aufgefordert habe, zu verschwinden, habe Ernst geschossen.

Dieser Version schenkte das Gericht keinen Glauben. Am 28. Januar 2021 wurde Stephan Ernst für den Mord an Walter Lübcke zu einer lebenslangen Freiheitsstrafe verurteilt, außerdem die besondere Schwere der Schuld festgestellt. Das ist die Höchststrafe, denn bei einer lebenslangen Haftstrafe wird in der BRD nach 15 Jahren geprüft, ob der/die Täter_in wegen einer guten Prognose auf Bewährung freikommen kann. Die *besondere Schwere der*

Schuld hat auf jeden Fall eine längere Haftzeit zur Folge. Zusätzlich behält sich das Gericht vor, am Ende einer verbüßten Strafe Sicherungsverwahrung anzuordnen. In der Urteilsbegründung hieß es, Ernst habe die Tat allein geplant und ausgeführt und seinen Freund nur belastet, um den Vorwurf der Heimtücke auszuräumen. Vom Vorwurf, dem irakischen Flüchtling von einem Fahrrad aus, ein Messer in den Rücken gerammt zu haben, sprach das Gericht Stefan Ernst frei.

Markus H. konnte weder eine Tatbeteiligung am Mordfall Lübcke nachgewiesen werden, noch, dass er Ernst in seinem Tatschluss bestärkt hat. Letztlich wurde H. von der Mordbeihilfe freigesprochen und lediglich wegen unrechtmäßigen Besitzes einer Deko-Waffe zu einem Jahr und sechs Monaten auf Bewährung verurteilt.[521]

Anschlag auf die Synagoge in Halle

Zum Mord an Walter Lübcke gab es eine lange und aktenkundige rechtsradikale Vorgeschichte der Angeklagten. Bei dem wenig später folgenden Mordanschlag in Halle war dies vollkommen anders.

Der zur Tatzeit 27-jährige Stephan Balliet war weder in rechtsradikalen Organisationen oder auf Veranstaltungen noch irgendwie anders einschlägig in Erscheinung getreten. Der unauffällige Einzelgänger lebte in Bendorf, 60 km von Halle entfernt. Balliet hatte sich nach einem abgebrochenen Chemiestudium in die virtuelle Welt des Internets zurückgezogen. Hier kompensierte er seine Probleme mit Frauen, von denen er sich zurückgewiesen fühlte. Die Schuld an seiner Misere – und überhaupt an allem Schlechten in der Welt – gab er neben Feministinnen auch Juden, Muslimen und Ausländern im Allgemeinen.

Nach der Tat fand die Polizei Datenträger bei ihm, die seine Radikalisierung über das Netz bestätigten. Darunter befand sich auch ein USB-Stick mit Videos des US-Moderators und Unternehmers Alex(ander Emerick) Jones, bekannt als Rechtsradikaler und Trump-Unterstützer, gehörte mit

521 Seeger, Daniel: *Mord an Walter Lübcke: Höchststrafe für den Hauptangeklagten – Erste Reaktionen*, in: Frankfurter Rundschau, 28.1.2021.

seinem Onlineportal *InfoWars* und dem Medienunternehmen *Free speech Systems* zu den einflussreichsten Verschwörungsspinner in den USA. Mit dem Verkauf von Nahrungsergänzungsmitteln, Survivalprodukten, Waffenzubehör und Merchandise hatte er ein Vermögen gemacht. Zu Spitzenzeiten soll Jones bis zu 800.000 Dollar pro Tag eingenommen haben.[522]

Jones trieb sein Lügenimperium selbst in den Ruin. Am 14. Dezember 2012 ereignete sich an der *Sandy Hook Elementary School* im US-Bundesstaat Connecticut ein fürchterliches Blutbad. Ein 20-jährige Amokschütze ermordete 20 Erstklässler im Alter von sechs und sieben Jahren sowie sechs Lehrer. Anschließend erschoss er seine Mutter und sich selbst.

2017 behauptete Jones in einem Video, es habe sich lediglich um eine Inszenierung der damaligen Regierung Obama gehandelt. Mit Hilfe von Schauspieler_innen und Puppen als Kinderleichen sei alles nur vorgetäuscht worden, Eltern und Angehörigen der Opfer wären bezahlte Lügner gewesen. Der Regierung sei es darum gegangen das Recht auf Waffenbesitz einzuschränken. Im Frühjahr 2018 reichten die Eltern von sechs getöteten Kindern Klage wegen Verleumdung ein.

Ein Geschworenengericht im Bundesstaat Texas verurteilte Jones am 4. August 2022 zur Zahlung von Schmerzensgeld in Höhe von 4,1 Millionen US-Dollar und einen Tag später zu weiteren 45,2 Millionen US-Dollar Strafschadenersatz. Zusätzlich wurde Jones am 12. Oktober 2022 in Connecticut verurteilt, 965 Millionen US-Dollar an acht Opferfamilien und einen Agenten der Bundespolizei FBI zu zahlen.[523]

Diese Urteile brachen Jones ökonomisch das Genick. *InfoWars* meldete bereits im April 2022 Insolvenz an, das Medienunternehmen *Free speech Systems* war im Juli bankrott, im Dezember meldete Jones Privatinsolvenz.[524] Trotzdem blieb der rechtsradikale Verschwörungsunternehmer weiterhin aktiv. So interviewte er den Rapper Kanye West alias Ye. Bereitwillig gab der schwarze Musiker und Modeunternehmer Auskunft über seine Geistes-

522 *Alex Jones. Gericht entlarvt Verschwörungstheoretiker*, in: news.ORF.at, 4.8.2022.

523 *Prozess gegen US-Verschwörungstheoretiker. Milliardenstrafe wegen Verleugnung*, in: tagesschau, 13.10.2022.

524 *Zu Schadenersatz verurteilt. US-Verschwörungstheoretiker Alex Jones meldet Privatinsolvenz an*, in: Tagesspiegel, 2.12.2022.

haltung. *„Ich sehe auch gute Dinge bei Hitler"*, meinte Ye. *„Ich mag Hitler"* und *„Ich liebe Nazis"*, waren weitere Aussagen in diesem Aufsehen erregenden Interview. [525]

Insbesondere trat Jones als Vertreter der *Incel-Szene*, hervor. *Incel* steht für involuntary celibates (dt.: unfreiwillige Zölibatäre). Wobei sich dies auf heterosexuelle Männer bezieht, die sich im Internet gegenseitig in ihrer Ansicht bestärken, Opfer des Feminismus zu sein. Denn sie fühlen sich von Feministinnen betrogen, die sie deshalb hassen.[526]

Mit solch abstrusen Ideen radikalisierte sich Balliet jahrelang eigenbrötlerisch vor dem Bildschirm. Genauso beschäftigte er sich mit Waffenbau, auf den er sehr viel Energie verwandte. In seinem Manifest, das er im Zusammenhang mit der Tat im Internet hochgeladen hatte, beschrieb er detailliert sein Waffenarsenal. Darunter befanden sich zwei Maschinenpistolen nach Entwürfen des Briten Philip Luty. Einem Waffennarren, der für das Recht auf allgemeine Bewaffnung eintrat und entsprechende Baupläne im Netz veröffentlichte. Kurz bevor sich Luty vor einem Gericht in Großbritannien wegen einer Terrorismusanklage verantworten musste, verstarb er 2011 an einer Krebserkrankung.

Glücklicherweise versagten die von Balliet aus Metallrohren und Einzelteilen eines 3D-Druckers hergestellten Waffen nach wenigen Schüssen.[527] Denn sein Vorbild war der Attentäter von Christchurch in Neuseeland, der im März 2019 seine Morde an 52 Menschen in zwei Moscheen live im Netz streamte. Dementsprechend agierte Balliet. Dem neuseeländischen Vorbild folgend, übertrug er seine Tat live im Netz. Dazu nutzte der ein Smartphone als Helmkamera und kommentierte das Geschehen, zumeist auf Englisch. Ebenso verfasste er sein Bekennerschreiben in englischer Sprache.

525 Atb/AFP: *Skandalinterview. Kanye West provoziert mit Hitler und Nazi-Lobpreisung*, in: Spiegel, 2.12.2022.

526 Barrer, Jovin: *Die Rebellion der ungefickten Männer kommt aus dem Internet: Ein Experte erklärt „Incel"*, in: Watson – Nachrichtenportal, 17. Mai 2018.

527 *Waffen des Attentäters von Halle kamen aus dem 3D-Drucker*, in: Leipziger Volkszeitung, 14. Oktober 2019.

Tür verhindert Massenmord

Den höchsten jüdischen Feiertag, Jom Kippur, hatte Balliet sich ausgesucht, um die Synagoge in Halle zu stürmen und die dort versammelten Menschen zu töten. An diesem 9. Oktober 2019 hielten sich 52 Menschen in dem jüdischen Gotteshaus auf.

In dunkler Militärkleidung, mit Helm, Schusswaffen und einem Schwert ausgerüstet, hinzu kamen noch diverse, selbstgebastelte Sprengkörper im Auto, traf Balliet kurz vor 12 Uhr bei der Synagoge ein.

Balliet wollte das Haupttor aufschießen, feuerte mehrfach auf das Türschloss und trat gegen die Tür, doch die hielt stand. Als ihn eine zufällig vorbeikommende Passantin ansprach, feuerte er auf sie. Die Frau war sofort tot. Dann versuchte er, eine andere Tür aufzusprengen, was ebenfalls misslang. Sich selbst als Versager bezeichnend, fuhr er anschließend mit seinem Auto weiter, bis nach etwa 500 Metern ein Dönerladen in sein Blickfeld geriet. Mit den Worten *„Döner – nehmen wir“*[528] stoppte er seinen Wagen, schleuderte einen Sprengkörper auf das Restaurant und stürme dann bewaffnet in das Gebäude. Den meisten Angestellten und Gästen gelang es zu fliehen. Ein 20-Jähriger, der sich hinter einem Getränkeautomaten in Deckung bringen wollte, wurde dabei von Balliet entdeckt und erschossen. Beim Verlassen des Ladens traf ein Polizeiauto ein, das sich quer auf die Straße stellte, um die Weiterfahrt des Täters zu verhindern. Balliet eröffnete sofort das Feuer, traf das Polizeiauto und wurde selbst durch einen Streifschuss am Hals verletzt. Anschließend gelang es ihm, nach Leipzig zu entkommen. Auf seiner Flucht wechselte er sein Fahrzeug, wobei er noch einmal zwei Menschen verletzte. Nachdem er einen Verkehrsunfall verursacht hatte, türmte er zu Fuß weiter und wurde schließlich von zwei Revierpolizisten in Zeitz, rund 40 Kilometer südlich von Halle, festgenommen.

In vielen deutschen Städten kam es bereits am Abend des 9. Oktober zu Demonstrationen und Mahnwachen. *#unteilbar* mobilisierte am Sonntag, dem 13. Oktober in Berlin unter dem Motto *Kein Fußbreit! Antisemitismus*

528 *Neonazi streamte seinen Anschlag in Halle im Internet*, in: Berliner Zeitung, 9.10.2019.

und Rassismus töten 8.000 Menschen, die Veranstalter_innen zählten 13.000 Teilnehmende.[529]

Stephan Balliet wurde am 16. April 2020 wegen zweifachen Mordes und 68fachen Mordversuchs angeklagt. Der Strafprozess des Oberlandesgericht Naumburg am Landgericht Magdeburg begann am 21. Juli. Der Angeklagte legte unumwunden ein Geständnis ab, bekräftige vor Gericht seine antisemitische Einstellung und seinen Plan, möglichst viele Juden zu töten. Balliet fügte hinzu, dass er auch auf jüdische Kinder geschossen hätte, da er in ihnen seine Feinde sehe.[530]

Nach 26 Prozesstagen endete der bislang größte Strafprozess in Sachsen-Anhalt am 21. Dezember 2020; 86 Zeugen und acht Gutachter wurden gehört, 21 Anwälte vertraten die 45 Nebenkläger, zwei Verteidiger den Angeklagten.[531] Die fünf Richter_innen des Oberlandesgericht Naumburg folgten der von Bundesanwaltschaft und Nebenklage geforderten Höchststrafe gegen Balliet und verhängte gegen ihn eine lebenslange Freiheitsstrafe mit anschließender Sicherheitsverwahrung. Zudem stellte die Vorsitzende Richterin die besondere Schwere der Schuld fest. Am Ende der Sitzung warf Balliet einen Notizhefter auf einen der Nebenkläger, der eine Kippa trug. Sofort packten Sicherheitsbeamte den gerade Verurteilten und führten ihn ab.[532] Da Balliet keinen Widerspruch einlegte, wurde das Urteil rechtskräftig.

Ein letztes Mal sorgte Balliet für Schlagzeilen, als er im Dezember 2022 in der JVA Burg, bei Magdeburg, zwei Justizangestellte als Geiseln nahm, um freizukommen. Noch in der JVA konnte der Geiselnehmer überwältigt werden. Um weitere Ausbruchsversuche zu unterbinden, wurde Balliet in die JVA Augsburg-Gablingen verlegt.

529 Breher, Nina / Krüger, Vivien: *Unteilbar gegen Antisemitismus. Tausende setzen in Berlin ein Zeichen für eine offene Gesellschaft*, in: Tagesspiegel, 13.10.2019.

530 *Ohne Scham menschverachtend*, in: taz, 28.7.2020.

531 Pook, Linus / Stanjek, Grischa / Wigard, Tuija (Hrsg): *Der Halle-Prozess: Mitschriften*, bpb, Schriftenreihe, Band 10861, 2023, S. 25 f.

532 *Höchststrafe für Halle-Attentäter: Stephan Balliet attackiert im Gericht jüdischen Nebenkläger*, in: Der Tagesspiegel, 22.12.2020.

Die Massaker von Hanau und München

Mit seiner einsamen Radikalisierung über das Internet war Balliet offenbar nicht allein. Beim Täter des blutigen Anschlags in Hanau vom 19. Februar 2020 spielte dieser Sachverhalt wie auch eine nicht übersehbare psychische Problematik ebenfalls eine Rolle. Tobias Rathjen, 1977 in Hanau geboren, erschoss neun Personen in und vor zwei Shishabars sowie, nach der Rückkehr in die Wohnung seiner Eltern, seine Mutter und abschließend sich selbst.

Rathjen hatte im Jahr 2007 ein Studium der Betriebswirtschafslehre mit Diplom abgeschlossen und arbeitete anschließend in München. Seit 2018 war er arbeitslos und lebte wieder bei seinen Eltern in Hanau.

Der Arbeitslose hatte weder eine rechtsradikale Vergangenheit, noch war er durch irgendwelche anderen Straftaten in Erscheinung getreten. Er lebte ein unscheinbares Leben und ging in Vereinen seinem Hobby als Sportschütze nach. Seit 2013 besaß er eine Waffenbesitzkarte und mehrere Handfeuerwaffen. Seine Zuverlässigkeit als Sportschütze war erst 2019 durch den Main-Kinzig-Kreis überprüft worden.

Längst jedoch ging einiges in Rathjen vor, was mittlerweile auch aktenkundig war. Seit Anfang der 2000er-Jahre fühlte er sich überwacht und erstattete deswegen mehrere Anzeigen. Dieser Verfolgungswahn steigerte sich bis hin zu einer Strafanzeige im November 2019 gegen eine unbekannte geheimdienstliche Organisation, mit der er sich an den Generalbundesanwalt wandte.

Kurz vor seinem Amoklauf veröffentlichte Rathjen ein Video auf *YouTube*, in dem er sich an das US-amerikanische Volk richtete. Er fabulierte im Sinne der *QAnon*-Verschwörungsspinnerei[533] und appellierte am Ende an die US-Bürger_innen, diese Zustände zu erkennen und gegen sie zu kämpfen. Ebenso verfasste er vor dem Anschlag ein Pamphlet mit dem Titel *Botschaft an das gesamte deutsche Volk*, welches er über das Internet verbreitete.

533 In seinem Video trifft Rathjen Aussagen wie: „*In eurem Land existieren sogenannte unterirdische Militärstützpunkte. In einigen von ihnen beten sie den Teufel persönlich an. Sie missbrauchen, foltern und töten kleine Kinder*“, in: Spiegel TV, Die Verschwörungsfanatiker von *QAnon*, 3.8.2020, Timecode 7.28.

Es handelt sich um ein wirres Konglomerat aus seiner Lebensgeschichte, gemixt mit Verfolgungs- und Größenwahn, getragen von rechtsradikalen, rassistischen, anti-islamischen und frauenfeindlichen Vorstellungen.

Verhalten, Videos und Texte müssen als klare Hinweise auf eine psychische Erkrankung angesehen werden, ohne dass darüber infrage gestellt werden kann, dass für die Morde in Hanau die rassistisch/rechtsradikale Einstellung des Täters die Grundlage bildete.

Ähnliches lässt sich über David Sonboly sagen, dessen Eltern als iranische Asylbewerber_innen Ende der 1990er-Jahre in die Bundesrepublik kamen. Am 22. Juli 2016, einem Freitag, begann er um 17:50 Uhr seinen rassistischen Amoklauf in einem McDonald's-Restaurant im Münchener Olympia-Einkaufszentrum. Mit einer wieder gebrauchsfähig gemachten Theaterpistole vom Typ Glock 17 erschoss Sonboly insgesamt neun Menschen, die er als Ausländer_innen ansah, und verletzte 16 weitere teilweise schwer. Vom Parkdeck des Einkaufszentrums rief er *„Ich bin Deutscher"*, *„Ihr Scheiß Türken"*, *„Ich war in Behandlung"*[534]. Als er um 20:30 Uhr von einer Funkstreife gestellt wurde, tötete er sich mit einem Kopfschuss.

Sonboly, am 20. April 1998 in München geboren, besaß die deutsche und die iranische Staatsbürgerschaft. Seit seiner frühesten Kindheit litt er unter erheblichen psychischen Störungen. ADS, Depression und eine soziale Phobie waren bei ihm attestiert. Stationär hatte er sich behandeln lassen müssen und nahm bis zu seinem Tod Medikamente.[535] Die Tat wurde daher zunächst nicht als politisch motiviert betrachtet.

Ermittler fanden dann aber eine Festplatte mit einem von Sonboly verfassten Manifest über ausländische Untermenschen, die er exekutieren werde. Außerdem stand der zum Tatzeitpunkt 18-Jährige über eine rechtsradikale Chatgruppe mit Gleichgesinnten in Kontakt. Auch wurde bekannt, dass Sonboly in Anders Behring Breivik, einem rechtsterroristischen Massenmörder, der am 22. Juli 2011 in Norwegen 77 Menschen getötet hatte, ein Vorbild sah. Konnte es da Zufall sein, dass Sonboly am fünften Jahrestag

534 Sabinsky-Wolf, Holger: *David S. – wie aus einem Milchbubi ein Killer wurde*, in: Augsburger Allgemeine, 24.7.2016.

535 Ebenda.

des Massakers in Norwegen mit einer Pistole, die auch Breivik benutzt hatte, seine Wahnsinntat verübte? Es folgte eine lange Debatte, die erst im Jahr 2019 endete. *„In Zusammenfassung der Erkenntnisse der letzten drei Jahre Ermittlungsarbeit erscheint es gerechtfertigt, von einer politischen Motivation im Sinne des Definitionssystems PMK zu sprechen.“* [536] Mit dem PMK (Politisch Motivierte Kriminalität) werden bundesweit einheitlich Straftaten eingestuft.

Nach Abschluss der umfassenden Ermittlungen äußerte sich auch Bayerns Innenminister Joachim Herrmann (CSU): *„Auch wenn die Ermittlungen ein ganzes Bündel an Motiven zutage gefördert haben, hatte der Täter zweifelsohne auch rassistische Beweggründe.“* [537]

Die Amoktaten von München, Halle und Hanau zeigen, das Echokammern im Internet zur Radikalisierung einer rechtsradikalen, gewaltaffinen Klientel beitragen. Im Netz hat sich eine Attentäter-Fanszene, vorwiegend aus jungen Menschen, herausgebildet, die sich auf abgeschotteten Internetplattformen austauscht. Weder existieren Anbindungen an rechtsradikale Gruppen noch wird ein gefestigtes ideologisches Weltbild verfolgt. Stattdessen geht es um Gewaltfantasien in Verbindung mit gruppenbezogener Menschenfeindlichkeit. Die Anzahl von Todesopfern wird mit Ranglisten bewertet, Attentäter werden glorifiziert und als Heilige dargestellt. In einigen Fällen kündigten Chat-Teilnehmer_innen an, solche Taten selbst ausführen zu wollen. Von der Polizei konnten entsprechende Planungen mehrmals unterbunden werden.[538]

Verbotsreigen

Als Reaktion auf die Anschläge in Kassel, Halle und Hanau kam es in allen diesen Städten und anderen Orten in der Bundesrepublik zu großen antifaschistischen Manifestationen. Forderungen nach juristischer Aufklärung und politischen Konsequenzen wurden laut. Bereits nach den Mordtaten von Kassel und Halle griff die Bundesregierung gegen rechtsradikale

536 *Bayern stuft OEZ-Attentat nun als rechtsradikal motiviert ein*, in: WELT, 25.10.2019.

537 Ebenda.

538 Bundesministerium des Innern und für Heimat, in: *Verfassungsschutzbericht 2022*, S. 64.

Strukturen durch. So war am 23. Januar 2020 *Combat 18* in Deutschland verboten worden und am 14. Februar 2020 die *Gruppe S.* (von den Ermittlungsbehörden nach ihrem Gründer Werner S. benannt).

Die mutmaßlich rechtsterroristische *Gruppe* S, Eigenbezeichnung *Der harte Kern*, entstand im September 2019 im Internet. Mutmaßlich wollte die Mitglieder Massaker in Moscheen anrichten, um damit einen Bürgerkrieg zu entfachen, sowie Anschläge gegen bekannte Antifaschist_innen ins Auge fassen. Bevor diese Pläne in die Tat umgesetzt werden konnten, wurden die 12 Gruppenmitglieder verhaftet. Einen der Inhaftierten fand man Mitte Juli 2020 tot in seiner Zelle. Die Aussagen des Kronzeugen in dem vor dem Oberlandesgericht Stuttgart stattfindenden Prozess, Paul-Ludwig U., wurden stark erschüttert, seine Glaubwürdigkeit infrage gestellt.[539]

Der Prozess zog sich hin, bis der Generalbundesanwalt am 22. September 2023 sein Plädoyer gegen die zwölf Angeklagten hielt. Fünf der Angeklagten saßen bis dahin noch in Untersuchungshaft. Am 26. September 2023 starb plötzlich der, aus der Haft entlassene, Angeklagte Marcel W. an Herzversagen. Daraufhin erfolgte eine vorübergehende Prozessunterbrechung. Nach 170 Verhandlungstagen fällte das OLG Stuttgart am 30. November 2023 das Urteil. Werner S. erhielt als Rädelsführer einer terroristischen Vereinigung sechs Jahre Haft. Die übrigen zehn Angeklagten wurden ebenfalls zu mehrjährigen Haftstrafen verurteilt, teils auf Bewährung. Ein Angeklagter kam mit einem Freispruch davon.

Nach dem Massaker in Hanau am 19. Februar wurde das staatliche Vorgehen gegen Rechtsradikale ausgeweitet. Im Bundestag gab es am 5. März 2020, einen Tag nach der Trauerfeier in Hanau, eine Debatte. Zu Beginn der Plenarsitzung erhoben sich die Abgeordneten zu einer Schweigeminute. Neben anderen Politiker_innen kündigte Bundesinnenminister Horst Seehofer eine politische Wende an. Er sagte: *„Die höchste Bedrohung in unserem Lande geht vom Rechtsextremismus aus. Und man kann diese Bedrohung nicht damit relativieren, dass man sagt: Wir haben ja auch Linksextremismus.*

539 Schädel, Sophie: *Der Rechte, der die Terrortruppe verriet*, in: ZEIT ONLINE, 23.6.2021.

Der Rechtsextremismus, der Rechtsterrorismus, der Antisemitismus sind die höchsten Gefährdungen unseres freiheitlichen Rechtsstaates.“[540]

Ein Bündel von Gesetzesverschärfungen wurde umgesetzt und das Bundeskriminalamt sowie der Bundesverfassungsschutz massiv verstärkt, das Waffenrecht nochmals verschärft und die Einrichtung eines Kabinettsausschusses *Rechtsextremismus* beschlossen. Insbesondere sollte nun auch gegen *Hasskriminalität* im Internet vorgegangen werden. Ein zweischneidiges Schwert, denn diese Maßnahmen sind genauso gegen linke und antifaschistische Inhalte einsetzbar und öffnen das Tor zur staatlichen Zensur.

Dabei ließen es Behörden und Innenministerium aber nicht bewenden. Ein Verbot traf am 19. März die Reichsbürgervereinigung *Geeinte deutsche Völker und Stämme*. 2016 gegründet, gehörten den *GdVuS* etwa 120 Personen, zumeist älter als 50 Jahre, an. Es folgten weitere Razzien wie beispielsweise am 5. Juni gegen die neonationalsozialistisch ausgerichtete *Vereinigung Nordadler*, die ebenfalls verboten wurde. *Nordadler* war eine, 2017 in Norddeutschland gegründete Vereinigung, die mehr als elitäres Netzwerk bezeichnet werden müsste, dass hauptsächlich im Internet aktiv war und öffentlich kaum in Erscheinung trat. Seine Mitglieder wollten sich Waffen beschaffen und legten Listen von Antifaschist_innen und Politiker_innen an.

Als letztes trafen die staatlichen Maßnahmen am 1. Dezember die *Wolfsbrigade 44*.“[541]

↑ Aufkleber der im Jahr 2018 verbotene *Wolfsbrigade 44*. Mit ihren lediglich elf Mitgliedern war sie eher eine nationalsozialistische Bruderschaft.

540 Geuther, Gudula: *Die höchste Bedrohung geht vom Rechtsextremismus aus*, in: Deutschlandfunk, 5. 3. 2020.

541 Bundesministerium des Innern und für Heimat: *Bundesinnenminister verbietet rechtsextremistische „Sturm/ Wolfsbrigade 44“*, in: Pressemitteilung, 1.12.2020.

#SayHerNames, die neun Ermordeten von Hanau. Graffiti in Berlin/Neukölln, Februar 2022. Das öffentliche Erinnern mit Namen gründet sich auf religiösem Totenkult.
Einen anderen Beweggrund hatte die Juristin und Aktivistin Kimberlé Crenshaw, die in Zusammenarbeit mit dem ***African American Policy Forum*** 2014 ***#SayHerName*** ins Leben rief. Erfahrungen schwarzer Frauen mit Polizeigewalt und in der eigenen Community sollten sichtbar gemacht werden. Diese Praktik ging in die ***Black Lives Matter*** Bewegung über.

Die Zahl 44 war die codierte Abkürzung für Division Dirlewanger, benannt nach dem Kommandeur Oskar Dirlewanger. Eine besonders berüchtigte, in viele Kriegsverbrechen verstrickte, SS-Einheit. Im Jahr 2016 unter dem Namen ***Sturmbrigade 44*** gegründete nannte sich die Neonazi-Organisation im Jahr 2018 in ***Wolfsbrigade 44*** um. Wobei die ***Sturmbrigade 44*** eine sehr kleine Organisation mit lediglich elf Mitgliedern darstellte.

Vier Neonazi-Organisation waren somit binnen eines Jahres verboten und aufgelöst, eine potenzielle Terrorgruppe aus dem Verkehr gezogen. Im Jahr 2021 ebbte dieser Verbotsreigen ab.

Zur lebendigen Erinnerung an den Anschlag von Hanau rief die Initiative ***Hanau ist überall*** zu Kundgebungen auf. In vielen Städten der Bunderepublik kam es am Jahrestag zu Demonstrationen. So gingen in Frankfurt/Main am 19. Februar 2021 um die 3.000 Menschen auf die Straße. Einen Tag später erwartete die Polizei in Berlin 900 Demo-Teilnehmer_innen und war mit gerade mal 80 Beamt_innen vor Ort. Aufgerufen hatten diverse antifaschistische Initiativen wie migrantische Organisationen. Zu Beginn der Demonstration sprach die Polizei bereits von mindestens 4.000 Teilnehmenden und weiteren starkem Zustrom. Am frühen Abend wurde die Zahl auf 6.000 korrigiert, der/die Veranstalter_innen gab 20.000 Teilnehmer_innen an.

Die Initiative *Hanau ist* überall listete über 160 Veranstaltungen zum Jahrestag auf.[542] Bedingt durch die Corona-Pandemie fielen die Veranstaltungen im folgenden Jahr kleiner aus, wenngleich sich die Anzahl der Städte nicht wesentlich verringerte. Im Jahr 2023 fanden noch in rund 100 Städten Gedenkveranstaltungen statt.

Reichsbürger

Eine skurrile Erscheinung des Rechtsradikalismus in der Bundesrepublik stellt die Reichsbürgerbewegung dar. Ihre Erzählung beginnt mit dem Ende des II. Weltkrieges und der damit verbundenen Zerschlagung des Deutschen Reiches. In seinem *Politischen Testament* ernannte Hitler am 29. April 1945, am Tag vor seinem Selbstmord im Bunker der Reichskanzlei, den Großadmiral und Oberbefehlshaber der Marine, Karl Dönitz zum Reichspräsidenten und Obersten Befehlshaber der Wehrmacht.

Dönitz hatte jedoch nur noch bei der Abwicklung der Kapitulation behilflich zu sein. Er wurde am 23. Mai 1945 von den Alliierten abgesetzt, verhaftet und dem Internationalen Militärgerichtshof in Nürnberg überstellt. Als einer der Hauptangeklagten erhielt Dönitz zehn Jahre Haft. Ein recht glimpfliches Strafmaß, das der Admiral im Kriegsverbrecher-Gefängnis Berlin Spandau vollständig verbüßte.

So oder so gehörte das Deutsche Reich ab Mai 1945 der Vergangenheit an. Es kam zu einer neuen Grenzziehung. Alle Gebiete östlich von Oder und Neiße fielen an Polen bzw. an die Sowjetunion und die dort verbliebene deutsche Bevölkerung wurde, wie aus der Tschechoslowakei und anderen

542 *Hanau ist überall. Liste der Orte und Städte 18./19./20. Feb. 2021*, in: Initiative 19. Februar Hanau, 13.2.2021.

Ländern, bis 1948 vertrieben. Zwischen 1944 und 1948 waren 12 Millionen Deutsche von Flucht und Vertreibung betroffen.[543] Zwischen 400.000 und zwei Millionen Menschen kamen dabei ums Leben.

Regional machten die Vertriebenen in den ersten Jahren der Bundesrepublik bis zu einem Viertel der Bevölkerung aus, für die neue Wohnungen und Arbeitsstätten geschaffen werden mussten. Die typischen Neubausiedlungen der Nachkriegszeit zeugen bis heute von dieser Phase. Da an eine Rückkehr nicht zu denken war, integrierte sich dieser Bevölkerungsteil innerhalb einer Generation. Lediglich in den ersten Jahren organisierte sich Teile noch in eigenen Parteien wie dem GB/BHE (*Gesamtdeutsche Block/Bund der Heimatvertriebenen und Entrechteten*) und den Vertriebenenverbänden des BdV (*Bund der Vertriebenen*). Allein schon deshalb blieben die ehemaligen Ostgebiete ein Thema.

Das verbliebene deutsche Gebiet war in Besatzungszonen aufgeteilt und unter alliierte Verwaltung gestellt. Im Zuge des Ost-West-Konfliktes entstanden daraus im Jahr 1949 die BRD und die DDR. Wobei sich die Bundesrepublik Deutschland als Rechtnachfolger des Deutschen Reiches in den Grenzen von 1937 verstand, während die DDR strikt der politischen Ausrichtung der Sowjetunion folgte, nach der keine deutschen Gebiete jenseits von Oder und Neiße existierten.

Die Positionen schienen unversöhnlich. Erst die Entspannungspolitik der sozialliberalen Koalition unter Bundeskanzler Willy Brandt (SPD) brachte Bewegung in die festgefahrene Situation. Schwierige diplomatische Verhandlungen zwischen der BRD und der DDR, Polen und der Sowjetunion führten zu den *Ostverträgen*, zu denen die Wahrschauer Verträge gehörten. Vor ihrer Unterzeichnung am 7. Dezember 1970 kam es zum Kniefall von Bundeskanzlers Brandt vor dem Denkmal für das Warschauer Ghetto. Eine Geste mit großer Symbolwirkung, die bis heute für die *Ostverträge* steht. D.h. den *Wandel durch Annäherung*, wie es die damalige sozialliberale Koalition formulierte. Gegen die Verträge erhob sich in der Bundesrepublik ein Sturm der Entrüstung. Es gab viele Demonstrationen und hitzige Debatten

543 *Zahl der vertriebenen Deutschen nach dem Zweiten Weltkrieg nach Herkunft in den Jahren 1944 bis 1948*, in: statista, 2023.

im Bundestag, bis die Vertragswerke, gegen die Stimmen von CDU und CSU, am 17. Mai 1972 ratifiziert und am 3. Juni in Kraft treten konnten.

Mit den Verträgen wurde die Zugehörigkeit der ehemaligen deutschen Ostgebiete zu Polen bzw. der Sowjetunion akzeptiert, die Grenzen als unverletzlich definiert und ein Gewaltverzicht erklärt. Allerdings ohne die DDR als Staat noch den Grenzverlauf im Osten völkerrechtlich anzuerkennen. Das war bei der politischen Weltlage auch schlecht möglich. Denn nach wie vor blieb es beim Vier-Mächte Status für Deutschland. D. h. USA, Sowjetunion, Großbritannien und Frankreich waren seit 1945 die Kontrollmächte und mussten in alle Gespräche einbezogen werden. Jede Veränderung betraf das internationale Machtgefüge. Eine völkerrechtliche Anerkennung der Ostgrenze hätte eine Vereinigung von DDR und BRD oder die Anerkennung der DDR als Staat vorausgesetzt. Ein solches Einvernehmen zwischen den USA und der Sowjetunion war undenkbar. Die als *Deutsche Frage* bezeichnete Situation blieb, als Teil des internationalen Ost-West-Konflikts, offen.

Bis Anfang der 1960er-Jahre galt in der Bundesrepublik die Forderung nach der Wiederherstellung des Deutschen Reiches in den Grenzen von 1937 für alle Parteien. Plakate von SPD und CDU zur Bundestagswahl am 14. August 1949. Das Plakat der NPD stammt von 1980.
Diverse Reichsgesetze und -verordnungen haben bis auf den heutigen Tag ihre Gültigkeit. Vor diesem Hintergrund erklärt sich die Existenz der ***Reichsbürger***.

Das gab der Mär auftrieb, dass in der Bundesrepublik nach wie vor der Besatzungsstatus gelte und, ohne offiziellen Friedensvertrag, das Deutsche Reich formal weiter bestünde. Eine Idee, die nicht nur in rechtsradikalen Kreisen Anhänger_innen hatte. Der Traum vom Deutschen Reich schien für viele nicht ausgeträumt.

Ganz offiziell blieben auf sämtlichen Landkarten der Bundesrepublik die ehemaligen deutschen Ostgebiete in gestrichelter Linie mit der Bezeichnung *unter polnischer* oder *unter russischer Verwaltung* eingezeichnet. Zudem führten jährliche große Vertriebenen-Treffen zu politischen Spannungen. Vor allem weil stets hochrangige konservative Politiker als Redner auftraten. Auf Stimmenfang solidarisierten sie sich öffentlichkeitswirksam mit dem von den Vertriebenenverbänden postulierten *Recht auf Heimat*.

In diesem, Braunzone genannten, politischen Übergangsfeld, agierten Rechtsradikalen aller Schattierungen. Für sie war die Wiederaufrichtung des Deutschen Reiches ohnehin erklärtes Ziel. Wobei die Grenzen zwischen denen des Kaiserreiches von 1914 und denen von 1937 bis zu noch fantasievolleren Ausgestaltungen variierten.

Erst mit dem Anschluss der DDR an die BRD 1990 und dem damit verbundenen *Zwei-plus-Vier-Vertrag* verabschiedete sich die Bundesrepublik völkerrechtlich von den ehemaligen Ostgebieten. Die gestrichelten Linien auf den Landkarten fielen weg und Gebietsansprüche auf das Deutsche Reich galten fortan als rechtsradikale Forderungen. Ohnehin hatte die Generation, welche Flucht und Vertreibung erlebt hatte, deutlich an Einfluss verloren Den Vertriebenenverbänden starben die Mitglieder weg, es gab keine Traditionsnachfolge.

Von nun an stachen politische Wirrköpfe hervor, für die das Deutsche Reich Sehnsuchtsort und Projektionsfläche blieb. Gegeben hatte es diese Leute und Strömungen schon immer, nur waren sie weniger aufgefallen. Bereits die erste neonazistische Partei in der Bunderepublik, die 1949 gegründete *Sozialistische Reichspartei* (SRP), führte den Reichsgedanken im Namen. Ebenso war für den frühen Rechtsterrorismus, namentlich Manfred Roeder, der Bezug auf das Deutsche Reich von zentraler Bedeutung.

Roeder, Jahrgang 1929, ehemaliger Schüler einer *Napola* (Nationalsozialistische Erziehungsanstalt) und freiwilliger Volkssturmangehöriger, gehörte noch zu der Generation, die direkt von der Nazi-Zeit geprägt war.

Nach dem Ende des Nationalsozialismus wurde er Rechtsanwalt und gründete 1970 die *Bürgerinitiative gegen moralische und politische Anarchie*, im Dezember 1971 in *Deutsche Bürgerinitiative* umbenannt.

Im selben Jahr übernahm Roeder das Mandat für den Hitler-Stellvertreter Rudolf Hess und verfasste das Vorwort zur Broschüre *Die Ausschwitz-Lüge*. Ein Machwerk des Neonazi Thies Christophersen, einem Holocaust-Leugner, der 1944 als SS-Sonderführer[544] in einem Nebenlager von Ausschwitz fungiert hatte.

Daneben organisierte Roeder Demonstrationen zur Freilassung von Rudolf Hess und trat im Jahr 1975 in einen Briefwechsel mit Karl Dönitz. Nach Roeders Vorstellung war die Regierung Dönitz weiterhin die rechtmäßige deutsche Regierung. Für den Rechtsradikalen war Hitlers letzter

544 Sonderführer verfügten über Spezialkenntnisse, im Fall Christophersen bezog sich dies auf Agra- und Landwirtschaft, waren aber nicht oder nur ungenügende militärisch ausgebildet. Diese Spezialisten, etwa Dolmetscher und Journalisten, wurden in einem Offiziers- oder Unteroffiziersrang übernommen.

Wille der Willkür der Alliierten zum Opfer gefallen, indem der Admiral kurzerhand verhaftet und vor Gericht gestellt worden war. Einen offiziellen Rücktritt der Regierung Dönitz hatte es nicht gegeben. Damit war sie in den Augen Roeders formal weiterhin im Amt.

Der alte Admiral ließ sich aber weder von dieser Argumentation überzeugen, noch zu einem politischen Engagement bewegen. Roeder wiederum leitete aus dem Briefwechsel seine Berufung zum *Reichsverweser*[545] ab. Um das Amt offiziell zu machen, organisierte er am 23. Mai 1975 einen *Reichstag zu Flensburg* und ließ sich, trotz eines Versammlungsverbots, einstimmig zum *Sprecher der Reichsvertretung* wählen.[546]

Im selben Jahr erwarb Roeder im nordhessischen Schwarzenborn, für 170.000 Mark, ein ehemaliges 15-Zimmer-Hotel, das er als *Reichshof* bezeichnete. Auf dem 634 Meter hohen Knüll gelegen, hielt der rechtsradikale Drahtzieher von hier aus Treffen ab und organisierte Aktionen seiner *Deutschen Bürgerinitiative*.

Im Laufe weniger Jahre ging die Zahl der Anzeigen und Ermittlungsverfahren gegen Roeder in die Hunderte. Es folgten Verurteilungen wegen Volksverhetzung und ähnlicher Delikte, die 1976 zum Berufsverbot führten. Um einer Haftstrafe zu entgehen, ging Roeder 1978 in den Untergrund und verschwand ins Ausland, kehrte aber 1980 zurück und baute die *Deutschen Aktionsgruppen* auf.

Es folgten sieben Sprengstoff- und Brandanschläge auf Asylbewerberunterkünfte. Bei einem Anschlag auf eine Hamburger Asylunterkunft im Stadtteil Billbrook kamen zwei vietnamesische Flüchtlinge in den Flammen ums Leben. Nach intensiven Ermittlungen gelang es den Ermittlungsbehörden 1982 die *Deutschen Aktionsgruppen* zu zerschlagen. Roeder kam in Haft, blieb aber auch nach seiner Haftentlassung 1990 ein unbelehrbarer Neonazi; er starb 2014.

545 Stellvertreter des Kaisers oder Staatsoberhauptes bei Abwesenheit, Tod oder in einer Übergangsphase.

546 Thomas Grumke, Bernd Wagner: *Handbuch Rechtsradikalismus: Personen – Organisationen – Netzwerke. Vom Neonazismus bis in die Mitte der Gesellschaft*, Opladen 2002, S. 302.

Von der Reichsbahn zum Reichskanzler

Roeders Reichsideologe weist Bezugspunkte zur heutigen Reichsbürgerbewegung auf. Doch beziehen sich heutige Reichsbürger eher auf Organisationen wie die 1985 vom ehemaligen Reichsbahner Wolfgang Gerhard Günter Ebel gegründete *Kommissarische Reichsregierung* (KRR).

Ebel war bei der *Deutschen Reichsbahn* angestellt, die 1945 in der sowjetischen Besatzungszone weitergeführt wurde. Pragmatisch verfügten die Alliierten, dass das Berliner Eisenbahnnetz in einer Hand bleiben sollte – und das war die sowjetische, die es unter der alten Bezeichnung *Deutsche Reichsbahn* reaktivierte.

Einige Jahre später übernahm die DDR die Bahn als Staatsunternehmen und behielt den Namen DR (*Deutsche Reichsbahn*) bei. Grund war, dass die Westalliierten der *Reichsbahn* die Erlaubnis erteilt hatten, den Eisenbahnbetrieb in West-Berlin durchzuführen. So konnte die DDR die S-Bahn in Westberlin betreiben.[547] Wobei die Eisenbahner auf den westlichen Strecken fast alle aus Westberlin kamen und meist Mitglieder des SEW (*Sozialistische Einheitspartei Westberlin*) waren.

Das Unternehmen und seine Angestellten galten als Fünfte Kolonne der SED. Eine Kolonne, die die DDR jedoch viel Geld kostete. Mit ihrer West-Berliner S-Bahn schrieb die *Reichsbahn* tiefrote Zahlen. Im Januar 1980 führte das zu einschneidenden Sparmaßnahmen.

Strecken wurden stillgelegt, der Nachtbetrieb eingestellt, Fahrpläne ausgedünnt und 78 Reichsbahnern gekündigt. Das empörte die Bahnangestellten, die sich ohnehin bevormundet fühlten. Es herrschte ein schlechtes Arbeitsklima, mit langen Arbeitszeiten und vielen Überstunden bei erheblich geringeren Löhnen im Vergleich zur Bundesbahn. Im September 1980 war das Maß voll, es entwickelte sich eine heftige Arbeitsniederlegung. Stellwerke wurden besetzt und der Transit- und Güterverkehr zum Erliegen gebracht. Erst mit Hilfe sowjetischer Soldaten brachte die *Reichsbahn* die Lage wieder unter Kontrolle. Nach dem Zusammenbruch des Streiks erhielten mehr als 200 Reichsbahner die Kündigung.

547 Erst 1984 übernahm die BVG den Betrieb der S-Bahn in Westberlin.

Auch Wolfgang Ebel, bis dahin im Stellwerk Halensee Fahrdienstleiter und ein Wortführer des Streiks, zählte zu den Entlassenen.[548] Ebel versuchte, einen Beamtenstatus, den es allerdings in der DDR nicht gab, und die damit verbundenen Ansprüche bei West-Berliner Gerichten einzuklagen. Der ehemalige Fahrdienstleiter meinte: *„Ich bin doch eigentlich ein Beschäftigter des Deutschen Reiches, denn es ist ja die Deutsche Reichsbahn, die da fährt."*[549] Eine juristisch nicht völlig abwegige Auffassung.

Doch Ebel scheiterte vor Gericht und verbohrte sich, persönlich getroffen, in die juristische Auseinandersetzung und immer weitere absurde Vorstellungen. Am 12. September 1985 ließ er eine von ihm selbst ausgefertigte Ernennungsurkunde zum Generalbevollmächtigten des Deutschen Reiches per Einschreiben und Rückschein dem US-Stadtkommandanten und dem Regierenden Bürgermeister Eberhard Diepgen (CDU) zustellen. Dass keine Reaktion erfolgte, wertete Ebel als Einverständnis.

Grund des Manövers war die Idee, im Dezember 1985 die Betriebsrechte der DR in West-Berlin zu übernehmen. Als Voraussetzung gründete Ebel mit drei Gleichgesinnten die *Kommissarische Reichsregierung* und den *Bund der Staats-, Reichs- und Bahnbeamten Deutschlands*. Die vier selbsternannten *Rechtsnachfolger des nicht untergegangenen Deutschen Reiches* erhoben Anspruch auf das Sondervermögen der Reichsbahn in West und Ost. Um das Geld ordnungsgemäß in Empfang zu nehmen, bezeichnete sich Ebel nun als *Reichskanzler des Staates Deutsches Reich* und ernannte sich zum *Reichsverkehrsminister*. Die Stasi, die Ebel seit seiner Zeit als Streikführer verstärkt bespitzelte, beendete 1987 die Überwachung, da er *„immer mehr den Charakter von Handlungen eines Psychopathen"*[550] zeige.

Für den selbsternannten Reichskanzler ging es jetzt aber erst richtig los. Gegen entsprechende Bezahlung gab er an eine wachsende Zahl von Anhänger_innen Personaldokumente und Führerscheine aus.

548 Adam-Tkalec, Maritta: *Der erste Reichsbürger: Wie ein Aufrührer der Reichsbahn zum Reichskanzler wurde*, in: Berliner Zeitung, 5.2.2023.

549 Bernhard, Henry: *Fahrdienstleiter Eberhard Gebel. Der erste selbsternannte „Reichsbürger"*, in: Deutschlandfunk Kultur, 14.12.2022.

550 Adam-Tkalec, Maritta: *Der erste Reichsbürger: Wie ein Aufrührer der Reichsbahn zum Reichskanzler wurde*, in: Berliner Zeitung, 5.2.2023.

Allerdings führte die Wirrnis selbst angemaßter Kompetenzen schnell zu Konflikten, Abspaltungen und Neugründungen, wodurch weitere *Reichsregierungen* entstanden. Einig blieben sich alle *Reichsregierungen* und ihre Bürger_innen nur in der Ansicht von der Fortexistenz des Deutschen Reiches. Aber schon über die Grenzen herrschten unterschiedliche Auffassungen. Indes bestand und besteht in ihren Reihen kein Zweifel daran, dass es sich bei der Bundesrepublik Deutschland um keinen souveränen Staat handelt. Da kein offizieller Friedensvertrag geschlossen wurde, hätte sich an dem Besatzungsstatus durch die Alliierten nichts geändert. Auch das Rechtssystem und die Verfassung der Bundesrepublik werden als illegitim betrachtet, da das Grundgesetz ohne Volksbefragung in Kraft gesetzt worden sei. Für einige Reichsbürger stellt die BRD gar eine Firma dar, die Rede ist von einer *BRD GmbH*. Deshalb werden Steuern oder Bußgelder nicht mehr gezahlt und weder Gerichtsbeschlüsse noch Verwaltungsentscheidungen befolgt.

Nach dem Ableben von Wolfgang Ebel im Jahr 2014 erfuhr die Reichsbürgerbewegung einen regelrechten Boom. Weitere Reichskanzler, Könige und sektenartige Kleingruppen samt Pseudo-Staaten erschienen auf der Bildfläche. Zu diesem Kreis gehört der gelernte Koch Peter Fitzek. Im Jahr 2009 gründete er den Verein *NeuDeutschland e. V.* aus dem am 16. September 2012 das *Königreich Deutschland* hervorging. An diesem Tag machte sich Fitzek in Wittenberg, zum *Obersten Souverän*. Eine Krönungszeremonie, in Form einer abgeschmackten Theateraufführung, wurde als Video ins Internet gestellt. Seitdem lässt sich Fitzek als *Peter der Erste* oder *Imperator Fiduziar* bezeichnen und will Deutsche Reich in den Grenzen von 1937 wiedererstehen lassen. Staatsform soll eine Monarchie sein.

Der mehrfach vorbestrafte Fitzek versteht sich als gottgesandt, formuliert totalitäre Ansprüche und gilt als Antisemit. Trotzdem steht seine Anhängerschaft treu zu ihm. Immer wieder kauft er größere Anwesen, propagiert Landwirtschaftliche Selbstversorgung und ein Leben für das Gemeinwohl. In diesem Glauben ziehen Fitzeks *Untertanen* auf seine Besitztümer, um zu arbeiten und sich tiefer in das Sektenleben zu verstricken.[551]

551 *Reich, irre, gefährlich? Der selbsternannte König von Deutschland dehnt sein Territorium aus*, in: Fokus online, 19.8.2023.

Nach Fitzeks Angaben hatten sich ihm im Jahr 2023 bereits 5.000 eingetragene Untertanen unterstellt.[552]

Ähnlich wie beim *Königreich Deutschland* liegt der Fall bei den sogenannten *Selbstverwaltern*, die sich aber nicht unbedingt auf das Deutsche Reich, sondern eher auf eine UN-Resolution oder die Menschenrechte beziehen. Auch *Selbstverwalter* fühlen sich der Bundesrepublik nicht zugehörig und meinen, mittels einseitiger Erklärung aus dem Staat austreten zu können. Im Gegenzug definieren sie ihr Grundstück, ihr Haus oder ihre Wohnung zum eigenen Hoheitsgebiet, das sie im Bedarfsfall auch militant verteidigen.

Über Jahre galten Reichsbürger eher als abgedrehte Spinner, die nicht als Rechtsradikale ernst genommen wurden. Dann ereignete sich am 19. Oktober 2016 ein gravierender Vorfall im mittelfränkischen Georgensgmünd. Dort war Reichsbürger Wolfgang P., der eine Kampfsportschule betrieb und als Fachtrainer für Gewaltprävention galt,[553] zur Einsicht gelangt, die Bundesrepublik sei eine Art GmbH. Er sah sich nicht als Mitarbeiter und erkannte das Rechtssystem dieser Firma nicht an. Um das klarzustellen, hisste er eine selbst erdachte Staatsflagge und malte eine gelbe Grenzlinie um seinen *Regierungsbezirk Wolfgang*. Bei der Gemeinde meldete er sich ab, wollte auf dem Einwohnermeldeamt auch seinen Personalausweis zurückgeben und die Staatsbürgerschaft ablegen. Kfz-Steuern zahlte er nicht mehr. Beim Landratsamt Roth hielt man Wolfgang P. für nicht mehr zurechnungsfähig und forderte ihn im August 2016 auf, seine Waffen abzugeben. Seit 1991 Sportschütze und Jäger, war P. – mit Genehmigung der örtlichen Waffenbehörden – im Besitz von 31 Pistolen und Gewehren. P. ignorierte jede Aufforderung zur Waffenabgabe.

Schließlich rückte am 19. Oktober das SEK an und umstellte um sechs Uhr früh mit mehr als 20 Beamten den *Regierungsbezirk Wolfgang*. Wolfgang P. weigerte sich zu öffnen. Als ein Polizist die Eingangstür aufbrechen wollte, feuerte er elf Mal durch die geschlossene Tür. Zwei Kugeln trafen den Beamten Daniel E., der wenige Stunden später im Krankenhaus seinen

552 Ebenda.

553 Clauß, Anna / Friedmann, Jan / Birger, Menke: *Polizeiaktion gegen „Reichsbürger". Die krude Welt des Wolfgang P.*, in: Spiegel, 19.10.2016.

Verletzungen erlag. Eine andere Kugel ging in den Oberarm seines Kollegen, splitterndes Glas verletzten zwei weitere SEK-Beamte. Daraufhin ergab sich Wolfgang P. Er wurde später wegen Mordes zu einer lebenslangen Freiheitsstrafe verurteilt.

Der tote Polizist in Georgensgmünd änderte sofort die Wahrnehmung der Reichsbürgerbewegung. Im November 2016 setzte die Beobachtung durch das Bundesamt für Verfassungsschutz ein. Knapp 1.000 den Reichsbürgern zugerechnete Personen waren legal im Besitz von Schusswaffen. Eine waffenrechtliche Erlaubnis sollte Reichsbürgern nun grundsätzlich entzogen und ihre Waffen konfisziert werden.

Auch wurde gegen einige *Königreiche* wegen Steuervergehen und ähnlicher Straftaten vorgegangen. Bei Durchsuchungen oder dem Entzug ihrer Waffen setzten sich Reichsbürger mehrfach heftig zu Wehr und es kam zu Schusswechseln. Das führte zu weiteren Gesetzesverschärfungen. So kann Reichsbürgern der Führerschein entzogen werden, wenn sich der Verdacht einer psychischen Störung begründen lässt.

Im Jahr 2022 schätzte der Verfassungsschutz die Reichsbürgerbewegung auf ungefähr 21.000 Personen, von denen 1.150 als rechtsextrem eingestuft wurden.[554] Um dem weiteren Umsichgreifen dieser Bewegung Einhalt zu gebieten gingen Staatsanwaltschaft und Polizei im Jahr 2023 verstärkt gegen die Reichsbürgerszene vor. An September wurden mehrere Treffen von der Polizei aufgelöst. Ein großer Schlag erfolgte am 23. November. Es gab in acht Bundesländern Hausdurchsuchungen und in Bayern wurde einer Reichsbürgervereinigung Bildung einer kriminellen Vereinigung vorgeworfen.[555]

Am 29. November 2023 traf es auch das Königreich Deutschland von Peter Fitzek. Wegen illegaler Versicherungs- und Finanzgeschäfte wurden sämtliche Immobilien durchsucht. Unterlagen, Goldbarren und Munition nahm die Polizei mit. Gegen neun Beschuldigte laufen Verfahren.[556]

554 Bundesamt für Verfassungsschutz: *Verfassungsschutzbericht* 2022, S. 105.

555 Sartor, Stephanie: *Ermittlungen. Schlag gegen die „Reichsbürger"-Szene in Bayern*, in: Augsburger Allgemeine, 23.11.2023.

556 *„Königreich Deutschland". Polizei durchsucht Immobilien mutmaßlicher Reichsbürger*, in: ZEIT ONLINE, 29.11.2023.

Rechtspopulismus

Köln, Silvesternacht 2015

Die von einschlägigen Kreisen geschürte Angst vor *Überfremdung* erhielt durch den beträchtlichen Zustrom von Geflüchteten 2015 weitere Nahrung. Unter anderem wurden in großem Maßstab Übergriffe auf deutsche Frauen prognostiziert. Diese Erwartungshaltung erhielt durch die sexuellen Übergriffe in der Silvesternacht 2015 in Köln eine Bestätigung. Im Bereich des Hauptbahnhofs und am Dom wurden Frauen durch Gruppen junger Männer, die hauptsächlich aus dem nordafrikanischen und arabischen Raum stammten, sexuell bedrängt und beraubt.

Polizei wie Stadtverwaltung bemühten sich, die Übergriffe herunterzuspielen. Eine erste Pressemitteilung der Polizei Köln vom Neujahrsmorgen lautete *„Ausgelassene Stimmung – Feiern weitgehend friedlich“*.[557] Noch am 5. Januar 2017 verkündete die Oberbürgermeisterin von Köln, Henriette Reker, auf einer gemeinsamen Pressekonferenz mit der Polizei, dass die Behörden keinerlei Hinweise dahingehend hätten, dass es sich bei den Tätern um Asylsuchende handele. Entsprechende Vermutungen bezeichnete sie als *„absolut unzulässig“*.[558] Über die tatsächliche Zahl der Täter und ihre Identitäten sei nichts bekannt. Bislang gebe es 90 Strafanzeigen, was aber nicht automatisch auf 90 Täter hinweise.

Erst journalistische Recherchen machten das Ausmaß der Vorfälle in den nächsten Tagen bekannt, woraufhin die Oberbürgermeisterin die Verantwortung auf die Polizei abwälzte und der Polizeipräsident von Köln in den einstweiligen Ruhestand versetzt wurde.

Rechte aller Schattierungen fühlten sich im Verein mit Verschwörungsspinner_innen durch das Versagen der Kölner Behörden und der politischen Verantwortlichen bestätigt und erhielten propagandistische Argumentationshilfe. Denn während die verantwortlichen in Köln bemüht

557 *Ausgelassene Stimmung – Feiern weitgehend friedlich*, in: Süddeutsche Zeitung, 5.1.2016.

558 Ebenda.

waren, die Ereignisse herunterzuspielen, fanden sie sofort ein internationales Medienecho. Ein Mob von mehr als 1.000 jungen Männern hatte sich in Köln verabredet und Übergriffe und Straftaten verübt. Diese Vorgänge führten am 28. Januar 2016 sogar zu einer Dringlichkeitsdebatte der parlamentarischen Versammlung des Europarates. Eine Sonderkommission der Polizei ermittelte wenig später über 1.000 eingegangene Strafanzeigen. Fünf davon wegen Vergewaltigung, weitere 16 wegen versuchter Vergewaltigung. Bis Dezember 2017 erhöhte sich die Zahl der Strafanzeigen auf 1.210.[559]

Da es oft nur vage Täterangaben gab und wenig Beweismaterial vorlag, mussten viele Verfahren eingestellt werden. Lediglich 290 Verdächtige konnten ermittelt werden, 122 Beschuldigte waren Asylsuchende, 52 lebten zur Tatzeit illegal in Deutschland. Bei den Übrigen war der Status ungeklärt.[560] Am Ende standen knapp 50 Verurteilungen, meist zu Bewährungsstrafen nach Jugendstrafrecht. Die Höchststrafe in diesem Zusammenhang lautete auf ein Jahr und zehn Monate wegen räuberischen Diebstahls.

Auch aus Hamburg, Bielefeld, Stuttgart, Frankfurt/Main und Nürnberg wurden aus der Silvesternacht 2015 ähnliche Übergriffe bekannt, wenn auch bei Weitem nicht in dem Ausmaß wie in Köln.

Am 9. Januar 2016 rief PEGIDA in Köln zu einer Demonstration gegen die Flüchtlingspolitik der Bunderegierung auf. Nach dem Medienrummel über die Silvesternacht konnte eine Großdemonstration erwartet werden. Das Ergebnis entsprach jedoch nicht den Erwartungen. PEGIDA gab 3.000 Beteiligte an, während Medien und Polizei lediglich 1.700 PEGIDA-Anhänger_innen zählten. Dieses nicht gerade überwältigende Ergebnis fand, nachdem einige Böller zwischen den Reihen der Einsatzkräfte landeten, ein schnelles Ende. Mit Einsatz von Wasserwerfern löste die Polizei die Demonstration kurzerhand auf. Sowohl gegen die PEGIDA-Demo, als auch die Übergriffe in der Silvesternacht demonstrierten an diesem Tag rund 1.000 Frauen per Flashmob-Mobilisierung am Dom.

559 Lauter, Rita: *Kölner Silvesternacht: Zwei Jahre und 36 Verurteilungen später*, in: ZEIT ONLINE, 31.12.2017.

560 Ebenda.

Weitere nennenswerte Versuche von Rechtspopulisten, nach den Vorfällen in der Silvesternacht in die Offensive zu kommen, gab es in Köln nicht. Wenngleich die Übergriffe international für Diskussionen sorgten und in der Bundesrepublik zu Verschärfungen des Sexualstrafrechts führten.

Der Mord von Freiburg

In den folgenden Monaten gab es in der Bundesrepublik jedoch eine Reihe weiterer sexueller Übergriffe von Asylbewerbern – bis hin zu Tötungsdelikten –, denen nun besondere Aufmerksamkeit geschenkt wurde.

Dazu zählte der Mordfall Maria Ladenburger. Die 19-jährige Medizinstudentin wurde am 16. Oktober 2016 in Freiburg/Breisgau vergewaltigt und bewusstlos in die Dreisam geworfen, wo sie ertrank. Schnell konnte die Polizei den aus Afghanistan stammenden Hussein Khavari als Täter ermitteln. Khavari war im November 2015 ohne Personalpapiere in die BRD eingereist und nach eigenen Angaben als unbegleiteter minderjähriger Flüchtling eingestuft worden. Über seinen Asylantrag war im Oktober 2016 noch nicht entschieden.

Bundesweit wie international fand das brutale Verbrechen in den Medien seinen Niederschlag. Mit Ausnahme der ARD, die bereits durch ihre verspätete Berichterstattung zu den Übergriffen in der Silvesternacht in Köln aufgefallen war. Wieder gab die Tagesschau nichts bekannt. In einer Stellungnahme bezeichnete der Chefredakteur den Mord in Freiburg als einen regionalen Kriminalfall, in der Tagesschau werde aber nur *„über gesellschaftlich national und international relevante Ereignisse berichtet“*[561].

Diese deutlich politisch gefärbte Wertung führte zu einer heftigen Kontroverse. Der Deutsche Journalisten-Verband und viele Medienschaffende kritisierten die ARD. Zu den Kritiker_innen gehörte natürlich auch die AfD, die im Verein mit anderen rechten Organisationen, die Unabhängigkeit der Medien infrage stellte. Der Vorwurf der *Lügenpresse* konnte mit diesem aktuellen Beispiel unterfüttert und noch lauter erhoben werden.

561 Axel Kanneberg: *Tagesschau-Chefredakteur erläutert online das Vorgehen im Fall Freiburg*, in: heise-Online, 5.12.2016.

Im Zuge der weiteren Ermittlungen kam heraus, dass Khavari einschlägig vorbestraft und zur Tatzeit mindestens 22 Jahre alt war. Deshalb wurde er am 22. März 2018 wegen Mordes und besonders schwerer Vergewaltigung nach Erwachsenenstrafrecht zu lebenslanger Haft verurteilt. Das Gericht stellte zudem die besondere Schwere der Schuld fest und ordnete den Vorbehalt einer Sicherungsverwahrung an. Das Urteil ist rechtskräftig.

Die internationale Medienaufmerksamkeit und gesellschaftliche Diskussion über die Berichterstattung und Rolle der Medien währte nur kurze Zeit. Versuche, eine allgemeine Debatte über die Flüchtlingspolitik, mittels Verbesserung des Altersnachweises von Flüchtlingen und der Europäischen Fingerabdruckdatenbank für Asylbewerber ***European Asylum Dactyloscopy Database*** (EURODAC), in der BRD zu entfachen, blieben ein Strohfeuer. Nach der Urteilsverkündung verschwand der Mordfall Maria Ladenburger bald aus dem öffentlichen Bewusstsein.

Beziehungstat in Kandel

Ganz anders verhielt es sich mit einem ähnlichen Fall im rheinland-pfälzischen Kandel. Dort wurde am 27. Dezember 2017 die 15-jährige Mia Valentin, von dem aus Afghanistan stammenden Abdul Mobin Dawidzai, mit mehreren Messerstichen ermordet.

Dawidzai kam im April 2016 ohne Personalpapiere in die Bundesrepublik und beantragte Asyl. Aufgrund seiner Angaben wurde er in Frankfurt/Main als unbegleiteter minderjähriger Flüchtling eingestuft und, obwohl sein Asylantrag im Februar 2017 abgelehnt worden war, nicht abgeschoben. Ohne Flüchtlings- oder sonstigen Schutzstatus blieb er als Minderjähriger geduldet und wurde in die Obhut des Jugendamts Germersheim übergeben. Im nicht weit entfernten Kandel besuchte Dawidzai die Gesamtschule und trat, unter anderem wegen einer Schulhofschlägerei, mehrfach polizeilich in Erscheinung.

In dieser Zeit führte Dawidzai mit der jungen Mia Valentin eine Beziehung, die das Mädchen Anfang Dezember 2017 beendete. Dawidzai wollte die Trennung nicht akzeptieren und stellte seiner ehemaligen Geliebten nach, bedrängte sie telefonisch und über soziale Netzwerke.

Schließlich erstattete Mia Valentin am 15. Dezember bei der Polizeiinspektion Wörth Strafanzeige gegen ihn wegen Beleidigung, Nötigung und Bedrohung, ihr Vater zusätzlich am 17. Dezember. Die Polizei reagierte mit einer telefonischen Gefährderansprache. Auch wurde Dawidzai von zwei Polizeibeamten am folgenden Tag in der Integrierten Gesamtschule Kandel aufgesucht und im Beisein zweier seiner Betreuerinnen verwarnt. Am selben Tag setzte die Polizei den behördlichen Vormund über die Strafanzeigen in Kenntnis.

Es folgten mehrere schriftliche Vorladungen, denen Dawidzai nicht nachkam. Deshalb sollte er am Morgen des 27. Dezember 2017 erneut von Polizeibeamten in Neustadt aufgesucht und vorgeladen werden. Den Gesuchten konnte die Polizei nicht antreffen. Am Nachmittag dieses Tages begegnete Dawidzai Mia Valentin zufällig und verfolgte sie daraufhin. In einem Supermarkt kaufte er ein 20 cm langes Brotmesser, mit dem er dann ohne Vorwarnung mehrmals auf sie einstach.

Im Vorfeld des Prozesses entstand eine Kontroverse über das Alter des Angeklagten. Nach eigenen Angaben war er 15 Jahre alt, was die Staatsanwaltschaft bezweifelte, die ein Verfahren nach Erwachsenenstrafrecht anstrebte. Ein ärztliches Gutachten kam zu dem Ergebnis, dass Dawidzai zur Tatzeit mindestens 17,5 Jahre, wahrscheinlich aber 20 Jahre, höchstens aber 21 Jahre alt war. Genauer ließ sich das Alter nicht verlässlich bestimmen. Nach dem Grundsatz *Im Zweifel für den Angeklagten* fand die Verhandlung vor der Jugendkammer statt. Dawidzai wurde am 3. Dezember 2018 wegen Mordes und Körperverletzung nach Jugendstrafrecht zu einer Haftstrafe von acht Jahren und sechs Monaten verurteilt. Am Morgen des 10. Oktober 2019 fand man ihn tot in seiner Zelle. Dawidzai hatte seinem Leben selbst ein Ende gesetzt.

Immer wieder Kandel

Der Mord an Mia Valentin erhielt viel mediale Aufmerksamkeit und führte zu einer politischen Debatte über eine medizinische Altersprüfung von minderjährigen Flüchtlingen. Viel gestritten wurde auch über die Art der Berichterstattung. Wieder hatte die Tagesschau der ARD die Ereignisse mit keinem Wort erwähnt, andere Nachrichtensender und viele Zeitungen hingegen sofort reagiert. Gegenseitig warfen sich die Medien vor, den Fall zu verschweigen bzw. tendenziös zu berichten und ihn zu instrumentalisieren.

Bereits am 30. Dezember 2017 rief die AfD zu einer ersten Demonstration mit 200 Personen in der 9.500-Seelen-Stadt Kandel auf. Gleichzeitig trat Marco Kurz, ein Elektriker aus dem badischen Ottersweier, mit dem *Marsch 2017* in Erscheinung. Seit Januar 2017 existierte zunächst eine Facebook-Gruppe mit dem Namen *Marsch 2017*. Daraus sollte eine Bürgerbewegung entstehen. Es fand sich aber lediglich ein brauner Sumpf zusammen, der vom Reichsbürgermilieu bis hin zur Anti-Antifa reichte. Vorrübergehend existierten einige Ortsgruppen, so z.B. in Leipzig und Karlsruhe, die im ersten Halbjahr 2017 versuchten, mit Kundgebungen und Demonstrationen öffentlichkeitswirksam in Erscheinung zu treten. Hauptziel des *Marsch 2017* war eine Großdemonstration mit mindestens 500.000 Teilnehmenden in Berlin, mit der ein Rücktritt der Bundesregierung erzwungen und eine Art nationale Selbstfindung erreicht werden sollte. Die öffentlichen Auftritte des *Marsch 2017* scheiterten dann aber kläglich, sodass die Marsch-Facebook-Gruppe im Oktober 2017 geschlossen und eine herkömmliche Facebook-Seite eröffnet wurde. Am Volkstrauertag im November wollte man sich noch einmal mit der Niederlegung diverser Kränze auf dem Heidelberger Ehrenfriedhof in Szene setzen. Auch das misslang, bereits nach wenigen Stunden entfernte das Gartenbauamt die politischen Ausschmückungen. Anschließend kehrte Ruhe um die *Bürgerbewegung* ein.

Bis Marco Kurz auf den Mord an Mia Valentin aufmerksam wurde und für den 2. Januar 2018, noch unter dem Label *Marsch 2017*, eine Demonstration in Kandel anmeldete. Mit 400 Personen hatte sich die Teilnehmer_innenzahl zu der vier Tage zuvor stattgefundenen Demo der AfD verdoppelt.

Den beiden Veranstaltungen von AfD und *Marsch 2017* konnte sich spontan nur eine erheblich kleinere Gruppe von Antifaschist_innen entgegenstellen. Bereits am 6. Januar 2018 ging die NPD in Kandel auf die Straße. Dem Aufruf folgten aber keine 15 Personen, dagegen waren mehr als 100 Antifaschist_innen vor Ort.

Doch Marco Kurz war auf den Geschmack gekommen und organisierte am 28. Januar mit dem von ihm neu gegründeten *Frauenbündnis Kandel* eine

Demonstration, zu der mehr als 1.000 Personen in Kandel zusammenkamen. Gegen dieses Treiben konnte die *Kurfürstlich Kurpfälzische Antifa* (KKA) lediglich 150 Menschen auf die Straße bringen, obwohl auch das ***Bündnis Aufstehen gegen Rassismus Südpfalz*** den Gegenaufruf unterstützte.

Die KKA war am 1. März 2016 in Mannheim nach Vorbild der *Königlich Bayrischen Antifa* gegründet worden. Es sollte eine über die Landesgrenzen von Hessen, Baden-Württemberg und Rheinland-Pfalz reichende Vernetzung antifaschistischer Arbeit auf dem geografischen Gebiet der Kurpfalz erreicht werden. Die Namensgebung ist dabei eher als satirische Note zu betrachten.

Eine antifaschistische Vernetzung tat Not, denn mit dem Aufruf der baden-württembergischen AfD-Abgeordneten Christiana Baum kam die rechte Mobilisierung endgültig in Schwung. Unter dem Motto *Kandel ist überall!* rief die Landtagsabgeordnete zum 3. März 2018 zu einer Demonstration auf. Sogar Reisebus-Kader aus Sachsen folgten dem Ruf der AfD-Abgeordneten, die mit mehr als 4.000 Teilnehmer_innen in Kandel demonstrierte. Die Organisator_innen feierten ihren Aufmarsch als *„Durchbruch im Westen"*.[562] Gegen das Treiben von AfD mit anderen Rechtradikalen protestierten lediglich 500 Antifaschist_innen, dazu noch in zwei getrennten Lagern. Eine Gegenveranstaltung war von der KKA und **DIE LINKE *Speyer*** angemeldeten und organisiert. Während der KKA/LINKE-Protest sich sichtbar und akustisch mittels Lautsprecherwagen gegen die Demonstration der AfD richtete, posierten SPD und Grüne lieber einige Straßen weiter vor den Kameras des SWR und ließen Luftballons steigen.

Es gab Trillerpfeifenkonzerte und kurzzeitige wurde eine Fahrbahn auf der Demonstrationsroute blockiert. Ebenso wollte sich eine kleine Gruppe von Antifaschist_innen am Straßenrand nicht von der Masse der Rechtsradikalen von ihrem Protest abbringen lassen.

Als die Demo in ganzer Stärke an der Gruppe vorbeimarschierte, wurde sie von der Polizei abgeschirmt. Schließlich wurde die Anzahl der rechten Demonstrant_innen übermächtig. Es erfolgte ein Angriff mit Bierflaschen, Schlägen und Tritten. Einem Rechtsradikalen gelang es, durch die

562 *Pegida-Umfeld feiert Durchbruch in Kandel*, in: Beobachter News, 5.3.2018.

Polizeireihen zu stürmen und einen Antifaschisten mit Faustschlägen und Tritten anzugreifen. Mit Schlagstöcken drängte die Polizei die Rechten zurück und nahm zwei von ihnen fest.[563]

Wenn auch eindeutig in der Unterzahl und in sich gespalten, war der Antifa-Protest wichtig. Er half entscheidend, öffentlichen Druck aufzubauen. Behörden, Politik und Medien nahmen sich des Themas an. Es gab eine Menge Aufklärung darüber, welche Gruppen und Personen hinter den Demonstrationen in Kandel steckten. Das schlug sich sofort auf die Mobilisierungsfähigkeit nieder, eine Größenordnung von mehreren Tausend Menschen sollten die Rechtspopulisten in Kandel nicht mehr auf die Straße bringen. Dem nächsten Aufruf des **Frauenbündnis Kandel** am 24. März folgten nur noch 1.000 Menschen, während mit dem zwischenzeitlich von Kandeler Bürger_innen gegründete Bündnis ***Wir sind Kandel*** 2.000 Menschen demonstrierten – wobei die KKA erneut die Kundgebung angemeldet und mit großem Aufwand und prominenter Unterstützung mobilisiert hatte. Unter anderem rief die Rheinland-Pfälzische Ministerpräsidentin Malu Dreyer (SPD) zur Demo auf und hielt einen Redebeitrag.

Vor Ort waren aber auch mehrere Hundert Aktivist_innen der Antifa, die zum Kundgebungsort der Rechten ziehen wollten. An der Polizeiabsperrung kam es zu einem kleineren Geplänkel, wobei einige Böller zwischen den Beamten landeten. Elf Antifaschist_innen wurden in Gewahrsam genommen und erhielten Anzeigen. Im Nachhinein versuchte der Polizeiapparat, diese Episode zu einem gewalttätigen Übergriff der Antifa aufzubauschen und ließ verlauten: *„Die geworfenen drei bis vier Böller hatten eine Größe von der Länge eines Unterarms und eine hohe Sprengkraft.“*[564] Ebenso fiel nach und nach immer mehr Beamt_innen auf, dass sie durch erlittene Hautabschürfungen, Knalltraumata und dergleichen unbedingt ein ärztliches Attest brauchten. So berichteten die Medien schließlich von 14 verletzten Polizisten an diesem Tag. Zudem gab der Polizeipräsident von Ludwigshafen, dem zweitgrößten Präsidium in Rheinland-Pfalz, bekannt, dass

563 *Pegida-Umfeld feiert Durchbruch in Kandel – Angriff und Demo rechts Kandel 3.3.2018*, in: Video: Youtube, Beobachter News, 5.3.2018.

564 *Polizei zu Demonstrationen in Kandel: In Landau wird Ermittlergruppe gebildet – Vorwürfe gegen Antifa*, in: Pfalz Express, 27.3.2018.

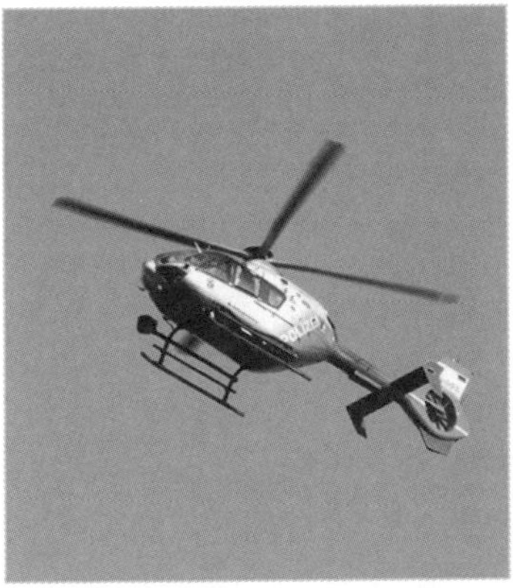

Polizeistaatlicher Aufmarsch gegen die Antifa-Demo am 24. März 2018 in Kandel. Hubschrauber, BFE-Einheit, Pfefferspray, Tonfas, taktische Einsatzhandschuhe, Schutz- und Trutzkleidung.

Kandel gegen Rechts hatte keine Berührungsängste zu Antifa-Gruppen.

er mit seinen Kräften die Einsätze in Kandel nicht allein „*stemmen*“ könne, sondern mehr Beamte eingestellt werden müssten und man so lange auf Hilfe von außen angewiesen sei.[565]

Während die Polizeiführung versuchte, die wenigen kleinen Demonstrationen in Kandel zu nutzen, um einen polizeilichen Notstand herbeizureden, kam es bereits in dieser Anfangsphase zu erheblichen Spannungen innerhalb der antifaschistischen Mobilisierung. Ein gemeinsames Agieren von neu gebildeten Bündnis *Wir sind Kandel* mit Antifa-Gruppen war unmöglich. Das Bündnis verlangte eine Festlegung auf Gewaltlosigkeit, selbst *extremistische Symbole* sollten nicht gezeigt werden dürfen. Im Klartext sollten Antifa-Aktivist_innen lediglich Masse für den bürgerlichen Protest stellen und auf eigene Inhalte und Symbole verzichten. Deshalb kam es zur Gründung des linksbürgerlichen Bündnisses *Kandel gegen Rechts*, welches mit Antifa-Gruppen zusammenarbeitete.

Wir sind Kandel und *Kandel gegen Rechts* mobilisierten in den kommenden Monaten parallel gegen die stets von Marco Kurz als *Frauenbündnis Kandel* angemeldeten Kundgebungen. Über das gesamte Jahr 2018 kam es mindestens einmal im Monat zu Demonstrationen in Kandel, das zum regionalen Begriff mit bundesweiter Ausstrahlung wurde. Wobei die Teilnehmer_innenzahlen immer bei einigen Hundert auf beiden Seiten lagen und

565 *Knallkörper auf Beamte – Polizei in Kandel macht Antifa schwere Vorwürfe*, in: Welt, 27.3.2018.

↑ Antifaschistischer Protest des Bündnisses ***Kandel gegen Rechts*** am 4. August 2018.

die Antifaschist_innen zumeist in der Unterzahl blieben. Doch zäh und kontinuierlich stellten sich Aktivist_innen vor Ort gegen das rechte Treiben und wurden von Antifa-Aktivist_innen, vor allem aus dem nördlichen Baden-Württemberg und der südlichen Pfalz, also aus Mannheim, Karlsruhe, Stuttgart, Landau, Mannheim, Speyer, Trier, Mainz usw., unterstützt. **DIE LINKE** zeigte sich gespalten; während die Kreisverbände Speyer-Germersheim und Landau für sämtliche Gegenproteste in Kandel und Landau mobilisierten, schloss sich der Ortsverband Kandel auf seiner Facebook-Seite Sahra Wagenknechts Erklärung „*Wer das Gastrecht verwirkt*" (mittlerweile gelöscht) an.[566]

Der gespaltene antifaschistische Protest erleichterte überzogenes polizeistaatliches Handeln. So wie am 7. April 2018, als die Polizei einen Zug mit Antifas aus Karlsruhe im Bahnhof von Wörth stürmte und die Aktivist_innen drei Stunden lang festhielt, deren Personalien aufnahm und penible Durchsuchungen durchführte. Eine Grundlage für das polizeistaatliche

566 *Ärger um Wagenknecht*, in: Der Tagesspiegel, 14.1.2016.

Vorgehen gab es nicht, aber ihr Ziel, die Teilnahme der Anreisenden an der Antifa-Demo in Kandel zu verhindern, hatte die Polizei erreicht.[567]

Chemnitz 2018

Kandel ist ein kleiner, provinzieller Ort. Das zählt sicher zu den wesentlichen Gründen, weshalb die rechten Protestdemonstrationen nicht über eine regionale Mobilisierung hinwegkommen konnten. Eine ganz andere Situation drohte sich wenig später in Chemnitz, der drittgrößten Stadt Sachsens, abzuzeichnen.

Am 26. August 2018, gegen 2:30 Uhr, als die Buden des Stadtfestes bereits schlossen, kam es in der Innenstadt, in der Nähe des Karl-Marx-Denkmals, zu einer folgenschweren Konfrontation. Anlass war eine geforderte, aber nicht gegebene Zigarette. Dem folgte ein Messerangriff, der laut Gerichtsprozess von einer Gruppe irakischer und syrischer Staatsangehöriger mit Flüchtlingsstaus ausging. Drei deutsche Staatsbürger mussten schwerverletzt ins Krankenhaus eingeliefert werden. Darunter der 35-jährige Daniel Hillig, der kurz darauf seinen Verletzungen erlag. Die anderen Verletzten waren ein Arbeitskollege von Hillig und dessen Bruder.

Bereits am 26. August wurden zwei Verdächtige festgenommen. Einer war der 23-jährige Syrer Alaa S., der andere ein 22-jähriger Iraker.

Dringender Tatverdacht bestand auch gegen den 22-jährigen Farhad Ramazan Ahmad. Ahmad behauptete, im Irak geboren zu sein, lebte aber zuvor in der Türkei und war bereits mit seinem zweiten Asylantrag gescheitert. Dagegen hatte Ahmad Klage eingelegt. Ahmad entzog sich der Verhaftung sehr wahrscheinlich durch Flucht ins Ausland. Sein Verbleib konnte nicht geklärt und er somit auch nicht juristisch belangt werden.

Über die Medien wurde bald bekannt, dass die drei Verdächtigen bereits durch zahlreiche Straftaten aufgefallen waren, was die Stimmung über die Tat weiter aufheizte. Außerdem fotografierte ein Justizvollzugsbeamter den Haftbefehl gegen den 22-jähriger Iraker und mailte ihn an die

567 *Polizei stürmt Zug mit Nazi-GegnerInnen*, in: Beobachter News, 8.4.2018.

rechtspopulistische Gruppierung *Pro Chemnitz*.[568] Sehr schnell verbreitete sich das Dokument samt kompletter Anschrift des Tatverdächtigen in den sozialen Netzwerken.

Der Justizbeamte wurde umgehend vom Dienst suspendiert und Anklage gegen ihn wegen *„Verletzung des Dienstgeheimnisses in Tateinheit mit verbotenen Mitteilungen über Gerichtsverhandlungen"* erhoben.[569] Auch gegen andere Personen, die den Haftbefehl verbreitet hatten, wurde juristisch vorgegangen, während der Verdächtige aufgrund einer Haftbeschwerde seines Anwalts bald wieder auf freien Fuß kam, da der Tatverdacht sich nicht erhärten ließ.

Am Ende wurde wegen des Messerangriffs einzig Alaa S. am 22. August 2019 vom Landgericht Chemnitz wegen Totschlags und gefährlicher Körperverletzung zu einer Freiheitsstrafe von neuneinhalb Jahren verurteilt.

Entgrenzter Rechtsradikalismus

Über soziale Netzwerke organisierten Hooligans bereits am Abend der Bluttat sowie am darauffolgenden Montag erste Demonstrationen in Chemnitz. Am 27. August rief auch *Pro Chemnitz* zur Demonstration auf, an der zahlreiche, aus verschiedenen Bundesländern angereiste Rechtsradikale teilnahmen. Es waren Mitglieder der JN (*Junge Nationaldemokraten*), vom *III. Weg* und von DIE RECHTE vor Ort. Ebenso hatten die Kameradschaftsszene, PEGIDA und die *Identitären* mobilisiert. Rund 6.000 Demonstrant_innen brachte *Pro Chemnitz* auf die Straße, die Gegendemonstration der Partei DIE LINKE wurde dagegen von nur von 1.500 Menschen unterstützt.

Die Polizeidirektion Chemnitz, verstärkt von der sächsischen Bereitschaftspolizei, hatte die Situation unterschätzt und lediglich 600 Polizist_innen im Einsatz. So kam es vor allem am 26. August zu Übergriffen gegen ausländisch aussehende Personen. Am 27. August gerieten angereiste

568 Die Bürgerbewegung *Pro Chemnitz* ist eine im Jahr 2009 gegründete Wahlliste. Bei den Stadtratswahlen in den Jahren 2009 und 2014 erhielt die Liste, bei leicht steigendem Stimmenanteil, jeweils drei Sitze im Stadtrat. Ende 2018 stufte der sächsische Verfassungsschutz *Pro Chemnitz* als rechtsextremistischen Verdachtsfall ein und beobachtet die Liste seitdem nachrichtendienstlich.

569 *Staatsanwaltschaft klagt Justizbeamten an*, in: Der Spiegel, 14.5.2019.

Antifaschist_innen und Rechtsradikale aneinander, es gab 20 Verletzte, die Polizei zeigte sich überfordert.[570]

Um nicht die Kontrolle über die Lage zu verlieren, bot Bundesinnenminister Horst Seehofer der sächsischen Polizei Unterstützung durch die Bundespolizei an. Denn ab dem 29. August riefen die Vorsitzenden der AfD-Landesverbände Sachsen, Thüringen und Brandenburg gemeinsam mit *PEGIDA* zu einem *Schweigemarsch* am 1. September in Chemnitz auf. An diesem Tag kam es dann zu mehreren antifaschistischen und rechtspopulistischen Demonstrationen und Kundgebungen in der Stadt. Je nach politischem Interesse, existieren stark schwankende Zahlenangaben. Die Polizei gab die Gesamtzahl aller Veranstaltungen mit 11.000 Personen an.

Hauptdemo war zweifellos der von der AfD angekündigte Trauermarsch, an dem sich die bekannten Anführer des *Flügels* der AfD sowie Rechtsradikale aller Couleur beteiligten. Am Rande der Veranstaltung kam es zu Zusammenstößen, die große Randale blieb jedoch aus. Mehr als 2.000 Polizist_innen aus verschiedenen Bundesländern waren im Einsatz.[571]

Eine neue rechtsradikale Welle, ausgehend von Chemnitz, zeichnete sich ab. Unterschiedliche Auffassungen zwischen Rechtsradikalen, Rechtspopulist_innen und aufgebrachten Bürger_innen schienen keine Rolle mehr zu spielen. Um diese Entgrenzung einzudämmen, fanden am 2. September zwei Veranstaltungen statt. Eine von einer Privatperson angemeldet, die andere von der Evangelisch-Lutherischen Kirche Chemnitz. Doch trotz prominenter Unterstützung durch den Ministerpräsidenten Michael Kretschmer (CDU) und dem Landesbischof Carsten Rentzing zeigten diese mit insgesamt 1.500 Teilnehmer_innen nicht die erhoffte Wirkung.

Zum entscheidenden Datum wurde der 3. September. Die Chemnitzer Band *Kraftklub* konnte das Stadtmarketing Chemnitz davon überzeugen, ein kostenloses *Konzert gegen Rechts* mitzutragen. Sich antifaschistisch verstehende Bands und Künstler_innen wie *Die Toten Hosen*, *Feine Sahne Fischfilet*, K.I.Z u. a. kündigten ihren Auftritt an.

570 *Zu wenig Polizei in Chemnitz*, in: SZ-ONLINE.de, 27.8.2018.

571 Holscher, Max / Meyer zu Eppendorf, Katharina: *Demonstrationen in Chemnitz. Der Schauermarsch*, in Spiegel, 1.9.2018.

Um den zu erwartenden Andrang zu bewältigen, wurde das geplante Konzert vom Platz vor dem Karl-Marx-Monument auf den Johanniskirchplatz verlegt. Vor dem Karl-Marx-Denkmal legte stattdessen ein DJ-Set des Berliner Clubs *About Blank* auf.

Der antifaschistischen Kultur wollten der Verein *Thügida* und *Pro Chemnitz*, mit einer Gegendemonstration unter dem Motto *Gegen antideutsche Kommerzhetze* begegnen, was aber die Stadtverwaltung untersagte.

Das Konzert *Wir sind mehr* am 3. September übertraf mit rund 65.000 Zuschauer_innen alle Erwartungen und verlief ohne besondere Vorkommnisse. Damit gelang es, die rechte Mobilisierung in die Defensive zu drängen.[572] Das zeigte sich bereits am 7. September, als die Bewegung *Pro Chemnitz* versuchte, die Reihe der Demonstrationen fortzusetzen. Parallel veranstalteten die Kulturbetriebe der Stadt ein Open-Air-Konzert. Mit Beethovens 9. Sinfonie sollte ein Zeichen gegen Fremdenfeindlichkeit, Hetze und Gewalt gesetzt werde. Alle 4.500 Sitzplätze auf dem Theaterplatz waren besetzt. Zur rechtspopulistischen Demo kamen 2350 Personen, denen sich ca. 1.000 Antifas entgegenzustellen versuchten. Diesmal beherrschte jedoch der Polizeistaat mit einem großen Aufgebot samt Reiterstaffel, Wasserwerfer und Hubschrauber das Feld.[573]

An diesem 7. September veröffentliche die *Bild-Zeitung* ein Interview mit dem damaligen Präsidenten des Bundesamtes für Verfassungsschutz, Hans-Georg Maaßen. In dem Gespräch bezweifelte Maaßen, dass es Hetzjagden auf ausländisch aussehende Menschen in Chemnitz gegeben habe. Dem Bundesamt lägen *„keine belastbaren Informationen darüber vor, dass solche Hetzjagden stattgefunden haben“*.[574] Über das Video, das zeigt, wie *dunkelhäutige* Menschen nahe des Johannisplatzes in Chemnitz gehetzt werden, sagte Maaßen dreist: *„Es liegen keine Belege dafür vor, dass das im Internet kursierende Video zu diesem angeblichen Vorfall authentisch ist.“* Und weiter: Es *„sprechen gute*

572 *#wirsindmehr. „Alles was Anstand hat“*, in: ZEIT ONLINE, 4.9.2018.

573 *Großes Polizeiaufgebot. Demonstrationen in Chemnitz beendet - Tausende bei Konzert*, in: ZEIT ONLINE, 7.9.2018.

574 *Verfassungsschutzpräsident Maaßen sieht keine Beweise für Hetzjagd in Chemnitz*, in: Spiegel Online, 7.9.2018.

Gründe dafür, dass es sich um eine gezielte Falschinformation handelt, um möglicherweise die Öffentlichkeit von dem Mord in Chemnitz abzulenken".[575]

Sofort hagelte es Kritik gegen den Verfassungsschutzpräsidenten, der, ohne dies belegen zu können, die Übergriffe in Chemnitz öffentlich in Zweifel zog. Es hatte den Anschein, dass Rechtsradikale, Rechtspopulist_innen und der Verfassungsschutz in diesem Punkt die gleiche Meinung vertraten. Ohne Zweifel versuchte Maaßen, den antifaschistischen Protest zu delegitimieren.

Am 10. September musste Maaßen seine im Bild-Interview getroffenen Aussagen relativieren. Auch konnte die Echtheit des Videos, das einen Übergriff dokumentierte, zweifelsfrei festgestellt werden. Maaßen blieb jedoch stur und behauptete, das Video könne als Einzelfall, nicht als Beleg für eine allgemeine *Hetzjagd* dienen, sei aber von den Medien und sogar von der Kanzlerin als solcher gewertet worden.

Indes wurde in der Nacht zum 9. September in Köthen (Sachsen-Anhalt) ein deutscher Staatbürger bei einer Auseinandersetzung mit zwei Afghanen verletzt und starb wenig später an Herzversagen.[576] Bereits am Abend des 9. September gab es in Köthen einen rechtsradikal dominierten Trauermarsch, an dem sich 2.500 Menschen beteiligten. Eine große, überregionale Demonstration, zu der PEGIDA, Zukunft Heimat und andere rechte Organisationen aufgerufen hatten, sollte am 16. September stattfinden.

In Chemnitz rief *Pro Chemnitz* am 14. September zur Demo wegen Köthen auf. Dem Aufruf folgten, laut Polizeiangabe, mehr als 3.500 Personen. Die Polizei ging allerdings rigoros gegen jegliche Verstöße gegen das Versammlungsrecht vor, es gab 18 Strafanzeigen.

Am Abend nach der Demonstration durchstreiften mindestens 15 Personen, die sich als *Bürgerwehr* bezeichneten, die Gegend um die Schloßteichinsel in Chemnitz und wollten die Ausweise einer Geburtstagsgesellschaft kontrollierten. Daraufhin alarmierten die Feiernden die Polizei. Bevor die Polizist_innen eintrafen, war die *Bürgerwehr* weitergezogen, um sich mit

575 *Verfassungsschutzpräsident Maaßen sieht keine Beweise für Hetzjagd in Chemnitz*, in: Spiegel Online, 7.9.2018.

576 Sybille Klormann: *Was über den Vorfall in Köthen bekannt ist*, in: ZEIT ONLINE, 20.9.2018.

einer Gruppe aus sieben Deutschen, Iranern und Pakistanern anzulegen. Diese wurden fremdenfeindlich beschimpft und ein Iraner mit einer Glasflasche am Kopf verletzt. 15 Tatverdächtige konnte die Polizei festnehmen, gegen sechs von ihnen erging Haftbefehl wegen gefährlicher Körperverletzung in Tateinheit mit Landfriedensbruch. Außerdem wurden die Wohnungen aller 15 Verdächtigen durchsucht.[577]

Dieses bizarr anmutende Vorkommnis schien zunächst lediglich von lokaler Relevanz zu sein. Wichtiger war, dass mit dem 14. September die rechtspopulistischen Demonstrationen in Chemnitz endeten und Köthen nicht in deren Nachfolge trat. Nach Polizeiangaben versammelten sich am 16. September 1.400 Rechtsradikale in der sachsen-anhaltinischen Kleinstadt. Linke Initiativen hatten etwa 850 Teilnehmer_innen zum Gegenprotest versammelt. Ein großes Polizeiaufgebot stand bereit, doch die Demonstrationen verliefen ohne Zwischenfälle. Es gab noch ein paar kleiner Folgeaktionen bis zum Ende des Monats. Dann kehrte in Köthen wieder Ruhe ein.

Im bundesweiten Fokus stand sehr schnell wieder der Fall Maaßen. Der Präsident des Verfassungsschutzes hatte sich durch seine Äußerungen in seinem Amt unmöglich gemacht. Am 18. September einigten sich die Spitzen der großen Koalition darauf, ihn abzulösen. Um dies für alle erträglich zu gestalten, sollte Maaßen als Staatssekretär mit höherer Gehaltsstufe wegbefördert werden. Das kam einer Belohnung seines Verhaltens gleich. Deshalb musste in der Koalition, auf Drängen der SPD, am 21. September 2018 neu verhandelt werden. Statt ihn zu befördern, machte man Maaßen, bei gleichbleibenden Bezügen, zum Sonderberater im Innenministerium im Rang eines Abteilungsleiters für europäische und internationale Aufgaben. Der ehemalige Verfassungsschutzpräsident hätte von nun an eine ruhige Kugel schieben können, doch mit seiner Abschiedsrede am 18. Oktober vor den versammelten europäischen Geheimdienstchefs in Warschau stellte er seine rechtslastige und verschwörungstheoretische Sichtweise erneut demonstrativ zur Schau. Maaßen sprach von *„linksradikalen Kräften“* in der SPD, die in den Chemnitzer Vorfällen einen willkommenen Anlass

577 *„Bürgerwehr“-Mitglieder in Chemnitz verhaftet*, in: Spiegel Online, 15.9.2018.

gesehen hätten, einen Bruch der Großen Koalition herbeizuführen und seine Entlassung zu fordern. Ferner wiederholte er seine Behauptung, dass die Hetzjagden *„frei erfunden"* gewesen seien. Maaßen sprach von *„deutscher Medienmanipulation"* und davon, dass *„ein Kampf gegen Rechtsextremismus es nicht rechtfertig[e], rechtsextremistische Straftaten zu erfinden"*.[578] Innenminister Horst Seehofer versetzte Maaßen daraufhin am 5. November 2018 in den einstweiligen Ruhestand. Damit brauchte Maaßen nur auf seine Pension zu warten und erhielt so lange weiterhin staatliche Bezüge. Ende April 2021 nominierte die Südthüringer CDU in Suhl Hans-Georg Maaßen zum Direktkandidaten für den Wahlkreis 196 bei der Bundestagswahl.

Als Maaßen mit einer Pension für sein weiteres politisches Wirken abgefunden wurde, nahm der Fall des fremdenfeindlichen Übergriffs vom 14. September auf der Schloßteichinsel in Chemnitz eine unerwartete Entwicklung. Bald nach der Tat übernahm das Terrorismus- und Extremismus-Abwehrzentrum der sächsischen Polizei die Ermittlungen. Mittels Auswertung entschlüsselter Internetchats kamen die Ermittler_innen der Vereinigung *Revolution Chemnitz* auf die Spur. Führungsfigur der Gruppe war der 31-jährige Christian K., der sich seit den Vorfällen in Untersuchungshaft befand. Laut Ermittlungsbehörden habe *Revolution Chemnitz* bewaffnete Anschläge auf Ausländer_innen und politisch Andersdenkende geplant. Über Waffen oder Sprengstoff verfüge die Gruppe noch nicht, es gebe auch noch keine konkrete Anschlagsplanung. Aber die Chats ließen keinen Zweifel an der Gesinnung und dem grundsätzlichen Vorhaben.

Auf Weisung der Bundesanwaltschaft wurden am 1. Oktober 2018 in Sachsen und Bayern sieben Männer aus Chemnitz wegen des Verdachts der Bildung einer rechtsterroristischen Vereinigung festgenommen. Fünf der Verhafteten waren an den Übergriffen auf der Schloßteichinsel am 14. September beteiligt. Für alle acht Verdächtigen wurde Untersuchungshaft angeordnet. Am 24. März 2020 verurteilte das Oberlandesgericht Dresden die acht Angeklagten unter anderem wegen der Mitgliedschaft in einer terroristischen Vereinigung zu Freiheitsstrafen zwischen 27 Monaten und fünfeinhalb Jahren.

578 *Hans-Georg Maaßen: Neue Qualität von Falschberichterstattung*, in: PR online, 5.11.2018.

Polizeiübergriffe in Kandel

Nach drei Wochen gelang es, die mit großer Wucht in Chemnitz einsetzende rechtsradikale Mobilisierung zu brechen. Hingegen fanden die rechtspopulistischen Proteste und Gegenproteste im südpfälzischen Kandel kein Ende. Am 6. Oktober 2018 kam es dabei zu heftigen Polizeiübergriffen gegen Antifas. Den Tag über riefen *Wir sind Kandel*, *Die Partei*, *Kandel gegen Rechts*, *Mahnwache Männerchor Wörth* und *Die Partei Volksbingo-Reisegruppe* zu Aktionen gegen das rechte *Frauenbündnis Kandel* auf. Insgesamt waren sechs Demonstrationen bzw. Kundgebungen angemeldet.[579]

Die Rechten mobilisierten rund 300 Menschen, während die Antifaschist_innen mit ca. 500 Personen diesmal in der Überzahl waren. Als Antifa-Gruppen versuchten, den Marsch des *Frauenbündnis Kandel* zu blockieren, brachte die Polizei Schlagstöcke, Pfefferspray und Hunde zum Einsatz. Es gab sechs verletzte Demonstrant_innen, zwei davon mussten sich im Krankenhaus behandeln lassen. Ein Verletzter hatte heftige Bisswunden erlitten.[580]

Einige Hundert Demonstrant_innen, incl. kleiner Scharmützel mit der Polizei, reichten dem Chef des Frauenbündnisses Marco Kurz nicht aus. Mit dem Aufkommen der Gelbwestenbewegung in Frankreich schien sich eine neue soziale Bewegung abzuzeichnen, die Kurz in der Bundesrepublik initiieren wollte. So begann ab November 2018 die Gelbwestenphase des *Frauenbündnis Kandel*. In der Absicht, zum Zentrum der deutschen Gelbwestenbewegung zu werden, vermied Kurz das Migrationsthema und setzte auf soziale Themen. Die sozialen Spannungen und Verhältnisse ließen sich aber nicht aus Frankreich importieren. In der Bundesrepublik kam der Gelbwestenprotest nicht über Ansätze hinaus, sodass auch das Frauenbündnis im Frühjahr 2019 wieder zum *Überfremdungsthema* zurückfand.

Bei allen inhaltlichen Experimenten hatte die Intensität der Veranstaltungen in Kandel zu keinem Zeitpunkt nachgelassen. Nur die

579 *Angespannte Lage in Kandel*, in: Pfalz Express, 6.10.2018; *Sechs Demos angemeldet*, in: Die Rheinpfalz, 4.10.2018.

580 Demosanitäter Sanitätsgruppe Süd-West: Kandel: Demonstrant durch Polizeihund verletzt, in: Pressemitteilung Nr. 25, 6.10.2018.

Teilnehmer_innenzahlen ließen sich nicht mehr mit der Anfangsphase vergleichen.

Am 12. Januar 2019 ging das *Frauenbündnis Kandel* wieder auf die Straße. Um die 200 Personen folgten dem Aufruf. Die unterschiedlichen antifaschistischen Gruppen organisierten drei Gegendemonstrationen. Bei dem kühlen, unfreundlichem Januarwetter kamen insgesamt nicht mal 200 Antifaschist_innen. Unter denen, die sich von der Witterung nicht abschrecken ließen waren die *Omas gegen Rechts*. Bereits seit November 2017 gab es die Omas als Verein in Wien. Von dort wanderte die Idee schnell in die Bundesrepublik und die Schweiz. „*Es ist eine zivilgesellschaftliche überparteiliche Initiative, die sich in den politischen Diskurs einmischen will. Mit augenfälliger Symbolik erheben ältere Frauen, sogenannte OMAS, ihre Stimme zu den gefährlichen Problemen und Fragestellungen der heutigen Zeit. […] Es geht um die Erhaltung der parlamentarischen Demokratie in einem gemeinsamen Europa, um den Einsatz für die gleichen Rechte aller in Deutschland lebenden Frauen, Männer und Kinder, um die sozialen Standards, die von Eltern und Großeltern zum Teil bitter erkämpft wurden, um den Respekt und die Achtung gegenüber anderen Mitbürgerinnen und Mitbürgern unabhängig von ihrer Religion und ethnischer Zugehörigkeit u.v.m.*“[581]

Zunächst am 27. Januar 2018 als Facebook-Gruppe in der Bundesrepublik gegründeten existieren *Omas gegen Rechts* mittlerweile in vielen Städten. Sie sind Teil des etablierten anti-Nazi Protests und mit diversen Preisen geehrt worden. Damit fallen *Omas gegen Rechts* unter die Kategorie der *Initiativen gegen Rechtsextremismus*; also staatlich anerkannten und geförderten Projekte. Seit den 1990er-Jahren gibt es entsprechende Programme. Als äußeres Zeichen ihrer Distanz zur Antifa-Bewegung wird die Doppelfahne im Kreis von diesen Gruppen nicht als Emblem verwendet, bzw. aus ideologischen Gründen abgelehnt. Trotzdem waren und sind die Omas bei vielen Antifa-Aktionen eine willkommene Verstärkung.

Von den vier parallelen Veranstaltungen am 12. Januar 2019 in Kandel zeigte sich die Polizei überfordert. Mit Schlagstöcken und Pfefferspray ging eine Einsatzgruppe gegen Antifas vor, die angeblich eine Polizeiabsperrung durchbrechen wollten. Aufseiten der Demonstrant_innen gab es einige

581 Omas gegen Rechts: *Grundsatz*, in: Website OMAS GEGEN RECHTS, 23.9.2018.

↑ Die Demonstration der Rechtspopulist_innen am 6. Oktober 2018 in Kandel.

↑ Kandel, 6. Oktober 2018. Konsequent schützte die Polizei die Demonstration der Rechten.

Verletzte. Vielleicht hing die Nervosität der Polizei mit dem Überraschungsgast auf der Kundgebung von *Kandel gegen Rechts* zusammen. Redner_innen aus dem sozialdemokratischen Lager, wie der SPD-Landtagsfraktionschef von Rheinland-Pfalz und andere Abgeordnete, waren bereits in den Monaten zuvor bei den Kundgebungen in Erscheinung getreten. Doch an diesem Tag sprach Ex-Ministerpräsident Kurt Beck.

Die CDU-Opposition im Mainzer Landtag versuchte, das zu skandalisieren. Angebliche Verbindungen von SPD zum „*Antifa-Sumpf*" sollten offengelegt werden.[582] Besonders durch die *Kurfürstlich Kurpfälzische Antifa* (KKA) aus Mannheim bzw. deren Hauptprotagonisten, der ehemals Vorsitzender des SPD-Kreisverbands Rhein-Neckar war, meinte die CDU, diese Verbindung belegen zu können. Ziel der Rechtskonservativen war es, den antifaschistischen Widerstand zu diskreditieren und die Antifas zu isolieren. Doch die Antifa-Aktivist_innen waren ein wesentlicher Bestandteil des Protestes in Kandel und konnten nicht einfach ausgrenzt werden.

Dann kam Ende Januar 2019 das vorübergehende Aus für die Demonstrationen in Kandel. Den Grund lieferte eine Baustelle. Kanalisation und Straßenbelag der zentralen Rheinstraße sollten erneuert werden, ein seit Jahren geplantes, vom Land bezuschusstes Projekt. Während der Bauzeit, die auf mindestens zwei Jahre veranschlagt wurde, sind Demonstrationen in diesem Bereich untersagt.

Zur 21. *Kandel-Demonstration* rief das rechte Frauenbündnis deshalb am 2. Februar 2019 im benachbarten Wörth auf. Es konnten aber nur 60 Teilnehmer_innen und 10 Ordner_innen gezählt werden. Auch Versuche wieder in Kandel zu demonstrieren, brachten keine höheren Teilnehmer_innenzahlen. So verlegte das *Frauenbündnis Kandel* seine Aktivitäten ins rund 18 Kilometer entfernte Landau. Dort fand im September 2019 die 30. Demonstration mit Marco Kurz als Hauptagitator statt. Wenig später erfolgte der Bruch zwischen Kurz und seinem Bündnis. Bekannt wurde das mit der Demo des Bündnisses am 7. Dezember 2019 in Herxheim bei Landau, bei der Kurz nicht mehr mit von der Partie war. In der Folgewoche kündigte Marco Kurz überraschend seinen unwiderruflichen Rückzug aus

582 Leubecher, Marcel: *CDU wirft SPD Verstrickung in „Antifa-Sumpf" vor*, in: Die Welt, 25.2.2019.

dem **Frauenbündnis Kandel** an. Er werde in dessen Namen keine Versammlungen mehr anmelden oder durchführen, schrieb er auf dem Infokanal des Bündnisses auf Telegram. Zu den Gründen wollte er sich nicht öffentlich äußern.[583] Doch Marco Kurz blieb weiterhin aktiv, vor allem wenn es darum ging, sich öffentlich in Szene zu setzen. Das letzte Mal gelang ihm das mit einem indirekten Verweis auf den Mord am Kasseler Regierungspräsidenten Walter Lübcke. Einer Richterin in Germersheim, die zugunsten eines Demonstranten aus der Antifa entschieden hatte, mailte Kurz: ***„Vielleicht sieht man sich zum netten Plausch auf einer Terrasse.“***[584] Es folgten Ermittlungen wegen Bedrohung und eine Hausdurchsuchung.

Ein neues Betätigungsfeld suchte sich Kurz in der Querdenkerszene. Mit seinen Aktivitäten gegen die Corona-Politik scheiterte er jedoch nach kurzer Zeit. Ähnlich erging es dem verbliebenen Frauenbündnis, das ohne seinen ehemaligen Anführer weitermachte. Zunächst wurde es nach einigen kleineren Kundgebungen in der Region von der Corona-Pandemie ausgebremst. Am Ende dieser Phase scheiterte der Versuch eines Mannes, bei der Kreisverwaltung Germersheim für den 30. März 2020 in Kandel eine Kundgebung mit zwei Personen anzumelden. Mit dem Hinweis auf das landesweite Versammlungsverbot wegen der Corona-Pandemie wurde dies untersagt.[585] Wer nun glaubte, es sei mit den Kandel-Demos vorbei, wurde nach den ersten Lockerungen im Zusammenhang mit der Corona-Pandemie eines Besseren belehrt. Kaum waren Demonstrationen unter Auflagen wieder erlaubt, meldete sich das **Frauenbündnis Kandel** im Mai 2020 mit einer Corona-Demo im Stadtpark von Jockrim, mit 40 Teilnehmenden zurück. Am 4. Juli 2020 folgte eine Kundgebung in Kandel. Etwas mehr als 100 Personen kamen zusammen, ungefähr genauso viele mobilisierte **Kandel gegen Rechts** für die Gegenkundgebung. In altem Trott wollte das **Frauenbündnis** jetzt wieder auf die Straße gehen. Aber an vergangene Zeiten ließ sich nicht mehr anknüpfen. Am 12. September folgten dem Aufruf der

583 *Marco Kurz zieht sich aus „Frauenbündnis Kandel“ zurück*, in: Pfalz Express, 19.12.2019.

584 Roland Weisenburg: *Rechtsextremer bedroht Germersheimer Richterin – Anspielung auf Lübcke-Mord*, in: Badische Neueste Nachrichten, 25.2.2020.

585 *Gericht verbietet Demo in Kandel*, in: SWR Aktuell, 3. April 2020.

Rechtspopulist_innen nur noch 70 Personen. Erneut protestierten ca. 100 Antifaschist_innen gegen die Kundgebungen. Es wurde deutlich, dass die Mobilisierung des **Frauenbündnisses** immer weniger auf Interesse stieß. Gesellschaftlich drehte sich alles um das Thema Corona. Seit September 2020 klinkte sich das **Frauenbündnis** deshalb in die lokale Schwurbler-Szene ein. Hier fiel die Sichtweise, dass die Migrationspolitik der Bundesregierung und die Corona-Maßnahmen zwei Symptome des gleichen Missstandes sei, auf fruchtbaren Boden.

Die allgemeinen Verschärfungen aufgrund der zweiten Corona-Welle beendeten wiederum das öffentliche Auftreten des **Frauenbündnis Kandel**. Ab November 2020 blieben sämtliche Kundgebungen verboten.

Endlich begann im Frühjahr 2021 der letzte Akt im Fall Kandel. Nunmehr als Teil der Querdenken-Bewegung rief das **Frauenbündnis** für den 27. März 2021 zu einer labelfreien Demo in Graben-Neuhof auf. Das gab dem, auf fünf Aktivist_innen und einen Telegram-Kanal, zusammengeschmolzenen **Frauenbündnis**[586] den Anschub, es noch einmal mit eigenem Namen zu versuchen. ***Back to the Roots*** lautete ihr Aufruf für den 15. Mai 2021 in Linkenheim bei Karlsruhe. Tatsächlich konnten aber nur zwölf Teilnehmer_innen sowie sechs Ordner_innen und zwei Redner_innen gezählt werden. Dazu zehn Polizist_innen und jeweils zwei Personen von Ordnungsamt und Staatsschutz. Polizeireserven in drei Sprintern warteten vergeblich auf anreisende Antifas aus Karlsruhe.[587]

Zur letzten Demo des **Frauenbündnisses** in Kandel kam es am 26. Juni 2021. Man demonstrierte für Meinungsfreiheit, Demokratie und Grundrechte.

Die Hinwendung zur Querdenker-Thematik traf auf wenig Resonanz. Im Polizeibericht hieß es, ***„wobei das ‚Frauenbündnis Kandel' in der Spitze ca. 20 Teilnehmer zählte. An der Gegendemonstration waren insgesamt ca. 30 Personen beteiligt. Die Veranstaltungen verliefen weitgehend störungsfrei.“***[588] Mit anderen Worten, die Demonstrationen in Kandel waren bedeutungslos geworden.

586 Karlsruher Netzwerk gegen Rechts: *Das Frauenbündnis Kandel in Linkenheim am 15. Mai 2021*, in: ka-gegen-rechts.de/dossiers (Dossier 169).

587 Ebenda.

588 Polizeidirektion Landau, POL-PDLD: *Demonstrationen in Kandel*, in: Presseportal, Meldungen zum Frauenbündnis Kandel, 26.6.2021.

Islamismus

Exkurs: Faschismus und Islamismus

Faschismus ist ein Sammelbegriff für diktatorische Herrschaftssysteme mit einer Massenbasis, die nach dem Ersten Weltkrieg entstanden und sich gegen den Marxismus und die westliche, liberale Demokratie richteten. Antiintellektuell aufgestellt, erklärte er die Welt über Verschwörungsmythen. Stets ging es darum, ein verloren gegangenes Imperium zurückzuerobern und eine erlittene Schmach zu tilgen. Dazu mussten innere wie äußere Feinde besiegt bzw. vernichtet werden.

Es gab einen Kult um Gewalt und militärische Stärke. Das liberale System wurde demgegenüber als dekadent und schwächlich verleumdet und als Grund für die Zersetzung der traditionellen Werte angesehen. Zu diesen Werten zählten die patriarchale Rollenzuweisung und die Unterdrückung *sexueller Abweichungen*. Der Faschismus ersetzte die Demokratie durch die Herrschaft einer einzigen Partei, verbunden mit überbordendem Nationalismus, Führerkult und totaler gesellschaftlicher Kontrolle.

Faschismus wollte eine neue Herrschaft und war nicht einfach reaktionär, er konnte soziale Parolen und Projekte aufgreifen und formulierte ein Identifikationsangebot, das völkisch, nationalistisch, rassistisch und über gemeinsame Überzeugungen funktionierte. Wer sich zur *Gemeinschaft* zählte, konnte am Faschismus partizipieren.

All diese Kriterien kann man auch beim heutigen Islamismus finden. Ebenso verbindet beide die Idee, den Einzelnen und die individuellen Freiheiten für den Sieg und die Gemeinschaft zu opfern.

Was den Islamismus vom historischen Faschismus jedoch unterscheidet, ist sein religiöses Fundament. Demzufolge ist die die Aufteilung der Welt in Gläubige und Ungläubige ein islamistisches Spezifikum. Eine Unterteilung in Rassen aufgrund äußerlicher Kategorien und Merkmale kennt der Islamismus nicht. Dies religiöse Fundament geht einher mit einer Bindung aller weltlichen Bezüge an das Heilige und an das Jenseits sowie mit extrem patriarchalen Machtverhältnissen.

Ein weiterer Unterschied zwischen Islamismus und historischen Faschismus ist die Entstehungsgeschichte. Vorläufer des Islamismus lassen sich in den antikolonialen Kämpfen des 19. Jahrhunderts finden. Gegen die Expansionsinteressen europäischer Staaten riefen arabische Herrscher häufiger zum Dschihad auf. Nach dieser im islamischen Recht legitimierten Form des Krieges stehen alle gläubigen Muslime in der Pflicht, zur Erweiterung des islamischen Herrschaftsbereichs oder zu dessen Verteidigung in den Kampf zu ziehen.

Der vielerorts durch den Kolonialismus europäischer Mächte bewirkte Zusammenbruch der arabischen Herrschaft führte dazu, dass der Dschihad eine neue politische Interpretation als Befreiungskampf gegen Kolonialismus und als ungerecht empfundene Herrscher und Systeme erfuhr. Als Alternative wurde der Aufbau einer neuen Ordnung, eines islamistischen Gottesstaates propagiert.

Ein Beispiel dafür ist die streng orthodoxe islamische Lehrstätte in Deoband, einer Stadt im nordindischen Bundesstaat Uttar Pradesh. Für die Gründung dieser Koran-Schule spielte die Niederlage im indischen Aufstand gegen die britische Kolonialherrschaft von 1857 –1859 eine Rolle. Von Deoband aus sollte ab 1866 dem Islam als religiöser Erweckungsbewegung zu neuer Stärke verholfen werden. Denn die Unterlegenheit gegenüber den Briten wurde von einigen muslimischen Gelehrten darauf zurückgeführt, dass die islamischen Gesetze nicht strikt genug befolgt wurden. Richtschnur sollten deshalb allein die Lehren und wörtlichen Anweisungen des Korans sowie die Überlieferungen von Worten und Taten des Propheten Mohammed sein. Diesem dogmatischen Scharia-Islam zufolge ist alles Sünde, was von der Verehrung des allmächtigen Allahs ablenken könnte. Bildliche Darstellungen, Musik, Tanz sowie alles *Westliche* sind des Teufels. Es gilt strenge patriarchale Geschlechtertrennung und für Frauen Vollverschleierung, Bildungsverbot und Einschränkung der Bewegungsfreiheit. Für *Deobandis* ist die Welt voller Sünder und Feinde. Christen und Hindus, aber auch Schiiten und Ahmadis werden als Ungläubige angesehen, obwohl diese sich selbst als Muslime bezeichnen. Die 1945 entstandene Deobandi-Partei *Jamiat Ulema-e-Islam* (dt.: Vereinigung islamischer Gelehrter) übt bis heute in Pakistan erheblichen Einfluss aus, und die Lehrstätte in Deoband ist, nach der Kairoer Al-Azhar-Universität, zweitwichtigste Lehrstätte des sunnitischen Islams. Außerdem spielten die in den 1980er-Jahren von den *Deobandis* initiierten Koran-Schulen für afghanische Kriegsflüchtlinge bei der Entstehung der *Taliban* eine entscheidende Rolle.

Die Idee, in moderner Zeit einen Djihad im Zuge eines geopolitischen Konzepts zu initiieren, kam aber von ganz anderer Seite.

Djihad made in Germany

Offiziell im Jahr 1299 gegründet, hatte sich das Osmanische Reich durch Kriegszüge immer weiter ausgedehnt und war zur Großmacht aufgestiegen. Gleichzeitig Sultanat und Kalifat, führte der Sultan und Kalif auch die Titel eines *Befehlshabers der Gläubigen* und des *Nachfolgers des Propheten als Beherrscher der Welt*. Im Gegensatz zu den klingenden Titeln war das Osmanische Reich aber zu Beginn des 20. Jahrhunderts von Rückständigkeit und Zerfall gezeichnet. Man sprach vom *kranken Mann am Bosporus*.

Indessen bemühte sich das Deutsche Reich unter Kaiser Wilhelm II., Einfluss im Vorderen Orient zu gewinnen. Ab 1882 herrschten enge Verbindungen zum Osmanischen Reich, deren Ausdruck u.a. der Bau der Bagdad-Bahn und deutschen Militärmissionen waren. Der Kaiser reiste höchst selbst dreimal in die Region. Es konnte daher nicht wundern, dass sich das Osmanische Reich zu Beginn des Ersten Weltkriegs auf die Seite der Mittelmächte stellte. Der Sultan erhoffte durch den Kriegseintritt ein Wiedererstarken seines Reiches und die Rückeroberung verloren gegangener Gebiete. Die osmanische Armee bot jedoch eher ein Bild des Jammers.

So kam der Djihad als geopolitische Strategie vonseiten der Deutschen Heeresleitung ins Spiel. Die Idee dazu gab der Orientalist, Archäologe und im diplomatischen Dienst tätige Max Freiherr von Oppenheim mit seiner *Denkschrift betreffend die Revolutionierung der islamischen Gebiete unserer Feinde*. Freiherr von Oppenheim wollte neben dem *offiziellen Krieg* einen revolutionären, antikolonialen Kampf in den von Großbritannien und Russland beherrschten islamischen Gebieten entfachen, einem von Konstantinopel verkündeten und vom Deutschen Kaiserreich unterstützten *Heiligen Krieg*. Die Araber gaben von Oppenheim, der zu Kriegsbeginn 1914 mit 54 Jahren nicht mehr für den aktiven Kriegsdienst geeignet war, den Namen *Abu Djihad* (dt.: Vater des Heiligen Krieges). Das damit der Osmanischen Regierung ein Freibrief für den Völkermord an den christlichen Armenier_innen ausgestellt wurde, lag sicher nicht in der Absicht des Ideengebers, gehört aber auch in diesen Zusammenhang.

Es kam zu einer Kriegsführung auf zwei Ebenen. Unter osmanischer Kriegsflagge beschossen die deutschen Kriegsschiffe *Breslau* und *Goeben* am 31. Oktober 1914 Odessa. Einen Tag später überschritten russische Truppen im Kaukasus die türkische Grenze, Russland erklärte der Türkei am 2. November den Krieg. Am 3. November griff die Royal Navy türkische Schiffe an, woraufhin Sultan-Kalif Mehmed V. am 11. November in Konstantinopel und Jerusalem zum Djihad gegen die Kriegsgegner aufrief. Die offizielle Kriegserklärung der osmanischen Regierung an die Entente-Mächte folgte am 12. November.

Das deutsche Kaiserreich unterstützte die osmanische Armee mit Militärberatern und der Entsendung des *Deutschen Asien Korps*, gleichzeitig unterstützte es den Djihad mit umfangreichen Waffenlieferungen. Außerdem versuchte man im Verlauf des Krieges, muslimische Kriegsgefangene in deutschen Lagern für den *Heiligen Krieg* zu werben. Die von Oppenheim erweckten Erwartungen erfüllten sich jedoch nicht. Denn unter vielen arabischen Stämmen und Clans gab es eine große Abneigung gegen den osmanischen Kalifen. Ein Araber gehörte ihrer Meinung nach auf diese Position. Es begannen geheimen Verhandlungen mit britischen Unterhändlern über ein arabisches Großreich, das sich nach dem Sieg mit Britannien verbünden sollte. Der britische Verhandlungspartner war der Großscherif von Mekka, Hussein ibn Ali, gleichzeitig Emir des Hedschas, einer Gebirgsregion im heutigen Saudi-Arabien, in der die beiden heiligen Stätten des Islam, Mekka und Medina, liegen. Als das Komplott drohte aufzufliegen, rief der Emir im Jahr 1916 zum arabischen Aufstand gegen die Osmanen auf. Von britischen Militärberatern unterstützt und mit Waffen ausgerüstet, begann der Kampf gegen den Sultan und seine deutschen Verbündeten.

Gegenspieler zu von Oppenheim auf britischer Seite, wurde der gebürtige Waliser Thomas Edward Lawrence, populär unter seinem Pseudonym *Lawrence von Arabien*. Seit 1909 als Geschichtsstudent in Palästina und

↑ Djihad im Interesse des deutschen Kaiserreiches. Zeitgenössische Bildunterschrift: ***Die Kämpfe im Jemen; Niederlage der Engländer bei Scheich Osmani***, von Orientmaler Bruno Richter (1872 – 1937), 1916.

Syrien unterwegs, wie von Oppenheim an archäologischen Ausgrabungen beteiligt und von der Kultur der Beduinen begeistert, diente Lawrence mit Kriegsbeginn als britischer Verbindungsoffizier. Im Jahr 1916, als er zur Unterstützung des Araberaufstandes gegen die Osmanen befohlen wurde, war er 26 Jahre alt und auch selbst aktiv an den Kämpfen beteiligt. Es kam zu einem Kleinkrieg mit irregulären Einheiten und Überfällen auf Nachschublinien, Bahnstrecken usw. Doch vertrauten die Araber einer Lüge. Die Briten hatten aus taktischen Gründen zugesagt, dass nach dem Krieg ein unabhängiger arabischer Staat entstehen würden. Tatsächlich war der gesamte nördliche arabische Raum durch ein Geheimabkommen zwischen England und Frankreich in Einflusszonen aufgeteilt worden.

Zunächst wurden aber das Deutsche Kaiserreich und das verbündete Osmanische Reich im November 1918 besiegt. Die Siegermächte teilten das riesige osmanische Territorium auf. Einige Gebiete wurden Anrainerstaaten zugeschlagen, der größte Teil aber unter französisches bzw.

britisches Mandat gestellt, darunter Palästina. Doch formierte sich 1919 im anatolischen Kernland eine türkische Nationalbewegung gegen die Besatzung des Landes durch griechische, französische und britische Truppen.

Sonderfall Türkei

Die türkische Nationalbewegung ging auf die Ende des 19. Jahrhundert entstandenen *Jungtürken* zurück, eine politische Bewegung, die eine Erneuerung bzw. Modernisierung des Osmanischen Reiches anstrebte. Damit schien es am Ende des Ersten Weltkrieges vorbei zu sein.

Im November 1918 besetzten die Siegermächte große Teile des Osmanischen Reiches. Dieser provisorische Zustand sollte mit dem Friedensvertrag von Sèvres vom 10. August 1920 enden. Die Auflösung des Osmanischen Reiches wurde in dem völkerrechtlich gültigen Vertrag festgelegt. So wie das Deutsche Reich den Vertrag von Versailles zu unterzeichnen hatte, mussten die türkischen Vertreter den Vertrag von Sèvres akzeptieren. Zuvor hatten griechische Truppen bereits Izmir besetzt und waren weit ins Landesinnere vorgestoßen. Für die Türkei, die neu entstehen sollte, blieb nur ein dünn besiedeltes Gebiet in Anatolien.

Mustafa Kemal, Kriegsheld und *Jungtürke*, sah in dem Diktatfrieden eine nationale Katastrophe. Als der Offizier mit der Demobilisierung der Osmanischen Armee in Samsun beauftragt wurde, weigerte er sich und rief zum Widerstand der muslimischen Bevölkerung gegen die Griechen auf. Daraufhin wurde er aus der Armee entlassen und in Abwesenheit zum Tode verurteilt. Doch das schreckte ihn nicht, stattdessen organisierte er mit seinen Gefolgsleuten Kongresse, um eine Gegenregierung aufzustellen.

Er verlegte seine Hauptstadt nach Ankara, wo die am 23. April 1920 einberufene große Nationalversammlung den Vertrag von Sèvres für ungültig erklärte. Mustafa Kemal, der zum Vorsitzenden ernannt wurde, drehte nun den Spieß um und bezeichnete den Sultan und dessen, den Siegermächten genehmen Regierung als Hochverräter. Anschließend schloss die Gegenregierung von Mustafa Kemal einen Vertrag mit den Bolschewiki ab. Sowjetrussland erkannte die türkische Putschregierung als erster Staat an und unterstützte sie mit Geld und Waffen.

Man begann von der Bewegung des Kemalismus zu sprechen, die für eine unabhängige türkische Republik kämpfte.

Um die Regierung des Sultans auszuschalten, schaffte Mustafa Kemal am 1. November 1922 das Sultanat ab. Der entthronte Sultan verließ drei Tage später das Land, allerdings nicht ohne zuvor den bisherigen Thronfolger zum Kalifen zu ernennen. Mit diesem Winkelzug sollten die Erbfolge und das Kalifat erhalten werden. Die Entwicklung zur Republik war jedoch nicht mehr aufzuhalten. Daran konnte auch die Unterstützung von Großbritannien, Frankreich und Italien für die griechischen und armenischen Truppen sowie die türkische Kalifatsarmee nichts ändern. Unter Mustafa Kemal, der 1921 zum Marschall ernannt worden war, schlugen die türkischen Truppen ihre Gegner.

Mit dem Ende des Krieges wurde Ankara am 13. Oktober 1923 offiziell zur Hauptstadt erklärt und am 23. Oktober 1923 die türkische Republik in den Grenzen des eroberten Gebietes verkündet. Den alten, überkommenen Strukturen sollte in der neuen Republik der Garaus gemacht werden. Am 3. März 1924 beschloss die Nationalversammlung das über 500 Jahre bestehende Kalifat abzuschaffen. Bereits am folgenden Tag mussten alle Angehörigen der osmanischen Dynastie die Türkei verlassen. Aus dem Vielvölkerstaat des Osmanischen Reiches sollte ein türkischer Nationalstaat geformt werden, eine Republik nach westlichem Vorbild. Getragen von einer weltlichen, nationalistischen Ideologie, nicht vom Islam.

Dazu galt es erst einmal eine türkische Nation zu schaffen. In diesem Fall war das Aufgabe der Staatsführung, die zu diesem Zweck auf massive Zwangsumsiedlungen setzte. Bereits im Ersten Weltkrieg waren die ***Jungtürken*** in den Völkermord an den christlichen Armeniern im Jahr 1915 verwickelt. Aber auch nach dem Krieg wurden ganze Bevölkerungsgruppen, wie die christlichen Griechen, vertrieben. Dafür wanderten Muslime aus den Balkanländern, dem Kaukasus und anderen Gebieten in die gerade gegründete Türkei ein. Das neue Staatsvolk setzte sich also nur zum Teil aus der anatolischen Bevölkerung zusammen.

Während sich das Gefüge der Bevölkerung deutlich veränderte, begann Mustafa Kemal einen revolutionären Reformprozess. Religion und Staat wurden getrennt, die Scharia – das Islamische Recht – als Grundlage des

Antifaschistische Wandzeitung, Oktober 2023, plakatiert in Berlin/Neukölln.

Am 29. Oktober 1923 proklamierte Mustafa Kemal, ab 1934 Atatürk, die Republik Türkei. Dass er als Vorbild für Hitler in puncto Völker- und Massenmord diente, ist eine heutige Überschreibung. Hitlers Vorbild war Mussolini, und Atatürk war kein Faschist. Der heutige türkische Langzeitpräsident Recep Erdoğan beruft sich mit seiner illiberalen Regierung zwar auf den Staatsgründer, steht aber für einen islamistischen Kurs, der Atatürks säkulare Reformen immer weiter zurückdreht.

Sabiha Gökçen gehörte zu den insgesamt acht Waisen, die Atatürk adoptierte und gemäß seinen Vorstellungen zur Selbstständigkeit erzog. Gökçen galt als Musterbeispiel einer modernen türkischen Frau und wurde die weltweit erste Kampfpilotin.
Ihre ersten Einsätze flog sie 1937/38 im Dersim-Aufstand, dem letzten großen Kurdenaufstand in der Türkei. Über 13.000 Kurd_innen wurden von Regierungssoldaten massakriert.
Im Februar 2004 veröffentlichte der armenische Journalist Hrant Dink einen Artikel, in dem er die armenische Abstammung Gökçens belegte. Bereits seit Jahren von nationalistischen Kreisen und der Justiz verfolgt, wurde Hrant Dink im Januar 2007 in Istanbul auf offener Straße erschossen.

Rechtssystems durch eine weltliche Verfassung ersetzt, Frauen mit Männern rechtlich gleichgestellt, das aktive und passive Frauenwahlrecht eingeführt und vieles mehr. Gegen die Reformen erhob sich teilweise heftiger Widerstand aus dem islamischen Lager, der mit Härte beantwortet wurde. Ein Beispiel gab das Verbot der Verschleierung der Frauen. In diesem Zusammenhang wurden den Männern die traditionellen orientalischen Kopfbedeckungen wie Fes und Turban untersagt. Stattdessen sollten westliche Kleidung und Hüte getragen werden. Dabei galten Hüte in Anatolien als Symbol der Gottlosigkeit. Aufgrund des Hutgesetzes kam es zu gewalttätigen Revolten und zur Vollstreckung von Todesurteilen.

Doch auf die Macht des Militärs gestützt, setzte Mustafa Kemal seinen Reformkurs unbeirrt fort. Dabei wandelte sich das System ab 1924 zu einer Einparteiendiktatur. Ein Kernpunkt der Politik wurde die Assimilierungspolitik, mit der die verschiedenen Völker türkisiert werden sollten. Das traf vor allem die Kurd_innen, deren Sprache im Jahr 1924 in der Öffentlichkeit verboten wurde. Und das, obwohl die Kurden, unter denen es auch viele strenggläubige Muslime gab, Mustafa Kemal im Unabhängigkeitskampf unterstützt hatten. Vor 1924 hatte der türkische Führer sogar eine kurdische Autonomie in Aussicht gestellt. Davon war im Frühjahr 1925 keine Rede mehr. Unter Leitung des streng sunnitischen Ordensscheichs Said erhoben sich mehrere kurdische Stammesgruppen gegen die türkische Regierung von Mustafa Kemal. Der ließ 50.000 gut ausgerüstete Soldaten aufmarschieren und den Aufstand binnen weniger Wochen niederschlagen. Der Scheich und 47 Gefolgsleute wurden am 27. April in ihrem Hauptquartier gefangen genommen und im September gehängt. Während die Soldaten Tausende gewöhnliche Kämpfer ohne viel Aufhebens massakrierten und die Bevölkerung ganzer Distrikte deportierten.

Mustafa Kemal wollte die kurdische Opposition weitestmöglich auszulöschen und oppositionelle Strömungen generell zum Schweigen zu bringen. Parteienverbote wurden erlassen und mit Notstandsgesetzen, einer Pressezensur und dem Justizapparat gegen Opponenten vorgegangen. Nachdem im Sommer 1926 ein Mordkomplott auf den Präsidenten aufgedeckt werden konnte, nutzte Mustafa Kemal die Gelegenheit, um mit der Opposition aufzuräumen. Es kam zu Schauprozessen vor einem eigens eingerichteten

Freiheitsgericht. Obwohl nur drei Attentäter festgestellt werden konnten, ließ Mustafa Kemal 19 Todesurteile vollstrecken.

Aber auch nach den Aufständen gegen seine diktatorische Herrschaft blieb der Präsident bei seinen Reformen. Um die Bande zur islamischen Welt weiter zu kappen, ließ er die arabische Schrift durch die lateinische ersetzen. Für arabische und persische Lehnwörter mussten türkische gefunden werden. Binnen einer Generation verloren die Türk_innen die Fähigkeit, ihre alten Bücher zu lesen. Für die Annäherung und den Austausch mit dem Westen war diese Reform jedoch wegweisend. Die Alphabetisierung wurde vorangebracht und wirkte sich auf die weitere Industrialisierung des Landes aus. Mit dem Jahr 1934, in dem in der Türkei Familiennamen nach westlichem Vorbild eingeführt wurden, erhielt Mustafa Kemal seinen Namen *Atatürk* (dt.: Vater der Türken).

Doch die Erinnerung an das große muslimische Reich blieb bestehen, genau wie die Ablehnung der britischen Herrschaft. In Palästina verkomplizierte sich die Situation zudem durch zionistische Siedlungen. Jüdische und palästinensische Nationalbewegung standen sich dort gegenüber.

Das galt es zu berücksichtigen, als die durch Völkerbundmandat festgelegte militärische britische Verwaltung in Palästina im Jahr 1921 endete und von einer zivilen Verwaltung übernommen werden musste. Der *Völkerbund* war in Folge des Ersten Weltkrieges als zwischenstaatliche Organisation mit Sitz in Genf entstanden. Internationale Konflikte sollten zukünftig schiedsgerichtlich beigelegt, Abrüstung und Rüstungskontrolle überwacht werden. Die erste Sitzung fand am 10. Januar 1920 statt.

Mit der Absicht, die Palästinenser_innen zu beschwichtigen, setzten die Briten 1921 Mohammed Amin al-Husseini als Großmufti von Jerusalem ein und machten ihn damit zur höchsten religiösen wie politischen Autorität der Palästinenser_innen. Al-Husseini hatte im Ersten Weltkrieg aufseiten der Briten gestanden und Freiwillige rekrutiert, die unter *Lawrence von Arabien* kämpften. Doch war der Mufti ein glühender Anti-Zionist und akzeptierte nur Juden, die bis 1917 in Palästina geboren waren. Nach den Vorstellungen Al-Husseini sollte Palästina als arabischen Staat entstehen, jüdische Gebietsansprüche lehnte er ab und sah in den neu ankommenden Siedlern eine Gefahr für den palästinensischen Staat.

Durch diese Verbindung von Nationalismus und Antizionismus, untermauert von einem religiös erklärten Antisemitismus, war der Weg zum Islamismus beschritten. Auch in anderen Teilen des ehemaligen Osmanischen Reiches formierte sich die fundamentalistisch islamische Bewegung. Als in Ägypten am 10. April 1928 der Islam als Staatsreligion aus der Verfassung gestrichen wurde, entstand die *Muslimbruderschaft*. Sie wollte gegen den nach wie vor bestehenden Einfluss der Briten in Ägypten vorgehen und die Einheit aller Muslime in einem Staat erreichen. Für viele Muslime stellten nicht nationalistische Einzelbestrebungen, sondern das Kalifat das Ideal dar. Laut Vordenker Hasan al-Banna sollte die Religion für alle Lebensbereiche, also auch für die Politik, die Wirtschaft und das Rechtssystem, bestimmend sein. In ihrem Programm legte die Bruderschaft fest: *„Gott ist unser Ziel. Der Prophet ist unser Führer. Der Koran ist unsere Verfassung. Der Djihad ist unser Weg. Der Tod für Gott ist unser nobelster Wunsch."*[589] Dieses Konzept lieferte die Grundlage für alle späteren Islamisten.

Die *Muslimbrüder* arbeiteten an einer panarabischen, internationalen Organisation und unterstützten auch ihre Glaubensbrüder und Schwestern in Libyen gegen die Kolonialmacht Italien. Das Königreich Italien hatte sich im Jahr 1911 Tripolitanien sowie die Cyrenaika, die zum Osmanischen Reich gehörten, einverleibt. Seitdem kämpfte der islamische *Senussi-Orden* gegen die italienische Besatzung. Im Weltkrieg schloss sich die Bruderschaft dem Djihad an und erhielt deutsche Waffenlieferungen.

Wenn das deutsche Kaiserreich den Weltkrieg auch verlor und Italien zu den Siegermächten gehörte, verbesserte sich für den Orden in Libyen die Situation, denn Italien ging so geschwächt aus dem Krieg hervor, dass es dem antikolonialen Widerstand weitgehende Zugeständnisse machen musste. Erst im Jahr 1922 versuchte Italien, die vollständige Kontrolle über das Gebiet zu erlangen. Es begann einen äußerst grausamen Kolonialkrieg, der durch den Machtantritt des Faschismus weiter verschärft wurde. Unter dem bereits 64-jährigen lybischen Koranlehrer Omar Mukhtar leistete der *Senussi-Orden* den waffentechnisch haushoch überlegenen Italienern

589 Thomas Schmidinger, Dunja Larise: *Zwischen Gottesstaat und Islam – Handbuch des politischen Islam*. Wien 2008, S. 77 f.

↑ Omar Mukhtar wird in Libyen als Nationalheld verehrt, wie sein Konterfei auf der 10-Dinar-Banknote zeigt.

erbitterten Widerstand. Flugzeuge, Panzer und Giftgas kamen zum Einsatz. Riesige Konzentrationslager entstanden, und das italienische Militär machte sich des Völkermordes mit Hundertausenden Toten schuldig.

Erst nach zehn Jahren konnte das italienische Militär den antikolonialen Widerstand in die Knie zwingen. Mukhtar geriet 1931 in Gefangenschaft und wurde am 16. September des Jahres, im Alter von 73 Jahren, von den italienischen Faschisten im Konzentrationslager Soluch erhängt; die Kriegshandlungen endeten im Januar 1932.

Das Schwert des Islam

Religion war Mussolini nicht wichtig. Beim Sieg in Libyen ging es um die Durchsetzung imperialer Interessen, nicht um einen Kampf gegen den Islam. Eine politische Linie gegenüber der arabischen Welt war nicht erkennbar. Das änderte sich in den 1930er-Jahren, als das faschistische Italien nach Möglichkeiten suchte, den britischen und französischen Einfluss zu schwächen und den Abessinien Krieg vorzubereiten.

Vor diesem Hintergrund gab sich der Faschismus als Mittler zwischen Abendland und Morgenland aus. Kontakte mit panarabischen und nationalistischen Bewegungen wurden geknüpft und im Jahr 1934 ein Radiosender

Ein Propagandafoto zeigt Mussolini am 20. März 1937 mit dem ***Schwert des Islam***, das speziell für den Fototermin angefertigt wurde. Um die Dramatik der Aufnahme zu erhöhen, wurde ein Soldat, der das Pferd am Zügel hielt, herausretuschiert.

in arabischer Sprache eingerichtet, der sich direkt an die Bevölkerung Nordafrikas und der arabischen Halbinsel wandte. Diese Beziehungen intensivierten sich mit Beginn des Abessinien Krieges 1935. Mussolini unterwarf das christliche Äthiopien und machte daraus eine italienische Kolonie. Da der äthiopische König von den Muslimen als Unterdrücker ihres Glaubens betrachtet wurde, schlug die Neutralität der Araber teilweise in offene Sympathie für den Faschismus um.

Nun ging Mussolini noch einen Schritt weiter und ernannte sich zum ***Verteidiger des Islam.*** Es kam zu einer Propagandashow der besonderen Art. Vor den Toren Tripolis, in der damaligen Kolonie Italienisch-Libyen, ließ sich der Diktator im Jahr 1937 das *Schwert des Islam* aushändigen. In der malerischen Kulisse der Oase Bugara überreichte ein entsprechend ausstaffierter Berberführer die Prunkwaffen, die als altes arabisches Zeremonialschwert ausgegeben wurde. Tatsächlich war die Blankwaffe in Florenz, ausschließlich für die Übergabe an Mussolini, angefertigt worden. Ein Foto, das den Faschistenführer in martialischer Pose auf einem Pferd mit in die Luft gereckten Schwert zeigt, ging um die Welt und wurde zur Vorlage für ein 1938 entstandenes Reiterstandbild. Im Jahr 1939 wollte Mussolini sogar eine Moschee in Italien erbauen lassen, was am Widerstand des Vatikans scheiterte. Doch nicht Mussolinis Faschismus, sondern Hitlers Nationalsozialismus mit seinem extremen Antisemitismus schaffte die ideologische Verbindung zu den radikalen Islamisten. Die Initiative ging vom Jerusalemer Großmufti aus. Nach dem ersten staatlich organisierten Boykott jüdischen Lebens unter dem Nationalsozialismus im März 1933 bot Mohammed al-Husseini dem deutschen Generalkonsul in Jerusalem seine Zusammenarbeit an. Den Nationalsozialisten spielte das in die Karten. Geopolitische Ziele verfolgend, unterhielt der NS-Staat Kontakte zu verschiedenen Nationalbewegung. So kam es beispielsweise auch zu persönlichen Treffen von Hitler mit Subhash Chandra Bose, der eine indische Unabhängigkeitsbewegung vertrat, sowie mit Pierre Gemayel aus dem Libanon.

Im besonderen Maße wirkte sich die nationalsozialistische Unterstützung aber in Palästina aus, wo es der Jerusalemer Großmufti nicht lange bei Worten beließ. Ausgangspunkt war die jüdische Emigration nach Palästina, die nach Machtübernahme der Nazis in Berlin deutlich anstieg. 1933 kamen 30.327 Jüdinnen und Juden ins Land, 1935 waren es 61.854.[590]

Dagegen organisierten arabische Nationalisten im April 1936 einen Generalstreik. Ihre Parteien bildeten ein gemeinsames *Arabisches Hohes Komitee* und wählten Mohammed al-Husseini zum Präsidenten. Die islamischen Nationalisten forderten von den Briten, die jüdische Einwanderung zu stoppen sowie jedwede Übertragung arabischen Bodens an Juden zu verbieten und eine nationale Regierung einzurichten. Al-Husseini rief Araber und Muslime weltweit dazu auf, die Palästinenser zu unterstützen.

Binnen kurzer Zeit steigerte sich der Streik zu einem bewaffneten Aufstand gegen Briten und Juden. Die britische Mandatsmacht setzte den Großmufti ab, ein Versuch, ihn im Juli 1937 zu verhaften und auf die Seychellen zu deportieren, schlug fehl. Es war bereits zu spät. Islamische Freiwillige aus Syrien, dem Irak und Transjordanien kamen ins Land, um die Kämpfe zu unterstützen. Gleichzeitig entledigte sich der Großmufti alle derjenigen, die seiner Linie nicht folgen wollten und zu Verhandlungen

590 Königliche Palästina-Kommission unter dem Vorsitz von Earl Peel: *Bericht über Palästina*, Berlin 1937, S. 94f.

bereit waren. Mehr als 900 Palästinenser wurden von den eigenen Leuten umgebracht.

Der Aufstand finanzierte sich aus arabisch-islamischen Quellen und Mitteln, die das faschistische Italien und vor allem das nationalsozialistische Deutschland dem Großmufti ab 1937 zur Verfügung stellte.

Von 1938 bis zum Beginn des Zweiten Weltkriegs 1939 erhielt auch die *Muslimbruderschaft* in Ägypten finanzielle Unterstützung vom NS-Staat. Viele *Muslimbrüder* kämpften im arabischen Aufstand. So wundert es nicht, das als Erkennungssymbol des arabischen Aufstands das Hakenkreuz diente. Wer in Palästina nicht von Freischärlern überfallen werden wollte, brachte es an seinem Fahrzeug an. Auch wurden bei Feiern aus Anlass von Mohammeds Geburtstag Hakenkreuz-Fahnen und Hitlerbilder gezeigt.[591]

Langfristige ideologische Auswirkungen hatte in diesem Zusammenhang die Veröffentlichung eines 31-seitigen Pamphlets von al-Husseini. Es erschien im August 1937 unter dem Titel *Islam – Judentum* in Kairo und wurde kurz darauf bei einem arabischen Kongress, der vom 8. bis zum 10. September 1937 im syrischen Bludan tagte, verteilt. Die 411 Delegierten wollten das britische Mandat über Palästina zu Fall bringen und den panarabischen Widerstand gegen den Zionismus weitertragen. Der Mufti konnte nicht anwesend sein, aber sein Pamphlet diente als ideologische Grundlage. Die Schrift kombinierte den Antijudaismus des Frühislam mit dem verschwörungsideologischen Antisemitismus der Moderne. Von diesem Zeitpunkt an sprechen Islamisten von einem *Weltjudentum* und einer *jüdischen Weltverschwörung*, die den Islam zerstören will.

Die Auswirkungen dieser Schrift waren zunächst nicht absehbar, denn bis 1939 gelang es den Briten, den arabischen Aufstand militärisch niederzuschlagen. Doch sah sich die Mandatsregierung zu Zugeständnissen gezwungen. Laut *Völkerbund* war die Schaffung eines *Jewish National Home* (dt.: nationale Heimstätte für Juden) in Palästina seit 1922 festgelegt. Um aber den Unmut der auf der palästinensischen Seite nicht weiter zu befeuern, legten die Briten nach dem Aufstand fest, dass nur noch 15.000 Juden

591 Klaus Gensicke: *Der Mufti von Jerusalem Amin el-Husseini und die Nationalsozialisten*, Frankfurt/M. 1988, S. 234.

Al Husseini im November 1943 bei den bosnisch-muslimischer Freiwilligen der 13. Waffen-Gebirgs-Division der SS *Handschar*.

pro Jahr einwandern durften. Nach fünf Jahren sollte die jüdische Migration nach Palästina vollständig gestoppt werden.

Das britische Zugeständnis konnte der abgesetzte Großmufti als Erfolg verbuchen. Auch wurde seine Schrift unter dem Titel *Islam und Judentum. Aufruf des Großmufti an die islamische Welt im Jahre 1937* von den Nazis in mehrere Sprachen übersetzt und ab September 1939 massenhaft verbreitet.

Der Mufti selbst agierte zu Beginn des zweiten Weltkrieges im Nahen und mittleren Osten aufseiten Hitlers. Im Jahr 1940 gelang es ihm, antibritische und panarabische Kräfte im Irak zu vereinen, um die Regierung zu stürzen. Der Putsch erfolgte am 2. April 1941. Die NS-freundliche Regierung unter Raschid Ali al-Gailani wurde sogleich von den Briten angegriffen, woraufhin von deutscher Seite zur Unterstützung der Putschisten der *Sonderstab* F, benannt nach dem General der Flieger Hellmuth Felmy, in Bewegung gesetzt wurde. Mit insgesamt 24 Flugzeugen und kaum Nachschub, hatte das ganze Unternehmen von vornherein keine Erfolgsaussichten. Am 30. Mai 1941 war bereits alles vorbei. Al-Gailani und sein Mitverschwörer Mohammed al-Husseini flohen nach Italien. Von dort erreichte der Mufti im November 1941 Deutschland. Es kam zu einem persönlichen Treffen mit Hitler, bei dem der Mufti erklärte, der Islam und der Nationalsozialismus hätte dieselben Feinde: Engländer, Juden und Kommunisten. Tausende Araber stünden zur Kriegsteilnahme bereit. Ihr Ziel sei die Unabhängigkeit

Das Foto soll darstellen, wie muslimische SS-Freiwillige der ***Division Handschar*** die antisemitische Propagandaschrift von Mohammed al-Husseini lesen. Ob die meist aus Kroatien stammenden Freiwilligen deutsche Schrift lesen konnten, sei dahingestellt. Auffällig halten die Fotografierten Zigaretten in die Kamera. Auf Propagandafotos sah man in der Regel keine rauchenden SS-Männer. In diesem Fall sollte dokumentiert werden, wie gut es um die Versorgungslage bestellt war.

Syriens, Palästinas und des Irak. Den Worten folgten Taten. Al-Husseini baute ein Spionagenetz auf und trieb die Bildung arabischer Einheiten voran, die auf deutscher Seite kämpften.

Große Hoffnung setzte der Mufti auf den Vormarsch des ***Deutschen Afrika Korps*** im Sommer 1942. Mit Sabotagetrupps wollte er in Ägypten und Palästina die deutschen Truppen unterstützen; Massenmorde an der jüdischen Bevölkerung waren geplant. Weitergesponnen wurde auch an der Synthese von Islam und Nationalsozialismus und am 18. Dezember 1942 ein ***Islamisches Zentral-Institut*** in Berlin eröffnet, zusätzlich nahm ein Radiosender den Betrieb auf. Großzügig mit finanziellen Mitteln ausgestattet und in einer arisierten Villa in Berlin wohnend, wurde der Mufti in die SS aufgenommen.

Im März 1943 unternahm der Islamfaschist eine Propagandareise durch den Balkan um Freiwillige für eine muslimische SS-Division zu werben. Es entstand die ***13. Waffen-Gebirgs-Division Handschar***, benannt nach dem arabischen Krummdolch. Neben diesem mit 21.065 Mann[592] größten Verband wurden weitere, kleinere muslimische SS-Einheiten ins Leben gerufen. Diese Einheiten erfüllten vor allem einen propagandistischen Sinn, militärisch kam ihnen keine große Bedeutung zu. Stattdessen führten Desertionen und Meutereien zu erheblichen Problemen. Bemerkenswert für die SS,

592 Gordon Williamson: *Die Waffen-SS. 10. Bis 23. Division*, Königswinter 2010, S. 24.

Die *Legion Freies Arabien* war ein Verband der Wehrmacht, für den der Großmufti Mohammed Amin al-Husseini muslimische Freiwillige warb. Nach dem Zweiten Weltkrieg galten diese Freiwillige für die Kolonialmächte als Kollaborateure. Französische Kriegsgerichte verurteilten deshalb einige ihrer Staatsbürger zum Tod durch den Strang. Aufnahme 1943, Griechenland.

die keine christliche Seelsorge kannte und ihre Mitglieder zur Gottlosigkeit aufrief, waren die Imame bei den muslimischen Einheiten. Es gab aber nicht nur bei der SS muslimische Freiwillige. Im Jahr 1943 wurde die *Legion Freies Arabien* der Wehrmacht aufgestellt.

Nach dem Ende des Zweiten Weltkrieges wurde die Liaison zwischen Islamismus und Faschismus als unwesentlich abgetan. Der Großmufti Mohammed al-Husseini sei ein Einzelfall gewesen, die meisten Muslime hätten auf der Seite der Alliierten gestanden. Das ist wohl wahr, doch fand nie eine kritische Aufarbeitung statt. Die Akteure und ihre ideologischen Impulse wirkten bruchlos weiter.

Palästina

Nach dem Zweiten Weltkrieg trat die Auseinandersetzung um Palästina in eine neue Phase. Heftiger als zuvor trafen die konkurrierenden nationalen Bestrebungen des politischen Zionismus und des islamistisch aufgeladenen palästinensischen Nationalismus aufeinander.

Die *Muslimbruderschaft* war bestrebt, den Widerstand gegen den Zionismus zu reorganisierten. Zu diesem Zweck eröffnete sie im März 1945 eine Zweigstelle in Jerusalem und baute ihre Organisation im britischen Mandatsgebiet kontinuierlich aus. Ex-Mufti Al-Husseini wurde zwar als Kollaborateur des NS-Regimes von Großbritannien und Jugoslawien als Kriegsverbrecher gesucht, entkam aber dank französischer Protektion ins ägyptische Exil. Umgehend nahmen die *Muslimbrüder* zu ihm Kontakt auf, und Al-Husseini wurde erneut zum Präsidenten des *Arabischen Hohen Komitees*.

In dieser Zeit war Palästina das Ziel von Holocaustüberlebenden, vornehmlich aus Osteuropa. Viele polnische Juden, die in der Sowjetunion überlebt hatten, wurden bis 1946 nach Polen abgeschoben. Dort waren sie nicht willkommen, es kam zu Pogromen, ebenso war Ungarn Schauplatz von antisemitischen Ausschreitungen mit Plünderungen, Toten und Schwerverletzten. Die Reaktion war ein Massenexodus, rund 100.000 Jüdinnen und Juden flohen unter den Schutz der US-Truppen in die westliche Besatzungszone nach Deutschland. Dort entstanden 60 Auffanglager für jüdische *Displaced Persons*, die in die USA, Kanada, Australien, die Staaten Lateinamerikas oder nach Palästina auswandern wollten. Die britische Mandatsmacht hatte aber kein Interesse an neuen Problemen und hielt sich an die Abmachungen, die seit Ende des Araberaufstandes 1939 gültig waren. Obwohl jüdische Organisationen protestierten, blieb die Emigration von Juden und Jüdinnen nach Palästina nur illegal möglich.

Darum kümmerte sich vor allem die *Hagana*, eine paramilitärische jüdische Volksmiliz. Die *Hagana* kaufte alte Dampfer auf, um damit Holocaust-Überlebende von Europa ins gelobte Land zu bringen. Doch die Chancen waren gering. In den ersten beiden Jahren nach dem Krieg schafften es nur fünf Schiffe, fast 60 fing die britische Marine auf dem Mittelmeer ab. Gut 50.000 Menschen, deren Einreise verhindert worden war, wurden von den Briten in die *Displaced Persons-Camps* nach Deutschland zurückgeschafft. Mehr als 10.000 saßen auf Zypern in britischen Gefangenenlagern. Das Schicksal des Schiffes *Exodus 1947* sollte diese Praxis beenden.

Zur Tarnung unter der Flagge von Honduras fahrend, legte die *Exodus 1947* im Juli 1947 von Sète in Südfrankreich ab. An Bord befanden sich 4.500 Menschen, davon 900 Kinder. Bis vor die Küste von Haifa verlief die

Fahrt ohne Vorkommnisse, doch dann rammten britische Kriegsschiffe das *Hagana*-Schiff. Schwer beschädigt, wurde es von britischen Matrosen geentert. Die Entermannschaft traf auf erbitterte Gegenwehr, drei Menschen starben und 150 wurden verletzt. Danach steuerten die Briten die *Exodus* 47 in den Hafen von Haifa und verteilten die Passagiere auf drei Gefangenenschiffe.

In einer wahren Odyssee ging es zurück nach Hamburg, wo sich die meisten Gefangenen weigerten, an Land zu gehen. Es spielten sich unglaubliche Szenen ab, als 300 britische Soldaten vor den Augen der internationalen Presse die osteuropäischen Holocaust-Überlebenden von Deck prügelten und in Lastwagen sowie in eigens umgebaute Eisenbahnwaggons drängten. Dieser Umgang mit Holocaust-Überlebenden führte zu einem vernichtenden Medienecho.

Großbritannien sah sich nicht in der Lage, seine bisherige Politik aufrechtzuerhalten und kündigte Ende September 1947 die Beendigung des Mandats für Palästina an. Im selben Zusammenhang kam es am 29. November 1947 zum UN-Teilungsbeschluss für Palästina. Nach Beendigung des britischen Mandats sollte Palästina in einen Staat für Juden und einen für Araber aufgeteilt werde. Jerusalem würde unter internationaler Kontrolle bleiben. Damit war die Einfahrt in den Hafen von Haifa für jüdische Emigrant_innen frei, und für die *Muslimbruderschaft* war das Signal für einen antizionistischen wie anti-jüdischen Djihad gegeben.

Der ehemalige Großmufti Mohammed al-Husseini schickte am 30. November 1947 bewaffnete *Muslimbrüder* in den Kampf. Daneben eröffneten mit der *Arabischen Befreiungsarmee*, unter dem Befehl des vormaligen Wehrmacht-Agenten Fausi al-Kawukdschis, sowie mit der *Armee des Heiligen Krieges* zwei weitere arabische Milizen den Guerillakrieg gegen zionistische Milizen im britischen Mandatsgebiet.

Die Situation eskalierte, weil auch die arabischen Staaten einen jüdischen Staat ablehnten. Sie erklärten am 30. April 1948, im Falle des britischen Rückzugs einzugreifen. Und so geschah es dann auch. Mit Ende des britischen Mandats am 14. Mai 1948 erfolgte die Unabhängigkeitserklärung Israels. Noch am selben Tag erkannten die USA den neuen Staat an, woraufhin jordanische, irakische, ägyptische und syrische Truppen am

15. Mai 1948 eine Offensive starteten. Die jüdischen Nationalbewegung zeigte sich jedoch militärisch wie politisch gut vorbereitet.

Am 17. Mai erkannte auch die Sowjetunion Israel an, und als sich der israelische Sieg abzeichnete, folgte am 29. Januar 1949 auch die britische Regierung. Im Verlauf des Konflikts eroberten israelische Einheiten etwa 40 Prozent des Territoriums, das laut Teilungsplan der UN für die arabische Bevölkerung vorgesehen war, und besetzten Westjerusalem. Der Krieg endet am 20. Juli, er kostete mehr als 6.000 Israelis und bis zu 10.000 Arabern das Leben. Militärisch war der Staat Israel durchgesetzt, doch die arabisch/islamischen Länder verweigerten dem jüdischen Staat die Anerkennung, es gab keine diplomatischen Beziehungen. Als Speerspitze der antiisraelischen Bewegung gründete die *Muslimbruderschaft* 1953 im zu diesem Zeitpunkt noch jordanisch kontrollierten Ostjerusalem die *Hizb ut-Tahrir al Islami* (HuT), eine transnationale islamistische Bewegung, die zum Ziel hat, Israel zu vernichten und die muslimische Welt von den westlichen Einflüssen zu befreien. Stattdessen soll ein alle gläubigen Muslime umfassender Kalifat-Staat errichtet werden.

Panarabisch kontra Panislamisch

Kein islamistisches Kalifat, sondern einen panarabischen Staat wollte der ägyptische Präsident und Antisemit Gamal Abdel Nasser schaffen. Um ihn und die arabische Nationalbewegung zu verstehen, muss ein kurzer Rückgriff auf die Geschichte Ägyptens vorangestellt werden.

Nach einem Aufstand für die Unabhängigkeit und dem anschließenden Anglo-Ägyptischen Krieg war das Land, samt dem Sudan, ab dem Jahr 1882 von britischen Truppen besetzt und somit zum Protektorat geworden. Um weiteren Problemen aus dem Weg zu gehen, beließ es die britische Regierung aber formell bei der Zugehörigkeit Ägyptens zum Osmanischen Reich.

Mit Beginn der Ersten Weltkriegs 1914 setzte Großbritannien allerdings den Gouverneur der osmanischen Provinz Ägypten, Abbas II. ab, und an dessen Stelle einen Großbritannien willfährigen Sultan. Ägypten musste vollständig den britischen Kriegsinteressen dienen. Rücksichtlos wurde Getreide und Vieh konfisziert, Ägypter zum Arbeitsdienst gezwungen,

Truppen stationiert und mit weiteren Maßnahmen die Wirtschaft des Landes ruiniert. Die Bevölkerung verarmte, Unmut und Nationalismus lebten auf. Hinzu kam, dass sich die Araber, die sich im Krieg dem Aufstand gegen den osmanischen Sultan angeschlossen hatten, am Ende des Krieges betrogen sahen.

↑ An der Revolution in Ägypten im März 1919 hatten Frauen aktiven Anteil. Auf dem Foto halten Aktivistinnen die rote Fahne mit weißen Halbmonden und Sternen der antikolonialen, nationalen Bewegung.

Kaum schwiegen die Waffen, forderte die ägyptische Nationalbewegung im November 1918, die staatliche Unabhängigkeit von Großbritannien. Die Führer der Bewegung formierten sich in der *Wafd-Partei* (dt.: Delegation), um eine Abordnung zur Friedenskonferenz im März 1919 nach Paris zu entsenden. Dazu kam es nicht, weil die Briten die Delegation vorher verhafteten und nach Malta deportierten. Ausgehend von der Universität in Kairo brach daraufhin am 9. März 1919 die Revolution in Ägypten los. Im antikolonialen Aufstand zeigten sich alle sozialen Schichten, politischen Strömungen und Religionen, Muslime wie koptische Christen, über die Nationalidee vereint. Auch Frauen hatten erstmals große Bedeutung für die Mobilisierung.

Das britische Militär begegnete den Unruhen mit brutaler Gewalt, auch von Seiten der Aufständischen kam es zu grausamen Bluttaten. Hunderte Menschen starben bis die Briten am18. April die Oberhand gewannen. Doch war London unter dem Druck der ägyptischen Unabhängigkeitsbewegung gezwungen seine Herrschaft am 28. Februar 1922 zu beenden. Der bisherige Sultan Fu'ād I. wurde zum König ausgerufen.

Das Königreich Ägypten war damit formell unabhängig und nicht mehr Teil des Britischen Weltreichs. Tatsächlich blieben aber wesentliche staatlich Bereiche unter britischer Kontrolle, etwa der Suezkanal und die Außenpolitik. Auch stand die ägyptische Armee unter britischem Kommando. Diese Armee diente vor allem der Aufrechterhaltung der inneren Ordnung. Zur militärischen Verteidigung bzw. Kontrolle standen weiterhin britische Truppen unter britischem Befehl zur Verfügung.

Gegen diese Fremdherrschaft blieben diverse politische und religiöse Zirkel aktiv. Da sie untereinander zerstritten waren, bestand für sie aber keine Chance ein unabhängiges Ägypten zu verwirklichen. Allen antikolonialen Strömungen gemein war lediglich ihr Hass auf Großbritannien und ihre Sympathien für die Gegenspieler des britischen Empire, das faschistische Italien und das deutsche NS-Regime.

Besondere Bedeutung erlangten die nationale Bewegung der *Freien Offiziere*. Diese erste geheime Organisation im ägyptischen Militär entstand im Jahr 1939. Eine führende Rolle bei den *Freien Offizieren* spielte Oberleutnant Gamal Abdel Nasser. Er vertrat die Idee des Panarabismus, also der Vereinigung aller Araber_innen in einem Staat. Zu Nasser stieß bald der Leutnant der Infanterie Anwar as-Sadat. Ziel der Offiziere war ein unabhängiges Ägypten. Das glaubten sie durch ein Übergehen zu den Achsenmächten, wie sich das vom nationalsozialistischen Deutschen Reich geschaffene Militärbündnis nannte, erreichen zu können.

Kein Geheimnis aus seiner Sympathie für die Achsenmächte machte auch Aziz Ali al-Misri, seit 1939 Generalstabschef der Ägyptischen Armee. Die Neigung des Generals ging auf den Ersten Weltkrieg zurück. Zunächst auf britischer Seite, wollte sich Aziz Ali im Jahr 1917 der Deutschen Obersten Heeresleitung zur Verfügung stellen.

Ebenfalls war König Faruq, der das Amt von seinem Vater übernommen hatte, wie große Teile der ägyptischen und sudanesischen Aristokratie antibritisch eingestellt. Dabei hatte Faruq in Großbritannien studiert und auch die politischen Systeme waren sich ähnlich. So ließ der Monarch das seit 1930 suspendierte Parlament 1936 nach Neuwahlen wieder einberufen. Zudem übergaben die Briten dem König im selben Jahr den Oberbefehl über die ägyptische Armee. Aufgrund der kolonialen Gängelung hielt es

Frauq aber eher mit den Achsenmächten, wenn er auch die nationalsozialistischen Rassegesetze ablehnte.

Mit Ausbruch des Zweiten Weltkrieges im September 1939 verkündete Ägypten seine bewaffnete Neutralität, d.h. es erfolgte lediglich eine Generalmobilmachung. Daran änderte auch die Kriegserklärung Italiens an Ägypten am 9. September 1940 bzw. der Einmarsch einen Tag später im Sudan nichts.

Die Situation schien den Briten so unsicher, dass auf ihren Druck hin der ägyptische Generalstabschef Aziz Ali al-Misri im Jahr 1940 entlassen wurde und im selben Jahr britische Truppen das Land besetzten. König Faruq blieb formal im Amt, aber Ägypten war jetzt britische Etappe.

Der Krieg führte bei der ägyptischen und sudanesischen Bevölkerung zu einer massiven Verschlechterung der Lebensverhältnisse. Den König scherte das nicht. Faruq frönte weiterhin seinem ausschweifenden Lebenswandel, was ihn in Augen der Bevölkerung wie bei den Briten moralisch diskreditierte.

Indes drohte der italienische Angriff im Desaster zu Enden. Um das zu Verhindern, kam ab Februar 1941 das *Deutsche Afrikakorps* unter General Rommel zum Einsatz. Aber selbst jetzt, nach der deutschen Kriegserklärung am 14. April 1941, behielt Ägypten seine Neutralität bei. Nachdem Rommel die alliierte Armee immer weiter zurückschlug, versuchten Faruq und Teile der ägyptischen Elite, erfolglos Kontakte zu den Achsenmächten zu knüpfen. Erfolgreich nahm hingegen die deutsche Abwehr Verbindungen zur panarabischen Nationalbewegung um die *Freien Offiziere* auf. Das passte den Nazis politisch eher ins Konzept.

Als erster Coup sollte der abgesetzte General Aziz Ali al-Misri übernommen werden, der Anfang Juni 1941 zu den Achsenmächten überlaufen wollte. Doch das Flugzeug, mit dem er in einer Geheimoperation zum *Deutschen Afrikakorps* startet, stürzte ab. Ali al-Misri überlebte unverletzt und wurde erst drei Monaten später gefasst und interniert. Bereits im folgenden Jahr konspirierte er wieder im Umfeld der *Freien Offiziere*.

Derweilen ging der Siegeszug der Achsenmächte weiter und erreichte mit der Eroberung der Hafenstadt Tobruk durch das Afrikakorps am 21. Juni 1942 seinen Höhepunkt. Extrablätter verkündeten die Nachricht in den Straßen Kairos, Studenten demonstrierten und riefen: *„Vorwärts Rommel“*[593], während die **Freien Offiziere** um Oberleutnant Nasser und Leutnant as-Sadat einen Militärputsch gegen die Briten planten. Es blieb bei der Planung, denn bereits im Juli brachte die **8. Britische Armee** den deutschen Vormarsch bei El Alamein, 100 Kilometer vor Alexandria, zum Stehen. Als die Briten im November zum Gegenangriff antraten, wendete sich das Kriegsgeschick. An Material und Truppenstärke deutlich unterlegen, waren die deutsch-italienischen Verbände bis Mai 1943 geschlagen und kapitulierten vor einer englisch-amerikanischen Armee in Tunesien.

Als die deutsche Reichsregierung am 2. November 1944 die Souveränität aller arabischen Staaten offiziell anerkannte, war das nur noch ein propagandistischer Akt ohne praktische Auswirkungen. Militärisch war die Entscheidung längst gefallen. Doch erst am 24. Februar 1945 erklärte Faruq, und das nur unter starkem britischem Druck, den verbliebenen Achsenmächten Deutschland und Japan den Krieg.

Für die Bevölkerung in Ägypten und im Sudan verbesserte sich mit dem Ende des Krieges nichts an ihrer Situation. Im Gegenteil löste der schnelle Abzug der britischen Truppen im Jahr 1946 aus Ägypten eine schwere Wirtschaftskrise aus. Streiks, Unruhen und Terroranschläge der **Muslimbruderschaft** gegen Juden und europäische Ausländer verschärften die Situation. Um die staatliche Ordnung zu stabilisierten, wurde jegliche Opposition rücksichtslos unterdrückt.

Es gärte im Land, und die nächste Krise trat mit der Gründung des Staates Israel im Jahr 1948 ein. König Faruq zeigte wenig Interesse, sich gegen den Zionismus zu engagieren oder gar den jüdischen Staat anzugreifen, doch der Druck der Straße durch panarabische Bewegung und Islamisten nahm ihm die Entscheidung ab. Ägypten beteiligte sich am Krieg in Palästina.

Für den Monarchen ging das nicht gut aus, weil sein Ansehen durch die arabischen Niederlage 1949 weiter sank. Im Kontrast dazu hatte die Kriegspropaganda zu einer überbordenden nationalistischen und islamistischen Stimmung geführt, die sich immer weiter steigerte. Abdel Nasser, Anführer der **Freien Offiziere**, bezeichnete 1950 die antisemitische Fälschung der

593 Carell, Paul: *Die Wüstenfüchse. Mit Rommel in Afrika*, Stuttgart 1974., S. 235.

Protokolle der Weisen von Zion als echtes Dokument. Im gleichen Jahr publizierte Sayyid Qutb, Chefideologe der *Muslimbruderschaft*, eine Schrift mit dem Titel *Unser Kampf gegen die Juden*. Darin sprach er von einem jahrhundertelangen Krieg des Judentums gegen den Islam. Solche Behauptungen kursierten fortan in der arabischen Welt, was insbesondere an den Massenauflagen für die erwähnten *Protokolle der Weisen von Zion* ablesbar war.

Zum ersten Mal wurde diese Hetzschrift im Jahr 1938 auf einer von den *Muslimbrüdern* veranstalteten Islamischen Parlamentarierkonferenz zugunsten Palästinas in einer arabischen Übersetzung zusammen mit einer Übersetzung von Hitlers *Mein Kampf* verteilt. Zur ersten Neuauflage kam es 1951 in Kairo, bis heute sollen mindestens 60 Auflagen in Umlauf gekommen sein. Die in den Protokollen behauptete *jüdische Weltverschwörung* sahen Antisemiten durch den Staat Israel als bewiesen an. Der Westen, allen voran die USA mitsamt den alten Kolonialmächten Großbritannien und Frankreich, wähnte man im Griff dieser diabolischen Macht. Ein erheblicher Teil des antikolonialen Widerstandes war von diesen Gedanken beeinflusst, zumal die Belege, dass es sich bei den *Protokollen der Weisen von Zion* eindeutig um eine Fälschung handelt, die arabische Welt kaum erreichten.

Mit solcher Propaganda wurden politische Spannungen gesteigert, die sich ab Ende 1951 in Gefechten zwischen ägyptischen Freischärlern und britischen Truppen am Suezkanal entluden. Nach wie vor kontrollierten die Briten die wichtige Wasserstraße, ein Vorrecht, das aus der Kolonialzeit stammte. Immer wieder kam es zu Angriffen ägyptischer Kommandos. Zum folgenschwersten entwickelte sich der am 24. Januar 1952, als britische Soldaten bei ihrem Gegenschlag 50 unbeteiligte ägyptische Hilfspolizisten töteten. Heftige Proteste erschütterten daraufhin das Land und führten zu einer Staatskrise. An deren Ende stand ein Militärputsch der *Freien Offiziere*, die König Faruq am 23. Juli 1952 stürzten. Gamal Abdel Nasser wurde zum Ministerpräsidenten erklärt, sein Kompagnon General Nagib zum Präsidenten.

Beim Umsturz wusste der Putschist Nasser die *Muslimbrüder* noch an seiner Seite, er selbst hatte jedoch am Islamismus kein großes Interesse. Grundlage seines Panarabismus war eine Nationalidee, kein religiöses Kalifat.

Nassers Ziel blieb es, alle arabischen Staaten zu vereinen. Zunächst wollte er Ägypten modernisieren, es sollte blockfrei bleiben und in Richtung dessen entwickelt werden, was Nasser unter Sozialismus verstand. Grundlage des panarabischen Führers war aber vor allem sein persönlicher Machterhalt.

Am 24. Februar 1954 setzte Nasser den Präsidenten Nagib ab und stellte ihn unter Hausarrest. Legale Opposition war nicht mehr möglich, so griffen die *Muslimbrüder* auf altbewährte Methoden zurück. Im selben Jahr scheiterte ein Attentat der Islamisten gegen Nasser, der daraufhin hart gegen sie vorging. Tausende *Muslimbrüder* landeten am Galgen oder wanderten hinter Gitter. Nasser agierte als Alleinherrscher, der sich im Jahr 1956 zum ägyptischen Staatspräsidenten wählen ließ. Das Amt bekleidete er bis zu seinem Tod 1970.

Was sich in Ägypten abspielte, war bezeichnend auch für andere arabische Staaten, die alle diktatorisch geführt wurden: Die islamistischen Strömungen entwickelten sich zur Opposition, die mit Gewalt verfolgt wurde und die ihrerseits mit Gewalt reagierte.

Dessen ungeachtet galt der ägyptische Staatspräsident als der große arabische Führer seiner Zeit, vor allem nachdem er im Jahr 1956 den Suezkanal einfach verstaatlichte, für den sich Großbritannien und Frankreich Nutzungsrechte vorbehielten. Großbritannien, Frankreich und Israel griffen daraufhin gemeinsam Ägypten an und besetzten die Golan-Höhen und die Sinai-Halbinsel inklusive des Suezkanals. Das berührte die Interessen der Supermächte. An eine Ausweitung des Konfliktes und einer Sperrung des wichtigen Schifffahrtskanals mit unabsehbaren negativen Folgen für die Weltwirtschaft hatten weder die USA noch die Sowjetunion Interesse. Gemeinsam brachten sie diesen Angriffskrieg vor die UNO. Im Jahr 1957 mussten sich Großbritannien, Frankreich und Israel aus den eroberten Gebieten zurückziehen. Zur Friedenssicherung wurden UN-Truppen an der Grenze stationiert. Ein großer Erfolg für Nasser, denn der Suezkanal war damit ägyptisch, die ehemaligen Kolonialmächte und Israel geschlagen.

Um sich für die Zukunft militärisch und politisch einen größtmöglichen Handlungsspielraum zu verschaffen, wollte Nasser Ägypten zur stärksten Streitmacht in der arabischen Welt ausbauen. Das begründete seine

Zusammenarbeit mit der Sowjetunion. Auch mit seiner panarabischen Idee feierte er weiter Erfolge. Am 1. Februar 1958 schloss sich Ägypten mit Syrien zur *Vereinigten Arabischen Republik* zusammen, der sich am 8. März 1958 das Königreich Jemen in loser Konföderation anschloss. Dieser Zusammenschluss, der im Jahr 1961 wieder zerbrach, nannte sich *Vereinigte Arabische Staaten*. Eine weitere Ausbreitung bzw. das schnelle Ende der panarabischen, antiwestlichen Nationalbewegung lag auch darin begründet, dass sie den Interessen der ringsum herrschenden, konservativen arabischen Dynastien entgegenstand. Die machten mit ihren Öllieferungen in die USA und die westlichen Staaten sehr gute Geschäfte.

Eine umso größere Rolle spielte die palästinensische Nationalbewegung für Nassers panarabische Politik. So ging auf den ägyptischen Präsidenten die Gründung der säkularen PLO (*Palestine Liberation Organization*) am 28. Mai 1964 zurück, mit der Nasser eine palästinensische Vertretung im Rahmen der panarabischen Bewegung schaffen wollte. Um gegen den jüdischen Staat vorzugehen, hatten die Palästinenser_innen bereits im Jahr 1959 eine Guerillaorganisation mit dem Namen *Fatah*, gegründet. Unterstützt wurde die *Fatah* vom Ex-Mufti Mohammed Amin al-Husseini, dem wichtigsten Wegbereiter für Jassir Arafat, einem Gründungsmitglied der *Fatah*. Unter dem Einfluss seines Mentors hatte sich Arafat bereits 1948 mit der ägyptischen *Muslimbruderschaft* am Palästinakrieg gegen Israel beteiligt. Die PLO-Nationalcharta übernahm al-Husseinis politische Ziele.

Werft sie ins Meer

Im Juni 1967 kam es zum Showdown zwischen Panarabismus und jüdischem Staat. Seit Mai des Jahres trommelte die Propagandamaschine auf Hochtouren. Massen-Kundgebungen in den arabischen Staaten unter dem Motto *Werft sie ins Meer* begleiteten ein sich ständig steigerndes Säbelrasseln. Es hieß, 110 Millionen Araber stünden gegen 2,5 Millionen Israelis.

Nasser ließ die Straße von Tiran, einem wichtigen Schifffahrtsweg, für israelische Schiffe am 27. Mai 1967 sperren; parallel wurde die Armee mobilisiert. Fünf Infanterie- und zwei Panzer-Divisionen konzentrierte die ägyptische Armee in der menschenleeren Sinai-Halbinsel. Eine gewaltige

Streitmacht von 80.000 Soldaten und 900 Panzer, die gegen Israel aufmarschierte. Auch an den Grenzen von Jordanien und von Syrien zu Israel marschierten Truppen auf. Es entstand eine bedrohliche Situation. Zahlenmäßig waren die von der Sowjetunion ausgerüsteten arabischen Armeen in der Übermacht. Doch der israelische Generalstab blickte der Situation gelassen entgegen, was allerdings nicht öffentlich gemacht wurde. Mit modernster Kriegstechnik ausgestattet, effektiv ausgebildet und motiviert, fühlte man sich den arabischen Armeen überlegen. Viele Freiwillige aus jüdischen Gemeinden weltweit stellten sich zudem zur Verfügung.

Am 5. Juni 1967 griff Israel Ägypten an. Der Sechstagekrieg endete bereits am 10. Juni mit einer vernichtenden arabischen Niederlage. Mehr als 20.000 arabische Tote und Verwundete standen einem Zehntel an Verlusten auf israelischer Seite gegenüber. Außerdem wurden die ehemals palästinensischen Gebiete Westjordanland, Gazastreifen und Ost-Jerusalem von Israel besetzt. Der jüdische Staat kontrollierte damit auch den Tempelberg, mit der Al-Aqsa-Moschee und dem Felsendom, einem Hauptheiligtum des Islam. Dort befindet sich aber mit der Klagemauer auch ein Heiligtum des Judentums.

Zur arabischen Niederlage gehörte, dass tausende von Palästinenser_innen durch Flucht und Vertreibung ihre Heimat verloren. Sie lebten jetzt auf israelisch kontrolliertem Gebiet oder in großen Flüchtlingslagern in den arabischen Nachbarländern. Allein in Jordanien stellten die Palästinenser_innen nun knapp die Hälfte der Bevölkerung.

Eine Integration fand in Jordanien aber nicht statt, und so wurden die Flüchtlingslager zu Basen für Terroranschläge der *Fatah* gegen Israel, was wiederum Militärschläge des israelischen Militärs zur Folge hatte. Das Gesicht dieses Kampfes wurde *Fatah* Gründer Jassir Arafat, der ab 1969 auch PLO-Vorsitzender war.

Zu seinem markanten Erscheinungsbild gehörten eine olivgrüne Uniform mit Kufiya, die unter dem Begriff Palästinensertuch bekannt wurde, Sonnenbrille und, wenn möglich, eine umgeschnallte Pistole. Zudem blieb der PLO-Vorsitzende seinem Mentor al-Husseini bis über den Tod hinaus verbunden. Als dieser 1974 starb, führte Arafat die Trauerprozession tausender Palästinenser_innen an. In einer religiös aufgeladenen Trauerrede

Titelseite der linksradikalen Westberliner Szene-Zeitung ***Agit 883***, Nr. 68, Oktober 1970. Die Ausgabe thematisierte den Jordanien-Krieg.

In der PLO wird eine antiimperialistische Befreiungsbewegung gesehen, die durch einen Komplott der Herrschenden niedergerungen werden soll. Der Dolch im Rücken der palästinensischen Fedajin wird gemeinsam vom US-Präsidenten Nixon, dem Jordanischen König Hussein I., wie dem Ministerpräsidenten der UdSSR Alexei Nikolajewitsch Kossygin und vom ägyptischen Präsidenten Abdel Nasser geführt.

bekannte sich der Redner der PLO zu al-Husseini, eine ähnlich pathetische Bekundung folgte einige Tage später durch die PFLP (*Volksfront zur Befreiung Palästinas*).

Da die palästinensischen Flüchtlinge in Jordanien nicht integriert wurden, sondern auf ihre Heimkehr nach Palästina bauten, verfolgten sie eigene politische Vorstellungen, die nicht der westlich orientierten Politik des jordanischen Königs Hussein I. entsprachen. Dem König wurde misstraut, zudem wurde ihm finanzielle Unterstützung durch den CIA nachgesagt.

Am 1. September 1970 verübte die zur PLO gehörenden marxistisch-leninistisch-maoistische *Demokratische Volksfront zu Befreiung Palästinas* ein Attentat auf den König. Hussein I. ging daraufhin massiv gegen die palästinensischen Milizen vor. Es kam zum Jordanischen Bürgerkrieg, auch *Schwarzer September* genannt. Die palästinensische Befreiungsarmee und syrischen Einheiten kämpften gegen die jordanische Armee. Geschätzt 5.000 Palästinenser_innen fanden den Tod, bis die jordanische Armee siegte. 1971 war die PLO in Jordanien zerschlagen und in den Libanon vertrieben.

Revanche an Jom-Kippur

Ihre Niederlage im Sechstagekrieg konnten die arabischen Staaten nicht verwinden. Ägyptens Präsident Nasser wollte nach der Niederlage zurücktreten, Massendemonstrationen in der arabischen Welt stimmten ihn jedoch um. Aber sein Ansehen hatte gelitten und der Niedergang des arabischen Nationalismus, dessen Symbolfigur er war, stetze ein. Nasser starb, von der Entwicklung gezeichnet, am 28. September 1970 in Kairo an einem Herzinfarkt. Sein Nachfolger wurden der alte Kampfgefährte und bisherige Vizepräsident Anwar as-Sadat.

Dieser musste sich erst einmal in einem Machtkampf durchsetzen, bei dem er versuchte, den Aufkeimenden Islamismus zu vereinnahmen. Sadat verstand sich in einer göttlichen Mission zur Rückeroberung der seit 1967 besetzten Gebiete. An Israel sollte Rache genommen werden, darunter fiel auch die weiter Unterstützung des palästinensischen Befreiungskampfes.

Sorgfältig vorbereitet wollten Ägypten und Syrien, unterstützt von einer breiten Allianz arabischer Staaten mit einem Überraschungsangriff am höchsten jüdischen Feiertag Jom-Kippur, der auf den 6. Oktober 1973 fiel, Israel besiegen. Waffen und finanzielle Unterstützung kamen aus der Sowjetunion. Obwohl Jordanien Teil der arabischen Allianz war, warnte dessen König Hussein I. die israelische Ministerpräsidentin Golda Meir. Doch die schlug die Warnung in den Wind, so brachte der Angriff Israel in eine existenzielle Krise. In harten Kämpfen fielen 2.600 israelische und 8.500 arabische Soldaten. Der Krieg endete am 28. Oktober. Erneut konnte sich Israel behaupten.

Trotz ihrer Niederlage werteten die arabischen Staaten den Jom-Kippur Krieg als moralischen Erfolg. Enttäuscht zeigten sich hingegen die Palästinenser_innen, die sich auch von der PLO und Yassier Arafat abwandten. International gelang es zwar, Aufmerksamkeit für die palästinensische Sache zu gewinnen, dadurch verbesserte sich aber nichts an der Lage. Neue Hoffnung gab hingegen die *Islamische Revolution* 1979 im Iran. In der Folge spaltete sich von den *Muslimbrüdern* der *Palästinensische Islamische Jihad* ab. Dem *Palästinensischen Islamischen Jihad* waren PLO und *Muslimbrüder* nicht radikal genug, er wollte der islamischen Revolution nacheifern und den aktiven Kampf gegen Israel aufnehmen. Ziel war nicht allein die Kontrolle über Palästina, sondern die Errichtung des Kalifats.

Sunniten und Schiiten

Der Islam teilt sich in die beiden Hauptzweige Sunniten und Schiiten, wobei die Schiiten zehn Prozent der Glaubensrichtung des Islam gegenüber 85 Prozent Sunniten ausmachen. Ausnahme ist der Iran, hier stellt die schiitische Glaubensrichtung mehr als 90 Prozent der Bevölkerung. Aus diesem Grund stellt der Iran einen eigenständigen Faktor im Islamismus dar.

Im jahrzehntelangen Kampf gegen das von den USA gestützte Schah-Regime waren die fundamentalistischen Islamisten die entscheidende Kraft. Sie formierten sich 1977 in der *Vereinigung der kämpfenden Geistlichkeit*. Die anderen am Umsturz beteiligten Organisationen, wie die aus nationalen, liberalen und sozialistischen Oppositionsgruppen bestehende *Nationale Front* und die sich marxistisch/islamistisch definierenden *Volksmudschahedin* wurden nach dem Sturz des Schahs schnell zerschlagen.

Sicher war der Schah ein Despot gewesen, aber die Umwandlung des Iran in einen schiitischen Gottesstaat 1979 war vom ersten Tag an von Terror, Folter und Hinrichtungen gekennzeichnet. Nichts wurde besser, im Gegenteil.

Seit ihrer Gründung weigert sich die Islamische Republik Iran, die Existenz und Legitimität Israels anzuerkennen. Der Kampf gegen das *zionistische Regime* und *„Tod Israel“*-Rufe sind bis heute Bestandteil jeder politischen Kundgebung. Mit der weltlichen PLO verband die Islamische Republik Iran nichts, doch die Rückeroberung Palästinas und Jerusalems sowie die Zerschlagung Israels entsprach ihrer Ideologie. Das sollte zur Übernahme des als postkolonial und antiimperialistisch angesehenen Kampfes der PLO durch die Islamisten führen.

Zum Ausgangspunkt dieser Übernahme wurden palästinensische Terroranschläge gegen Israel. Mit der Begründung, auf diese Angriffe reagieren zu müssen, marschierten israelische Truppen am 6. Juni 1982 in den Libanon ein, um die Infrastruktur der PLO zu zerstören.

Es kam zu heftigen Kämpfen mit der PLO und Einheiten der im Libanon stationierten syrischen Armee. Die Israelis drangen jedoch immer weiter vor und nahmen die Hauptstadt Beirut ein. Erst nachdem die USA die Zustimmung Israels zur Entsendung einer internationalen Friedenstruppe in den Libanon erzwangen, konnte sich die PLO zurückziehen. Ihr neues Hauptquartier entstand in Tunis.

Während dieser Phase verübte eine mit den Israelis verbündete Miliz zwischen dem 16. und 18. September in den palästinensischen Flüchtlingslagern Sabra und Schatila Massaker. Bis zu 3.000 Zivilist_innen fielen Folter, Vergewaltigung und Mord zum Opfer.

Die Niederlage der PLO und der Sieg der islamischen Revolution im Iran hatte den Zusammenschluss verschiedener schiitischer Gruppen im Libanon zur Folge. Im Jahr 1985 mündete das in die Gründung der, zunächst aus dem Untergrund operierenden, paramilitärischen **Hisbollah** (dt.: Partei Gottes). Einige Zeit später formierte sie sich als politische Partei.

Die libanesische **Hisbollah** gilt als Unterorganisation der Islamischen ***Revolutionsgarde*** des Iran und wurde durch Selbstmordattentate gegen die israelische Besatzung bekannt.

Eine direkte Ausbreitung der iranischen Revolution verhinderte der äußerst verlustreiche Iran-Irak-Krieg 1980 bis 1988. Seitdem sind die iranischen Machthaber eher auf den Erhalt ihrer Macht konzentriert, auch wenn sie ungebrochen an ihren politischen Zielen festhalten und entsprechenden Einfluss ausüben. Bestes Beispiel bleibt der Libanon.

Als die Israelis die von ihr besetzte südlibanesischen Sicherheitszone im Jahr 2000 räumten, stieg das Ansehen der **Hisbollah**. Als Partei ist sie mit mehreren Sitzen im Parlament vertreten und bleibt ein militärischer Faktor.

Sich als muslimische Schutzmacht verstehend unterstützt der Iran auch die sunnitsche ***Hamas*** (dt.: Bewegung des Islamischen Widerstands) und den ***Islamischen Jihad*** im Gazsatreifen.

Als 2011 der syrische Bürgerkrieg begann, stellte sich die Islamische Republik auf die Seite des Diktators Assad. Der Grund war vor allem der sunnitische IS, als dessen Erzfeind sich der schiitische Iran begreift. Bislang ließen mehr als 1.000 iranische Revolutionswächter in Syrien ihr Leben; auch die **Hisbollah** kämpft für Assad.

Antiimperialistische Verstrickungen

Von der Sowjetunion bzw. dem Ostblock unterstützt, stand die PLO für den weltweiten antiimperialistischen Befreiungskampf. Im Kern war sie eine nationalrevolutionäre Organisation, die viel Sympathie in der europäischen radikalen Linken fand. Der Zionismus wurde von den Linken abgelehnt, und es entstanden Verbindungen, die zur militärischen Ausbildung von RAF-Leuten sowie anderen Linksradikalen in palästinensischen Lagern und sogar zu gemeinsam koordinierten Terrorangriffen führten. Gleichzeitig gab es Kontakte zur neonazistischen *Wehrsportgruppe Hoffmann* (WSG).

Nachdem diese im Januar 1980 verboten wurde, verlegte Hoffmann die Aktivitäten im Februar in den Libanon. Es kam zu einem Abkommen mit der PLO. Der Neonazi-Führer besorgte für die palästinensische Organisation gebrauchte Bundeswehrfahrzeuge und ließ sie von WSG-Mitgliedern auf dem Landweg in den Nahen Osten überführen. Dort kaufte ihm die PLO die Fahrzeuge ab. Im Mai 1980 reiste Hoffmann erstmals selbst in den Libanon und stellte sich und seine Gruppe als Kämpfer gegen den Zionismus und das Judentum dar. Daraufhin verkaufte die PLO der WSG Waffen und ließ sie in das Trainingslager Bir Hassan bei Beirut im Südlibanon einziehen. Weiterhin besorgte die WSG für die PLO alte Bundeswehrfahrzeuge, während die *Fatah* sie militärisch ausbildete.[594]

Nach dem Münchner Oktoberfest-Attentat am 26. September 1980 durch das ehemalige Wehrsportgruppen-Mitglied Gundolf Köhler geriet die WSG im Libanon unter Verdacht. Eine Beteiligung an dem Attentat konnte jedoch keinem Mitglied der WSG-Ausland nachgewiesen werden.

Unmenschlicher Drill und Bestrafungen führten zur Desertation einiger der 15 WSG-Mitglieder, der sich zu diesem Zeitpunkt noch im Libanon aufhielten. Hoffmann wollte die Situation persönlich klären, wurde aber im Juni 1981 am Rhein-Main-Flughafen beim Abflug in den Libanon verhaftet. Daraufhin zerfiel die WSG-Ausland, bevor von ihr Aktionen ausgehen konnten.[595]

594 Chaussy, Ulrich: *Das Oktoberfestattentat und der Doppelmord von Erlangen*, Berlin 2020, S. 275f.

595 *Neonazis in Nahost – „betrogen und reingelegt“*, in: Der Spiegel 27/1981, 28.6.1981.

Auch die NPD vertrat einen antiwestlichen und antiimperialistischen Nationalismus und bezog sich auf den palästinensischen Befreiungskampf.

Ein letzter Höhepunkt dieser Verbindung war der Besuch bei der schiitischen *Hisbollah-Miliz* im Libanon am 16. März 2019. Der NPD-Europaabgeordnete Udo Voigt nahm als Vertreter einer Delegation der *Allianz für Frieden und Freiheit* (APF), einem Zusammenschluss europäischer Neonazis, an dem Treffen teil. Die APF-Delegation wurde vom Auslandsbeauftragten der *Hisbollah* begrüßt und traf sich dann mit dem libanesischen Präsidenten Michel Aoun.

↑ NPD und NPD/JN standen von jeher auf der palästinensischen Seite. Aufkleber aus dem Jahr 1995.

Abschließend wurde ein Kranz im *Garten der Märtyrer*, zu Ehren von gefallenen *Hisbollah*-Kämpfern niedergelegt. In einem Bericht des libanesischen Fernsehsenders Al-Manar hieß es, die Delegation *„drückte ihre Unterstützung für die wichtige Rolle der Hisbollah im Kampf gegen Terrorismus und die israelische Aggression aus"*. Die Delegierten *„zeigten außerdem ihre Solidarität mit dem Widerstand gegen politische und mediale Kampagnen, die durch mit dem amerikanisch-zionistischen Projekt verknüpfte Kräfte geführt werden."* Außerdem sagte Voigt dem Sender: *„Amerikas Aktionen haben dafür gesorgt, dass Millionen Flüchtlinge nach Europa kommen, um unsere Gesellschaften zu zerstören. Ich hoffe, dass wir gemeinsam gegen dieses amerikanische Modell stehen werden."*

Sein Parteifreund Karl Richter, war derart von der Miliz beeindruckt, dass er meinte es wäre *„der Betrachtung allemal wert, inwieweit das Erfolgsmodell der Hisbollah auch rechten Parteien in Europa zum Vorbild dienen könnte."*[596]

596 Schindler, Frederik: *Europäische Neonazis bei der Hisbollah. Rechtsextreme Delegation im Libanon*, in: taz, 21.3.2019.

Islamisten kontra PLO

Nach der Niederlage der PLO verloren der säkulare Nationalismus und die Linken in der palästinensischen Bewegung entscheidend an Einfluss. An ihre Stelle traten Islamisten, die eine religiös aufgeladene Ideologie propagierten. In der Umma, der Einheit aller Muslime, sehen Islamisten ihr Ziel. Um das zu erreichen, muss der Staat Israel verschwinden; angeblich geht es um einen kulturellen und existenziellen Entscheidungskampf. Unversöhnlich und mit Maximalforderungen wird der Konflikt geführt.

Auf dieser ideologischen Grundlage übernahm die *Hisbollah* im Libanon die Führung der palästinensischen Bewegung, und auch im Gazastreifen entstand im Dezember 1987 eine ernsthafte interne Opposition.

Es begann damit, dass sich die Bewohner_innen des Flüchtlingslagers Dschabaliya im nördlichen Gazastreifen den Anordnungen der israelischen Besatzung widersetzten. Militanten Auseinandersetzungen begannen, die den Gazastreifen, das Westjordanland und Ostjerusalem erfassten.

Es kam zu einem allgemeinen Palästinenseraufstand, der den Namen erste *Intifada* oder *Krieg der Steine* erhielt. Erstmals trat neben der PLO die sunnitische *Hamas* als konkurrierende militante Strömung auf. Die Radikalität der *Hamas*-Anhänger_innen sollte die der PLO bald in den Schatten stellen und die Machtverhältnisse verschieben. Ein Kreis von *Muslimbrüdern* um Scheich Ahmad Yasin hatte die islamistische Organisation mit der *Intifada* im Gazastreifen ins Leben gerufen, einem kleinen Küstenstreifen am Mittelmeer von lediglich 40 Kilometer Länge und sechs bis zwölf Kilometern Breite. Seit dem Sechstagekrieg von 1967 hielten die Israelis den Gazastreifen besetzt.

Der israelischen Besatzung kam die *Hamas* zunächst nicht ungelegen. Sie sah in ihr ein Gegengewicht zur PLO und tolerierte deshalb die islamistische Organisation. Die Idee, dadurch den palästinensischen Widerstand insgesamt zu schwächen, erwies sich als Fehlkalkulation.

Wortführer und ideologischer Kopf der *Hamas* blieb, bis zu seiner gezielten Tötung durch die israelische Luftwaffe 2004, Scheich Ahmad Yasin. Der einflussreiche islamische Theologe war von der Hüfte abwärts gelähmt und stark sehbehindert. Yasin stand für das 1988 von der *Hamas* proklamierte

↑ Großtransparent zur ersten *Intifada* im September 1988 am JuZI (*Jugendzentrum Innenstadt*) in Göttingen. Solidarität mit dem Kampf der Palästinenser_innen bzw. der PLO ist bis heute in der antiimperialistischen Linken selbstverständlich. Insbesondere zur ersten *Intifada* gab es viele Solidaritätsaktionen. Diese waren jedoch umstritten. Insbesondere die Parole *Boykottiert Israel!!! Waren, Kibuzze und Strände* führte zu Kontroversen.
Das abgebildete Transparent wollte die Stadt von der Feuerwehr abnehmen lassen, was von einigen politischen Aktivist_innen verhindert wurde, die ihr Werk einige Tage und Nächte bewachten. Trotzdem musste es bald auf Druck der Stadt und den nicht verstummenden szene-internen Debatten abgenommen werden. Als Plakat fand es bundesweit Verbreitung.

Grundsatzprogramm, genannt Charta, das unverkennbar den ideologischen Einfluss des ehemaligen Muftis von Jerusalem, Amin al-Husseini, zeigte. Im Geiste nationalsozialistischer Verschwörungsmythen hieß es im Artikel 22 der Charta, *„die Feinde"* hätten mit ihrem Geld weltweit die Medien unter ihre Kontrolle gebracht, alle Revolutionen, von der französischen bis zu den kommunistischen, angezettelt. Ferner *„Mit ihrem Geld […] in vielen Teilen der Welt geheime Organisationen wie etwa Freimaurer, Rotarier, Lions Club, die Söhne des Bundes und andere gegründet, um Gesellschaften zu sabotieren und zionistische Interessen durchzusetzen. […] Was lokale und Weltkriege betrifft, so kann man mit Fug und Recht sagen: Die Feinde standen hinter dem ersten Weltkrieg,* *in dessen Verlauf sie das Ende des islamischen Kalifats (Osmanisches Reich) herbeiführten, [...] Sie standen auch hinter dem zweiten Weltkrieg, [...] und sie bereiteten den Weg für die Errichtung ihres Staates. Sie regten die Gründung der Vereinten Nationen und des Sicherheitsrates als Nachfolger des Völkerbundes an, um auf diese Weise die Welt beherrschen zu können.*“[597]

Während Straßenkämpfe mit Molotowcocktails, Schleudern und Steinen ausgefochten wurden und es immer wieder zu Toten und Terroranschlägen kam, vollzogen sich auf anderer Ebene große politische Veränderungen.

Im Juli 1988 verzichtet Jordanien auf seine Ansprüche bezüglich des Westjordanlandes, und der jordanischen König Hussein I. forderte die PLO auf, sich eigenständig um einen Staat zu bemühen. Der palästinensische Nationalrat verfasste daraufhin eine Unabhängigkeitserklärung und proklamierte im November den Staat Palästina, ohne festgelegte Grenzen und existierendes Staatsgebiet.

Viele arabische Staaten, aber auch die Volksrepublik China und die DDR erkannten den Staat Palästina an. Trotzdem blieb diese Staatsgründung ein rein symbolischer Akt. Noch dazu fiel 1990 die Unterstützung, welche die PLO durch die Sowjetunion und die Staaten des Ostblocks erhielt, weg, und im Jahr 1991 fügte eine militärische Koalition unter Führung der USA dem Irak im Golfkrieg eine Niederlage zu. Das zählte mit zu den Gründen für Jassin Arafat, den politischen Kurs zu ändern und auf Verhandlungen einzugehen, welche die USA anzuschieben versuchten.

Der Nahost-Friedensprozess zwischen Israel und der palästinensischen Vertretung wurde im Oktober 1991 bei der Madrider Nahost-Konferenz eingeleitet, gleichzeitigt ging die Gewalt und Intensität der *Intifada* zurück. Bis es zu ersten – zunächst noch geheimen – direkten Gesprächen zwischen Vertretern der PLO und der israelischen Regierung unter Ministerpräsident Jitzchak Rabin von der sozialdemokratischen *Awoda* (dt.: Israelischen Arbeitspartei) kam, dauerte es noch bis zum Jahr 1993.

Israel erkannte die PLO als palästinensische Vertretung an, im Gegenzug verpflichtete sich die PLO, alle Passagen, welche die Vernichtung Israels

597 Herf, Jeffrey: *Sie machen den Hass zum Weltbild*, in: Frankfurter Allgemeine, Nr. 244, 20.10.2023, Seite 11.

als Ziel beinhalteten, aus ihrer Nationalcharta zu streichen – was bis heute nicht geschehen ist. Nach weiteren Verhandlungen kam es im August zum Osloer-Vertrag, der mit der Schaffung der Palästinensischen Autonomiebehörde im Westjordanland und dem Gazastreifen endete und die *Intifada* beendete. Bis dahin waren 1.162 Palästinenser_innen und 160 Israelis bei den Auseinandersetzungen getötet worden.

Der Osloer-Friedensprozess löste große Proteste und eine Polarisierung in der palästinensischen wie israelischen Gesellschaft aus. Jitzchak Rabin bezahlte das mit seinem Leben. Der rechtsradikale israelische Jurastudent Jigal Amir erschoss den Ministerpräsidenten am Abend des 4. November 1995, als dieser an einer großen Friedenskundgebung unter dem Motto *Ja zum Frieden, Nein zur Gewalt* teilnahm. Schimon Peres, der mit Rabin und Arafat 1994 für den Annährungsprozess von Palästinensern und Israelis den Friedensnobelpreis erhalten hatte, versuchte, diese Politik fortzusetzen. Peres verlor aber sein Amt im Jahr 2000 an den Kandidaten des rechtskonservativen *Likud* (dt.: Zusammenschluss).

Innerhalb der palästinensischen Bewegung lehnte der islamistische Flügel den Friedensprozess grundsätzlich ab und blieb bei seinen Maximalforderungen. Zudem siegten im Jahr 1996 die *Taliban* in Afghanistan, was der Idee des Islamismus auch unter den Palästinenser_innen weiteren Auftrieb gab.

Wohl auch, um sich gegen den immer stärker werdenden Einfluss islamistischer Gruppen zu behaupten, betrieb Arafat eine widersprüchliche Politik. Auf internationalem Parkett warb er für den Friedensprozess, in Palästina agierte er für den militanten Widerstand. Der Annährungsprozess kam an seine Grenzen. Auf einem Gipfeltreffen in Camp David im Jahr 2000, geleitet vom US-Präsidenten Bill Clinton, konnte weder über die von Israel seit dem Sechstagekrieg besetzten Gebiete noch über die Rückkehr der palästinensischen Flüchtlinge oder über den Status von Jerusalem Fortschritte erzielt werden. Die Gründung eines palästinensischen Staates rückte in weite Ferne.

In diesem politisch angespannten Klima provozierte der israelische Oppositionsführer der rechtskonservativen *Likud*-Partei, Ariel Scharon, mit einer Machtdemonstration. Umgeben von mehr als tausend Polizist_innen besuchte der rechte Politiker demonstrativ den Tempelberg in Jerusalem. Das führte zu heftigen militanten palästinensischen Protesten, die in den nächsten Tagen auf das gesamte Gebiet Israels und der Palästinensischen Autonomiebehörde übergriffen. Das markierte den Beginn der zweiten *Intifada* im September 2000, die Arafat nicht verhindern konnte und wohl auch nicht wollte. Straßenschlachten, Verletzte und Tote führten zum Wahlsieg des Hardliners Ariel Scharon, der im März 2001 die Regierung übernahm. Als neuer israelischer Ministerpräsident lehnte Scharon jegliche Verhandlungen mit Jassir Arafat ab.

Israelische Sicherheitskräfte und palästinensischer Widerstand lieferten sich blutige Konfrontationen. Insbesondere palästinensische Selbstmordattentate sorgten für Schrecken. Nach seinem erneuten Wahlsieg im Jahr 2003 änderte Scharon seinen Kurs und ließ einige jüdische Siedlungen auf Palästinensergebiet räumen. Im Westjordanland entstand eine 720 Kilometer lange Sperranalage zu den Palästinensergebieten. Um den Gazastreifen existierten bereits seit 1994 Absperrungen. Für die anhaltende *Intifada* und Anschläge macht die israelische Regierung den PLO-Vorsitzenden Arafat verantwortlich. Sein Amtssitz wurde von den Israelis zerstört, er selbst unter Hausarrest gestellt, sogar eine gezielte Tötung wurde als legitime Möglichkeit erörtert. Arafat verstarb am 11. November 2004 sehr plötzlich. Spätere Untersuchungen konnten die Todesursache nicht einwandfrei klären.

Die zweite *Intifada* war ungleich blutiger als die erste. Es gab allein 160 palästinensische Selbstmordattentate. Mehr als 3.000 Palästinenser_innen und 1.000 Israelis starben in diesem Konflikt. Beendet wurde die zweite *Intifada* durch eine Vereinbarung über einen beiderseitigen Waffenstillstand im Februar 2005 zwischen dem neuen PLO-Vorsitzenden Mahmud Abbas und Ariel Scharon.

Der israelische Ministerpräsident wollte die Palästinenserfrage nun radikal klären. Er ließ israelische Siedlungen im Gazastreifen räumen und das israelische Militär zog sich zurück. Der Gazastreifen wurde in palästinensische Verwaltung entlassen. Daraufhin brach ein Bürgerkrieg zwischen Familien-Clans sowie *Fatah* und *Hamas* aus, der hunderte Tote forderte. Im Januar 2006 gab es einmalig Wahlen, die von der *Hamas* gewonnen wurden. *Hamas* und der eng mit ihr verbandelte *Islamische Dschihad in Palästina* wollten ihre Macht nicht von der *Fatah* gefährdet sehen. Erneut kam es zu bewaffneten Auseinandersetzungen, die mehr als 100 Tote forderten, bis die *Fatah* im Juni 2007 aus dem Gazastreifen vertrieben war. Seitdem herrscht die *Hamas* in dem Küstenstreifen, mit dem erklärten Ziel, Israel militärisch zu beseitigen und einen islamischen Staat zu errichten.

Wirtschaftlich ist das Gebiet nicht lebensfähig und selbst bei der Wasser-, Lebensmittel- und Elektrizitätsversorgung auf Israel angewiesen bzw. darauf, dass 400 bis 700 LKWs zur täglichen Versorgung den Grenzübergang passieren können.[598]

Um der politischen Stagnation zu begegnen, gab sich die *Hamas* 2017 eine neue Charta. Die im Jahr 1988 ausdrücklich geforderte Vernichtung Israels entfiel, und eine zwei Staaten Regelung wurde grundsätzlich anerkannt. Selbst vom Antisemitismus rückte die neue Charta ab. In ihrem Grundsatzprogramm betonte die *Hamas* nun, dass sie *„keinen Krieg gegen die Juden"* und ihre Religion führt. *„Wir sind bereit, mit jedem zusammenzuarbeiten, der uns helfen kann"*,[599] sagte Khalid Mischal, damaliger Chef des *Hamas*-Politbüros, während er die neue Charta vorstellte. Von der israelischen Regierung wurden diese Aussagen ignoriert. Mischal trat noch im selben Jahr zurück.

Die Europäischen Union stellte erhebliche Hilfsgelder zum Ausbau der Infrastruktur und Versorgung der etwas mehr als zwei Millionen Bewohner_innen im Gazastreifen zur Verfügung. Außerdem erhält die *Hamas* vom Emirat (dt.: Fürstentum) Katar, dem Iran und Organisationen aus arabischen Staaten Unterstützung. Von Widerstand oder Opposition gegen die Herrschaft der *Hamas* ist nichts bekannt. Weite Teile der Bevölkerung scheinen die Situation zu akzeptieren. Auch führt der militärische Arm der *Hamas*, die *Qassam-Brigaden*, deren Stärke 2023 auf 30.000 Kämpfer geschätzt wird, immer wieder Angriffe auf Israel aus, trotz wirtschaftlicher Not und klarer militärischer Unterlegenheit.[600]

598 *Anti-Terror-Krieg. Die Bodenoffensive der israelischen Armee gegen Hamas rückt näher*, in: Jüdische Allgemeine, 29.10.2023.

599 Knaul, Susanne: *Neues Grundsatzdokument. Die Hamas gibt sich versöhnlich*, in: taz, 2.5.2017.

600 Croitoru, Joseph: *Geschichte der Hamas. Herrschaft mit Geheimstrukturen*, in: taz, 21.10.2023.

Um den Küstenstreife errichtete Israel eine bis zu 40 Meter in den Boden reichende Mauer, samt Sicherheitszone mit Stacheldrahthindernissen und Bewegungssensoren. Hermetisch abgeriegelt, können die Palästinenser_innen den Gazastreifen nur an wenigen, streng überwachten Kontrollstellen verlassen. Völlig überraschend kam es am 7. Oktober 2023 trotzdem zum größten und brutalsten Terrorangriff aus dem Gazastreifen, den Israel bislang erlebt hat.

Milizionäre der *Hamas* überwanden die Grenzhindernisse, drangen nach Israel ein und massakrierten wahllos 1.200 Menschen, 5.431 wurden verletzt, 240 als Geiseln in den Gazastreifen verschleppt. Mit ihnen sollten 6.000 in israelischen Gefängnissen einsitzende Palästinenser_innen freigepresst werden.

Israel reagierte mit einer vernichtenden Offensive gegen die *Hamas*. Bis zum ersten Waffenstillstand und Austausch von Geiseln am 24. November 2023 waren bereits über 14.800 Palästinenser_innen durch israelische Luftangriffe und die Kämpfe im Gazastreifen getötet worden und mehr als 35.000 verletzt.[601] Die Versorgung war weitesgehend zusammengebrochen. Gebäude und Infrastruktur lagen in Trümmern, über 1,7 Millionen Menschen versuchten im Gaza-Streifen als Binnenflüchtlinge ihr Leben zu retten. Bei 2,06 Millionen Einwohner_innen lässt diese Zahl die Dimension des Elends erahnen. Hinzu kamen 231 bestätigte palästinensische Todesopfer und rund 3.093 Verletzte seit dem 7. Oktober im Westjordanland.

In den unter palästinensischer Kontrolle stehenden Teilen des Westjordanlands konnte sich die *Fatah* gegen den Putsch der *Hamas* im Jahr 2007 behaupten. Dort regiert sie seitdem, wenn auch mit sinkendem Einfluss, als stärkste Fraktion der PLO, der *Hamas* und *Hisbollah* nie angehörten.

Die größte Bedrohung aber, die durch den Islamismus entstand, ging nicht unmittelbare aus dem Palästinakonflikt hervor; auch spielte der Iran keine Rolle. Diese Geschichte begann an der Schnittstelle der arabischen Welt zu Asien und ging aus dem schiitischen Zweig des Islam hervor.

601 *Israel / Palästinensische Autonomiegebiete: Anzahl der Todesopfer und Verletzten durch den Terrorangriff der Hamas gegen Israel und Gegenschläge seit dem 07. Oktober 2023*, in: Statistica search department, 27.11.2023.

Jahrzehnte Terror und Krieg

Ein Militärputsch gegen die Republik Afghanistan brachte im April 1978 die kommunistische DVPA (*Demokratische Volkspartei Afghanistan*) an die Macht. Der Staat nannte sich fortan Demokratische Republik Afghanistan und suchte eine enge politische Anbindung an die damalige Sowjetunion. Innenpolitisch war die Machtübernahme von einigen radikalen Reformen begleitet, darunter die Alphabetisierung und eine Agrarreform, die beide althergebrachte Machtprivilegien beenden sollten.

Des Weiteren gab es ein Burka-Verbot, das Verbot von Zwangsehen und die Einführung eines Mindestalters für die Eheschließung sowie Religionsfreiheit in einem offiziell atheistischen Staat. Ihre Reformen und Herrschaft versuchten die neuen Machthaber mit brutaler Gewalt durchzusetzen. Angehörige der Oberschicht landeten im Gefängnis, Tausende wurden umgebracht.

Probleme gab es nicht nur mit der tief im Islam und ihren Traditionen verwurzelten Bevölkerung, hinzu kamen auch Konflikte innerhalb der DVPA, die dadurch ihre Macht zu verlieren drohte. Um das zu verhindern, marschierte die Sowjetunion am 27. Dezember 1979 in Afghanistan ein. KGB-Spezialeinheiten ermordeten den bisherigen Präsidenten samt Familie und Palastwache, um ein neues Staatsoberhaupt einzusetzen.

Auf die verschiedenen Widerstandsgruppen, die sich als *Mudschahedin* bezeichneten, hatte der Führungswechsel allerdings keinen Einfluss. Es begann ein blutiger Guerilla-Krieg gegen die sowjetische Besatzung und die afghanische Armee.

Finanzielle Unterstützung und Waffen erhielten die *Mudschahedin* von den USA, Pakistan und Saudi-Arabien. Dazu kam auch die Ausbildung vieler Kämpfer durch den CIA und den pakistanischen Geheimdienst. Ferner gab es arabische Freiwillige, die aufseiten der *Mudschahedin* kämpften. Unter diesen befand sich der Palästinenser Abdullah Yusuf Azzam, ein islamischer Theologe, Salafist und Mitglied der *Muslimbruderschaft*.

Der Salafismus erachtet die islamische Rechtsordnung Scharia als absolutes Gesetz und besteht u.a. auf der Vollverschleierung der Frauen. Um seine Ziele durchzusetzen, wollte Azzam einen Djihad entfachen.

Für die Idee des islamischen Staates, des Kalifats, zu sterben, wurde von ihm als höchste religiöse Pflicht gepriesen. Zuvorderst ging es dem islamistischen Agitator um die Rückeroberung Palästinas und Jerusalems. Dafür hatte er bereits im Sechstagekrieg 1967 mit der Waffe in der Hand gekämpft. Palästina, Jerusalem und der Kampf gegen das **internationale Judentum** blieben für Azzam übergeordnete Ziele, auch wenn der Einmarsch der sowjetischen Truppen in Afghanistan seine Aktivitäten in andere Bahnen lenkte.

Um effektiver zu agieren, verlegte Azzam 1981 seinen Wohnsitz nach Pakistan, wo er mit Anführern afghanischer **Mudschahedin** zusammenarbeitete. Er betrieb religiöse Schulungen und Propaganda und begab sich auch persönlich an die Front. Azzam war jedoch mehr Agitator als Frontkämpfer. Im Jahr 1984 eröffnete der islamistische Anführer in der pakistanischen Grenzstadt Peschawar, nur 50 Kilometer von der Grenze entfernt, ein **Dienstleistungsbüro**, um die Logistik und Unterstützung des afghanischen Widerstands von dort zu koordinieren.

Seinen glühendsten Anhänger hatte der islamistische Propagandist in dem 16 Jahre jüngeren Osama bin Laden, Jahrgang 1957 oder 1958. Bin Laden war das 17. Kind aus einer der reichsten und angesehensten Familien in Saudi-Arabien. Sein Vater, Muhammad bin Laden, war ein traditionell eingestellter Moslem, der mindestens elf Ehefrauen hatte, mit denen er insgesamt 54 oder 57 Kinder zeugte. Osma war aber der erste Sohn von Muhammad bin Laden mit seiner Lieblingsfrau Alia Ghanem. Der Vater starb, als Osama 10 Jahre alt war und vererbte ein großes Bauunternehmen und viele Millionen Dollar.[602]

Für den jungen Erben wurde Azzam religiöser Mentor und Vaterersatz in einem. Begeistert unterstützte bin Laden das **Dienstleistungsbüro** in Peschawar. Neben seinen eigenen Geldzuwendungen sammelte er bei wohlhabenden Saudis Spenden für den afghanischen Djihad. Jährlich sollen dabei bis zu 50.000.000 Dollar zusammengekommen sein.

Mächtige Unterstützung erhielten die **Mudschahedin** ab Mitte der 1980er-Jahre durch die US-Regierung unter Präsident Ronald Reagan. Im Kampf

602 **„Ein gutes Kind“. Osama bin Ladens Mutter bricht ihr Schweigen**, in: WELT, 3.8.2018.

gegen den Kommunismus waren den USA fast jeder willkommen, während die religiösen Inhalte der Islamisten nicht ernst genommen wurden. Dabei setzte Azzams auf eine ***solide Basis*** (***al-Qā'ida as-sulba*** kurz ***Al-Qaida***) von praktisch und ideologisch geschulten Kämpfern. Ständig reiste der Agitator durch die Welt und predigte auch einmal jährlich in den USA. Seine Schriften und Bücher fanden international Verbreitung, darunter auch das gemeinsam mit Osama bin Laden verfasste ***Djihad-Magazin***, eine monatliche Propagandaschrift, die sich als wirksames Rekrutierungsinstrument erwies. Ferner unterhielt Azzam ein Büro in den Vereinigten Staaten und weitere Büros in Europa. Als Verbündeter des Westens standen ihm alle Türen offen.

Schlachttrauma

Im Jahr 1986 begannen afghanischen ***Mudschahedin***, ausländische Kämpfer für den Dschihad in Pakistan auszubilden. Sie wurden ***afghanische Araber***, kurz ***Araber*** genannt und über das ***Dienstleistungsbüro*** rekrutiert. Die Freiwilligen waren meist Mitte 20. Ein halbes Jahr dauerten die ideologischen Unterweisungen und die praktische Ausbildung mit abschließender Benotung. Das Programm erwies sich jedoch als Misserfolg. Ohne militärische Erfahrung, genossen die Araber kein großes Ansehen bei den ***Mudschahedin***. Sie wurden vor allem als Finanziers wahrgenommen und galten vielen afghanischen Kämpfern als Djihad-Touristen.

Bin Laden zog daraus seine Konsequenzen und wandte sich vom bisherigen Konzept des ***Dienstleistungsbüros*** ab. Er holte Ingenieure und Maschinen von seinem Bauunternehmen in Dschidda und errichtete mit ihnen in Afghanistan einen eigenen Stützpunkt. Die unterirdischen Befestigungsanlagen entstanden in der umkämpften Bergregion Jaji, nur 1.000 Meter von den sowjetischen Stellungen entfernt. Das Zentrum war ein tief in einem Berg verborgener, gut ausgestatteter Bunker, dem bin Laden den Namen ***Al-Masada*** gab (dt.: die Höhle des Löwen, auch der Vorname Osama ist eine poetische Umschreibung für den Löwen).

Mit seiner frontal und dicht vor ihre Stellungen gesetzten Befestigung forderte bin Laden die Sowjets heraus. Über kurz oder lang musste ein

Angriff auf die Bunkeranlangen erfolgen. Lange mussten die Araber nicht darauf warten. Anfang Mai 1987 begann eine sowjetische Offensive in den Bergen von Jaji. Ihr Ziel war, die Belagerung der Garnison von Ali Sher zu beenden und die Nachschubwege der Mudschahedin aus Pakistan abzuschneiden. Im Zuge dieser Operation sollte auch das Lager von bin Laden beseitigt werden.

Nachdem die Belagerung der Garnison von Ali Sher durchbrochen und die Mannschaft abgelöst war, begann am 12. Mai der sowjetische Angriff auf *Al-Masada*. Bin Laden setzte sich mit ca. 50 Arabern verbissen zur Wehr und sandten einen Hilferuf an die *Mudschahedin*. Die Afghanen eilten herbei, und es entbrannte die erbarmungslose Schlacht von Jaji. Für die gläubigen Fanatiker bedeutete, im Kampf zu fallen, den Einzug ins Paradies, deshalb schlug der sowjetische Angriff, trotz ständigen Bombardements, nicht durch. Fortwährend wurden im Inferno der Schlacht Koran-Ferse rezitiert, und im Kampfgeschehen selbst wurden immer wieder göttliche Zeichen gesehen. Als ihr Ende gewiss schien, gelang es Arabern und *Mudschahedin*, eine entscheidende Hochebene zu stürmen. Die Sowjets erlitten empfindliche Verluste und flüchteten mit ihren Hubschraubern. So endete die Belagerung am 4. Juni 1987, nach 39 Tagen des ununterbrochenen Bombardements und Kampfes. Der größte Teil der Araber und etwa 70 afghanische Kämpfer hatten ihr Leben gelassen, die sowjetischen Verluste sind nicht bekannt. Unter den Überlebenden gab es kaum jemanden, der nicht verwundet war, auch bin Laden erlitt eine Fußverletzung.

Es war eine historische Schlacht. Täglich hatten die wichtigen Zeitungen *Al Majalla* und *Arab News* berichtet. In Saudi-Arabien und weit darüber hinaus kannte nun jeder bin Laden. Er war zum legendären islamischen Krieger geworden, und die Araber hatten gezeigt, dass sie keinen afghanischen Kommandeur brauchten. Von nun an waren die Araber als vollwertige Kämpfer des Dschihad von den Afghanen anerkannt. Dabei fiel die entscheidende Hilfe der *Mudschahedin* für bin Laden einfach unter den Tisch.

Unter der Oberfläche wirkte sich das Trauma der Schlacht gravierend auf die Psyche der Überlebenden aus. In einer ausweglos erscheinenden Situation hatten sie dem Tod in die Augen geschaut. Ihren Sieg schrieben sie Allah zu und meinten, Gottes Werkzeug gewesen zu sein, für das sich nun

Idealisierung von Osama bin Laden nach der Schlacht von Jaji als *Kämpfer des Islam*. Sein weißes Gewand ist ein Symbol für Reinheit. Wie der Prophet Mohammed zu Pferd, so kämpft auch der Islamist. Kampfflugzeuge und Bombenhagel können ihm nichts anhaben. Stattdessen gehen Panzer wundersam in Flammen auf. Gemaltes Plakat aus Lahore in Pakistan.

Übersetzung oben links: *Osama bin Laden*, rechts: *Krieger*.

bin Laden endgültig hielt. Es kam zu einem ideologischen Streit zwischen dem Kriegshelden mit seinem alten Mentor Azzam. Bin Laden wollte den Djihad nicht nur in Afghanistan führen, sondern in die Welt tragen. Keinen Cent organisierte er mehr für das **Dienstleistungsbüro**, sondern richtete sein eigenes Gästehaus und Trainingslager ein.

Währenddessen vollzog sich in der Sowjetunion eine entscheidende Veränderung. Am 11. März 1985 war Michail Gorbatschow zum Generalsekretär des ZK der KPdSU gewählte worden. Der Reformer leitete seine Konzepte **Glasnost** (dt.: Offenheit) und **Perestroika** (dt.: Umstrukturierung) ein. Der Krieg in Afghanistan, den keine Seite für sich zu entscheiden vermochte, wurde beendet. Im Mai 1988 leitete die UdSSR ihren Rückzug ein. Bald darauf, am 11. August, beschlossen einige Anführer der arabischen Freiwilligen, eine neue Elitetruppe aufzustellen. Nach dem Sieg in Afghanistan wollten sie den Krieg gegen **die Ungläubigen** im weltweiten Maßstab weiterführen. Die neue Vereinigung nannte sich *Al-Qaida*, zugleich die Bezeichnung für das zentrale Militärlager Osama bin Ladens, der zum Emir (dt.: Befehlshaber) ernannt wurde.

Währenddessen vollzog sich der sowjetische Rückzug, der sich bis Februar 1989 hinzog; im März begannen die *Mudschahedin* eine Großoffensive gegen die afghanische Armee. In der Folge kam es beim Vormarsch auf Kabul um die Garnisonstadt Dschalalabad zur schlimmsten Schlacht des Afghanistan-Krieges. Todesmutig, aber unkoordiniert rannten die islamischen Krieger unter hohen Verlusten gegen die Regierungstruppen an. Es gelang ihnen zwar, in die Stadt einzudringen, doch auch dort setzte die afghanische Armee rücksichtslos ihre Luftwaffe ein. Trotz aller Opfer konnten die *Mudschahedin* die Regierungstruppen nicht besiegen. Schließlich wurden mit Hilfe eines US-Sondergesandten und Diplomaten aus Pakistan Verhandlungen mit der aus verschiedenen zerstrittenen *Mudschahedin*-Gruppen gebildeten Übergangsregierung begonnen.[603] Diese wollte man erst einmal vereinen, während die von der Sowjetunion eingesetzte Regierung ihre Positionen hielt. Der Krieg ging weiter.

Unter den Angriffstruppen auf Dschalalabad hatten sich auch die Araber unter Osama bin Laden befunden. Nach der Niederlage und erheblichen Verlusten, wollten sie sich nicht an den weiteren Auseinandersetzungen um die Macht im Land beteiligen. Bin Laden kehrte nach Saudi-Arabien zurück, wo er als Kriegsheld gefeiert wurde. In den Medien erschien es fast so, als hätte er Afghanistan allein von den Sowjets befreit. Fortan nutzte der seinen Nimbus, um sein Terrornetzwerk *Al-Qaida* auszubauen.

Desert Storm

Am 2. August 1990 wurde der Nahe Osten durch den Angriff des Irak auf Kuwait erneut schwer erschüttert. Der irakische Diktator Saddam Hussein wollte sich das Scheichtum einverleiben und drohte, auch in Saudi-Arabien einzumarschieren. Das saudische Königshaus bat den UN-Sicherheitsrat und vor allem die USA um Hilfe. Allein von den kuweitischen Ölfeldern

603 Lenz, Simone: *US-Gesandter auf Lösungssuche*, in: taz: 22.6.1989.

hingen weite Teile der westlichen Wirtschaft ab, weshalb sofort eine Koalition unter Führung der USA zur Rückeroberung Kuweits entstand.

Osama bin Laden war gegen die Stationierung von US-Streitkräften in Saudi-Arabien – er sah in ihnen Invasionstruppen, die den arabischen Staaten den westlichen Lebensstil aufdrängen wollten und bot dem Königshaus an, stattdessen seine Mudschahedin zu mobilisieren. Bin Laden meinte, mit ihnen gegen die irakische Armee bestehen zu können. Diese aberwitzige Idee wurde vom Königshaus abgelehnt, man verließ sich auf die Allianz mit den US-Amerikanern. Das wollte bin Laden nicht akzeptieren und vollzog den Bruch mit dem Königshaus. Er entschied sich, ein panislamischer Krieger zu werden, und verließ Saudi-Arabien für immer. Mit seinem Privatjet landete er im Sudan, wo eine islamistische Partei regierte, die bin Laden gern aufnahm. Im Gegenzug unterstütze der Multimillionär die sudanesischen Machthaber. Der prominente Kriegsheld investierte in die Landwirtschaft; es entstanden große Plantagen, und bin Laden realisierte etliche Bauvorhaben. Neben diesem zivilen Bereich wurde der Sudan aber auch zum neuen Sammelbecken für *Al Quaida*, es entstanden Militärlager.

Währenddessen wurden die militärischen Vorbereitungen zur Rückeroberung Kuwaits abgeschlossen. Erstmals sollten arabische Staaten gegeneinander kämpfen. Viele Muslime sahen in der Beteiligung an der Allianz mit den westlichen Mächten Verrat. Für die arabischen Herrscherhäuser schien die Sicherung ihrer Privilegien an erster Stelle zu stehen.
Legitimiert durch eine Resolution des UN-Sicherheitsrates, begann am 16. Januar 1991 die Offensive *Operation Desert Storm* gegen den Irak. Am 5. März hatte die internationale Koalition unter Führung der USA gesiegt.

Infolge der irakischen Niederlage kam es zu Aufständen im Land. Kurzzeitig schienen schiitische Rebellen im Süden und die Kurden im Norden des Irak die Kontrolle zu gewinnen. Sie glaubten, dass ihnen die USA im Konflikt zur Hilfe eilen würde, doch es gab keine US-Intervention. So konnten die Truppen Saddam Husseins alle Aufstände blutig niederschlagen. Millionen Kurd_innen flüchteten in Richtung Türkei und Iran.

Für die Dschihadisten spielte das keine Rolle. Im Irak war eine Schlacht gegen die Ungläubigen verloren gegangen. Die Gotteskrieger fanden wenig später im Herzen Europas ein neues Betätigungsfeld: Jugoslawien.

Bosnienkrieg

Der Zerfall Jugoslawiens 1991 war von Bürgerkriegen begleitet. Dazu zählte der besonders grausame Bosnienkrieg. Ab 1992 kämpften hier christliche Serben gegen muslimische Bosniaken. Ein neuer Djihad wurde propagiert, diesmal zur Unterstützung der bosnischen Moslems. Im August 1992 trafen die ersten Araber in der bosnischen Stadt Senitza ein. Die Freiwilligen verfügten meist über Kriegserfahrungen aus Afghanistan und waren *Al-Qaida*-Anhänger. Geschickt hatte sie Osama bin Laden, der aber selbst nicht nach Bosnien kam. Insgesamt waren es 6.000 Kämpfer, die mit offenen Armen empfangen wurden.

Im Jahr 1993 stellt die bosnische Armee die Einheit *El Mudžahid* (7. Muslimische Gebirgsbrigade) aus den Arabern auf; später kamen weitere sechs *Muslimische Befreiungsbrigaden* dazu. Als Teil der bosnischen Armee machten sich die Angehörigen dieser Brigaden schwerster Menschenrechtsverletzungen schuldig. Gefangene wurden gefoltert und ermordet, Köpfe abgeschnitten, und Videos verbreitet, auf denen mit diesen Köpfen Fußball gespielt wurde. Auch führten die Djihadisten in abgelegenen Dörfern die Scharia ein, was durchaus auf Widerstand stieß.

Das Grauen des Bosnienkrieges endete mit dem internationalen Abkommen von Dayton 1995; sämtliche ausländischen Kämpfer, darunter auch die Dschihadisten, mussten das Land verlassen. Einige von ihnen stammten aus Frankreich, wo sie in den folgenden Jahren schwere Terroranschläge durchführen sollten.

Während des Bosnien-Krieges zog bin Laden vom Sudan aus international die Strippen des *Al-Qaida*-Terrors. In Afrika und arabischen Staaten kam es zu mehreren schweren Bombenanschlägen mit vielen Toten, sodass die Saudis und die USA bereits im Jahr 1992 seine Ausweisung verlangten. Vermögen, Haus und alle Besitztümer Osama bin Ladens wurden beschlagnahmt, er floh nach Afghanistan; einem Land, das immer tiefer im Bürgerkrieg versank. Gegen alle Erwartungen hatte sich die von der Sowjetunion eingesetzte Regierung zunächst halten können. Erst als sich die Sowjetunion im Dezember 1991 auflöste und damit die Waffenlieferungen wegfielen, konnten die *Mudschahedin* 1992 in Kabul einmarschieren. Nach dem Fall der Hauptstadt gab es keine Zentralregierung mehr, und die rivalisierenden Kriegsfürsten bekämpften sich nun untereinander. In jeder Provinz hatte ein anderer Stammesführer das Sagen.

↑ Ärmelabzeichen der ***7. Muslimischen Gebirgsbrigade***, in Grün, der Farbe des Islam, mit dem Schahāda, dem Glaubensbekenntnis des Islam: *„Es gibt keinen Gott außer Gott"*, und dem ***Hilal***, der Mondsichel.

Osama bin Laden war in Afghanistan ein großer Name. Er fand Aufnahme und die Unterstützung durch die **Mudschahedin**, deren Bürgerkrieg mit dem Auftauchen der **Taliban** in eine neue Runde ging. Die **Taliban** gingen aus den radikalisierten **Mudschahedin** hervor. Sie waren ideologisch durch die von der *Deobandi*-Bewegung in den 1980er-Jahren gegründeten Koran-Schulen in Pakistan beeinflusst, die teilweise von wohlhabenden Saudis finanziert wurden. Unterkunft und Unterricht waren frei, und allein schon aus diesem Grund war der Andrang groß. Den **Deobandi** bot sich ein dankbares Betätigungsfeld für ihre islamistische Indoktrination, die mit afghanischen Stammestraditionen verbunden wurde.

So wurden die pakistanischen Koran-Schulen durch afghanische Flüchtlinge zu Brutstätten der 1994 gegründeten **Taliban**-Bewegung.

Weitreichend von Pakistan unterstützt, übernahmen die **Taliban** am 27. September 1996 Kabul ein und kontrollierten mehr als 60 Prozent des afghanischen Territoriums. Die streng religiösen Islamisten proklamierten das **Islamische Emirat Afghanistan**, ein Gebilde, das lediglich von Pakistan, Saudi-Arabien und den Vereinigten Arabischen Emiraten anerkannt wurde. In den restlichen Landesteilen herrschte die **Vereinte Front** oder **Nordallianz**. Der Bürgerkrieg ging weiter.

Mit der Rückkehr Osama bin Ladens nach Afghanistan vollzog sich ein qualitativer Wandel. Im *Islamischen Emirat Afghanistan* baute er seine neue Basis auf. Er verfügte noch über genügend finanzielle Mittel und konnte weitere Summen über Unterstützer organisieren, um fünfzig militärische Ausbildungslager und Gästehäuser aufzubauen. Von hier aus warb bin Laden international Anhänger für *Al-Qaida*, die ab diesem Zeitpunkt einen Treueeid auf ihn persönlich leisten mussten.

Der islamistische Anführer wollte alle djihadistischen Organisationen und Einzeltäter_innen einen. In der neuen Gründungsfatwa von *Al-Qaida*, der *Internationalen Islamischen Front für den Dschihad gegen Juden und Kreuzritter* vom 23. Februar 1998 hieß es: *„Abgesehen vom wirtschaftlichen und religiösen Aspekt der amerikanischen Kriegsziele haben die Amerikaner das Ziel, dem Kleinstaat der Juden zu nützen und von der Besetzung al Quds* (Jerusalem, Anm. d. Verf.) *und den Morden an den dortigen Muslimen abzulenken [...] All diese Verbrechen und Sünden der Amerikaner sind eine Kriegserklärung an Gott, seinen Propheten und alle Muslime [...] Die Amerikaner und ihre Verbündeten zu töten, ob Zivilisten oder Soldaten, ist Pflicht jeden Muslims, der dazu fähig ist, egal, in welchem Land er die Möglichkeit dazu hat.“*[604]

Von der islamistischen Zentrale in Afghanistan gingen bald Bombenattentate und Morde aus. Seinen Höhepunkt fand das in den Terroranschlägen vom 11. September 2001 gegen das World Trade Center in New York. An diesem Tag starben bei vier Anschlägen von *Al-Qaida* in den Vereinigten Staaten fast 3.000 Menschen. Die US-Regierung unter George Bush erklärte daraufhin den Krieg gegen den internationalen Terrorismus und leitete die von der NATO unterstützte *Operation Enduring Freedom* ein. Ihr Kernpunkt war die Ausschaltung der *Taliban*-Regierung und *Al-Qaida*. Dazu verbündeten sich die USA mit der *Nordallianz*, die eine durch die US-Air Force massiv unterstützte Offensive begann. Am 7. Oktober 2001 landeten zusätzlich internationale Interventions-Truppen unter Führung der USA in Afghanistan. Bis Dezember waren die *Taliban* und ihre Verbündeten militärisch besiegt.

604 Zit. n. Abou-Tamm, Marwan u. Ruth Bigalke (Hrsg.): *Die Reden des Osama bin Laden*, Kreuzlingen/München 2006, S. 74/76.

Unter den Islamisten von *Al-Qaida*, die aus Afghanistan flohen, befand sich auch der Jordanier Abū Mus'ab az-Zarqāwī. Über Pakistan und den Iran gelangte er 2002 in den Nordirak und baute dort *Al-Qaida im Irak* auf, eine fanatische, schlagkräftige Organisation, die bald durch Mordanschläge bekannt und gefürchtet war.

Neben den *Taliban* und *Al-Qaida* meinte die US-Regierung unter Präsident George Bush, dass auch vom irakischen Diktator Saddam Hussein Gefahr ausginge. Die Bush-Regierung behauptete, der Irak wäre im Besitz von Massenvernichtungswaffen und stünde in Kontakt mit *Al-Qaida*, die Vereinigten Staaten seien akut bedroht. Völkerrechtswidrig starten die USA mit einer sogenannten *Koalition der Willigen* am 20. März 2003 die Invasion des Irak.

Arabische Freiwillige stellten sich auf die Seite des Diktators Saddam Hussein, der gegen den verhassten Westen Krieg führte. Doch unter den Schlägen der modern ausgerüsteten und geführten Invasionsarmee brach die irakische Armee schnell zusammen. Am 1. Mai war die Herrschaft des Diktators Saddam Hussein beendet.

Für die Nachkriegsordnung gab es jedoch kein richtiges Konzept. Das Land blieb vorerst besetzt, und die von den USA eingesetzte neue Regierung stelle sich schnell als hochgradig korrupt und inkompetent heraus. *Al-Qaida im Irak* nahm einen neuen Aufschwung und mündete direkt in den irakischen Widerstand. Es entwickelte sich ein Guerilla-Krieg, der an Afghanistan erinnerte.

Arabischer Frühling

Ein auch nur halbwegs demokratischer Ausweg aus den Konflikten in der arabischen Welt schien sich nicht abzuzeichnen. Eine korrupte, despotische Herrschaft wurde von einer anderen abgelöst. Da keimte Ende Dezember 2010 Hoffnung auf. Massenunruhen in Tunesien leiteten den Sturz des seit 1987 autokratisch und kleptokratisch regierenden Präsidenten Zine el-Abidine Ben Ali ein. Daraufhin erfasste 2011 eine Welle von Protesten, Aufständen und Revolutionen die arabische Welt. Die bald als *arabischer Frühling* genannte Erhebung konnte in weiteren Ländern

Regierungsumbildungen und politische Reformen erzwingen. In Ägypten und im Jemen wurden die Präsidenten gestürzt, während es in Libyen zu einem Bürgerkrieg gegen Staatschef Muammar al-Gaddafi kam.

Unterstützt von der NATO, besiegten die Rebellen den Diktator. Statt Stabilität und demokratischer Reformen begannen nun aber verschiedene Militärführer gegeneinander Krieg zu führen. Zwei rivalisierende Regierungen blieben übrig, zwischen denen bis heute immer wieder Kämpfe aufflammen.

In Ägypten wurde der alte Diktator bald durch einen neuen ersetzt, der Jemen versank im Bürgerkrieg. Noch schlimmer stellte sich die Situation in Syrien dar, wo ein langer Bürgerkrieg unter Einmischung Russlands, Irans und anderer Mächte begann, der weite Teile des Landes verwüstete und entvölkerte. Auch Dschihadisten mobilisierten nach Syrien, um dort im Kampf gegen das Assad-Regime und die *Freie Syrische Armee* den Islamischen Staat zu erkämpfen.

Fluchtbewegungen kamen in Gang, die bald durch ähnliche Entwicklungen im Irak verstärkt wurden. Denn nach dem Abzug der US-Truppen im Dezember 2011 begann in Bagdad und anderen irakischen Städten ein Aufstand gegen die Zentralregierung. Die Opposition bekämpfte sich dabei auch untereinander, wobei die Salafisten bzw. *Al-Qaida im Irak* immer mehr die Oberhand gewannen.

Auch in der Bundesrepublik hatte der Bedeutungsgewinn des Islamismus Auswirkungen. So machten Salafisten ab Oktober 2011 mit Koran-Verteil-Aktionen und durch das Auftreten einer Scharia-Polizei, die junge Muslime zur Ordnung rufen wollte, auf sich aufmerksam. Es kam auch zu gewalttätigen Ausschreitungen, wie im Mai 2012 in Solingen und Bonn oder im August 2014 in Herford.[605] Die Bundesrepublik blieb in diesem Konflikt aber nur ein Nebenschauplatz.

Eine weltweite Herausforderung entstand, nachdem sich im Jahr 2013 militante Gruppen unter Führung von *Al-Qaida* im Irak zusammenschlossen. Der Name der neuen Organisation war Programm, *Islamischer Staat*, kurz IS.

605 Siehe: Seite 6 und Seite 14 und 15.

↑ Schablonenkunst, Sasarsteig, Berlin/Neukölln, 170 cm x 190 cm, 2022. Wörtliche Übersetzung der arabischen Überschrift: *Gefängnis ist eine Verschwörung gegen Morgen.* Iranischer Zusatztext von 2023: *Frau, Leben, Freiheit!* Schlachtruf der Proteste im Iran nach dem Tode der Jina Mahsa Amini. Aufgrund *unislamischer Kleidung*, Jina Amini trug nicht das im Iran für Frauen vorgeschriebene Kopftuch, wurde die 22-jährige am 13. September 2022 von der iranischen Sittenpolizei verhaftet und erschlagen.

Ahmed Douma und Alaa Abd el-Fattah zählten zu den bekanntesten Demokratieaktivisten des Arabischen Frühlings 2011 in Ägypten. Der 1988 geborene Douma saß unter vier ägyptischen Regierungen in Haft. Zunächst war er als Oppositioneller unter der Herrschaft von Mubarak eingekerkert. Nach dessen Sturz im Februar 2011 kam Douma auf freien Fuß, um im Januar 2012, unter der Übergangsregierung von Feldmarschall Mohammed Hussein Tantawi, erneut festgenommen zu werden. Unter dem neuen Präsidenten Mohamed Morsi wurde Douma wieder freigelassen, erneut verhaftet und wieder freigelassen. Das wiederholte sich mehrmals, bis Douma 2019 zu 15 Jahren Haft verurteilt wurde. Vier davon verbüßte er in Isolationshaft, bevor er überraschend im August 2023 vom mittlerweile seit neun Jahren im Amt befindlichen ägyptischen Machthaber Abd al-Fattah as-Sisi begnadigt wurde.

Alaa Abdel-Fattah, geboren 1981, trat als Blogger hervor. 2013 wurde er beim Protest gegen ein verschärftes Demonstrationsgesetz festgenommen und verurteilt. Nachdem er 2019 zunächst freigelassen wurde, nahmen die Behörden ihn wenige Monate später erneut fest. 2021 wurde er wegen Verbreitung von Falschinformationen zu einer fünfjährigen Haftstrafe verurteilt. Seit dem 2. April 2022 trat Alaa, bereits mehr als 200 Tage im Hungerstreik, zu Beginn der Weltklimakonferenz am 6. November 2022 in Scharm-el-Scheich zusätzlich in einen Durststreik. Am 10. November brach der stark geschwächte Alaa seinen Durst- und Hungerstreik ab.

Seine Machtbasis fand der IS in einer Gruppe ehemaliger irakischer Offiziere. Militärisch gut ausgerüstet und geführt, dazu als *Gotteskrieger* motiviert, eroberten die IS-Milizen binnen weniger Monate ein großes zusammenhängendes Gebiet im Nordwesten des Irak bzw. Osten Syriens. Seine Erfolge auf den Schlachtfeldern machten den IS auch in der Bevölkerung populär. Das fundamentalistische, religiöse Sendungsbewusstsein bot Orientierung im Chaos von Kriegen und gesellschaftlichem Zerfall. Nachdem der IS fast ein Drittel des irakischen sowie syrischen Staatsgebietes erobert hatte, rief er am 29. Juni 2014 ein Kalifat aus.

In ihrem Machtbereich verübte die Islamisten schlimmste Menschenrechtsverletzungen. So wurden Gefangene vor laufenden Kameras enthauptet, die Köpfe auf Zäune gespießt, es kam zum Massenmord an ethnisch-religiösen Minderheiten wie den Jesiden und der Versklavung von Frauen und Kindern. Mit rücksichtlosem Terror breitete der IS sein Territorium immer weiter aus, nichts schien den Siegeszug aufhalten zu können, bis im August 2014 IS-Truppen Ziel US-amerikanischer Luftschläge wurden. Seit September 2014 waren an diesen Luftangriffen mehrere westliche und arabische Staaten beteiligt. Außerdem unterstützte die Allianz die irakische Armee sowie kurdische Einheiten im Irak und Syrien, die sich dem IS entgegenstellten.

Darüber hinaus war der Vormarsch der Islamisten von einer weltweiten Terrorwelle begleitet. Zwischen 2014 und 2016 galt der IS als die gefährlichste Terrororganisation überhaupt, er wurde ein Orientierungspunkt für Islamisten aus aller Welt. Auch Salafisten in der Bundesrepublik unterstützten den IS propagandistisch, materiell und finanziell. Aus ihren Reihen rekrutierten sich auch Kämpfer für den weltweiten Dschihad, darunter einige deutsche Konvertiten.

Nach offiziellen Angaben traten allein 950 deutsche Staatsangehörige[606] als freiwillige Kämpfer auf die Seite des IS. Insgesamt wurden mehr als 1.150 Personen[607] bekannt, die aus islamistischer Motivation zwischen den

606 Unger, Christian: *Terror. Wie gefährlich sind die IS-Rückkehrer für Deutschland?*, in: Hamburger Abendblatt, 17. 11.2017.

607 Bundesamt für Verfassungsschutz: *Islamismus/islamischer Terror*, in: Verfassungsschutzbericht 2022, Berlin 2022, S.192.

Jahr 2011 bis 2022 die Bundesrepublik in Richtung Syrien und Irak verließen. Nie zuvor hatten sich so viele bundesdeutsche Staatsbürger_innen an einem Krieg beteiligt. Zum überwiegenden Teil handelte es sich um in der BRD geborene und aufgewachsene Personen, die sich bewusst auf die Seite dieser islamistischen Sklavenhalter-Gesellschaft stellten. Und Freiwillige fanden sich nicht nur in der Bundesrepublik. Für den IS kämpften mindestens 15.000 Ausländer aus 80 Ländern, 6.000 davon aus Europa.[608]

Im Geist der Weltrevolution

Schon seit Jahren gab es westliche Internationalist_innen, die aufseiten der kurdischen HPG (dt.: *Volksverteidigungskräfte*), dem militärischen Arm der PKK (dt.: *Arbeiterpartei Kurdistans*) im Grenzgebiet zwischen der Türkei, dem Nord-Irak und Nord-Syrien kämpften. Die Freiwilligen sahen sich als Teil des weltweiten antiimperialistischen Befreiungskampfes, für den die PKK in der europäischen Linken Unterstützung suchte. Mit dem Vormarsch des IS gingen Internationalist_innen verstärkt in den Nordosten Syriens und schlossen sich dort der YPG (dt.: *Volksverteidigungseinheiten*) an. Dabei handelt es sich um den militärischen Arm der kurdisch/syrischen PYD (dt.: *Partei der Demokratischen Union*), der Schwesterorganisation der HPG.[609]

Nach eigenen Angaben bestand die YPG 2013 aus mehreren Brigaden und verfügte über bis zu 45.000 Milizionär_innen.[610] Berechnungen der Expertengruppe *International Crisis Group* (ICG) gehen von 25.000 bis 30.000 Kämpfer_innen[611] aus. Seit 2012 existieren Frauenverbände, was der kurdischen Sache sehr viel Sympathie in der westlichen Welt und der politischen Linken einbrachte. Dazu wurde Anfang 2015 eine Einheit von Kämpfer_innen aus westlichen Ländern bekannt. Die Freiwilligen sahen sich in der Tradition der Internationalen Brigaden, die im Spanischen Bürgerkrieg auf

608 *UN-Bericht. 15.000 Ausländer kämpfen für den IS*, in: WELT, 31.10.2014.

609 Sulzbacher, Markus: *Antifa-Platoon. Europäische Freiwillige kämpfen gegen den IS*, in: Der Standard, 18.2.2019.

610 Brauns, Nick: *Die Saat geht auf*, in: Junge Welt, 6.11.2013.

611 *IS – YPG: Kurdische Speerspitze im Kampf gegen Jihadisten in Syrien*, in: Tiroler Tageszeitung, 11.10.2014.

der Seite der Republik standen gegen die Truppen von General Francisco Franco und seiner Verbündeten, Hitler-Deutschland und dem faschistischen Italien unter Mussolini. Dementsprechend tauchte die Fahne der Antifaschistischen Aktion auch bei den Kämpfen gegen den IS auf.

Besonders bekannt und zu einem Begriff wurde die Region Rojava, die seit dem syrischen Bürgerkrieg von 2012 unter Kontrolle der YPG steht. Den Status der Region als autonomes Gebiet konnte die kurdische Miliz im Kampf gegen den IS festigen. Das gelang, weil die PYD ein wichtiger Partner der internationalen Allianz gegen den IS unter Führung der USA war. Verschiedene Organisationen hatten sich im Bündnis *Demokratische Kräfte Syriens* zusammengeschlossen, um gegen den IS und das Assad-Regime zu kämpfen. Nach langem Zögern beteiligte sich auch die Türkei ab 2015 an dem internationalen Zusammenschluss. Es entstand eine komplizierte Situation, da sich die Türkei seit Jahren in einem Guerilla-Krieg mit der PKK befand und auch die YPG als Terrororganisation einstuft. Das Spezialeinheiten der US-Streitkräfte im Kampf gegen den IS mit der YPG zusammen agierten und die USA die kurdische Miliz mit leichten Geschützen, Maschinengewehren, schweren Waffen, Bulldozern bis hin zu Panzerfahrzeugen ausrüstete, gefiel der Türkei gar nicht.[612]

Auch die Bundeswehr agierte als Teil des Bündnisses gegen den IS. Sie unterstützte ab 2014 vor allem die Kurden im Irak mit einer Ausbildungsmission und humanitärer Hilfe.[613]

Seit 1970 existiert die *Autonome Region Kurdistan im Irak*. Im Jahr 1992 bildeten die *Demokratische Partei Kurdistans* (KDP) und die *Patriotische Union Kurdistans* (PUK) eine Regionalregierung in Kurdistan und schufen damit einen politischen Status quo. Die KDP gilt als Partei des Barzani-Clans und hat die Oberhoheit über die Gouvernements Erbil und Dohuk, die PUK hingegen wird vom Talabani-Clan geleitet und kontrolliert die Gouvernements Sulaimaniyya und Halabdscha. Die kurdische Regierung unterhält eigene Milizen, die Peschmerga-Einheiten, bestehend aus 140.000 Soldaten. Das Verhältnis zur YPG ist eher gespannt. Ähnlich gestalten sich die

612 *Syrien. USA liefern weiterhin Waffen an kurdische Milizen*, in: ZEIT ONLINE, 9.5.2017.

613 Witting, Volker: *Deutschland und die Kurden*, in: DW, 9.10.2019.

↑ Solidarität mit dem Kampf der kurdischen YPG in Rojava ist in Teilen der linksradikalen Bewegung der Bundesrepublik tief verankert.

Beziehungen der YPG zu den die iranischen Kurden, die vor allem in der sozialdemokratische *Komala* und der DPK-I (*Demokratische Partei des Iranischen Kurdistans*) organisiert sind.

Insgesamt leben in der Türkei, Syrien, Irak und dem Kaukasus geschätzt 30 Millionen Kurd_innen.[614] Alle kurdischen Parteien und Organisationen kämpften, trotz unterschiedlicher politischer Anschauungen, um kulturelle Anerkennung und gegen den IS. Taktisch agieren sie mit- und gegeneinander und changierten zwischen den USA, Russland, dem Assad-Regime sowie der Türkei. Vor allem letztere will die Entstehung eines kurdischen Staates verhindern. Ein autonomes, kurdisches Rojava an der syrischen Grenze ist daher der Türkei ein Dorn im Auge. Aber als Teil der Allianz gegen den IS musste die Türkei diese Situation tolerieren. Es kam sogar zu einem Burgfrieden zwischen kurdischer Miliz und dem Assad-Regime, das ebenfalls den IS als Hauptfeind ansah.

614 Alexander, Dietrich: *Staatenlose träumen von der Kurdischen Republik*, in: WELT, 15.8.2014.

Militärisch hatten die USA im Kampf gegen den IS das Sagen. Massive US-Luftschläge verhinderten den Vormarsch der Islamisten, danach konnte die YPG Gebiete, wie die zerbombte Stadt Kobane, zurückerobern. Dabei warb die YPG als einzige kurdische Miliz auch Freiwillige aus Europa an. In Rojava war ab 2014 ein Kontingent von rund 150 Internationalist_innen im Einsatz, die sich als die *Löwen von Rojava* bezeichneten.[615] Politisch mochte der Verband für die YPG von Bedeutung gewesen sein, militärisch waren er es sicher nicht.

Aus der Bundesrepublik stießen von Juni 2013 bis 2022 mindestens 295 Internationalist_innen zu den kurdischen Milizen. Rund 150 von ihnen kehrten nach Deutschland zurück. In Teilen der linken Szene genießen sie hohes Ansehen, ähnlich wie die mehr als 30 Gefallenen.

Mitunter wurde versucht, die Toten als Märtyrer_innen darzustellen. Statements und Videos der Gefallenen finden sich bis heute im Internet, in denen sie sich zum Marxismus/Leninismus bekennen; wie Ivana Hoffmann aus Duisburg, die erste Deutsche und Internationalistin, die im Kampf gegen den IS ihr Leben verlor. Sie war der türkischen MLKP (dt.: *Marxistisch-Leninistische Kommunistische Partei*) beigetreten, eine Partei, die sich auch auf Stalin beruft und in der Türkei verboten ist.

Nachdem sie sich 2014, einem Aufruf der MLKP folgend, der YPG angeschlossen hatte, fiel Ivana Hoffmann im Alter von 19 Jahren am 7. März 2015 in der Nähe von Tell Tamer.

An diesem Gefecht nahm auch mindestens ein Genosse von ihr aus Duisburg teil, der sich in einem Zeitungsartikel später *Andreas* nannte. In dem Pressebericht gab der 21-jährige Auskunft über seinen politischen Werdegang. Er berichtete von ersten politischen Erfahrungen in der Antifa und seinem Weg zum Marxismus/Leninismus, über den er zur MLKP fand, um sich dann der YPG in Rojava anzuschließen. An seiner Entscheidung äußerte *Andreas* keine Zweifel, dennoch fielen ihm Widersprüchlichkeiten auf. Verängstigte Dorfbewohner_innen, die ihn als Besatzer ansahen, oder bettelnde Kinder in kurdischen Städten, deren Eltern aber nichts von der

615 *Freiwillig bei den „Löwen von Rojava"*, in: Spartanat. Military News, Tactical Life Gears & Reviews, 5.12.2014.

↑ Nach der Einnahme der Kleinstadt Suluk im Juni 2015 machte ein Freiwilligenbataillon, das aufseiten der kurdischen YPG in Nordsyrien gegen den IS kämpfte, ein Foto mit Antifa-Fahne. Im Hintergrund befindet sich das Banner des besiegten IS.

Andreas, Zweiter von links, hält die Fahne. Ein Ausschnitt der Fotografie diente als Vorlage für den abgebildeten Aufkleber. Im Zuge der türkischen Offensive in Nordsyrien 2019 geriet Suluk im Oktober unter die Kontrolle von türkischen Truppen bzw. der von der Türkei gelenkten ***Freien Syrischen Armee.***

herrschenden Partei PYD annehmen wollten. Dazu kam die Korruption in den Reihen der Kurd_innen.

Nicht ganz in die Vorstellungen passten auch die sich aus militärischen Notwendigkeiten ergebenden Koalitionen. So wurde die YPG im Gefecht von Tell Tamer von Hubschraubern der syrischen Armee unterstützt.

Ähnliches geschah am 8. Juni 2015 in einem kleinen Dorf in der Nähe der syrischen IS-Hauptstadt Rakka. Panzer rollten auf die YPG-Kämpfer_innen zu, die dachten alles sei vorbei. Da bombardierte ein amerikanisches Kampfflugzeug die Panzer des IS. ***„Hoch lebe der Imperialismus“***[616] sollen

616 Jessen, Jan: Kurden Miliz. *Wie Antifa-Aktivist Andreas gegen den IS in den Kampf zog,* in: Hamburger Abendblatt, 5.8.2016.

die Genoss_innen in erster Erleichterung gerufen haben; sie waren gerettet. Trotzdem gab es einige Tote und Verwundete, darunter einen Genossen von *Andreas* aus Duisburg. *Jan* verlor ein Auge und kam zurück in die Bundesrepublik, *Andreas* folgte ihm im Januar 2016.

Seit Ende 2017 gilt der IS als militärisch besiegt. Wobei die führenden Köpfe des IS vom CIA und anderen Geheimdiensten oft noch Jahre später aufgespürt und durch Kommando- oder Drohnenangriffe getötet wurden.

Nach dem Sieg über den IS drangen türkische und von ihr dominierte syrische Einheiten in den Jahren 2018 und 2019 in Nordsyrien bzw. im Jahr 2020 im Nordirak vor. Ziel war es, die YPG an der Grenze zu Syrien zu vertreiben und eine Pufferzone unter Kontrolle Ankaras einzurichten. Das führte zu internationalen Spannungen, vor allem die USA sahen und sehen in der YPG einen Verbündeten gegen den IS. Dennoch bombardierte die türkische Luftwaffe 2022 erneut Stellungen der YPG.

Auch wenn der Krieg mit dem IS sein Ende gefunden hatte, blieb er als politische Strömung bestehen. Immer wieder gab es Terroranschläge, und allein in der Bundesrepublik wurden im Jahr 2022 mindestens 27.480 Personen dem Islamismus zugerechnet.[617] Eine wesentliche Stütze des Islamismus ist das seit 1979 existierende Mullah-Regime im Iran, und seit dem Rückzug der US-Truppen aus Afghanistan 2021 sind dort die *Taliban* wieder an der Macht. *Al-Quida im Maghreb* operiert inzwischen von Algerien bis Mali. In Nigeria und Anrainerstaaten wütet *Boko Haram*, frei übersetzt *Westliche Bildung ist Sünde*, sowie die *al-Shabaab Miliz* (dt.: Bewegung der Mudschahedin-Jugend) in Somalia. *Hisbollah*, *Hamas* und andere islamistische Organisationen bleiben in Palästina weiterhin aktiv. Hinzu kommen arabische Regime, deren Herrschaft mit islamistischen Vorstellungen verquickt ist. Damit kann es keinen Frieden geben. Auch wenn Islamismus und Faschismus nicht gleichzusetzen sind, gehören beide zu den autoritären Ideologien, gegen die sich Antifaschismus richtet.

617 Bundesamt für Verfassungsschutz: *Verfassungsschutzbericht 2022*, Berlin 2022, S. 186.

Verzeichnisse

Literaturverzeichnis

- Abou-Tamm, Marwan u. Ruth Bigalke (Hrsg.): *Die Reden des Osama bin Laden*, München 2006.
- Autor*innenkollektiv Koblenz (Hg): *ANTIFA – Bewegung an Rhein und Mosel*, Koblenz 2021.
- Bundesamt für Migration und Flüchtlinge (Hg): *Das Bundesamt in Zahlen 2014. Asyl, Migration und Integration*, Nürnberg 2015.
- Bundesministerium des Innern (Hg): *Verfassungsschutzbericht 2009*, Berlin 2009.
- Bundesministerium des Innern (Hg): *Verfassungsschutzbericht 2014*, Berlin 2014.
- Bundesministerium des Innern (Hg): *Verfassungsschutzbericht 2021*, Berlin 2021.
- Bundesministerium des Innern (Hg): *Verfassungsschutzbericht 2022*, Berlin 2022.
- Carell, Paul: *Die Wüstenfüchse. Mit Rommel in Afrika*, Stuttgart 1974.
- Gensicke, Klaus: *Der Mufti von Jerusalem Amin el-Husseini und die Nationalsozialisten*, Frankfurt/M. 1988.
- Görtemaker, Manfred: *Rudolf Hess. Der Stellvertreter. Eine Biographie*, München 2023.
- Grumke, Thomas / Wagner, Bernd: *Handbuch Rechtsradikalismus: Personen – Organisationen – Netzwerke. Vom Neonazismus bis in die Mitte der Gesellschaft*, Opladen 2002.
- Hasse, Julia / Rosenthal, Gregor / Twisselmann, Joachim (Hrsg.): *Wundsiedel ist bunt – nicht braun! Die Auseinandersetzungen um das Heß-Grab verändern die politische Kultur*, Bad Alexandersbad/Berlin, 2013.
- Hoffmann, Anton: *Illustrierte Geschichte des Weltkrieges 1914/16*, Vierter Band, Stuttgart, Berlin, Leipzig, Wien, 1916.
- Neulen, Hans-Werner: *An deutscher Seite - Internationale Freiwillige von Wehrmacht und Waffen-SS*, München 1985.
- Oppenheim, Max Freiherr von: *Denkschrift betreffend die Revolutionierung der islamischen Gebiete unserer Feinde*, Berlin, 2018.
- Peel, Earl: *Bericht über Palästina der Königlichen Palästina-Kommission*, Berlin, 1937.
- Pook, Linus / Stanjek, Grischa / Wigard, Tuija (Hrsg): *Der Halle-Prozess: Mitschriften*, bpb, Schriftenreihe, Band 10861, 2023.
- rotaprint 25 (Hg): *agit 883. Bewegung, Revolte, Underground in Westberlin 1969 – 1972*, Hamburg / Berlin, 22007.
- Schmidinger, Thomas / Larise, Dunja (Hrsg): *Zwischen Gottesstaat und Islam – Handbuch des politischen Islam*, Wien, 2008.
- Thamm, Bernd Georg: *Der Djihad (Heiliger Krieg) als Bestandteil kaiserlicher Orientpolitik im Ersten Weltkrieg. Militärpolitische Anmerkungen zur Entstehung des Dauerkriegsschauplatzes Nahost*, 2021, Hg.: JFDA e. V.
- Williamson, Gordon: *Die Waffen-SS. 10. Bis 23. Division*, Königswinter, 2010.

Zeitungsartikel, Quellen

→ *Abgeordneter verlässt Partei. AfD verliert Fraktionsstatus*, in: Frankfurter Allgemeine, 25.9.2020, https://www.faz.net/aktuell/politik/inland/afd-abgeordneter-brodehl-in-schleswig-holstein-verlaesst-partei-16970970.html [8.4.2022].

→ Adam-Tkalec, Maritta: *Der erste Reichsbürger: Wie ein Aufrührer der Reichsbahn zum Reichskanzler wurde*, in: Berliner Zeitung, 5.2.2023, https://www.berliner-zeitung.de/politik-gesellschaft/der-erste-reichsbuerger-wie-ein-aufruehrer-von-der-reichsbahn-reichskanzler-wurde-li.304504 [2.6.2023].

→ *Adels-Krieg um AfD-Mitgliedschaft. Fürst Schaumburg attackiert Fürstin von Sayn-Wittgenstein*, in: Focus online, 14.9.2016, https://www.focus.de/politik/deutschland/adels-krieg-um-afd-mitgliedschaft-fuerst-schaumburg-attackiert-fuerstin-von-sayn-wittgenstein_id_5939043.html [17.8.2022].

→ Alexander, Dietrich: *Staatenlose träumen von der Kurdischen Republik*, in: Welt, 15.8.2014, https://www.welt.de/politik/ausland/article131265945/Staatenlose-traeumen-von-der-kurdischen-Republik.html [30.8.2023].

→ *Alex Jones. Gericht entlarvt Verschwörungstheoretiker*, in: news.ORF.at, 4.8.2022, https://orf.at/stories/3279580/?utm_source=pocket-newtab-global-de-DE [18.8.2020].

→ *AfD blockieren. Kein AfD Bundesparteitag in Augsburg*, in: blackblogs.org, 30.6.2018 https://noafdaugsburg.blackblogs.org/ [6.1.2022].

→ *AfD bricht Landesparteitag in Braunschweig ab*, in: NDR, 15.5.2021 https://www.ndr.de/nachrichten/niedersachsen/AfD-bricht-Landesparteitag-in-Braunschweig-ab,afd2718.html [18.7.2021].

→ *AfD-Bundesparteitag in Hannover. Kundgebung gegen AfD verläuft friedlich*, in: Hannoversche Allgemeine, 28.11.2015, https://www.haz.de/Hannover/Aus-der-Stadt/Uebersicht/AfD-Bundesparteitag-in-Hannover [10.11.2021].

→ *AfD. Bundesvorstand beantragt Parteiausschluss von Höcke*, in: ZEIT ONLINE, 31.3.2017 https://www.zeit.de/politik/deutschland/2017-03/afd-bundesvorstand-bjoern-hoecke-parteiausschlussverfahren [4.1.2022].

→ *AfD-Bundesparteitag beendet – Bilanz von Köln stellt sich quer, Köln gegen rechts und Polizei*, in: report-K.de Internetzeitung Köln, 23.4.2017, https://www.report-k.de/AfD-Bundesparteitag-beendet-Bilanz-von-Koeln-gegen-Rechts-und-Polizei-75615/ [13.11.2021].

→ *AfD-Fraktion in Sachsen-Anhalt schrumpft*, in: FAZ.NET, 29.5.2017, https://www.faz.net/aktuell/politik/inland/sarah-sauermann-verlaesst-afd-fraktion-in-sachsen-anhalt-15038450.html [26.1.2022].

→ *AfD in Baden-Württemberg. So sind sie, die roten Terroristen*, in: Süddeutsche Zeitung, 12.12.2018, https://www.fr.de/meinung/sind-sie-roten-terroristen-10945690.html [24.1.2022].

→ *AfD-Machtkampf. Gauland schlägt Höcke für Bundestag vor*, in: WirtschaftsWoche, 14.2.2017, https://www.wiwo.de/politik/deutschland/afd-machtkampf-gauland-schlaegt-hoecke-fuer-bundestag-vor/19389664.html [4.1.2022].

→ *AfD-Mann sorgt für neuen Eklat*, in: Mannheimer Morgen, 10.3.2017, https://www.mannheimer-morgen.de/politik_artikel,-laender-afd-mann-sorgt-fuer-neuen-eklat-_arid,1008291.html [18.1.2022].

→ *AfD-Nachwuchsorganisation will sich mäßigen*, in: RP ONLINE, 30.11.2018, https://rp-online.de/politik/deutschland/afd-nachwuchsorganisation-junge-alternative-will-sich-maessigen_aid-34836595 [8.4.2022].

→ *AfD-Parteitag in Bremen. „Wir sind kein Kaninchenzüchterverein"*, in: Deutschlandradio, 31.1.2015, https://www.deutschlandfunk.de/afd-parteitag-in-bremen-wir-sind-kein.2852.de.html?dram:article_id=310311 [9.11.2021).

→ *AfD-Parteitag in Bremen. Luckes einsamer Sieg*, in: Süddeutsche Zeitung, 2.2.2015, https://www.sueddeutsche.de/politik/afd-parteitag-in-bremen-luckes-einsamer-sieg-1.2330174 [9.11.2021].

→ *AfD Parteitag. Polizei setzt bei Randalen Hunderte Demonstranten fest*, in: ZEIT ONLINE, 30.4.2016, https://www.zeit.de/politik/deutschland/2016-04/afd-parteitag-stuttgart-demonstranten [10.11.2021].

→ *AfD-Parteitag: Patt zwischen Doris von Sayn-Wittgenstein und Georg Pazderski*, in: Süddeutsche Zeitung, 2.12.2017, https://www.sueddeutsche.de/politik/afd-afd-parteitag-patt-zwischen-doris-von-sayn-wittgenstein-und-georg-pazderski-1.3775662 [15.1.2022].

→ *AfD-Parteitag. Augsburger Hotels stornieren Buchungen für Fraktionschefs Weidel und Gauland*, in: Süddeutsche Zeitung, 8.6.2018, https://www.sueddeutsche.de/bayern/afd-bundesparteitag-augsburg-hotel-weidel-gauland-1.4007375 [6.1.2022].

→ *AfD-Parteitag Braunschweig. 20.000 Menschen protestierten gegen AfD*, in: Der Tagesspiegel, 30.11.2019 https://www.tagesspiegel.de/politik/afd-parteitag-in-braunschweig-20-000-menschen-protestieren-gegen-afd/25287070.html [12.1.2022].

→ *AfD-Parteitag in Braunschweig. Polizei setzt Pfefferspray und Schlagstöcke gegen Demonstranten ein*, in: Der Spiegel, 12.9.2020, https://www.spiegel.de/panorama/braunschweig-auseinandersetzungen-am-rande-von-afd-parteitag-a-2d1d41ff-ff5f-42b4-aea5-61426f8908ce [10.4.2022].

→ *AfD Niedersachsen wählt Wundrak zum Spitzenkandidaten*, in: NDR, 4.7.2021, https://www.ndr.de/nachrichten/niedersachsen/braunschweig_harz_goettingen/AfD-Niedersachsen-waehlt-Wundrak-zum-Spitzenkandidaten,afd2770.html [9.4.2022].

→ *AfD Sachsen-Anhalt. Sex-Nachrichten und intime Fotos veröffentlicht – Poggenburg nennt seine AfD „Rattenloch"*, in: Stern, 4.9.2018, https://www.stern.de/politik/deutschland/andre-poggenburg--sex-nachrichten-und-intime-fotos-veroeffentlicht-8340454.html [6.4.2022].

→ *AfD-Spitze beantragt Parteiausschluss von Sayn-Wittgenstein*, in: Der Tagesspiegel, 17.12.2018, https://www.tagesspiegel.de/politik/schleswig-holstein-afd-spitze-beantragt-parteiausschluss-von-sayn-wittgenstein/23770440.html [14.1.2022].

→ *AfD-Überläufer. CDU-Kreisverband fordert Ausschluss*, in: Volksstimme, 29.1.2018, https://www.volksstimme.de/sachsen-anhalt/cdu-kreisverband-fordert-ausschluss-1942983 [26.1.2022].

→ *AfD-Vorstand setzt Kalbitz-Verteidiger Hartwig ab*, in: RND, 21.12.2020, https://www.rnd.de/politik/afd-bundesvorstand-setzt-kalbitz-verteidiger-hartwig-ab-DHO4VHBQPBFSHALANLW6ZPG57Q.html [13.1.2022].

→ *AfD-Vorsitz: Jörg Meuthen und Tino Chrupalla gewählt*, in: Luxemburger Wort, 10.11.2019, https://www.wort.lu/de/international/afd-vorsitz-joerg-meuthen-und-tino-chrupalla-gewaehlt-5de293dfda2cc1784e350f83 [7.1.2022].

→ *Aktionen gegen Rechts*, in taz, 10.8.1994, https://taz.de/Aktionen-gegen-Rechts/!1548968/ [4.12.2023].

→ Alexander, Dietrich: *Staatenlose träumen von der Kurdischen Republik*, in: Welt, 15.8.2014, https://www.welt.de/politik/ausland/article131265945/Staatenlose-traeumen-von-der-kurdischen-Republik.html [30.8.2023].

→ Alternative für Deutschland: *Vorläufiges Antragsbuch zum Bundesparteitag in Köln 22. und 23. April 2017. Stand 19.4.2017*, https://www.afd.de/wp-content/uploads/2017/04/1904_Antragbuch-BPT-April-2017.pdf [25.10.2023].

→ Althoff, Christian / Heinze, Jens / Sellmann, Hans-Heinrich / Bollig, Peter / Schläger, Michael / Kolesch, Andreas / Rohrandt, Lars / Hörttrich, Burgit: *14.000 demonstrieren gegen Neonazis-Demo*, in: Westfalen Blatt, 9.11.2019, https://www.westfalen-blatt.de/owl/bielefeld/14000-protestieren-gegen-neonazi-demo-947118?npg= [17.3.2023].

→ *Ausgelassene Stimmung – Feiern weitgehend friedlich*, in: Süddeutsche Zeitung, 5.1.2016, https://www.sueddeutsche.de/panorama/uebergriffe-in-koeln-ausgelassene-stimmung-feiern-weitgehend-friedlich-1.2806355 [21.7.2020].

→ *Aufmarsch. Rechtsextreme demonstrieren in Berlin*, in: Tagesspiegel 20.8.2005, https://www.tagesspiegel.de/politik/rechtsextreme-demonstrieren-in-berlin-1249540.html [12.3.2023].

→ *Aufwandsentschädigung für die Abgeordneten des Deutschen Bundestages*, in: Deutscher Bundestag, Juli 2022, https://www.bundestag.de/abgeordnete/mdb_diaeten/mdb_diaeten-214848 [17.8.2022].

→ *Augsburg: Rund 5000 Demonstranten gegen AfD Parteitag*, in: BR24, 30.6.2018, https://www.br.de/nachrichten/bayern/augsburg-rund-5-000-demonstranten-gegen-afd-parteitag,QwTC09P [7.1.2022].

→ Amann, Melanie: *Interner Streit. André Poggenburg tritt aus AfD aus*, in: Spiegel, 10.1.2019, https://www.spiegel.de/politik/deutschland/andre-poggenburg-tritt-aus-der-afd-aus-a-1247481.html [8.4.2022].

→ Anker, Jens / Betschka, Julius: *Neonazi-Demo in Spandau von Gegendemonstranten blockiert*, in: Berliner Morgenpost, 19.8.2017, https://www.morgenpost.de/bezirke/spandau/article211636619/Neonazi-Demo-in-Spandau-von-Gegendemonstranten-gestoppt.html [10.3.2023].

→ *Alkoholverbot bei Rechtsrock-Festival*, in: Berliner Morgenpost, 6. Juli 2019, https://www.morgenpost.de/vermischtes/article226368839/Rechtsrock-Polizei-mietet-Tankstelle-in-Themar-Gericht-bestaetigt-Verbot-fuer-Festival.html [19.9.2020].

→ am Orde, Sabine: *Analyse AfD-Fraktion im Bundestag. Das Tabu zerbröselt*, in: taz, 25.9.2017 https://taz.de/Analyse-AfD-Fraktion-im-Bundestag/!5449993/ [25.12.2021].

→ am Orde, Sabine: *Politischer Aschermittwoch der AfD. André Poggenburg sorgt für Eklat*, in: taz, 15.2.2018, https://taz.de/Politischer-Aschermittwoch-der-AfD/!5485065/ [6.4.2022].

→ am Orde, Sabine: *Neuer Machtkampf in der AfD*, in: taz, 16.5.2020, https://taz.de/Nach-dem-Rauswurf-von-Andreas-Kalbitz/!5686039/ [10.9.2020].

→ Anfrage im Bundestag: *Drucksache 15/13661*, http://dip21.bundestag.de/dip21/btd/18/136/1813661.pdf.

→ *Angespannte Lage in Kandel*, in: Pfalz Express, 6.10.2018, https://www.pfalz-express.de/angespannte-lage-bei-demos-in-kandel-antifa-blockiert-frauenbuendnis-kandel-kundgebung/ [22.8.2020].

→ *Antisemitismus. AfD schließt Wolfgang Gedeon aus der Partei aus*, in: ZEIT ONLINE, 20.3.2020, https://www.zeit.de/politik/deutschland/2020-03/afd-antisemitismus-wolfgang-gedeon-austritt [22.1.2022].

→ *Amtsgericht: Münchner Neonazi wehrt sich gegen Urteil*, in: Süddeutsche Zeitung, 28.10.2020, https://www.sueddeutsche.de/muenchen/muenchen-neonazi-amtsgericht-haengt-die-gruenen-plakate-1.5683512?reduced=true [23.3.2023].

→ *Anti-Terror-Krieg. Die Bodenoffensive der israelischen Armee gegen Hamas rückt näher*, in: Jüdische Allgemeine, 29.10.2023 [29.10.2023].

→ Anonym: *Buttersäure und kaputte Scheiben für den 3. Weg in Plauen*, in: indymedia, 4.5.2019, https://de.indymedia.org/taxonomy/term/296 [25.3.2023].

→ *Anti-AfD-Aktion „Flyerservice Hahn". Razzia der Berliner Polizei beim „Zentrum für politische Schönheit"*, in: Der Tagesspiegel, 13.1.2022, https://www.tagesspiegel.de/berlin/anti-afd-aktion-flyerservice-hahn-razzia-der-berliner-polizei-beim-zentrum-fuer-politische-schoenheit/27971484.html [19.5.2022].

→ *Antisemitismus-Zwist: Streit zwischen Petry und Meuthen*, in: Kölner Stadtanzeiger, 19.6.2016, https://www.ksta.de/politik/antisemitismus-zwist--streit-zwischen-petry-und-meuthen-24257324?cb=1636575331958& [10.11.2021].

→ *Antisemitismus. AfD schließt Wolfgang Gedeon aus der Partei aus*, in: ZEIT ONLINE, 20.3.2020, https://www.zeit.de/politik/deutschland/2020-03/afd-antisemitismus-wolfgang-gedeon-austritt [22.1.2022].

→ Atb/AFP: *Skandalinterview. Kanye West provoziert mit Hitler und Nazi-Lobpreisung*, in: Spiegel, 2.12.2022, https://www.spiegel.de/panorama/leute/kanye-west-us-rapper-provoziert-mit-hitler-lobpreisung-a-b7e2d0c2-14b1-4a44-8f12-b2df8296dfe5 [14.11.2023].

→ *Aufmarsch von Neonazis in Schneverdingen*, in: Niedersächsischer Landtag – 13. Wahlperiode. Drucksache 13/1577. Kleine Anfrage mit Antwort. Abg. Frau Hoops (Grüne), 22.12.1995, https://www.landtag-niedersachsen.de/drucksachen/drucksachen_13_2500/1501-2000/13-1577.pdf [6.3.2023].

→ *Aufmarsch. Rechtsextreme demonstrieren in Berlin*, in: Tagesspiegel 20.8.2005, https://www.tagesspiegel.de/politik/rechtsextreme-demonstrieren-in-berlin-1249540.html [12.3.2023].

→ Aufstehen gegen Rassismus: *Wer wir sind und wie wir arbeiten*, in: Website, 2016 https://www.aufstehen-gegen-rassismus.de/kampagne/aufruf/ [29.12.2021].

→ Aufstehen gegen Rassismus Offenburg: *Räpple ruft Volk zu Gewalt auf*, in: facebook, 27.9.2020, https://www.facebook.com/121018641830117/posts/721664245098884/ [23.1.2022].

→ *Ärger um Wagenknecht*, in: Der Tagesspiegel, 14.1.2016, https://www.tagesspiegel.de/politik/linke-und-fluechtlinge-aerger-um-sahra-wagenknecht/12833340.html [22.8.2020].

→ *Ausschluss von AfD-Politikern war rechtens*, in: LTO (Legal Tribune Online), 22.7.2019, https://www.lto.de/recht/nachrichten/n/verfgh-baden-wuerttemberg-1gr119-afd-eklat-landtag-ausschluss-ordnungsmassnahmen-verfassungsgemaess/ [20.1.2022].

→ Autonome Antifa-Koordinaation Kiel: *Demos, Tröten, Konfettikanonen: 300 Menschen bei erfolgreichem Antifa-Aktionstag gegen AfD-Landesparteitag in Rendsburg*, in: Antifa-Kiel. Org, 12.9.2016, https://www.antifa-kiel.org/2016/09/ [14.11.2023].

→ Backfisch, Michael: *Thüringer AfD-Chef Höcke distanziert sich nicht von der NPD*, in: Thüringer Allgemeine, 6.5.2015, https://www.thueringer-allgemeine.de/politik/thueringer-afd-chef-hoecke-distanziert-sich-nicht-von-der-npd-id220887017.html [3.1.2022].

→ Backfisch, Michael: *AfD-Chef Lucke fordert Thüringer Landeschef zu Parteiaustritt auf*, in: Thüringer Allgemeine, 9.5.2015, https://www.thueringer-allgemeine.de/politik/afd-chef-lucke-fordert-thueringer-landeschef-zu-parteiaustritt-auf-id220893979.htm [4.12.2022].

→ *Backhaus wechselt nach AfD-Austritt zur Blauen Partei*, in: Süddeutsche Zeitung, 23.1.2018, https://www.sueddeutsche.de/politik/parteien-magdeburg-backhaus-wechselt-nach-afd-austritt-zur-blauen-partei-dpa.urn-newsml-dpa-com-20090101-180123-99-768018 [26.1.2022].

→ *Baden-Württemberg. Stefan Räpple ist nicht mehr AfD Mitglied*, in: ZEIT ONLINE, 29.9.2020, https://www.zeit.de/politik/deutschland/2020-09/afd-stefan-raepple-bundesschiedsgericht-ausschluss-parteiaustritt [23.1.2022].

→ *Baden-Württemberg. Verfassungsschutz beobachtet AfD-Jugend*, in: Frankfurter Allgemeine, 5.11.2018, https://www.faz.net/aktuell/politik/inland/baden-wuerttemberg-verfassungsschutz-beobachtet-afd-jugend-15894202.html [8.4.2022].

→ *Baden-Württemberg. Landtagswahl 2021*, in: tagesschau.de, https://www.tagesschau.de/wahl/archiv/2014-08-31-LT-DE-SN/ [18.8.2022].

→ Barrer, Jovin: *Die Rebellion der ungefickten Männer kommt aus dem Internet: Ein Experte erklärt „Incel"*, in: Watson – Nachrichtenportal, 17. Mai 2018, https://www.watson.ch/leben/gef%C3%BChle/804443197-kommt-jetzt-die-rebellion-der-ungefickten-maenner-zwei-expertinnen-erklaeren-incel [9.8.2020].

→ Bartsch, Michael: *Ungebetene Gäste, Die Tageszeitung*, in: taz, 26. Juni 2017, http://www.taz.de/!5420506/ [17.6.2018].

→ *Bayern. Verfassungsschutz beobachtet Junge Alternative und „Flügel"*, in: WELT, 23.1.2019, https://www.welt.de/regionales/bayern/article187599012/Verfassungsschutz-beobachtet-Junge-Alternative-und-Fluegel.html [8.4.2022].

→ *Bayern stuft OEZ-Attentat nun als rechtsradikal motiviert ein*, in: Welt, 25.10.2019, https://www.welt.de/politik/deutschland/article202479342/Bayern-stuft-Muenchner-OEZ-Attentat-nun-als-rechtsradikal-motiviert-ein.html [19.9.2023].

→ Bayrische Informationsstelle gegen Extremismus: *Heldengedenken in Wunsiedel: Rechts und Linksextremisten mobilisieren*, in: Gemeinsam gegen Extremismus, https://www.bige.bayern.de/infos_zu_extremismus/aktuelle_meldungen/heldengedenken-in-wunsiedel-rechts-und-linksextremisten-mobilisieren/index.html [8.3.2023].

→ Bähr, Sebastian: *Angriff auf Connewitz im Dunkeln. Zwei Jahre nach der Nazi-Attacke gibt es kaum Ermittlungserfolge*, in: Neues Deutschland, 3. Januar 2018, http://www.neues-deutschland.de/artikel/1074898.neonazi-ueberfall-in-leipzig-angriff-auf-connewitz-im-dunkeln.html [24.6.2018].

→ Bebenburg, Pitt von/Voigts, Hanning: *Hessischer Verfassungsschutz beobachtet „Junge Alternative"*, in: Frankfurter Rundschau, 1.4.2019, https://www.fr.de/rhein-main/verfassungsschutz-hessen-beobachtet-afd-jugendorganistaion-junge-alternative-12048397.html [8.4.2022].

→ *Bei Kundgebung der Rechtspartei „III. Weg" – 300 Gegendemonstranten*, in: TV Mainfranken, 20.9.2021, h https://www.tvmainfranken.de/mediathek/video/bei-kundgebung-der-rechtspartei-iii-weg-300-gegendemonstranten/ [20.3.2023].

→ Beisch, Stephanie: *„Es sind Merkels Tote". Aufregung über AfD-Äußerung zu Berlin*, in: Stern, 20.12.2016, https://www.stern.de/politik/deutschland/afd-gibt-merkel-die-schuld-an-berlin-anschlag--7248664.html [14.11.2021].

→ Bender, Justus: *Gipfel der Rechtspopulisten. Hurra-Rufe für Petry-Wilders, Le Pen und Trumph*, in: FAZ.NET, 21.1.2017 https://www.faz.net/aktuell/politik/inland/gipfeltreffen-der-rechtspopulisten-in-koblenz-14717693.html [14.11.2021].

→ Bender, Justus: *Petry kritisiert Höcke in Rundschreiben an AfD-Mitglieder*. In FAZ.NET, 27.1.2017, https://www.faz.net/aktuell/politik/inland/umstrittene-rede-petry-kritisiert-hoecke-in-rundschreiben-an-afd-mitglieder-14763064.htm [4.1.2022].

→ Bender Justus: *Drohender Parteiausschluss: Höcke warnt vor neuer Spaltung der AfD*, in: FAZ.net, 13.2.2017, https://www.faz.net/aktuell/politik/inland/afd-vorstand-will-bjoern-hoecke-ausschliessen-14875365.htm [4.1.2022].

→ Benzmann, Marcus: *AfD-Spaltung nach der Bundestagswahl*, in: CORRECTIV, 20.4.2017, https://correctiv.org/blog/ruhr/artikel/2017/04/20/afd-spaltung-nach-der-bundestagswahl/ [21.12.2021].

→ Behörde für Inneres und Sport: *Rudolf Heß Gedenkmarsch in Wunsiedel mit Rekordbeteiligung*, in: Landesamt für Verfassungsschutz Hamburg, 19.8.2003, https://www.hamburg.de/innenbehoerde/archiv/231968/rudolf-hess-gedenkmarsch-wunsiedel-artikel/ [4.3.2023].

→ Bernhard, Henry: *Bornhagen in Thüringen. Wo Höcke die Welt in Unordnung bringt*, in: Deutschlandfunk Kultur, 14.2.2018, https://www.deutschlandfunkkultur.de/bornhagen-in-thueringen-wo-hoecke-die-welt-in-unordnung-100.html [4.1.2022].

→ Bernhard, Henry: *AfD und der Verfassungsschutz/Unter Beobachtung*, in: Deutschlandfunk, 22.1.2019, https://www.deutschlandfunk.de/afd-und-der-verfassungsschutz-unter-beobachtung-100.html [8.1.2022].

→ Bernhard, Henry: *Fahrdienstleiter Eberhard Gebel. Der erste selbsternannte „Reichsbürger"*, in: Deutschlandfunk Kultur, 14.12.2022, https://www.deutschlandfunkkultur.de/reichsbuerger-wolfgang-ebel-100.html [7.6.2023].

→ *Beschluss vom 19.02.2020 – 9 Gs 5355/19*, in: AG Bielefeld, 19.2.2020, https://openjur.de/u/2271522.html [17.3.2023].

→ Bingener, Reinhard: *Haftbefehl gegen AfD-Spitzenkandidaten besteht weiter*. In FAZ.NET, 28.1.2016, https://www.faz.net/aktuell/politik/finanzskandal-belastet-afd-kandidat-andre-poggenburg-14039831.html#/elections [26.1.2022].

→ Bock, Michael: *AfD-Parteitag. Die Abrechnung*. In Volksstimme, 27.3.2017, https://www.volksstimme.de/sachsen-anhalt/die-abrechnung-1905400 [28.1.2022].

→ Bock, Michael: *Krankheit. Ex-AfD-Abgeordnete wird im Landtag vermisst*, in: Volksstimme, 27.11.2018, https://www.volksstimme.de/sachsen-anhalt/ex-afd-abgeordnete-wird-im-landtag-vermisst-939881 [26.1.2022].

→ Bock, Michael: *Parteistreit. AfD löst Börde-Kreisverband auf*, in: Volksstimme, 21.12.2017, https://www.volksstimme.de/sachsen-anhalt/afd-lost-borde-kreisverband-auf-867295 [29.1.2022].

→ Bock, Michael: *Parteistreit. Schiedsgericht kippt Auflösung der Börde-AfD*, in: Volksstimme, 5.1.2018, https://www.volksstimme.de/sachsen-anhalt/schiedsgericht-kippt-auflosung-der-borde-afd-869431 [29.1.2022].

→ Bock, Michael: *Streit. Schiedsgericht attackiert AfD-Landesvorstand*, in: Volksstimme, 29.1.2018, https://www.sueddeutsche.de/politik/parteien-gardelegen-afd-schiedsgericht-kritisiert-poggenburg-und-tritt-zurueck-dpa.urn-newsml-dpa-com-20090101-180127-99-825638 [29.1.2022].

→ Budler, Kai: *Politik / Hans-Peter Fischer. Ein „Dorf in Germanien"*, in: nd, 11.4.2021, https://www.nd-aktuell.de/artikel/1150627.hans-peter-fischer-ein-dorf-in-germanien.html [10.7.2023].

→ Bundesministerium des Innern und für Heimat: *Bundesminister Seehofer verbietet mit „Geeinte deutsche Völker und Stämme" erstmals Reichsbürgervereinigung*, in: Pressemitteilung, 19.3.2020 https://www.bmi.bund.de/SharedDocs/pressemitteilungen/DE/2020/03/verbot-reichbuergervereinigung.html [abgerufen am 27.7.2021].

→ Bundesministerium des Innern und für Heimat: *Bundesinnenminister verbietet rechtsextremistische „Sturm/ Wolfsbrigade 44"*, in: Pressemitteilung, 1.12.2020 https://www.bmi.bund.de/SharedDocs/pressemitteilungen/DE/2020/12/verbot-sturmbrigade.html, [14.11.2023].

→ *„Bürgerwehr"-Mitglieder in Chemnitz verhaftet*, in: Spiegel Online, 15.9.2018, https://www.spiegel.de/panorama/justiz/chemnitz-sechs-buergerwehr-mitglieder-festgenommen-a-1228311.html [8.9.2020].

→ *Bodo Ramelow über die Antifa. „Es kotzt mich an, wie arrogant ihr seid"*, in: Der Tagesspiegel, 25.4.2016, https://www.tagesspiegel.de/politik/bodo-ramelow-ueber-die-antifa-es-kotzt-mich-an-wie-arrogant-ihr-seid/13495996.html [4.1.2022].

→ *Bornhagen im Eichsfeld. Antifa darf AfD-Politiker Höcke nicht zu nahe kommen*, in: Der Tagesspiegel, 5.5.2016, https://www.tagesspiegel.de/politik/bornhagen-im-eichsfeld-antifa-darf-afd-politiker-hoecke-nicht-zu-nahe-kommen/13541720.html [4.1.2022].

→ *Brandanschlag auf Nazi-Gegner in Jamel*, in: ZEIT ONLINE, 13.8.2015, https://blog.zeit.de/stoerungsmelder/2015/08/13/brandanschlag-auf-nazi-gegner-in-jamel_20040 [9.1.2023].

→ Brauns, Nick: *Die Saat geht auf*, in: Junge Welt, 6.11.2013 https://www.jungewelt.de/artikel/210060.die-saat-geht-auf.html [21.10.2023].

→ Breher, Nina / Krüger, Vivien: *Unteilbar gegen Antisemitismus. Tausende setzen in Berlin ein Zeichen für eine offene Gesellschaft*, in: Tagesspiegel, 13.10.2019, https://www.tagesspiegel.de/berlin/tausende-setzen-in-berlin-ein-zeichen-fur-die-offene-gesellschaft-5037070.html [27.2.2023].

→ Die Bundeswahlleiterin: *Bundestagswahl 2017: Endgültiges Ergebnis*, in: Pressemitteilung Nr. 34/17 vom 12. Oktober 2017, https://www.bundeswahlleiterin.de/info/presse/mitteilungen/bundestagswahl-2017/34_17_endgueltiges_ergebnis.html [1.8.2018].

→ *Bundesamt für Verfassungsschutz stuft AfD-Teilorganisation „Der Flügel" als gesichert rechtsextremistische Bestrebung ein*, in: Pressemitteilung vom 12. März 2020, https://www.verfassungsschutz.de/de/oeffentlichkeitsarbeit/presse/pm-20200312-bfv-stuft-afd-teilorganisation-der-fluegel-als-gesichert-rechtsextremistische-bestrebung-ein [10.9.2020].

→ *Bundeswahlleiter betätigt Gründung einer Blauen Partei*, in: ZEIT ONLINE, 11.10.2017, https://www.zeit.de/politik/deutschland/2017-10/frauke-petry-die-blaue-partei-afd-bundeswahlleiter [25.12.2021].

→ Bundeszentrale für politische Bildung: *Landtagwahlen in drei Bundesländern*, in: Kurz & Knapp, 14.3.2016, https://www.bpb.de/kurz-knapp/hintergrund-aktuell/222799/landtagswahlen-in-drei-bundeslaendern/ [14.11.2023].

→ Burgmaier, Ralf: *Wahlkreis 51 Offenburg. Kandidatencheck: Stefan Räpple (AfD)*, in: Badische Zeitung, 23.2.2016, https://www.badische-zeitung.de/offenburg/kandidatencheck-stefan-raepple-afd--118519839.html [17.1.2022].

→ *Bündnis Herz statt Hetze. Tausende Menschen demonstrieren in Dresden gegen Pegida*, in: Berliner Morgenpost, 20.10.2019, https://www.morgenpost.de/politik/inland/article227409557/Tausende-wollen-in-Dresden-gegen-Pegida-demonstrieren.html [14.9.2021].

→ *Chaotischer Parteitag. AfD wählt Gauland zum Ko-Vorsitzenden*, in: FAZ.NET, 2.10.2017, https://www.faz.net/aktuell/politik/inland/afd-waehlt-alexander-gauland-in-hannover-zum-ko-vorsitzenden-15321395.html [15.1.2022].

→ Chaussy, Ulrich: *Das Oktoberfestattentat und der Doppelmord von Erlangen*, Berlin 2020.

→ *Claudia Roth kritisiert Friedrich für die „Linksfaschisten"-Äußerung*, in: Augsburger Allgemeine, 3.7.2018, https://www.augsburger-allgemeine.de/augsburg/AfD-Parteitag-Claudia-Roth-kritisiert-Friedrich-fuer-die-Linksfaschisten-Aeusserung-id51249411.html [7.1.2022].

→ Clauß, Anna / Friedmann, Jan / Birger, Menke: *Polizeiaktion gegen „Reichsbürger". Die krude Welt des Wolfgang P*, in: Spiegel, 19.10.2016, https://www.spiegel.de/panorama/justiz/reichsbuerger-aus-georgensgmuend-die-krude-welt-des-wolfgang-p-a-1117421.html [7.6.2023].

→ Croitoru, Joseph: *Geschichte der Hamas. Herrschaft mit Geheimstrukturen*, in: taz, 21.10.2023, https://taz.de/Geschichte-der-Hamas/!5965057/ [23.10.2023].

→ Crolly, Hannelore/Jungholt Thorsten: *FDP-Abgeordneter in Hessen läuft zur AfD über*, in: Welt, 5.5.2013, https://www.welt.de/politik/deutschland/article115889133/FDP-Abgeordneter-in-Hessen-laeuft-zur-AfD-ueber.html [10.1.2023].

→ Dahmann, Klaus: *Angriff der Salafisten*, in: DW, 25.5.2012, https://www.dw.com/de/angriff-gewaltbereiter-salafisten/a-15934862 [15.9.2023].

→ Dangeleit, Elke: *Schöner Sommer ohne Nazis – Rechtsextremisten sagen ihren Gedenkmarsch ab*, in: DIE LINKE. Friedrichshain/Kreuzberg, 1.9.2019, https://www.dielinke-friedrichshain-kreuzberg.de/politik/nachrichten/nachrichtendetail/schoener-sommer-ohne-nazis-rechtsextremisten-sagen-ihren-gedenkmarsch-ab/ [14.11.2023].

→ *Das Holocaust Denkmal vor Höckes Haus*, in: Website Zentrum für Politische Schönheit, https://politicalbeauty.de/holocaust-mahnmal-bornhagen.html [1.1.2022].

→ *Das sagt die Polizei zum Demo-Samstag in Chemnitz*, in: Tag 24, 2.6.2019, https://www.tag24.de/nachrichten/chemnitz-demo-demonstrationen-polizei-bilanz-tag-deutsche-zukunft-gegendemo-1084840 [10.9.2020].

→ *„Das war es für mich" Frauke Petry zieht sich aus der Politik zurück*, in: Tagespiegel 5.11.2019, https://www.tagesspiegel.de/politik/das-war-es-fuer-mich-frauke-petry-zieht-sich-aus-der-politik-zurueck/25191850.html [17.8.2022].

→ *Dauerzoff bei der AfD: Geheimdienstdokument belastet Kalbitz – „kein Zweifel"*, in: Merkur.de, 27.8.2020, https://www.merkur.de/politik/afd-andreas-kalbitz-parteiausschluss-verfassungsschutz-eilantrag-urteil-klage-hohloch-milz-riss-krankenhaus-zr-90026529.html [28.2.2023].

→ *Demo-Geschehen am 28.10. in Dresden*, in: Sachsen Fernsehen, 28.10.2017, https://www.sachsen-fernsehen.de/demos-am-28-10-sperrungen-in-dresden-411852/ [14.9.2021].

→ *Demo-Krawalle vom 12. Dezember 2015: Hohe Schäden im Leipziger Süden*, in: Stadt Leipzig, 16. Dezember 2015, https://www.leipzig.de/news/news/demo-krawalle-vom-12-dezember-2015-hohe-schaeden-im-leipziger-sueden/ [24.6.2018].

→ *Demonstration in Bornhagen. Antifa: „Das Dorf ist empört. Wir sind erfreut"*, in: Der Tagesspiegel, 5.5.2016, https://www.tagesspiegel.de/politik/demonstration-in-bornhagen-antifa-das-dorf-ist-empoert-wir-sind-erfreut-/13558300.html [4.1.2022].

→ *Demonstrationen. Zeichen gegen Rechts*, in: Frankfurter Allgemeine Zeitung, 19.8.2006, https://www.faz.net/aktuell/politik/inland/demonstrationen-zeichen-gegen-rechts-1355837.html [12.3.2023].

→ Demosanitäter Sanitätsgruppe Süd-West: *Kandel: Demonstrant durch Polizeihund verletzt, in: Pressemitteilung Nr. 25, 6.10.2018, https://demosanitaeter.com/presse mitteilung-nr-25-kandel-demonstrant-durch-polizeihund-verletzt/ sowie Update zum Gesehen in Kandel*, https://demosanitaeter.com/update-zum-geschehen-in-kandel/ [22.8.2020].

→ *Demos und Kinderfest – das war der 1. Juni in Chemnitz*, in: Freie Presse, Liveticker, 1.6.2019, https://www.freiepresse.de/chemnitz/liveticker-demos-und-kinderfest-das-war-der-1-juni-in-chemnitz-artikel10530845 [8.9.2020].

→ *Demos gegen AfD-Parteitag in Rendsburg*, in: Kieler Nachrichten, 10.9.2016, Zit, in: linksunten Archiv, https://linksunten.archive.indymedia.org/node/190291/index.html [14.11.2023].

→ Denkler, Thorsten: *NPD reagiert auf Verbotsantrag. Herr Apfel hat die Schnauze voll*, in: Süddeutsche Zeitung, 4. Dezember 2013, http://www.sueddeutsche.de/politik/npd-reagiert-auf-verbotsantrag-herr-apfel-hat-die-schnauze-voll-1.1835376 [30.5.2018].

→ Der Bundeswahlleiter: *Europawahl 2019: Vorläufiges amtliches Ergebnis*, in: Pressemitteilung Nr. 35/19, 27.5.2019, https://www.bundeswahlleiter.de/info/presse/mitteilungen/europawahl-2019/35_19_vorlaeufiges-ergebnis.html [11.1.2022].

→ Der Bundeswahlleiter: *Bundestagswahl 2021: Endgültiges Ergebnis*, in: Pressemitteilung Nr. 52/21 vom 15. Oktober 2021, https://www.bundeswahlleiter.de/info/presse/mitteilungen/bundestagswahl-2021/52_21_endgueltiges-ergebnis.html [21.10.2021].

→ *Der Irak-Konflikt in Niedersachsen?*, in: detektor.fm / Stadtgespräch, 7.10.2014, https://detektor.fm/gesellschaft/stadtgespraech-massenschlaegerei-celle [14.9.2023].

→ *Die Partei darf weiter „Nazis töten" plakatieren*, in: Welt, 17.9.2021, https://www.welt.de/politik/bundestagswahl/article233858270/Sachsen-Die-Partei-darf-weiter-Nazis-toeten-plakatieren.html [20.3.2023].

→ *DIE RECHTE wählt Deutschlands bekannteste Dissidentin Ursula Haverbeck als Spitzenkandidatin für die Europawahl*, in: DIE RECHTE, https://die-rechte.net/allgemein/die-rechte-waehlt-deutschlands-bekannteste-dissidentin-ursula-haverbeck-zur-fuer-die-europawahl-2019/ [25.2.2023].

→ Die Bundeswahlleiterin: *Bundestagswahl 2017*, https://www.bundeswahlleiter.de/bundestagswahlen/2017/ergebnisse/bund-99/land-8.html [1.8.2018].

→ Doerfler, Kordula: *Abgang wohl längst geplant. Petry verlässt AfD-Fraktion – und kritisiert Gauland*, in: Weser Kurier, 25.6.2017, https://www.weser-kurier.de/politik/inland/petry-verlaesst-die-afd-fraktion-und-kritisiert-gauland-doc7e42wrmozjc12oipm88z [27.12.2021].

→ Doerfler, Kordula: *AfD versetzt Augsburg in Aufregung*, in: Frankfurter Rundschau, 30.6.2018, https://www.fr.de/politik/versetzt-augsburg-aufregung-11006786.html [6.1.2022].

→ Dpa/AFP: *HogeSa. Keine Krawalle bei Hooligan-Demonstration*, in: Zeit online, 15.11.2014, https://www.zeit.de/gesellschaft/zeitgeschehen/2014-11/hannover-hooligans-demo-polizei [26.2.2023].

→ Dpa: *Neonazis Büdingen. Demo gegen Neonazi-Aufmarsch*, in: Frankfurter Rundschau, 30. Januar 2016, http://www.fr.de/rhein-main/neonazis-buedingen-demo-gegen-neonazis-aufmarsch-a-393247 [24.6.2018].

→ Dpa: *Rechtsextreme Partei. Zwei Männer wegen Wahlplakaten „Hängt die Grünen" verurteilt*, in: Allgäuer Zeitung, 25.10.2022, https://www.allgaeuer-zeitung.de/bayern/zwei-maenner-wegen-wahlplakaten-haengt-die-gruenen-verurteilt_arid-486745 [23.3.2023].

→ Dpa: *Rudolf-Heß-Gedenkmarsch: 900 Rechtsextremisten in Wunsiedel*, in: Mitteldeutsche Zeitung, 18.8.2001, https://www.mz.de/deutschland-und-welt/politik/rudolf-hess-gedenkmarsch-900-rechtsextremisten-in-wunsiedel-2993101 [8.3.2023].

→ Dpa: *Gedenkmarsch von Neonazis für Rudolf Heß*, in: Neue Züricher Zeitung, 19.8.2002, https://www.nzz.ch/article8CD82-ld.220829 [8.3.2023].

→ Dpa: *Landtagswahl Sachsen. NPD scheitert knapp*, in: ZEIT ONLINE, 31.8.2014, https://www.zeit.de/politik/deutschland/2014-08/sachsen-landtagswahl-npd [30.10.2023].

→ *Draußen Protest, drinnen zu voll*, in: taz, 15.5.2021, https://taz.de/AfD-Landesparteitag-in-Braunschweig/!5772471/ [18.7.2021].

→ *Dresden protestiert gegen Pegida*, in: Deutsche Welle. Made for minds, 20.10.2019, https://www.dw.com/de/dresden-protestiert-gegen-pegida/a-50908199 [14.9.2021).

→ Dritter Weg: *Fördermitgliedschaft*, in: Website III. Weg, https://der-dritte-weg.info/foerdermitgliedschaft/ [21.5.2023].

→ Eckhardt, Karl: *Tödliche Ignoranz*, in: Junge Welt, 27.4.2020 https://www.jungewelt.de/artikel/377228.prozess-gegen-rechtsterroristen-t%C3%B6dliche-ignoranz.html [18.8.2021].

→ Eckert, Till: *AfD wegbassen: Berlin feierte ein gigantisches Fest gegen Rechts*, in: ZEIT ONLINE, 27.5.2018, https://www.zeit.de/zett/politik/2018-05/afd-wegbassen-berlin-feierte-ein-gigantisches-fest-gegen-rechts [29.12.2021].

→ *Ehemaliger AfD-Chef. EU-Parlament entzieht Jörg Meuthen die Immunität*, in: StN.de, 15.2.2022, https://www.n-tv.de/politik/AfD-Spitze-kehrt-zum-Machtkampf-zurueck-article22832047.html [17.5.2022].

→ Eichler, Hagen: *Streit und persönliche Attacken. Sachsen-Anhalt. AfD-Parteitag droht „Verschwörern" mit Strafe*, in: Mitteldeutsche Zeitung, 25.3.2017, https://www.mz.de/mitteldeutschland/sachsen-anhalt/sachsen-anhalt-afd-parteitag-droht-verschworern-mit-strafe-1290436 [abgerufen am 28.1.2022].

→ Eichler, Hagen: *AfD Sachsen-Anhalt: Zerrissene Alternative: In der Landes AfD sind die Fronten verhärtet*, in: Mitteldeutsche Zeitung, 31.7.2017, https://www.mz.de/mitteldeutschland/sachsen-anhalt/afd-sachsen-anhalt-zerrissene-alternative-in-der-landes-afd-sind-die-fronten-verhartet-1292310 [29.1.2022].

→ Eichler, Hagen: *Sie kassiert 8.450 im Monat. Sachsen-Anhalt: AfD-Abgeordnete Sauermann schwänzt Landtag*, in: Mitteldeutsche Zeitung, 23.11.2018, https://www.mz.de/mitteldeutschland/sachsen-anhalt/sachsen-anhalt-afd-abgeordnete-sauermann-schwanzt-landtag-3126098 [26.1.2022].

→ Eichler, Hagen: *Unmut über Rechtsruck: AfD-Landtagsfraktion verliert dritten Abgeordneten – an die CDU?*, in: Mitteldeutsche Zeitung, 6.6.2017, https://www.mz.de/mitteldeutschland/sachsen-anhalt/unmut-uber-rechtsruck-afd-landtagsfraktion-verliert-dritten-abgeordneten-an-die-cdu-1318780 [24.2.2023].

→ *„Ein gutes Kind". Osama bin Ladens Mutter bricht ihr Schweigen*, in: WELT, 3.8.2018, https://www.welt.de/politik/ausland/article180501886/Alia-Ghanem-Osama-bin-Ladens-Mutter-bricht-ihr-Schweigen.html [25.10.2023].

→ *Entfernen von Wahlplakaten*, in: BAYERN.RECHT / Bayrische Staatskanzlei, 23.5.2019, https://www.gesetze-bayern.de/Content/Document/Y-300-Z-BECKRS-B-2019-N-10748?hl=true [20.3.2023].

→ *Erfolgreiche Blockade in Worms – Düstere Zukunft für Nazis – TddZ am Ende (mit Fotogalerie)*, in: Kommunalinfo Mannheim, 8.6.2020, https://kommunalinfo-mannheim.de/2020/06/08/erfolgreiche-blockaden-in-worms-duestere-zukunft-fuer-nazis-tddz-am-ende-mit-fotogalerie/ [8.9.2020].

→ *Erfurter Resolution*, in: derfluegel.de, 14.3.2015, https://gei-ge.de/node/157127040041474/erfurterresolution.pdf [6.11.2021].

→ *Erweiterung der Außengrenzen. Afd-Spitze mahnt Poggenburg ab*, in: Der Spiegel, 26.6.2017, https://www.spiegel.de/politik/deutschland/afd-spitze-beschliesst-abmahnung-fuer-andre-poggenburg-a-1154440.html [5.4.2022].

→ *EU-Parlament. Neue Gruppe vertritt Interessen von Israels Siedlern*, in: Israelnetz, 30.2.2017, https://www.israelnetz.com/politik-wirtschaft/politik/2017/03/30/neue-gruppe-vertritt-interessen-von-israels-siedlern/ [14.11.2021].

→ *Europa und Kommunalwahl am 26.5.2019 – Stadt Plauen*, https://www.plauen.de/media/anwendungen/wahlen2019/gw2019.html [29.7.2021].

→ *Europawahl in Deutschland 2019*, in: Wikipedia, https://de.wikipedia.org/wiki/Europawahl_in_Deutschland_2019 [25.2.2023].

→ *Europawahlkampf. Henkel leiht AfD eine Millionen Euro*, in: ZEIT ONLINE, 30.4.2014, https://www.zeit.de/politik/deutschland/2014-04/afd-europawahl-henkel-kredit?utm_referrer=https%3A%2F%2Fde.wikipedia.org%2F [4.11.2021].

→ *Ex-Innenminister bezeichnet Anti-AfD-Demonstranten als „Linksfaschisten"*, in: WELT, 1.7.2018, https://www.welt.de/politik/deutschland/article178569918/Hans-Peter-Friedrich-bezeichnet-Anti-AfD-Demonstranten-als-Linksfaschisten.html [7.1.2022].

→ *„Exzessiv zur Schau gestellter Personenkult". Warum Teile der AfD jetzt auf Distanz zu Björn Höcke gehen*, in: Der Tagesspiegel, 10.7.2019, https://www.tagesspiegel.de/politik/exzessiv-zur-schau-gestellter-personenkult-warum-teile-der-afd-jetzt-auf-distanz-zu-bjoern-hoecke-gehen/24578480.html [9.4.2022].

→ *Facebook-Post von AfD-Vize. Beatrix von Storch will Frauen und Kinder an Grenze mit Waffengewalt stoppen*, in: Stern, 31.1.2016, https://www.stern.de/politik/deutschland/beatrix-von-storch--afd-vize-will-frauen-und-kinder-an-grenze-mit-waffengewalt-stoppen-6675606.html [23.12.2021].

→ *„Falsch und gefährlich": AfD-Spitze empört über von Sayn-Wittgenstein Wahl*, in: Merkur.de, 2.7.2019, https://www.merkur.de/politik/afd-spitze-empoert-ueber-von-sayn-wittgensteins-wahl-falsch-und-gefaehrlich-zr-12757267.html [15.1.2022].

→ Feininger, Peter: *Kampagne gegen den AfD-Parteitag in Augsburg, Teil 1*, in: Forum solidarisches und friedliches Augsburg, 15.7.2018, https://www.forumaugsburg.de/s_3themen/Antifa/180712_afd-bundesparteitag/index.htm [6.1.2022].

→ Feininger, Peter: *Kampagne gegen den AfD-Parteitag in Augsburg, Teil 2*, in: Forum solidarisches und friedliches Augsburg, 15.7.2018, https://www.forumaugsburg.de/s_3themen/Antifa/180715_afd-bundesparteitag/index.html [6.1.2022].

→ Feininger, Peter: *Insgesamt sechs ernst zu nehmende Aufrufe gegen den AfD-Parteitag*, in: Forum solidarisches und friedliches Augsburg, 15.7.2018, https://www.forumaugsburg.de/s_3themen/Antifa/180715_afd-bundesparteitag/index.html [6.1.2022].

→ Feldmann, Julian: *Durchnässter Neonazi-Aufmarsch*, in: Endstation Rechts, 24.10.2016, https://www.endstation-rechts.de/news/durchnaesster-neonazi-aufmarsch [13.11.2023].

→ *Festnahmen nach Gewaltausbrüchen im Libanon*, in: Spiegel/Ausland, 6.2.2006, https://www.spiegel.de/politik/ausland/mohammed-karikaturen-festnahmen-nach-gewaltausbruechen-im-libanon-a-399235.html [15.9.2023].

→ Feyder, Franz: *Stefan Räpple über Terrorgruppe. AfD-Mann sorgt mit Äußerung über NSU für entsetzen*. StN.de, 7.11.2019, https://www.stuttgarter-nachrichten.de/inhalt.stefan-raepple-ueber-terrorgruppe-afd-mann-sorgt-mit-nsu-aeusserung-fuer-entsetzen.8a8ded7a-fafc-410c-b81a-66ee7aa99ae4.html [20.1.2022].

→ Fiedler, Maria: *71 Prozent Zustimmung bei Mitgliedern. AfD geht mit Duo Weidel und Chrupalla in den Bundestagswahlkampf*, in: Der Tagesspiegel, 25.5.2021, https://www.tagesspiegel.de/politik/71-prozent-zustimmung-bei-mitgliedern-afd-geht-mit-duo-weidel-und-chrupalla-in-den-bundestagswahlkampf/27219260.html [9.4.2022].

→ Fleckenstein, Hanno: *Guerilla-Aktion vor Bundestagswahl. Millionen AfD-Flyer im Altpapier*, in: taz, 28.9.2021, https://taz.de/Guerilla-Aktion-vor-Bundestagswahl/!5804054/ [19.5.2022].

→ Flyerservice Hahn: *Wer hat der AfD fünf Millionen Flyer geklaut?*, in: Politische Schönheit, https://politicalbeauty.de/flyerservice-hahn.html [16.1.2023].

→ *Fraktionen im Europäischen Parlament*. In Wikipedia, 19.11.2021, https://de.wikipedia.org/wiki/Fraktion_im_Europ%C3%A4ischen_Parlament [11.12.2021].

→ Freitag, Michael: *5 Jahre Hass: PEGIDA feiert Geburtstag*, in: Leipziger Internet Zeitung, 20.10.2019, https://www.l-iz.de/politik/sachsen/2019/10/5-Jahre-Hass-PEGIDA-feiert-Geburtstag-300854 [13.9.2021].

→ *Freiwillig bei den „Löwen von Rojava"*, in: Spartanat. Military News, Tactical Life Gears & Reviews. 5.12.2014, https://www.spartanat.com/2014/12/freiwillig-bei-den-loewen-von-rojava/ [4.9.2023].

→ Friedmann, Jan: *AfD in Baden-Württemberg. Der Chaos-Tag von Stuttgart*, in: Spiegel, 5.7.2016, https://www.spiegel.de/politik/deutschland/wolfgang-gedeon-tritt-aus-afd-fraktion-aus-a-1101509.html [18.1.2022].

→ *Für eine große internationalistische antifaschistische Demonstration*, in: Antifa Infoblatt 3/1992, 2.9.1992, https://www.antifainfoblatt.de/dossier/neonazi-gedenken-rudolf-he%C3%9F [28.3.2023].

→ *Gauland fordert Recht, stolz zu sein auf „Leistungen" in beiden Weltkriegen*, in: Welt, 14.9.2017, https://www.welt.de/politik/deutschland/article168663338/Gauland-fordert-Recht-stolz-zu-sein-auf-Leistungen-in-beiden-Weltkriegen.html [28.12.2021].

→ *Gauland bereitet sein Vermächtnis vor*, in: Süddeutsche Zeitung, 1.12.2019, https://www.sueddeutsche.de/politik/parteien-gauland-bereitet-sein-vermaechtnis-vor-dpa.urn-newsml-dpa-com-20090101-191201-99-962631 [16.1.2022].

→ *Gedenkdemo für Hitler-Stellvertreter Rudolf Heß in Berlin. Strafanzeigen und Flaschenwürfe bei Neonazi-Aufmarsch*, in: Der Tagesspiegel, 19.8.2018, https://www.tagesspiegel.de/berlin/polizei-justiz/strafanzeigen-und-flaschenwurfe-bei-neonazi-aufmarsch-3980263.html [10.3.2023].

→ *Gegen Rechts: Kirche und Initiative planen Zentrum*, in: Süddeutsche Zeitung, 25.2.2020, https://www.sueddeutsche.de/politik/extremismus-plauen-gegen-rechts-kirche-und-initiative-planen-zentrum-dpa.urn-newsml-dpa-com-20090101-200225-99-69464 [25.2.2023].

→ *Gegen den Bundesparteitag in Augsburg – Unsere Alternative ist Solidarität*, in: aufstehen-gegen-rassismus.de, https://www.aufstehen-gegen-rassismus.de/augsburg/ [6.1.2022].

→ *Geplante Demonstration der Identitären abgesagt*, in: Süddeutsche Zeitung, 20. Juli 2019, https://www.sueddeutsche.de/politik/sachsen-anhalt-identitaere-bewegung-demonstration-1.4533057 [29.7.2021].

→ *Gericht verbietet Demo in Kandel*, in: SWR Aktuell, 3. April 2020, https://www.swr.de/swraktuell/rheinland-pfalz/ludwigshafen/demo-in-kandel-wegen-corona-verboten-100.html [22.8.2020].

→ *Gerichtsbeschluss. Björn Höcke darf als „Faschist" bezeichnet werden*, in: Spiegel, 28.9.2019, https://www.spiegel.de/politik/deutschland/bjoern-hoecke-darf-als-faschist-bezeichnet-werden-gerichtsurteil-zu-eisenach-a-1289131.html [17.8.2022].

→ *Gerichtsentscheid. Verfassungsschutz darf AfD nicht als „Prüffall" bezeichnen*, in: Handelsblatt, 26.2.2019, https://www.handelsblatt.com/politik/deutschland/gerichtsentscheid-verfassungsschutz-darf-afd-nicht-als-prueffall-bezeichnen/24042290.html?ticket=ST-2480765-o77hedEAkDIIgelFPLQD-ap6 [10.1.2022].

→ *Geschäftsordnung des sächsischen Landtages (GO)*, PDF, landtag.sachsen.de, 12.11.2014, https://www.landtag.sachsen.de/dokumente/GO_6.WP_SLT_2014_11.pdf [28.12.2021].

→ Gessler, Philipp/ Mawick, Reinhard: *„Nicht länger verharmlosen". Ein Gespräch mit Stephan J. Kramer*, in: zeitzeichen, März 2020, https://zeitzeichen.net/node/8107 [10.1.2022].

→ Geuther, Gudula: *Die höchste Bedrohung geht vom Rechtsextremismus aus*, in: Deutschlandfunk, 5. 3. 2020, https://www.deutschlandfunk.de/bundestags-debatte-zu-rechtem-terror-die-hoechste-bedrohung.1766.de.html?dram:article_id=471803 [8.9.2020].

→ Giesbers, Tilo: *Vorläufige Ergebnisse der Kommunalwahlen in Niedersachsen*, in: apabiz, 16.9.2016, https://www.apabiz.de/2016/vorlaeufige-ergebnisse-der-kommunalwahlen-in-niedersachsen/ [13.11.2023].

→ Grieser, Katja: *Rund 1600 Menschen bei Demos in Gera: 800 Gegendemonstranten und 400 Rechstextreme [3. Update]*, in: Thüringer Allgemeine, 1.5.2017, https://www.thueringer-allgemeine.de/politik/rund-1600-menschen-bei-demos-in-gera-800-gegendemonstranten-und-400-rechtsextreme-3-update-id222701531.html [11.11.2023].

→ *Großdemo gegen Rassismus. Mehr als 100.000 ziehen durch Berlin*, in: ntv, 13.10.2018, https://www.n-tv.de/politik/Mehr-als-100-000-ziehen-durch-Berlin-article20669883.html [13.1.2022].

→ *Großes Polizeiaufgebot. Demonstrationen in Chemnitz beendet - Tausende bei Konzert*, in: ZEIT ONLINE, 7.9.2018, https://www.zeit.de/news/2018-09/07/demonstrationen-in-chemnitz-beendet-tausende-bei-konzert-180907-99-867776 [4.12.2023].

→ *Großeinsatz nach Attacke auf Jesiden in Herford*, in: Welt, 7.8.2014, https://www.welt.de/regionales/duesseldorf/article130974308/Grosseinsatz-nach-Attacke-auf-Jesiden-in-Herford.html [14.9.2023].

→ Haak, Sebastian: *Neonazis sagen Konzert in Themar ab*, in: Neues Deutschland, 10. September 2019, https://www.neues-deutschland.de/artikel/1125584.themar-neonazis-sagen-konzert-in-themar-ab.html [10.9.2020].

→ *Hanau ist überall. Liste der Orte und Städte 18./19./20. Feb. 2021*, in: Initiative 19. Februar Hanau, 13.2.2021, https://19feb-hanau.org/2021/02/13/19-02-2021-hanau-ist-ueberall/ [1.8.2023].

→ Hans-Georg Maaßen: *Neue Qualität von Falschberichterstattung*, in: PR online, 5.11.2018, https://rp-online.de/politik/deutschland/hans-georg-maassen-seine-abschiedsrede- im-wortlaut_aid-34286675 [8.9.2020].

→ Hartl, Johanes: *Plauen zeigt Flagge gegen Nazis*, in: Belltower.News, 18.4.2012, https://www.belltower.news/plauen-zeigt-flagge-gegen-nazis-34530/ [17.3.2023].

→ *Heftige Krawalle am Rande von Neonazi-Demo im Leipziger Süden*, in: Leipziger Volkszeitung, 13. Dezember 2015, http://www.lvz.de/Leipzig/Lokales/Heftige-Krawalle-am-Rand-von-Neonazi-Demo-im-Leipziger-Sueden [24.6.2018].

→ *Höchststrafe für Halle-Attentäter: Stephan Balliet attackiert im Gericht jüdischen Nebenkläger*, in: Der Tagesspiegel, 22.12.2020, https://www.tagesspiegel.de/politik/hoechststrafe-fuer-halle-attentaeter-stephan-balliet-attackiert-im-gericht-juedischen-nebenklaeger/26736978/ [14.5.2021].

→ Höfer, Sebastian: *Anschlag auf Parteibüro in Plauen*, in: Spitzenstadt de. Das Online-Magazin im Vogtland, 2.10.2020, https://www.spitzenstadt.de/nachrichten-aus-plauen/anschlag-auf-parteibuero-in-plauen/ [23.3.2023].

→ Holscher, Max / Meyer zu Eppendorf, Katharina: *Demonstrationen in Chemnitz. Der Schauermarsch*, in Spiegel, 1.9.2018, https://www.spiegel.de/politik/deutschland/chemnitz-afd-pegida-und-pro-chemnitz-schliessen-sich-bei-demo-zusammen-a-1226122.html [4.12.2023].

→ Hunger, Anna: *Räpples Welt*, in: Kontext Wochenzeitung Ausg. 403, 19.12.2018, https://www.kontextwochenzeitung.de/politik/403/raepples-welt-5577.html [20.1.2022].

→ *„Ich hatte das Gefühl, ich lebe in Hamburgistan!"*, in: Spiegel/Politik, 8.10.2014, https://www.spiegel.de/politik/deutschland/demonstration-gegen-is-gewalt-zwischen-kurden-und-salafisten-a-995972.html [14.9.2023].

→ *Identitäre Bewegung: Twitter geht gegen Rechtsextreme vor*, in: tagesschau, 11.7.2020, https://www.youtube.com/watch?v=2IJtHATDS3Y [27.7.2023].

→ *„Identitäre" in Halle – Gewalt, Einschüchterung und Verharmlosung*, in: ZEIT ONLINE, 27.11.2017, https://blog.zeit.de/stoerungsmelder/2017/11/27/identitaere-in-halle-gewalt-einschuechterung-und-verharmlosung_25120 [11.11.2023].

→ *In Auto Bombe entdeckt*, in: Wiesbadener Tageblatt, 24. Dezember 1993.

→ *Innerparteilicher Streit. Frauke Petry verzichtet auf AfD-Spitzenkandidatur*, in: Frankfurter Allgemeine, 19.4.2017, https://www.faz.net/aktuell/politik/bundestagswahl/2.2960/frauke-petry-verzichtet-auf-afd-spitzenkandidatur-14978280.html [11.11.2021].

→ *Intime Chats veröffentlicht. AfD-Politiker André Poggenburg bezeichnet eigene Partei als „Rattenloch“*, in: Westdeutsche Zeitung, 4.9.2018, https://www.wz.de/politik/inland/afd-politiker-andre-poggenburg-bezeichnet-eigene-partei-als-rattenloch_aid-32699977 [29.1.2022].

→ *IS – YPG: Kurdische Speerspitze im Kampf gegen Jihadisten in Syrien*, in: Tiroler Tageszeitung, 11.10.2014, https://www.tt.com/artikel/9105577/is-ypg-kurdische-speerspitze-im-kampf-gegen-jihadisten-in-syrien [21.10.2023].

→ Israel / Palästinensische Autonomiegebiete: *Anzahl der Todesopfer und Verletzten durch den Terrorangriff der Hamas gegen Israel und Gegenschläge seit dem 07. Oktober 2023*, in: Statistica search department, 27.11.2023, https://de.statista.com/statistik/daten/studie/1417316/umfrage/opferzahlen-im-terrorkrieg-der-hamas-gegen-israel/ [28.11.2023].

→ *Israelfeindliche Plakate. Stadt will Anzeige gegen die Partei „Die Rechte“ erstatten*, in: Hannoversche Allgemeine, 21.5.2019, https://www.haz.de/lokales/hannover/stadt-will-anzeige-gegen-die-partei-die-rechte-erstatten-VHPRD6ZLYSKPXDWESDSDNRLSLI.html [18.3.2023].

→ Jacobsen, Lenz: *Parteitag. Zwei Gesichter der AfD*, in: ZEIT ONLINE, 29.11.2015, https://www.zeit.de/politik/deutschland/2015-11/afd-parteitag-fluechtlinge-asyl-junge-alternative [10.11.2021].

→ Jacobsen, Lenz: *AfD-Parteitag. Die Spinner da drüben*, in: ZEIT ONLINE, 22.4.2017, https://www.zeit.de/politik/deutschland/2017-04/afd-parteitag-koeln-proteste-demonstrationen [13.11.2021].

→ Jahn, Joachim: *Gründungsparteitag der AfD. Aufstand gegen Merkels „alternativloser Politik“*, in: Frankfurter Allgemeine, 14.4.2013, https://www.faz.net/aktuell/wirtschaft/wirtschaftspolitik/gruendungsparteitag-der-afd-aufstand-gegen-merkels-alternativlose-politik-12148549.html [21.10.2021].

→ Jahn, Joachim: *AfD-Parteitag in Erfurt. Schlappe für Bernd Lucke*, in: Frankfurter Allgemeine, 22.3.2014 https://www.faz.net/aktuell/wirtschaft/wirtschaftspolitik/afd-parteitag-in-erfurt-schlappe-fuer-bernd-lucke-12858707.html [7.11.2021].

→ Jansen, Frank: *Messerattacke in Würzburg: Tatmotiv bleibt auch drei Wochen nach Anschlag rätselhaft*. In Tagesspiegel, 15.7.2021, https://www.tagesspiegel.de/politik/tatmotiv-bleibt-auch-drei-wochen-nach-anschlag-ratselhaft-5873485.html [20.3.2023].

→ Jessen, Jan: *Kurden Miliz. Wie Antifa-Aktivist Andreas gegen den IS in den Kampf zog*, in: Hamburger Abendblatt, 5.8.2016, https://www.abendblatt.de/politik/article208005861/Wie-Antifa-Aktivist-Andreas-in-den-Kampf-gegen-den-IS-zog.html [29.8.2023].

→ *Jens Dietrich verlässt CDU-Fraktion*, in: Landtag von Sachsen-Anhalt, 15.1.2020, https://www.landtag.sachsen-anhalt.de/2020/jens-diederichs-verlaesst-cdu-fraktion [26.1.2022].

→ John, Stefani: *Kurzanalyse Landtagswahl Sachsen-Anhalt 2021* https://www.boell.de/de/2021/06/07/kurzanalyse-landtagswahl-sachsen-anhalt-2021 [10.9.2021].

→ *Junge Alternative. Verfassungsschutz von Bremen und Niedersachsen beobachten AfD-Jugend*, in: Spiegel, 3.9.2018, https://www.spiegel.de/politik/deutschland/afd-bremer-und-niedersaechsischer-verfassungsschutz-beobachten-junge-alternative-a-1226264.html [7.4.2022].

→ *Junge Alternative und der „Flügel". Berliner Verfassungsschutz nimmt sich AfD vor*, in: Der Tagesspiegel, 13.3.2019, https://www.tagesspiegel.de/berlin/junge-alternative-und-der-fluegel-berliner-verfassungsschutz-nimmt-sich-die-afd-vor/24098864.html [8.4.2022].

→ Justizministerium Nordrhein-Westfalen: *Sachstand strafrechtlicher Ermittlungen aufgrund der schweren Ausschreitungen von Salafisten am 1. Mai 2012 in Solingen und am 5. Mai 2012 in Bonn*, in: 43. Sitzung des Rechtsausschusses des Landes Nordrhein-Westfalen am 22. April 2015, https://www.landtag.nrw.de/Dokumentenservice/portal/WWW/dokumentenarchiv/Dokument/MMV16-2847.pdf;jsessionid=C2DB17CB4B89FCC7E6A7E1EECC3964A3 [15.9.2023].

→ Jüttner, Julia: *V-Leute im „Thüringer Heimatsschutz". „Spitzel bespitzelt Spitzel"*, in: Spiegel.de, 4.9.2012, https://www.spiegel.de/panorama/nsu-40-v-leute-im-thueringer-heimatschutz-a-853927.html [10.1.2022].

→ Kamann, Matthias: *Wolfgang Gedeon. Wie wird ein ultralinker Agitator zum AfD-Rechtsaußen?*, in: Welt, 13.7.2016, https://www.welt.de/politik/deutschland/plus157023073/Wie-wird-ein-ultralinker-Agitator-zum-AfD-Rechtsaussen.html [23.1.2022].

→ Kamann, Matthias: *Was Höcke mit seiner „Denkmal der Schande"-Rede bezweckt*, in: Welt, 18.1.2017, https://www.welt.de/politik/deutschland/article161286915/Was-Hoecke-mit-der-Denkmal-der-Schande-Rede-bezweckt.html [4.1.2022].

→ Kamann, Matthias/ Naumann, Anneli: *Doris von Sayn-Wittgenstein. Die AfD-„Fürstin" und der Neonazi-Treff*, in: WELTplus, 28.11.2018, https://www.welt.de/politik/deutschland/plus184560354/Doris-von-Sayn-Wittgenstein-Die-radikale-Fuerstin-der-Nord-AfD.html [14.1.2022].

→ Kamann, Matthias: *Eklat um AfD-Politiker. Was Höcke mit dem „Denkmal der Schande-Rede" bezweckte*, in: WELT, 18.1.2017, https://www.welt.de/politik/deutschland/article161286915/Was-Hoecke-mit-der-Denkmal-der-Schande-Rede-bezweckt.html [24.1.2022].

→ Kamann, Matthias/ Breyton, Ricarda: *AfD-Politiker Gedeon „Im ungünstigsten Fall eine zionistische Lobby-Organisation"*, in: WELT, 8.10.2018, https://www.welt.de/politik/deutschland/article181808082/Juden-in-der-AfD-AfD-Politiker-sprechen-von-zionistischer-Lobbyorganisation.html [19.1.2022].

→ Kamann, Matthias: *Wolfgang Gedeon. Warum es so schwierig ist diesen Mann aus der AfD zu werfen*, in: Die Welt, 31.10.2019, https://www.welt.de/politik/deutschland/article202797558/AfD-Warum-es-so-schwerfaellt-Wolfgang-Gedeon-rauszuwerfen.html [21.1.2022].

→ Kamann, Matthias: *Antisemitismus-Vorwürfe lassen AfD-Parteigericht kalt*, in: Die Welt, 1.11.2019, https://www.welt.de/print/die_welt/politik/article202807072/Antisemitismus-Vorwuerfe-lassen-AfD-Parteigericht-kalt.html [22.1.2022].

→ Kamann, Matthias: *Der Rauswurf von Andreas Kalbitz hat großen Symbolwert*, in: Die Welt, 15.5.2020, https://www.welt.de/politik/deutschland/article208020877/AfD-Der-Rauswurf-von-Andreas-Kalbitz-hat-grossen-Symbolwert.html [10.9.2020].

→ Kanneberg, Axel: *Tagesschau-Chefredakteur erläutert online das Vorgehen im Fall Freiburg*, in: heise online, 5.12.2016, https://www.heise.de/newsticker/meldung/Tagesschau-Chefredakteur-erlaeutert-online-das-Vorgehen-im-Fall-Freiburg-3554170.html [7.7.2020].

→ Karlsruher Netzwerk gegen Rechts: *Das Frauenbündnis Kandel in Linkenheim am 15. Mai 2021*, in: ka-gegen-rechts.de/dossiers (Dossier 169), [25.7.2021].

→ Kasse, Wolf: *Barsinghausen ist kein Gau-Land*, in: Deister Journal, 4.11.2018, https://deister-journal.de/region/barsinghausen-ist-kein-gau-land/ [8.4.2022].

→ Kaul, Martin: *Großangriff auf einen Stadtteil. Der Kampf um Connewitz*, in: Die Tageszeitung, 12. Januar 2016, http://www.taz.de/!5265306 [24.6.2018].

→ Kazim, Hasnain: *Mordfall Walter Lübcke. Soll ich bleiben?*, in: Zeit online, 2.6.2020, https://www.zeit.de/gesellschaft/zeitgeschehen/2020-06/mordfall-walter-luebcke-rechtsextremismus-kassel-regierungspraesident [4.12.2023].

→ *Keine Partei-Eigenschaft. Pro Chemnitz und III. Weg scheitern an Zulassung zur Landtagswahl in Sachsen*, in: Dresdner Neuste Nachrichten, 24.6.2019, https://www.dnn.de/mitteldeutschland/pro-chemnitz-und-iii-weg-scheitern-an-zulassung-zur-landtagswahl-in-sachsen-7F2P7JIZKHGZMEMWB7NV5AZDNE.html [20.3.2023].

→ Kissler, Alexander: *Parteitag unter Corona-Bedingungen: Die AfD ringt um ihren zukünftigen Kurs*, in: Neue Züricher Zeitung, 29.11.2020, https://www.nzz.ch/international/parteitag-unter-corona-bedingungen-afd-ringt-hart-um-ihren-kurs-ld.1589356 [12.4.2022].

→ Kittlitz, Alard von: *Gründungsparteitag der AfD. In Wut vereint*, in: FAZ, 14.4.2013, https://www.faz.net/aktuell/politik/inland/gruendungsparteitag-der-afd-in-wut-vereint-12149130.html [2.11.2021].

→ Kleine Anfrage: *Neonazi-Aufmarsch in Fulda am 14. August zum 6. Todestag des Hitler-Stellvertreters Rudolf Heß*, in: Deutscher Bundestag, 12. Wahlperiode, Drucksache 12/5598, 26.8.1993, https://dserver.bundestag.de/btd/12/055/1205598.pdf [4.3.2023].

→ *Knallkörper auf Beamte – Polizei in Kandel macht Antifa schwere Vorwürfe*, in: WELT, 27.3.2018, https://www.welt.de/politik/deutschland/article174952611/Kandel-Knallkoerper-auf-Beamte-Polizei-macht-Antifa-schwere-Vorwuerfe.html [21.7.2020].

→ Knaul, Susanne: *Neues Grundsatzdokument. Die Hamas gibt sich versöhnlich*, in: taz, 2.5.2017, https://taz.de/Neues-Grundsatz-Dokument/!5405601/ [23.20.2023].

→ Kranert-Rydzy, Hendrik: *Haftbefehl gegen André Poggenburg erlassen: AfD-Chef kam Forderung nach Offenbarungseid nicht nach*, in: Mitteldeutsche Zeitung, 25.1.2016, https://www.mz.de/mitteldeutschland/haftbefehl-gegen-andre-poggenburg-erlassen-afd-chef-kam-forderung-zum-offenbarungseid-nicht-nach-3094940 [26.1.2022].

→ Kreib, Tom: *Landkreis Stade. Ein Minihäufchen NPD und viele Stader, die dagegen protestierten*, in: Kreiszeitung Wochenblatt, 5.3.2016, https://www.kreiszeitung-wochenblatt.de/buxtehude/c-politik/ein-mini-npd-haeufchen-und-viele-stader-die-dagegen-protestierten_a74742 [13.11.2023].

→ *Kreis Stormarn. Neonazis-Aufmarsch: Ausnahmezustand in Bad Oldeslohe*, in: Hamburger Abendblatt, 16.4.2016, https://www.abendblatt.de/region/stormarn/article207432581/Neonazi-Aufmarsch-Ausnahmezustand-in-Bad-Oldesloe.html [13.11.2023].

→ *Kriminalität Mainz. Ex-Parlamentarier Räpple wegen Verunglimpfung vor Gericht*, in: Süddeutsche Zeitung,19.1.2022, https://www.sueddeutsche.de/panorama/kriminalitaet-mainz-ex-parlamentarier-raepple-wegen-verunglimpfung-vor-gericht-dpa.urn-newsml-dpa-com-20090101-220118-99-758025 [23.1.2022].

→ Krohn, Knut: *Wieder Streit bei Alternative für Deutschland. AfD will Abgeordneten Räpple aus der Partei werfen*, in: Stuttgarter Zeitung, 12.12.2018, https://www.stuttgarter-zeitung.de/inhalt.nach-tumult-im-stuttgarter-landtag-afd-will-abgeordneten-raepple-aus-der-partei-werfen.680e873f-4315-482b-b221-950c204a58f5.html [22.1.2022].

→ Könau, Steffen: *AfD Sachsen-Anhalt: Machtkampf für Deutschland*, in: Mitteldeutsche Zeitung, 5.6.2015, https://www.mz.de/deutschland-und-welt/politik/afd-sachsen-anhalt-machtkampf-fur-deutschland-2038559 [25.1.2022].

→ Könau, Steffen: *Gesellschaft: 47Jähriger gründet eigenes Königreich*, in: Mitteldeutsche Zeitung, 14.9.2012, https://www.mz.de/mitteldeutschland/gesellschaft-47-jahriger-grundet-sein-eigenes-konigreich-2153121 [21.9.2023].

→ *„Königreich Deutschland". Polizei durchsucht Immobilien mutmaßlicher Reichsbürger*, in: ZEIT ONLINE, 29.11.2023, https://www.zeit.de/gesellschaft/zeitgeschehen/2023-11/reichsbuerger-durchsuchung-illegale-geschaefte-krankenkasse [6.12.2023].

→ *Kundgebung gegen AfD-Bundesparteitag in Augsburg. Polizei beendet ersten Protest vorzeitig*, in: Beobachter News, 30.6.2018, https://beobachternews.de/2018/06/30/polizei-beendet-ersten-protest-vorzeitig/ [6.1.2022].

→ *Kundgebung von Pegida – Tausende Gegendemonstranten*, in: DER SPIEGEL, 20.10.2019, https://www.spiegel.de/politik/deutschland/pegida-in-dresden-demonstrieren-tausende-gegen-auslaenderfeindliche-bewegung-a-1292451.html [14.9.2020].

→ *Kurz vor der Bundestagswahl. AfD-Chefin distanziert sich von Weidel und Gauland*, in: RP Online, 20.9.2017 https://rp-online.de/politik/deutschland/bundestagswahl/afd-frauke-petry-distanziert-sich-von-alice-weidel-und-alexander-gauland_aid-18020083 [27.12.2021].

→ *„Kümmelhändler"-Rede von André Poggenburg von Meinungsfreiheit gedeckt*, in: Radio Dresden, 5.6.2018, https://www.radiodresden.de/beitrag/kuemmelhaendler-rede-von-andr-poggenburg-von-meinungsfreiheit-gedeckt-539351/ [6.4.2022].

→ Küstner, Kai: *AfD nach der Bundestagswahl. Zurück zum Machtkampf*, in: ARD-Hauptstadtstudio, 27.9.2021, https://www.tagesschau.de/inland/btw21/afd-689.html [15.4.2022].

→ Landesamt für innere Verwaltung: *Landtagswahl am 26. September 2021 in Mecklenburg-Vorpommern*. https://www.laiv-mv.de/Wahlen/Landtagswahlen/2021/ [13.11.2023].

→ *Landesminister warnt. Strobel: AfD entwickelt sich in Richtung Rechtsextremismus*, in: ZEIT ONLINE, 31.8.2018, https://web.archive.org/web/20180903215243/https://www.zeit.de/news/2018-08/31/strobl-afd-entwickelt-sich-in-richtung-rechtsextremismus-180831-99-764520 [20.1.2022].

→ *Landtag Mecklenburg-Vorpommern, 8. Wahlperiode, Drucksache 8/2123*, Kleine Anfrage der Abgeordneten Constanze Oehlrich, Fraktion Bündnis90/die Grünen, 25.5.2923, https://www.dokumentation.landtag-mv.de/parldok/dokument/56586/aktivitaeten_der_brigade_12_pommern.pdf [10.7.2023].

→ *Landtagswahl im Land Brandenburg am 14.9.2014. Der Landeswahlleiter – Brandenburger Wahlergebnisse*, in: Land Brandenburg, https://www.wahlergebnisse.brandenburg.de/wahlen/LT2014/diagramUberblick.html [13.10.2023].

→ *Landtagswahl 2014 in Thüringen. Endgültiges Ergebnis*, in: Thüringer Landesamt für Statistik, https://wahlen.thueringen.de/datenbank/wahl1/wahl.asp?wahlart=LW&wJahr=2014&zeigeErg=Land [13.10.2023].

→ Thüringer Landesamt für Statistik: *Landtagswahlen 2019 – endgültiges Ergebnis*, in: Wahlen im Freistaat Thüringen, https://wahlen.thueringen.de/datenbank/wahl1/wahl.asp?wahlart=LW&wJahr=2019&zeigeErg=Lan [27.12.2021].

→ *Landtagswahlen 2018: Amtliches Endergebnis*, in: Bayrischer Landtag, https://www.bayern.landtag.de/abgeordnete/landtagswahl-2018/das-amtliche-endergebnis/ [11.9.2020].

→ *Landtagswahlen 2018, Statistik Hessen*, in: Hessischer Landeswahlleiter, https://statistik-hessen.de/l_2018/html/ [11.9.2020].

→ *Landtagswahl 2019. Wahl zum 7. Sächsischen Landtag*, in: Statistisches Landesamt Sachsen, https://wahlen.sachsen.de/landtagswahl-2019.html [17.8.2022].

→ *Landtagswahl im Land Brandenburg am 1.9.2019*, in: Der Landeswahlleiter – Brandenburger Wahlergebnisse, https://www.wahlergebnisse.brandenburg.de/wahlen/LT2019/diagramUberblick.html [18.8.2022].

→ Lauer, Stefan / Kracher, Veronika: *Wie sich die rechtsextreme „Jugendbewegung" neu ausrichtet*, in: Bell Tower New, 21.1.2022, https://www.belltower.news/identitaere-bewegung-wie-sich-die-rechtsextreme-jugendbewegung-neu-ausrichtet-127183/?utm_source=pocket-newtab-global-de-DE [27.7.2023].

→ Lauter, Rita: *Kölner Silvesternacht: Zwei Jahre und 36 Verurteilungen später*, in: ZEIT ONLINE, 31.12.2017, https://www.zeit.de/gesellschaft/zeitgeschehen/2017-12/koelner-silvesternacht-2015-sexuelle-uebergriffe-ermittlungen [22.7.2020].

→ *Legida. Hunderte Hooligans randalieren in Leipzig*, in: ZEIT ONLINE, 12.1.2016, https://www.zeit.de/politik/2016-01/leipzig-legida-demonstration-lichterkette-pegida [22.11.2023].

→ Lehmann, Timo / Müller, Ann-Katrin / Welland, Severin: *AfD-Zoff in Brandenburg. Wirbel um Kalbitz – und einen Boxhieb*, in: Spiegel, 17.8.2020, https://www.spiegel.de/politik/deutschland/afd-in-brandenburg-andreas-kalbitz-soll-partei-kollegen-geschlagen-haben-a-5e0160e8-7516-4d86-ae84-46f6faec6c81 [17.9.2020].

→ Lenz, Simone: *US-Gesandter auf Lösungssuche*, in: taz: 22.6.1989, https://taz.de/US-Gesandter-auf-Loesungssuche/!1808366/ [9.9.2023].

→ Leubecher, Marcel: *CDU wirft SPD Verstrickung in „Antifa-Sumpf" vor*, in: Die Welt, 25.2.2019, https://www.welt.de/politik/deutschland/article189406511/Kandel-Demos-CDU-wirft-SPD-Antifa-Verstrickung-vor.html [21.8.2020].

→ Litschko, Konrad: *NPD-Parteitag in Saarbrücken. „Keine Visionen"*, in: taz, 12.3.2017, https://taz.de/NPD-Parteitag-in-Saarbruecken/!5391324/ [26.2.2023].

→ Litschko, Konrad: *Rechtsextreme im Ukraine-Krieg. Neonazis an der Front*, in: taz, 24.1.2023, https://taz.de/Rechtsextreme-im-Ukraine-Krieg/!5907691/ [13.7.2023].

→ LPD-EF: *Einsatz der Landespolizeidirektion zur Versammlung „Tage der nationalen Bewegung – Musik und Redebeiträge für Deutschland“ sowie korrespondierenden Versammlungen in Themar und Kloster Veßra*, in: Presseportal, Landespolizeidirektion, 7. Juli 2019, https://www.presseportal.de/blaulicht/pm/125951/4316774 [9.9.2020].

→ Lüthe, Ivar: *Partei-Streit. AfD-Kreisverband droht Auflösung*, in: Volksstimme, 15.12.2017, https://www.volksstimme.de/sachsen-anhalt/afd-kreisverband-borde-droht-auflosung-866455 [29.1.2022].

→ Maas, Stefan: *Kongress von Rechtspopulisten. Veranstaltung in Koblenz war ein Affront*, in: Deutschlandfunk Kultur, 21.12017, https://www.deutschlandfunkkultur.de/kongress-von-rechtspopulisten-veranstaltung-in-koblenz-war-100.html [9.12.2021].

→ *Machtkampf in der AfD. Die Meuterei*, in: Spiegel, 11.7.2016, https://www.spiegel.de/spiegel/machtkampf-in-der-afd-die-meuterei-a-1102217.html [18.1.2022].

→ Mai, Marina: *Nazi-Plakat in Lichtenberg: Im Schutz der Zweideutigkeit*, in: taz, 24.4.2019, https://taz.de/Nazi-Plakat-in-Lichtenberg/!5587714/ [20.3.2023].

→ Mai, Marina: *Plakate von „Der Dritte Weg“: Lichtenberg klagt gegen Nazi-Partei*, in: taz, 28.4.2019, https://taz.de/Plakate-von-Der-Dritte-Weg/!5588001/ [20.3.2023].

→ Maier, Sascha: *AfD-Demo am Kronprinzplatz. AfD provoziert mit Gelbwesten auf Stuttgart-Demo*, in: Stuttgarter Zeitung, 8.12.2018, https://www.stuttgarter-zeitung.de/inhalt.afd-kundgebung-am-kronprinplatz-afd-provoziert-mit-gelbwesten-auf-stuttgart-demo.0f782459-974b-468c-b051-c14c63a47392.html?reduced=true# [20.1.2022].

→ *Marco Kurz zieht sich aus „Frauenbündnis Kandel“ zurück*, in: Pfalz Express, 19.12.2019, https://www.pfalz-express.de/marco-kurz-zieht-sich-aus-frauenbuendnis-kandel-zurueck/ [22.8.2020].

→ *Marcus Pretzell. AfD-Chef in NRW: Flüchtlinge notfalls mit Schusswaffen stoppen*, in: Der Tagesspiegel, 1.11.2015, https://www.tagesspiegel.de/politik/marcus-pretzell-afd-chef-in-nrw-fluechtlinge-notfalls-mit-schusswaffen-stoppen/12526534.html [14.11.2021].

→ *Markus Pretzel (AfD) in Koblenz: „Israel ist unsere Zukunft“*, in: YouTube, 24.1.2017, Timecode: 0.50 – 1.09, https://www.youtube.com/watch?v=K5WYQcCxA5Q [17.12.2021].

→ Mayr, Stefan: *AfD. Eklat bei Petry Auftritt in Augsburger Rathaus*, in: Süddeutsche Zeitung, 12.2.2016, https://www.sueddeutsche.de/bayern/afd-eklat-bei-petry-auftritt-in-augsburger-rathaus-1.2862326 [6.1.2022].

→ Merker, Henrik: *Pegida zum Jubiläum in der Unterzahl*, in: ZEIT ONLINE, 21.10.2018, https://blog.zeit.de/stoerungsmelder/2018/10/21/pegida-zum-jubilaeum-in-der-unterzahl_27451 [14.9.2021].

→ Meier, Martin: *„Aktion Solidarität“ – Identitäre entern Nordstream 2*, in: Hanse Rundschau, 29.8.2022, https://www.hanse-rundschau.de/aktion-solidaritaet-identitaere-entern-nordstream-2/ [27.7.2023].

→ Meisner, Matthias: *Update / Bernd Lucke gegen Frauke Petri gegen … „Weckruf 2015“ soll den Rechtsruck in der AfD stoppen*, in: Der Tagesspiegel, 18.5.2015, https://www.tagesspiegel.de/politik/bernd-lucke-gegen-frauke-petry-gegen-weckruf-2015-soll-rechtsruck-der-afd-stoppen/11790006.html [9.11.2021].

→ Metzger, Frank: *Heß-Revival in Berlin*, in: berlin rechtsaußen, 26.8.2017, https://rechtsaussen.berlin/2017/08/hess-revival-in-berlin/ [1.3.2023].

→ Meyer-Wellmann, Jens: *Hamburg. AfD lädt als extrem rechts geltenden Redner ein*, in: Hamburger Abendblatt, 13.10.2018, https://www.abendblatt.de/hamburg/article215553929/AfD-Mitte-laedt-als-extrem-rechts-geltenden-Redner-ein.html [28.3.2022].

→ *Millionen Menschen demonstrieren gegen Terror*, in: ZEIT ONLINE, 12.1.2015, https://www.zeit.de/politik/ausland/2015-01/anschlag-charlie-hebdo-paris-frankreich-live-blog [26.2.2023].

→ *Mehr als 3000 Besucher beim Ostritz Friedensfest*, in: Wochenkurier, 5.11.2018, https://www.wochenkurier.info/landkreis-goerlitz/artikel/mehr-als-3000-besucher-beim-ostritzer-friedensfest [14.11.2023].

→ Ministerium des Innern – Landeswahlleitung: *Landtagswahl 2017*, in: Endgültiges Ergebnis für Nordrhein-Westfalen, 14.5.2017, https://www.wahlergebnisse.nrw/landtagswahlen/2017/aktuell/a000lw1700.shtml [14.11.2023].

→ Muscionico, Daniele: *Mohammed-Karikaturist gestorben: Wer sich nicht totlacht, wird ausgepeitscht*. Tagblatt, 20.5.2021, https://www.tagblatt.ch/kultur/tod-eines-provokateurs-mohammed-karikaturist-gestorben-wer-sich-nicht-totlacht-wird-ausgepeitscht-ld.2165232 [14.9.2023].

→ Müller, Claus Peter: *Pannen bei NSU-Ermittlungen. Vertrauen es Parlaments verloren*, in: FAZ.net, 3.7.2012, https://www.faz.net/aktuell/politik/inland/pannen-bei-nsu-ermittlungen-das-vertrauen-des-parlaments-verloren-11809077.html [10.1.2022].

→ Müller, Claus Peter: *Verfassungsschutz in Thüringen. Bloß kein zweiter Roewer*, in: FAZ.net, 2.1.2016, https://www.faz.net/aktuell/politik/inland/umstrittene-berufung-stephan-kramers-zum-leiter-des-verfassungsschutzes-in-thueringen-13990959.html [10.1.2022].

→ Müller, Uwe/ Nagel, Lars-Marten/Pauly, Marcel: *AfD Wahlsieg als Weg aus dem privaten Finanzdisater*, in: WELT, 31.2.2016, https://www.welt.de/politik/deutschland/article151695462/AfD-Wahlsieg-als-Weg-aus-dem-privaten-Finanzdesaster.html [26.1.2022].

→ Müller-Vogg, Hugo: *Meuthen verlässt AfD: Der Opportunist scheitert an den Ultra-Rechten und sich selbst*, in: FOCUS online, 28.2.2022, https://www.focus.de/politik/deutschland/kommentar-ende-eines-opportunisten-mit-meuthens-abgang-ist-weg-zur-hoeckerisierung-der-afd-frei_id_24322940.html [20.5.2022].

→ *Nach Rechtsstreit mit Kassel. AfD muss Parteitag nach Hannover verlegen*, in: FAZ.NET, 16.11.2015, https://www.faz.net/aktuell/rhein-main/afd-muss-parteitag-von-kassel-nach-hannover-verlegen-13915707.html [10.11.2021].

→ *Nach Verlusten bei Wahl. AfD-Spitze kehrt zum Machtkampf*, in: ntv, 27.9.2021, https://www.n-tv.de/politik/AfD-Spitze-kehrt-zum-Machtkampf-zurueck-article22832047.html [27.4.2022].

→ *Nationalisten helfen Nationalisten: Materialspende für die Front abgeliefert*, in: der-dritte-weg.info, 30.3.2022, https://der-dritte-weg.info/2022/03/nationalisten-helfen-nationalisten-materialspende-fuer-die-front-abgeliefert/ [13.7.2023].

→ *Nationalsozialismus. Gauland bezeichnet NS-Zeit als „Vogelschiss in der Geschichte"*, in: Deutsche Welle, 2.6.2018, https://www.dw.com/de/gauland-bezeichnet-ns-zeit-als-vogelschiss-in-der-geschichte/a-4405421 [1.1.2022].

→ Naumann, Florian/Mehr, Klaus-Maria/Huber, Stefan: *Thüringen-Wahl 2019: Gauland spricht über Höcke – in bezeichnenden Worten*, in: Merkur.de, 28.10.2019, https://www.merkur.de/politik/thueringen-wahl-2019-nach-afd-erfolg-gauland-spricht-ueber-hoecke-in-bezeichnenden-worten-zr-13170372.html [10.9.2021].

→ *Neonazis-Aufmarsch in Goslar. Fiasko in der „Reichsbauernstadt"*, in taz, 2.6.2018, https://taz.de/Neonazi-Aufmarsch-in-Goslar/!5510131/ [4.12.2023].

→ *Neonazis-Aufzug zum Gedenken an Rudolf Heß in Spandau wurde von Gegendemonstranten gestoppt*, in: Berliner Zeitung, 20.8.2017, https://www.berliner-zeitung.de/mensch-metropole/neonazi-aufzug-zum-gedenken-an-rudolf-hess-in-spandau-wurde-von-gegendemonstranten-gestoppt-li.30915 [10.3.2023].

→ *Neonazis-Demos zum 1. Mai. Randale, Buttersäure und versuchter Totschlag*, in: Belltower.News, 2.5.2017, https://www.belltower.news/neonazi-demos-zum-1-mai-randale-buttersaeure-und-versuchter-totschlag-43740/ [11.11.2023].

→ *Neonazi-Festival in Ostritz: Polizei schreitet bei Rechtskonzert ein*, Leipziger Volkszeitung, 23.6.2019, https://www.lvz.de/Region/Mitteldeutschland/Neonazi-Festival-in-Ostritz-Polizei-schreitet-bei-Rechtskonzert-ein [9.9.2020].

→ *Neonazi streamte seinen Anschlag in Halle im Internet*, in: Berliner Zeitung, 9.10.2019, https://www.bz-berlin.de/deutschland/schuesse-in-halle-mindestens-eine-tote [18.8.2021].

→ *Neonazi-Szene in Dortmund. Zahlreiche Rechtsextreme bei Beerdigung von „SS-Siggi"*, in: t-online, 21.1.2022, https://www.t-online.de/region/dortmund/news/id_91517156/neonazi-ss-siggi-beerdigt-experte-warnt-vor-folgen-der-trauerfeier.html [9.3.2023].

→ *Neonazi als V-Mann enttarnt. Thüringer Staatskasse finanziert NPD-Aufmärsche*, in: Antifa-Info Blatt, 29.8.2001, https://www.antifainfoblatt.de/artikel/neonazi-als-v-mann-enttarnt-th%C3%BCringer-staatskasse-finanziert-npd-aufm%C3%A4rsche [10.1.2022].

→ *Neonazis in Nahost – „betrogen und reingelegt"*, in: Der Spiegel 27/1981, 28.6.1981, https://www.spiegel.de/politik/neonazis-in-nahost-betrogen-und-reingelegt-a-60b1c010-0002-0001-0000-000014342686 [22.10.2022].

→ *Neonazis wichen nach Koge aus*, in: Neues Deutschland, 18.8.1997, https://www.nd-aktuell.de/artikel/673481.ma-neonazis-wichen-nach-koge-aus.html [8.3.2023].

→ Neuerer, Dietmar: *Congress Zentrum Hannover sperrt AfD aus*, in: Handelsblatt, 26.11.2015, https://www.handelsblatt.com/politik/deutschland/alternative-fuer-deutschland-congress-hotel-in-hannover-sperrt-afd-aus/12642274.html?ticket=ST-3533942-rQCluSzsiafYxOAwlmBh-cas01.example.org [10.11.2021].

→ Niedersächsisches Ministerium für Inneres und Sport: *Neonazi-Aufzug in Peine. Sitzung des Niedersächsischen Landtages am 16.09.2005*, in: Niedersachsen. Klar, https://www.mi.niedersachsen.de/startseite/aktuelles/presseinformationen/-61526.html [12.3.2023].

→ *Ohne Scham menschverachtend*, in: taz, 28.7.2020, https://taz.de/Prozess-gegen-Halle-Attentaeter/!5704664/ [14.8.2020].

→ Omas gegen Rechts: *Grundsatz*, in: Website OMAS GEGEN RECHTS, 23.9.2018, https://www.omasgegenrechts.de/grundsatztext/ [4.9.2023].

→ *Ortenauer CDU Abgeordneter gegen zu frühe Festlegung*, in: baden online, 14.3.2916, https://www.bo.de/nachrichten/nachrichten-regional/ortenauer-cdu-abgeordnete-gegen-fruehe-festlegung# [17.1.2022].

→ *Ostritz: Proteste gegen Neonazi-Festival*, in: Leipziger Volkszeitung, 22. Juni 2019, https://www.lvz.de/Region/Mitteldeutschland/Ostritz-Proteste-gegen-Neonazi-Festival [9.9.2020].

→ Paculla, Volkhard: *Neuer Verfassungsschutzchef Kramer. Nicht geeignet für Spitzenamt in Thüringen?*, in: Thüringern Allgemeine, 24.11.2015, https://www.thueringer-allgemeine.de/politik/neuer-verfassungsschutzchef-stephan-kramer-nicht-geeignet-fuer-spitzenamt-in-thueringen-id221351925.html [10.1.2022].

→ *Parteien – Gardelegen. AfD Parteitag berät Auflösung von Kreisverband*, in: Süddeutsche Zeitung, 27.1.2018, https://www.sueddeutsche.de/politik/parteien-gardelegen-afd-landesparteitag-beraet-aufloesung-von-kreisverband-dpa.urn-newsml-dpa-com-20090101-180126-99-817058 [29.1.2022].

→ *Parteien – Braunschweig. Rechtsruck in Niedersachsen AfD: Kestner wird Landeschef*, in: Süddeutsche Zeitung, 13.9.2020, https://www.sueddeutsche.de/politik/parteien-braunschweig-rechtsruck-in-niedersachsen-afd-kestner-wird-landeschef-dpa.urn-newsml-dpa-com-20090101-200912-99-535814 [10.4.2022].

→ *Parteitag in Stuttgart. Leuchtraketen und brennende Autoreifen gegen die AfD*, in: Spiegel Politik, 30.4.2016, https://www.spiegel.de/politik/deutschland/afd-parteitag-in-stuttgart-leuchtraketen-und-brennende-autoreifen-gegen-die-afd-a-1090221.html [10.11.2021].

→ Paul, Raimar: *Polizeiaufgebot vereitelt Heß-Gedenkmarsch. Rund 300 Festnahmen im Bundesgebiet. Nazi-Demo im dänischen Köge*, in: Junge Welt, 18.8.1997, https://www.jungewelt.de/loginFailed.php?ref=/artikel/1354.polizeiaufgebot-vereitelte-he%C3%9F-gedenkmarsch.html [8.3.2023].

→ Paul, Reimar: *Proteste gegen Rechts in Niedersachsen. NPD-Schlappe in der „Frontstadt"*, in: taz, 11.9.2016, https://taz.de/Protest-gegen-Rechts-in-Niedersachsen/!5335692/ [13.11.2023].

→ *Pegida-Demo nach Schlägerei abgebrochen*, in: ntv, 14.3.2015, https://www.n-tv.de/politik/Pegida-Demo-nach-Schlaegerei-abgebrochen-article14700141.html [20.9.2023].

→ *Pegida-Umfeld feiert Durchbruch in Kandel*, in: Beobachter News, 5.3.2018, https://beobachternews.de/2018/03/05/pegida-umfeld-feiert-sich-fuer-durchbruch-in-kandel/ [21.7.2020].

→ *Pegida-Umzug durch Wuppertal aufgelöst*, in: ZEIT ONLINE, 14.3.2015, https://www.zeit.de/politik/deutschland/2015-03/pegida-salafisten-hogesa-wuppertal [20.9.2023].

→ Pentz, Jannik: *Petry: Ich steh für einen gemäßigten Kurs*, in: BR24, 24.9.2017, https://www.br.de/nachrichten/das-wichtigste/petry-ich-stehe-fuer-einen-gemaessigten-kurs,QWAL8u [29.12.2021].

→ *Petry sieht völkisch als positiven Begriff*, in: FAZ.NET, 11.9.2016, https://www.faz.net/aktuell/politik/inland/afd-petry-sieht-voelkisch-als-positiven-begriff-14430103.htm [29.12.2021].

→ *Politischer Aschermittwoch. AfD-Bundesvorstand mahnt Poggenburg ab*, in: ZEIT ONLINE, 16.2.2018, https://www.zeit.de/politik/deutschland/2018-02/tuerkische-gemeinde-deutschland-andre-poggenburg-afd-politischer-aschermittwoch [6.4.2022].

→ *Polizei-Aufgebot verhindert Neonnazi-Aufmarsch*, in: Berliner Morgenpost, 19.8.2007, https://www.morgenpost.de/printarchiv/brandenburg/article103274277/Polizei-Aufgebot-verhindert-Nazi-Aufmarsch.html [12.3.2023].

→ *Polizeibeamtin wird verletzt. Demo gegen Landesparteitag der AfD im Gardelegener Volkshaus*, in: az-online.de, 27.1.2018, https://www.az-online.de/altmark/gardelegen/demo-gegen-landesparteitag-gardelegener-volkshaus-9563685.html [29.1.2022].

→ *Polizistin bei Demonstration in Gardelegen verletzt*, in: Sachsen-Anhalt 112.de, 27.1.2018, https://www.sachsenanhalt112.de/gardelegen-sachsen-anhalt-afd-alternative-fuer-deutschland-parteitag-protest-polizistin-verletzt/ [29.1.2022].

→ *Polizei stürmt Zug mit Nazi-GegnerInnen*, in: Beobachter News, 8.4.2018, https://beobachternews.de/2018/04/08/polizei-stuermt-zug-mit-nazi-gegnerinnen/ [22.8.2020).

→ *Polizei zu Demonstrationen in Kandel: In Landau wird Ermittlergruppe gebildet – Vorwürfe gegen Antifa*, in: Pfalz Express, 27.3.2018, https://www.pfalz-express.de/polizei-zu-demonstrationen-in-kandel-in-landau-wird-ermittlergruppe-gebildet/ [21.7.2020].

→ Polizeidirektion Landau, POL-PDLD: *Demonstrationen in Kandel*, in: Presseportal, Meldungen zum Frauenbündnis Kandel, 26.6.2021, https://www.presseportal.de/blaulicht/st/Frauenb%C3%BCndnis%20Kandel [25.7.2021].

→ Portalseite der Antifaschistischen Gruppe Südthüringen (AGST), https://agst.noblogs.org [1.3.2023].

→ Prantner, Christoph: *Jörg Meuthen will nicht mehr für AfD-Vorsitz kandidieren*, in: Neue Züricher Zeitung, 11.10.2021, https://www.nzz.ch/international/afd-chef-joerg-meuthen-zieht-sich-aus-der-parteifuehrung-zurueck-ld.1649790 [12.9.2021].

→ Praschl, Gerhard: *AfD Spitzenpolitiker auf der besetzten Krim*, in: Gerhard Praschl EASTblog, 15.4.2016, https://geraldpraschl.de/?p=840 [14.11.2021].

→ Pressestelle das Verwaltungsgerichts Hannover: *Gericht lehnt Eilantrag gegen Beschränkung zur Versammlung „Europa gegen den Terror des Islamismus" ab*, in: Verwaltungsgericht Hannover, 14.11.2014, https://www.verwaltungsgericht-hannover.niedersachsen.de/aktuelles/pressemitteilungen/gericht-lehnt-eilantrag-gegen-beschraenkungen-zur-versammlung-europa-gegen-den-terror-des-islamismus-ab-129262.html [26.2.2023].

→ Presserklärung Unsere Alternative heißt Solidarität / Gemeinsam gegen Rassismus: *2017. Gegen den AfD-Bundesparteitag in Hannover*, in: Antifaschistische Linke International, https://www.inventati.org/ali/index.php/archiv/antifa/2029-afd-bundesparteitag-hannover.html#presse [13.3.2023].

→ *Pro NRW provoziert mit Islam-Karikaturen*, in: Welt, 1.5.2012, https://www.welt.de/regionales/duesseldorf/article106241375/Pro-NRW-provoziert-mit-Islam-Karikaturen.html [15.9.2023].

→ *Pro NRW provoziert Salafisten. Verletzte Polizisten bei Krawallen in Bonn*, in: WDR, 6.5.2012, https://www1.wdr.de/archiv/jahresrueckblick/salafisten154.html [14.11.2023].

→ *Protest-Bündnis demonstriert friedlich gegen AfD-Parteitag*, in: Pressemitteilung, Evangelisch-Lutherische Landeskirche Hannover, 27.11.2015, https://www.landeskirche-hannovers.de/evlka-de/presse-und-medien/nachrichten/2015/11/2015_11_28_3 [10.11.2021].

→ *Protest in Berlin. AfD trifft auf 25000 Gegendemonstranten*, in: Der Tagesspiegel, 27.5.2018, https://www.tagesspiegel.de/berlin/protest-in-berlin-afd-anhaenger-treffen-auf-25-000-gegendemonstranten/22607806.html [29.12.2021].

→ *Protest gegen den Bundesparteitag der AfD. 30 Juni 2018 Messe Augsburg*, in: AfD stoppen, https://afd-stoppen-augsburg.de/ [6.1.2022].

→ *Protest gegen Neonazis. „Wenn die mich weiter so ärgern, schenke ich das Haus der NPD“*, in: WELT, 4.2.2018, https://www.welt.de/politik/deutschland/article173176932/Neonazi-Festival-in-Ostritz-Sind-Bands-fuer-die-nicht-nur-der-Dorfnazi-kommt.html [22.4.2023].

→ *Prozess Mainz. Ex-Parlamentarier Räpple zu Bewährungsstrafe verurteilt*, in: Süddeutsche Zeitung, 19.1.2022, https://www.sueddeutsche.de/panorama/prozesse-mainz-ex-parlamentarier-raepple-zu-bewaehrungsstrafe-verurteilt-dpa.urn-newsml-dpa-com-20090101-220119-99-769255 [23.1.2022].

→ *Prozess gegen US-Verschwörungstheoretiker. Milliardenstrafe wegen Verleugnung*, in: tagesschau, 13.10.2022, https://www.tagesschau.de/ausland/jones-schadensersatz-101.html [14.11.2023].

→ Ramm, Wiebke: *Urteil gegen Holocaustleugnerin Haverbeck. „Was sie vorbringen, ist Gift.“* in: Spiegel/Panorama, 1.4.2022, https://www.spiegel.de/panorama/justiz/ursula-haverbeck-erneut-verurteilt-von-der-historischen-wahrheit-meilenweit-entfernt-a-4e9726e6-686c-4b41-999c-c6af1c1950b7 [25.2.2023].

→ *Ramelow über die Antifa. „Es kotzt mich an, wie arrogant ihr seid“*, in: Der Tagesspiegel, 25.4.2016, https://www.tagesspiegel.de/politik/bodo-ramelow-ueber-die-antifa-es-kotzt-mich-an-wie-arrogant-ihr-seid/13495996.htm [4.1.2022].

→ *Rassistische Aschermittwochsrede. Türkische Gemeinde erwägt Anzeigen gegen AfD-Politiker Poggenburg*, in: Spiegel Politik, 15.2.2018, https://www.spiegel.de/politik/deutschland/afd-politiker-andre-poggenburg-tuerkische-gemeinde-prueft-anzeige-a-1193594.html [28.3.2022].

→ Rath, Christian: *Plakate der Nazi-Partei III. Weg: „Eine Aufforderung zu Straftaten“*, in: taz, 20.9.2021, https://taz.de/Plakate-der-Nazi-Partei-III-Weg/!5797791/ [abgerufen 20.3.2023].

→ *Reaktion auf Rauswurf aus der AfD. Sayn-Wittgenstein zieht sich aus Vorstandsarbeit zurück*, in: Der Tagesspiegel, 2.9.2019, https://www.tagesspiegel.de/politik/reaktion-auf-rauswurf-aus-der-afd-sayn-wittgenstein-zieht-sich-aus-vorstandsarbeit-zurueck/24970434.html [15.1.2022].

→ Recherche: *14. April 2013 – NPD-Kundgebung im Tiergarten*, in: Fight Back – Antifa Recherche Berlin-Brandenburg, 15.7.2013, https://antifa-berlin.info/recherche/299-recherche-14.-april-2013---npd-kundgebung-in-tiergarten [2.11.2021].

→ *Rechte Verquickungen in Halle (Saale): AfD-Politiker Hans-Joachim Tillschneider hat Büro im Identitären-Haus*, in: Mitteldeutsche Zeitung, 22.9.2017, https://www.mz.de/lokal/halle-saale/rechte-verquickungen-in-halle-saale-afd-politiker-hans-thomas-tillschneider-hat-buro-im-identaren-haus-1360182 [26.1.2022].

→ *Rechtsnationale Strömung. AfD-Chef Meuthen: Höchstens 20 Prozent sind beim „Flügel"*, in: ZEIT ONLINE, 23.7.2019, https://www.zeit.de/news/2019-07/23/afd-chef-meuthen-hoechstens-20-prozent-sind-beim-fluegel [9.4.2022].

→ *Rechtsextremismus. Jörg Meuthen stellt Beobachtung der Identitären Bewegung in Frage*, in: ZEIT ONLINE, 20.7.2019, https://www.zeit.de/politik/deutschland/2019-07/rechtsextremismus-identitaere-bewegung-joerg-meuthen-aufmarsch-halle?utm_referrer=https%3A%2F%2Fwww.google.de%2F [9.4.2022].

→ *Rechtsextreme Gruppe bekennt sich zu Mauerbau-Aktion*, in: ZEIT ONLINE, 11.3.2016, https://www.zeit.de/gesellschaft/zeitgeschehen/2016-03/sachsen-anhalt-landtagswahl-migranten-probe-wahllokal-halle-zugemauert [29.7.2021].

→ *Reich, irre, gefährlich? Der selbsternannte König von Deutschland dehnt sein Territorium aus*, in: Fokus online, 19.8.2023, https://www.focus.de/panorama/welt/reich-irre-gefaehrlich-der-koenig-von-deutschland-dehnt-sein-territorium-aus_id_201993601.html [21.9.2023].

→ Reiners, Willi: *Eklat im Landtag. Räpple und Gedeon gegen Aras – Verfassungsrichter entscheiden*, in: StN.de, 17.1.2019, https://www.stuttgarter-nachrichten.de/inhalt.nach-eklat-im-landtag-raepple-und-gedeon-gegen-aras-verfassungsrichter-entscheiden.b68cab35-66db-4f26-a5f3-1ce5b5c795c9.html [22.1.2022].

→ *Requiem für Anfänger*, http://antideutscheaktionberlin.blogsport.de/ [4.1.2022].

→ Richter, Christoph: *Vorwürfe gegen AfD-Landeschef. Mobbing, Denunziation, Beschimpfungen*. Deutschlandfunk, 11.2.2016, https://www.deutschlandfunk.de/vorwuerfe-gegen-afd-landeschef-mobbing-denunziantentum-100.html [27.1.2022].

→ Riese, Dinah: *Holocaust-Denkmal vor Höckes Tür. Tumulte in Bornhagen*, in: taz, 23.11.2017, https://taz.de/Holocaust-Mahnmal-vor-Hoeckes-Haustuer/!5466006/ [5.1.2022].

→ Rohleder, Niels: *Panische Flucht der Neonazis*, in: taz, 21.8.1995, https://taz.de/Panische-Flucht-der-Neonazis/!1496046/ [6.3.2023].

→ Röpke, Andrea *Rechtsrock-Konzert. Der Norden rockt nicht*, in: Endstation rechts, 5.3.2023, https://www.endstation-rechts.de/news/der-norden-rockt-nicht [10.7.2023].

→ Roßmann, Robert: *Facebook-Gesetz. „Identitäre" blockieren Justizministerium*, in: Süddeutsche Zeitung, 19.5.2017, https://www.sueddeutsche.de/politik/identitaere-angriff-auf-ministerium-1.3513312 [4.12.2023].

→ *Rudolf-Heß-Gedenkmarsch 1994*, in: AIB 28 - 4 / 4.1.1995, https://www.antifainfoblatt.de/artikel/rudolf-heß-gedenkmarsch-1994 [4.12.2023].

→ *Rudolf Heß Marsch 1998: Auf dem Weg in die Bedeutungslosigkeit?*, in: AIB 45/4.1989, 2.12.1998, https://www.antifainfoblatt.de/artikel/rudolf-he%C3%9F-marsch-1998-auf-dem-weg-die-bedeutungslosigkeit [8.3.2023].

→ Sabinsky-Wolf, Holger: *David S. – wie aus einem Milchbubi ein Killer wurde*, in: Augsburger Allgemeine, 24.7.2016, https://www.augsburger-allgemeine.de/bayern/Amoklauf-von-Muenchen-David-S-Wie-aus-dem-Milchbubi-ein-Killer-wurde-id38598642.html [19.9.2020].

→ *Sachsen-Anhalt. Landtagswahl 2021*, in: tagesschau.de, https://www.tagesschau.de/wahl/archiv/2014-08-31-LT-DE-SN/ [18.8.2022].

→ *Sachsen. Landtagswahl 2014*, in: tagesschau.de, https://www.tagesschau.de/wahl/archiv/2014-08-31-LT-DE-SN/ [18.8.2022].

→ *Salafisten attackieren Polizisten*, in: Spiegel / Panorama, 1.5.2012, https://www.spiegel.de/panorama/justiz/salafisten-attackieren-polizisten-nach-pro-nrw-kundgebung-a-830761.html [15.9.2023].

→ *Salafisten greifen bei rechter Demo Polizisten an*, in: WELT, 2.5.2012, https://www.welt.de/politik/deutschland/article106242511/Salafisten-greifen-bei-rechter-Demo-Polizisten-an.html [23.10.2023].

→ Sartor, Stephanie: *Ermittlungen. Schlag gegen die „Reichsbürger"-Szene in Bayern*, in: Augsburger Allgemeine, 23.11.2023, https://www.augsburger-allgemeine.de/bayern/ermittlungen-schlag-gegen-die-reichsbuerger-szene-auch-in-bayern-id68590126.html [9.12.2023].

→ Saure, Hans-Wilhelm/Maegerle, Anton: *Skandal um antisemitisches Buch von W. Gedeon. AfDler nennt Neonazi Horst Mahler Dissidenten*, in: Bild, 1.6.2016, https://www.bild.de/politik/inland/alternative-fuer-deutschland/antisemitisches-buch-46065860.bild.html [20.1.2022].

→ Sächsisches OVG: *Beschl. v. 21.9.2021, Az. 6 B 360/21*, https://openjur.de/u/2352526.html [20.3.2023].

→ Schädel, Sophie: *Der Rechte, der die Terrortruppe verriet*, in: ZEIT ONLINE, 23.6.2021, https://blog.zeit.de/stoerungsmelder/2021/06/23/der-rechte-der-die-terrorgruppe-verriet_30847?wt_ref=https%3A%2F%2Fwww.google.de%2F&wt_time=1627387911365 [27.7.2021].

→ Schindler, Franziska: *Demos in Erfurt und Dresden. Tausende gegen rechts*, in: taz, 15.2.2020, https://taz.de/Demos-in-Erfurt-und-Dresden/!5663832/ [27.2.2023].

→ Schindler, Frederik: *Europäische Neonazis bei der Hisbollah. Rechtsextreme Delegation im Libanon*, in: taz, 21.3.2019, https://taz.de/Europaeische-Neonazis-bei-der-Hisbollah/!5582324/ [1.11.2023].

→ Schmitz, Jens: *Stefan Räpple soll raus aus der AfD – will aber nicht*, in: Badische Zeitung, 1.4.2020, https://www.badische-zeitung.de/stefan-raepple-soll-raus-aus-der-afd-will-aber-nicht--184556180.html [22.1.2022].

→ Schneider, Jens: *AfD-Parteitag in Köln. Frauke Petry – die Parteichefin, die keine mehr ist*, in: Süddeutsche Zeitung, 22.4.2017, https://www.sueddeutsche.de/politik/afd-parteitag-in-koeln-frauke-petry-die-parteichefin-die-keine-mehr-ist-1.3474218 [11.11.2021].

→ Schneider, Jens: *Profil. Doris von Sayn-Wittgenstein*, in: Süddeutsche Zeitung, 4.12.2017, https://www.sueddeutsche.de/politik/profil-doris-von-sayn-wittgenstein-1.3777201 [14.1.2022].

→ Schneider, Jens: *AfD. Niemand kennt die Stärke von Höckes „Flügel"*, in: Süddeutsche Zeitung, 29.10.2019, https://www.sueddeutsche.de/politik/afd-hoecke-gauland-meuthen-1.4659309 [15.1.2022].

→ Schuhmann, Jan: *Flügel unter Beobachtung: Jetzt steht auch der AfD-Nachwuchs unter Druck*, in: Mitteldeutsche Zeitung, 12.3.2020, https://www.mz.de/mitteldeutschland/sachsen-anhalt/flugel-unter-beobachtung-jetzt-steht-auch-der-afd-nachwuchs-unter-druck-1654098 [11.1.2022].

→ Schumann, Jan: *AfD in Sachsen-Anhalt: André Poggenburg lässt Fragen nach Spaltung offen*, in: Mitteldeutsche Zeitung, 3.4.2017, https://www.mz.de/mitteldeutschland/sachsen-anhalt/afd-in-sachsen-anhalt-andre-poggenburg-lasst-frage-nach-spaltung-offen-1294051 [28.1.2022].

→ Schumann, Jan: *AfD Sachsen-Anhalt: Backhaus verliert Posten – während er mit Schlaganfall im Krankenhaus liegt*, in: Mitteldeutsche Zeitung, 19.5.2017, https://www.mz.de/mitteldeutschland/sachsen-anhalt/afd-sachsen-anhalt-backhaus-verliert-posten-wahrend-er-mit-schlaganfall-in-der-klinik-lag-1311834 [26.1.2022].

→ Schumann, Jan: *Nächster AfD-Austritt: Landtagsabgeordneter Gottfried Backhaus verlässt die Partei*, in: Mitteldeutsche Zeitung, 17.10.2017, https://www.mz.de/mitteldeutschland/sachsen-anhalt/nachster-afd-austritt-landtagsabgeordneter-gottfried-backhaus-verlasst-die-partei-1369382 [26.1.2022].

→ Schuhmann, Jan: *Bundestagswahlkampf 2017: Streit um AfD-Landesliste in Sachsen-Anhalt*, in: Mitteldeutsche Zeitung, 10.7.2017, https://www.mz.de/mitteldeutschland/sachsen-anhalt/bundestagswahlkampf-2017-streit-um-afd-landesliste-in-sachsen-anhalt-1328181 [26.1.2022].

→ Schumann, Jan: *Vorwurf der Vetternwirtschaft. André Poggenburg vor AfD-Parteitag in der Kritik – Lebensgefährtin arbeitet in Fraktion*, in: Mitteldeutsche Zeitung, 30.11.2017, https://www.mz.de/mitteldeutschland/sachsen-anhalt/andre-poggenburg-vor-afd-parteitag-in-der-kritik-lebensgefahrtin-arbeitet-in-fraktion-1383605 [6.4.2022].

→ Schumann, Jan: *Vorwurf der Vetternwirtschaft. André Poggenburg vor AfD-Parteitag in der Kritik – Lebensgefährtin arbeitet in Fraktion*, in: Mitteldeutsche Zeitung, 30.11.2017, https://www.mz.de/mitteldeutschland/sachsen-anhalt/andre-poggenburg-vor-afd-parteitag-in-der-kritik-lebensgefahrtin-arbeitet-in-fraktion-1383605 [6.4.2022].

→ Schwarzmeier, Antje: *Hickhack um Autonome*, in: taz, 9.7.1991, https://taz.de/!1712007/https://taz.de/Vereinigte-Kaempfer-ziehen-gen-Wunsiedel/!1756134/ [4.3.2023].

→ *Sechs Demos angemeldet*, in: Die Rheinpfalz, 4.10.2018, https://www.rheinpfalz.de/lokal/kreis-germersheim_artikel,-sechs-demos-angemeldet-_arid,1278441.html [22.8.2020].

→ Seeger, Daniel: *Mord an Walter Lübcke: Höchststrafe für den Hauptangeklagten – Erste Reaktionen*, in: Frankfurter Rundschau, 28.1.2021, https://www.fr.de/politik/mord-walter-luebcke-prozes-urteil-oberlandesgericht-frankfurt-rechtsextremisus-kassel-stephan-ernst-zr-90183058.html [14.11.2023].

→ Seibel, Frank: *„Das ist nicht mein Problem“*. Sächsische Zeitung, 5. April 2018, https://www.sz-online.de/sachsen/das-ist-nicht-mein-problem-3912002.html [22.6.2018].

→ Senatsverwaltung für Inneres und Sport: *Der Landeswahlleiter für Berlin. Ergebnisse*. https://www.berlin.de/wahlen/wahlen/wahlen-2021/ergebnisse/artikel.1130033.php [13.11.2023].

→ Senatsverwaltung des Innern und des Sports: *Schriftliche Anfrage zum Thema Rudolf-Heß-Gedenkmarsch am 19.8.2017 in Berlin-Spandau*. Drucksache 18/12 133, 18. Wahlperiode, 6.9.2017, https://kleineanfragen.de/berlin/18/12133-rudolf-hess-gedenkmarsch-am-19-08-2017-in-berlin-spandau.txt [10.3.2023].

→ Siegler, Bernd: *Vereinigte Kämpfer ziehen gen Wunsiedel*, in: taz, 14.8.1990, https://taz.de/Vereinigte-Kaempfer-ziehen-gen-Wunsiedel/!1756134/ [4.3.2023).

→ Siegler, Bernd: *In Sechserreihen ungestört durch Rudolstadt*, in: taz, 17.8.1992, https://taz.de/In-Sechserreihen-ungestoert-durch-Rudolstadt/!1657120/ [4.3.2023].

→ Soldt, Rüdiger: *Baden-Württemberg. AfD im Südwesten wiedervereinigt*, in: FAZ.NET, 11.10.2016, https://www.faz.net/aktuell/politik/inland/wiedervereinigung-der-afd-fraktionen-im-suedwesten-14476840.html [10.11.2021].

→ Soldt, Rüdiger: *Abgeordneter beschimpft andere Parteien als „Volksverräter“*, in: FAZ.NET, 16.11.2016, https://www.faz.net/aktuell/politik/inland/stefan-raepple-loest-diskussionen-bei-afd-aus-14529293.html [18.1.2022].

→ Speit, Andreas: *Antisemitische Hetze auf Wahlplakaten. Gerichte Bremsen Ermittlungen*, in: taz, 4.2.2021, https://taz.de/Antisemitische-Hetze-auf-Wahlplakaten/!5745077/ [18.3.2023].

→ Speit, Andreas: *Junge Alternative Niedersachsen aufgelöst. AfD Nachwuchs zerbröckelt*, in: taz, 5.11.2018, https://taz.de/Junge-Alternative-Niedersachsen-aufgeloest/!5547876/ [8.4.2022].

→ Speit, Andreas: *Noch weiter rechts*, in: taz (Nord), 13.9.2020 https://taz.de/AfD-Landesparteitag-in-Braunschweig/!5709535/ [17.9.2020].

→ Speit, Andreas: *Identitäre ohne Zentrum*, in: taz, 13.12.2019, https://taz.de/Identitaere-Bewegung-raeumt-Hausprojekt/!5649803/ [29.7.2021].

→ *Spitzenkandidatur. AfD-Führung bremst Frauke Petry*, in: FAZ.NET, 19.11.2016, https://www.faz.net/aktuell/politik/spitzenkandidatur-afd-fuehrung-bremst-frauke-petry-14535033.html [11.11.2021].

→ *Springer beerdigt Rudolf Heß*, in: taz, 25.8.1987, https://taz.de/Springer-beerdigt-Rudolf-Hess/!1861193/ [11.3.2023].

→ *Staatsanwaltschaft klagt Justizbeamten an*, in: Der Spiegel, 14.5.2019, https://www.spiegel.de/panorama/justiz/chemnitz-haftbefehl-nach-messerattacke-verbreitet-justizbeamter-angeklagt-a-1262916.html [24.8.2020].

→ Stark, Holger / Röbel, Sven / Baumgärtner Maik: *Innere Sicherheit. Der Brandstifter Effekt*, in: Spiegel, Nr. 45, 4.11.2012, https://magazin.spiegel.de/EpubDelivery/spiegel/pdf/89470525 [28.3.2023].

→ *Starke Polizeikräfte setzen Bundesparteitag der NPD in Weinheim durch. Massiv und bunt: Protest gegen NPD*, in: Beobacher News, 22.11.2015, https://beobachternews.de/2015/11/22/massiv-und-bunt-protest-gegen-npd/ [31.10.2023].

- → Stanberg, Jan: *Nach holprigem Start: Chrupalla und Weidel übernehmen AfD-Fraktionsvorsitz*, in: RedaktionsNetzwerk Deutschland, 30.9.2021, https://www.rnd.de/politik/afd-tino-chrupalla-und-alice-weidel-uebernehmen-fraktionsvorsitz-7SMVPQDWDBHVLJZVHY7HFAWFJM.html [26.4.2022].
- → Statista: *Mitgliederzahlen der rechtsextremen Parteien in Deutschland 2012 bis 2022*, https://de.statista.com/statistik/daten/studie/4760/umfrage/entwicklung-der-mitgliederzahlen-von-rechtsradikalen-parteien/ [13.7.2023].
- → Statistisches Amt Saarland: *Die Landeswahlleiterin Saarland*, in: Landtagswahlen 2017, https://wahlergebnis.saarland.de/LTW_17/ [14.11.2023].
- → Stavrakis, George: *Stuttgart: Wasserwerfer bei AfD-Veranstaltung. Hunderte Polizisten sichern AfD-Demo*, in: Stuttgarter Zeitung, 8.12.2018, https://www.stuttgarter-zeitung.de/inhalt.stuttgart-wasserwerfer-bei-afd-veranstaltung-hunderte-polizisten-sichern-afd-demo.019af360-97c0-4f4f-9ab0-c4569e97ed83.html?reduced=true [20.1.2022].
- → Stavrakis, George: *Nach AfD-Demo in Stuttgart. Sitzbank gegen Auto von AfD Mann geworfen*, in: Stuttgarter Zeitung, 9.12.2018, https://www.stuttgarter-zeitung.de/inhalt.nach-afd-demo-in-stuttgart-auto-attackiert-afd-mann-raepple-spricht-von-versuchtem-totschlag.e5b34476-e066-4778-99f7-d958dc1d5d41.html?reduced=true [22.1.2022].
- → Statistisches Landesamt Baden-Württemberg: *Amtliches Endergebnis der Landtagswahl 2021*, in: Baden-Württemberg.de, 1.4.2021, https://www.statistik-bw.de/Wahlen/Landtag/02035000.tab?R=LA [25.1.2022].
- → Statistisches Landesamt Sachsen-Anhalt: *Wahl des 7. Landtags von Sachsen-Anhalt am 13. März 2016*, in: Wahlen 2016 B VII 5j16, Februar 2017, https://wahlergebnisse.sachsen-anhalt.de/wahlen/lt16/and/lt16_endg.pdf [26.1.2022].
- → *Stefan Räpple. Ex-Parlamentarier zu Bewährungsstrafe verurteilt*, in: StN.de, 19.1.2022, https://www.stuttgarter-nachrichten.de/inhalt.stefan-raepple-ex-parlamentarier-zu-bewaehrungsstrafe-verurteilt.8164d789-6578-47e8-b42d-e9108d3a30c3.html [23.1.2022].
- → Steffen, Tilmann: *Alternative für Deutschland. Petry spricht von Sabotage*, in: ZEIT ONLINE, 10.7.2015, https://www.zeit.de/politik/deutschland/2015-07/frauke-petry-bernd-lucke-afd-austritte [3.11.2021].
- → Steffen, Tilmann: *Stuttgarter Aufruf. AfD-Radikale rebellieren gegen Bundesspitze*, in: ZEIT ONLINE, 31.10.2018, https://www.zeit.de/politik/deutschland/2018-10/stuttgarter-aufruf-afd-meinungsfreiheit-verfassungsschutz [24.1.2022].
- → Steffen, Tillmann: *Wolfgang Gedeon. AfD-Spitze will Holocaustleugner aus der Partei werfen*, in: ZEIT ONLINE, 15.10.2018m https://www.zeit.de/politik/deutschland/2018-10/wolfgang-gedeon-afd-holocaustleugner-ausschlussverfahren [20.1.2022].
- → Steffen, Tilman: *AfD. Gericht lehnt Parteiausschluss von Wolfgang Gedeon ab*, in: ZEIT ONLINE, 31.10.2019, https://www.zeit.de/politik/deutschland/2019-10/afd-wolfgang-gedeon-parteiausschluss-abgelehnt-baden-wuerttemberg-schleswig-holstein [22.1.2022].
- → Steffen, Tilman: *AfD-Parteitag in Kalkar. Jörg Meuthen stellt die Existenzfrage*, in: ZEIT ONLINE, 28.11.2020, https://www.zeit.de/politik/deutschland/2020-11/afd-joerg-meuthen-corona-politik-sozialpolitik-parteitag-kalkar [12.4.2022].

→ Steffen, Tilmann: *AfD Bundesparteitag. Ein Wahlprogramm, keine Köpfe*, in: ZEIT ONLINE, 10.4.2021, https://www.zeit.de/politik/deutschland/2021-04/afd-bundesparteitag-dresden-bundestagswahl-spitzenkandidaten-joerg-meuthen-tino-chrupalla-alice-weidel?page=37 [19.5.2022].

→ Steffen, Tillmann: *Jörg Meuthen. Meuthen verschärft Krise der Zentrumspartei*, in: ZEIT ONLINE, 23.8.2022, https://www.zeit.de/politik/deutschland/2022-08/joerg-meuthen-afd-zentrumspartei-landtagswahl-niedersachsen [11.11.2023].

→ Sternberg, Jan: *Neuer AfD-Chef. Wer ist eigentlich Tino Chrupalla?*, in: RND,1.12.2019, https://www.rnd.de/politik/neuer-afd-chef-wer-ist-eigentlich-tino-chrupalla-LJ3MCDWZZVDNXGFH6JB5N6PIJ4.html [12.1.2022].

→ *Stimmenanteile der AfD in den Bundesländern bei der Bundestagswahl am 26. September 2021*, in: statista, 24.1.2022, https://de.statista.com/statistik/daten/studie/1256889/umfrage/stimmenanteile-der-afd-in-den-bundeslaendern-bei-der-bundestagswahl/ [21.10.2021].

→ *Stralsund: Umstrittener Polizeikessel wird Thema im Landtag*, in: nd, 11.5.2027, https://www.nd-aktuell.de/artikel/1050642.stralsund-umstrittener-polizeikessel-wird-thema-im-landtag.html?pk_campaign=similar-articles&pk_kwd=older-articles [11.11.2023].

→ *Streit vor Gericht über islamfeindliche Karikaturen*, in: Frankfurter Rundschau, 19.1.2019, https://www.fr.de/politik/streit-gericht-ueber-islamfeindliche-karikaturen-11337394.html [15.9.2023].

→ Sulzbacher, Markus: *Antifa-Platoon. Europäische Freiwillige kämpfen gegen den IS*, in: Der Standard, 18.2.2019, https://www.derstandard.at/story/2000098188103/antifa-platoon-europaeische-freiwillige-kaempfen-gegen-den-is [30.8.2023].

→ *Stuttgarter Aufruf*, 28.10.2018, https://www.stuttgarter-aufruf.de/ [24.1.2022].

→ Sybille Klormann: *Was über den Vorfall in Köthen bekannt ist*, in: ZEIT ONLINE, 20.9.2018, https://www.zeit.de/gesellschaft/zeitgeschehen/2018-09/sachsen-anhalt-koethen-fluechtlinge-rechtsextremismus-herzinfarkt-todesursache-faq [8.9.2020].

→ *Syrien. USA liefern weiterhin Waffen an kurdische Milizen*, in: ZEIT ONLINE, 9.5.2017, https://www.zeit.de/politik/ausland/2017-05/syrien-usa-kurden-ypg-tuerkei-james-mattis-recep-tayyip-erdogan [29.8.2023].

→ tagesschau: *Landtagswahl Sachsen 2009*, in: Ergebnis, 30.8.2009, https://www.tagesschau.de/wahl/archiv/2009-08-30-LT-DE-SN/index.shtml [30.10.2023].

→ tagesschau: *Landtagswahl Sachsen-Anhalt 2011*, in: Ergebnis, 20.3.2011, https://www.tagesschau.de/wahl/archiv/2009-08-30-LT-DE-SN/index.shtml [30.10.2023].

→ tagesschau: *Landtagswahl Mecklenburg-Vorpommern 2011*, in: Ergebnis, 4.9.2011, https://www.tagesschau.de/wahl/archiv/2009-08-30-LT-DE-SN/index.shtml [30.10.2023].

→ *Tausende demonstrierten gegen AfD-Parteitag. Demo geht weitgehend friedlich zu Ende*, in: Weser Kurier, 31.1.2015, https://www.weser-kurier.de/bremen/demo-geht-weitgehend-friedlich-zu-ende-doc7e442yez0he60g518n2 [8.11.2021].

→ *Tausende Pegida-Anhänger demonstrieren zum Jahrestag*, in: ZEIT ONLINE,16.10.2016, https://www.zeit.de/gesellschaft/zeitgeschehen/2016-10/dresden-pegida-jahrestag-demo?utm_referrer=https%3A%2F%2Fwww.google.de%2F [14.9.2021].

→ *Terror in Dänemark. „Sie wollten so viele Menschen wie möglich töten"*, in: Süddeutsche Zeitung, 30.12.2010, https://www.sueddeutsche.de/politik/terror-in-daenemark-sie-wollten-so-viele-menschen-wie-moeglich-toeten-1.1041232 [15.9.2023].

→ Thorwarth, Katja: *AfD-Gegendemonstration in Hannover. An ein Opfer von Polizeigewalt*, in: FR.de, 7.12.2017, https://www.fr.de/meinung/opfer-polizeigewalt-11003511.html [29.12.2021].

→ Thorwarth, Katja: *AfD-Parteitag in Brauschweig – Zum Abschluss wird gesungen*, in: FR.de, 1.12.2019, https://www.fr.de/politik/afd-parteitag-abstimmung-unvereinbarkeitsliste-debatte-13255261.html [7.1.2022].

→ *Thüringen. Verfassungsschutz nimmt AfD ins Visier*, in: tagesschau.de, 6.9.2018, https://www.tagesschau.de/inland/afd-verfassungsschutz-113.html [7.1.2022].

→ *Thüringen: Neonazi-Konzert in Themar – ausgerechnet in DIESEM Gebäude soll es stattfinden*, in: Thüringen 24, 6.3.2020, https://www.thueringen24.de/thueringen/article228633123/Thueringen-Neonazi-Konzert-in-Themar-ausgerechnet-in-DIESEM-Gebaeude-soll-es-stattfinden.html, [25.2.2023].

→ Timcke, Marie-Louise / Pätzold, André / Wendler, David / Klack, Moritz: *Thüringen-Wahl 2019. Gewinner, Verlierer mögliche Koalitionen*, in: Funke Mediengruppe, 28.10.2019, https://interaktiv.thueringer-allgemeine.de/landtagswahl-2019-thueringen-analyse/ [27.2.2023].

→ *Todestag von Rudolf Heß: Ein Neonazis Aufmarsch wie in den vergangenen Jahren blieb aus*, in: Berliner Zeitung, 17.8.2019, https://www.berliner-zeitung.de/mensch-metropole/todestag-von-rudolf-hess-ein-naziaufmarsch-wie-in-den-vergangenen-jahren-blieb-aus-li.68404 [16.9.2023].

→ *Tote bei Protesten gegen Mohammed Karikaturen*, in: DW, 6.2.2006, https://www.dw.com/de/tote-bei-protesten-gegen-mohammed-karikaturen/a-1893498 [15.9.2023].

→ Tunk, Carola: *Dresden: Aktivisten protestieren gegen AfD-Bundesparteitag*, in: Berliner Zeitung, 10.4.2021, https://www.berliner-zeitung.de/news/polizeibericht-berlin/dresden-aktivisten-mobilisieren-gegen-bundesparteitag-der-afd-li.151721 [18.5.2022].

→ Unger, Christian: *Terror. Wie gefährlich sind die IS-Rückkehrer für Deutschland?*, in: Hamburger Abendblatt, 17. 11.2017, https://www.abendblatt.de/politik/article212572747/Wie-gefaehrlich-sind-die-IS-Rueckkehrer-fuer-Deutschland.html [14.11.2023].

→ *Umstrittene Wahlwerbung. Berliner „Partei" wirbt mit „Hier könnte ein Nazi hängen!"* in: Berliner Morgenpost, 2.8.2016, https://www.morgenpost.de/berlin/article207983551/Berliner-Partei-wirbt-mit-Hier-koennte-ein-Nazi-haengen.html [20.3.2023].

→ *Umstrittener ehemaliger AfD-Politiker zurück im Polizeidienst – in der Kleiderkammer*, in: MDR Sachsen-Anhalt, 13.6.2022, https://www.mdr.de/nachrichten/sachsen-anhalt/landespolitik/ex-afd-politiker-mario-lehmann-polizei-kleiderkammer-100.html [16.1.2023].

→ *UN-Bericht. 15.000 Ausländer kämpfen für den IS*, in: WELT, 31.10.2014, https://www.welt.de/politik/ausland/article133852276/15-000-Auslaender-kaempfen-fuer-Islamisten.html [30.8.2023].

→ *Unteilbar. Tausende demonstrieren in Dresden für eine offene Gesellschaft*, in: ZEIT ONLINE 24.8.2019, https://www.zeit.de/politik/deutschland/2019-08/unteilbar-dresden-demonstration-rechtsruck-aktivismus?utm_referrer=https%3A%2F%2Fwww.google.com%2F [27.2.2023].

→ *Untreue nach Firmeninsolvenz. Ex-AfD-Chefin Petry wegen Betrugs verurteilt*, in: ZDF, 12.10.2021, https://www.zdf.de/nachrichten/politik/frauke-petry-urteil-steuerhinterziehung-betrug-afd-100.html [7.1.2022].

→ *Unvereinbarkeitsliste – Alternative für Deutschland*, in: AfD-Website, https://www.afd.de/unvereinbar/ [25.10.2023].

→ *Verfassungsschutz/Die AfD und der Verdachtsfall*, in: Deutschlandfunk, 6.3.2021, https://www.deutschlandfunk.de/verfassungsschutz-die-afd-und-der-verdachtsfall-100.html [8.1.2022].

→ *Verfassungsschutzpräsident Maaßen sieht keine Beweise für Hetzjagd in Chemnitz*, in: Spiegel Online, 7.9.2018, https://www.spiegel.de/politik/deutschland/hans-georg-maassen-sieht-keine-beweise-fuer-hetzjagd-in-chemnitz-a-1226949.html [9.8.2020].

→ *Verhältnis zu Identitären. AfD Abgeordnete rütteln an Unvereinbarkeitsliste*, in: FAZ.NET, 22.11.2019, https://www.faz.net/aktuell/politik/inland/parteitag-afd-abgeordnete-ruetteln-an-extremisten-verbot-16498301.html [23.1.2022].

→ *Verletzte Polizisten bei Krawallen in Bonn*, in: WDR, 6.5.2012, https://www1.wdr.de/archiv/jahresrueckblick/salafisten154.html [15.9.2023].

→ *Verletzte Polizisten bei NPD-Demo und Gegendemos in Bochum*, in: DER WESTEN, 1.5.2016, https://www.derwesten.de/staedte/bochum/verletzte-polizisten-bei-npd-demo-und-gegendemos-in-bochum-id11777587.html [15.11.2023].

→ *Verluste im Bund, in Berlin und in Mecklenburg-Vorpommern. AFD-Spitze streitet über Wahlergebnis*, in: Spiegel Politik, 27.9.2021, https://www.spiegel.de/politik/deutschland/bundestagswahl-und-landtagswahlen-afd-im-richtungskampf-um-bewertung-a-36572325-a016-46de-be84-baab5ca34928 [20.5.2022].

→ Verwaltungsgericht Chemnitz: *Beschl. v. 16.09.2021, Az. 7 L 395/21*, https://www.justiz.sachsen.de/vgc/download/Beschluss_395.pdf [20.3.2023].

→ Vorreyer, Thomas: *1. Mai. Wie die Demo des „III. Weg" in Chemnitz ein Reinfall wurde*, in: VICE, 2.5.2018, https://www.vice.com/de/article/a3yxgb/wie-die-1-mai-demo-des-iii-weg-in-chemnitz-zu-einem-reinfall-wurde [28.2.2023].

→ *Waffen des Attentäters von Halle kamen aus dem 3D-Drucker*, in: Leipziger Volkszeitung, 14. Oktober 2019, https://www.lvz.de/Region/Polizeiticker/Waffen-des-Attentaeters-von-Halle-kamen-aus-dem-3D-Drucker [10.9.2020].

→ *Wahlkampf in Berlin Gericht erlaubt „Gas geben"-Plakate der NPD*, in: Spiegel / Politik, 7.9.2011, https://www.spiegel.de/politik/deutschland/wahlkampf-in-berlin-gericht-erlaubt-gas-geben-plakate-der-npd-a-784972.html [20.3.2023].

→ *Wahlplakat der Partei „DIE RECHTE": Generalstaatsanwaltschaft Celle weist Beschwerde gegen die Einstellung des Verfahrens zurück*, in: Pressemitteilung der Generalstaatsanwaltschaft Celle, 25.1.2021, https://generalstaatsanwaltschaft-celle.niedersachsen.de/startseite/aktuelles/presseinformationen/wahlplakat-der-partei-die-rechte-generalstaatsanwaltschaft-celle-weist-beschwerde-gegen-die-einstellung-des-verfahrens-zuruck-196499.html [18.3.2023].

→ *Was hat der Vogtlandkreis am 26. Mai eigentlich gewählt?*, in: Leipziger Internetzeitung, 3.6.2019, https://www.l-iz.de/politik/sachsen/2019/06/Was-hat-der-Vogtlandkreis-am-26-Mai-ueberhaupt-gewaehlt-278365 [29.7.2021).

→ Wehner, Markus: *Parteitag der AfD. Lukes wackliger Sieg*, in: Frankfurter Allgemeine, 31.1.2015, https://www.faz.net/aktuell/politik/inland/afd-chef-lucke-kann-sich-beim-parteitag-durchsetzen-13401793.html [8.11.2021].

→ Wehner, Markus: *Wahlsiege im Osten. Die selbsternannten Bürgerlichen von der AfD*, in: FAZ.NET, 2.9.2019, https://www.faz.net/aktuell/politik/nach-den-ost-wahlen-erklaert-die-afd-sich-zu-buergerlichen-16364898-p2.html [15.1.2022].

→ Wehner, Markus: *Analyse vom Parteitag. Die AfD will regieren*, in: FAZ.NET, 1.12.2019, https://www.faz.net/aktuell/politik/inland/die-afd-will-regieren-eine-analyse-vom-parteitag-16513221.html [22.1.2022].

→ Weiland, Severin: *Äußerungen zur NPD. AfD-Vorstand will Höckes Amtsenthebung*, in: Spiegel, 12.5.2015 https://www.spiegel.de/politik/deutschland/afd-bjoern-hoecke-soll-seines-amtes-enthoben-werden-a-1033360.htm [3.1.2022].

→ Weiland, Severin/Röbel, Sven: *Ex-AfD-Chefin stellt Buch vor. Frauke Petrys vergiftetes Abschiedsgeschenk*, in: Spiegel, 18.6.2021, https://www.spiegel.de/politik/deutschland/frauke-petry-ex-afd-chefin-stellt-buch-vor-ein-vergiftetes-abschiedsgeschenk-a-2699e0dd-6166-488f-93c3-fd5f66d26cd3 [17.8.2022].

→ *Weinheimer NPD-Parteitag 2015. Erste Urteile zu den Protesten sind gesprochen*, in: Rhein-Neckar-Zeitung, 7.3.2018, https://www.rnz.de/region/rhein-neckar_artikel,-weinheimer-npd-parteitag-2015-erste-urteile-zu-den-protesten-sind-gesprochen-_arid,343323.html [31.10.2023].

→ Weisenburg, Roland: *Rechtsextremer bedroht Germersheimer Richterin – Anspielung auf Lübcke-Mord*, in: Badische Neueste Nachrichten, 25.2.2020, https://bnn.de/kraichgau/bruchsal/rechtsextremer-bedroht-germersheimer-richterin-anspielung-auf-luebcke-mord [22.8. 2020].

→ Wertemüller, Sebastian: *5.12.2020 – Hunderte demonstrierten gegen „AfD-Hotspot" Braunschweig*, in: Braunschweig Spiegel, 5.12.2020, https://braunschweig-spiegel.de/05-12-2020-hunderte-demonstrieren-gegen-afd-hotspot-braunschweig/ [10.4.2022].

→ *#wirsindmehr. „Alles was Anstand hat"*, in: ZEIT ONLINE, 4.9.2018, https://www.zeit.de/gesellschaft/zeitgeschehen/2018-09/wirsindmehr-chemnitz-sachsen-konzert-rassismus-kraftklub-feine-sahne-fischfilet [4.12.2023].

→ Witting, Volker: *Deutschland und die Kurden*, in: DW, 9.10.2019, https://www.dw.com/de/deutschland-und-die-kurden/a-50760465 [30.8.2023].

→ Witzgall, Tom: *Worm: Kaum Teilnehmer und Blockade*, in: Endstation Rechts, 7. Juni 2020, https://www.endstation-rechts.de/news/worms-kaum-teilnehmer-und-blockade.html [20.8.2020].

→ Wößner, Claudia: *Ermittlungsgruppe der Polizei arbeitet „Tag der deutschen Zukunft" auf*, in: Wormser Zeitung, 7. Juli 2020, https://www.wormser-zeitung.de/lokales/worms/nachrichten-worms/ermittlungsgruppe-der-polizei-arbeitet-tag-der-deutschen-zukunft-auf_21913548 [20.8.2020].

→ *Wunsiedel: Lichterketten gegen NPD-Aufmarsch*, in: Merkur.de, 14.11.2009, https://www.merkur.de/bayern/proteste-gegen-npd-gedenkmarsch-wunsiedel-zr-529155.html [10.3.2023].

→ Wyssuwa, Matthias: *AfD Schleswig-Holstein. „Wir holen uns unser Land zurück"*, in: FAZ.net, 29.6.2019, https://www.faz.net/aktuell/politik/inland/doris-von-sayn-wittgenstein-rueckt-zurueck-an-afd-spitze-in-schleswig-holstein-16260603.html [16.1.2022].

→ *Zahl der Rechtsrock-Konzerte nimmt wieder zu*, in: ZEIT ONLINE, 18. April 2018, https://www.zeit.de/news/2018-04/18/zahl-der-rechtsrock-konzerte-in-deutschland-nimmt-wieder-zu-180418-99-938764 [14.11.2023].

→ *Zahl der vertriebenen Deutschen nach dem Zweiten Weltkrieg nach Herkunft in den Jahren 1944 bis 1948*, in: statista, 2023, https://de.statista.com/statistik/daten/studie/1060100/umfrage/zahl-der-vertriebenen-deutschen-nach-herkunft/ [7.6.2023].

→ *Zeig dich Aux*, in: Website zeigdichaux.de, Bündnis für Menschenwürde unterstützt durch den sjr, https://zeigdichaux.de/ [6.1.2022].

→ Zentrum für politische Schönheit: *Nachbau Holocaust-Mahnmal + Kniefall-Forderung*, in: nachtkritik.de, 22.11.2017, https://www.nachtkritik.de/index.php?option=com_content&view=article&id=14669:zentrum-fuer-politische-schoenheit-baut-holocaust-mahnmal-vor-bjoern-hoeckes-haus&catid=126:meldungen-k&Itemid=100089 [4.1.2022].

→ *Zentrum für politische Schönheit. Künstler bekennen sich zu Anti-AfD-Aktion*, in: tagesschau.de, 28.9.2021, https://www.tagesschau.de/inland/btw21/afd-flyer-101.html [19.5.2022].

→ *Zerstrittene Szene: Neonazi-Event blieb hinter den Erwartungen zurück*, in: Presseservice Rathenow, 2.6.2019, https://presseservicern.wordpress.com/2019/06/02/zerstrittene-szene-neonazi-event-blieb-unter-eigenen-erwartungen/ [8.9.2020].

→ *Zoff um AfD-Chefin Sayn-Wittgenstein geht weiter*, in: WELTplus, 3.1.2019, https://www.welt.de/regionales/hamburg/article186486220/Sayn-Wittgenstein-Zoff-um-Ex-AfD-Chefin-geht-weiter.html [14.1.2022].

→ *Zum Todestag von Rudolf Heß. Neonazis können in Spandau auflaufen*, in: ZEIT ONLINE, Störungsmelder, 17.8.2017, https://blog.zeit.de/stoerungsmelder/2017/08/17/zum-todestag-von-rudolf-hess-neonazis-koennen-in-spandau-auflaufen_24696 [10.3.2023].

→ *ZPS-Mahnmal ist Kunst*, in: Göttinger Tageblatt, 23.3.2018, https://www.goettinger-tageblatt.de/Die-Region/Goettingen/ZPS-Mahnmal-fuer-Bjoern-Hoecke-in-Bornhagen-ist-Kunst [5.1.2022].

→ *Zu Schadenersatz verurteilt. US-Verschwörungstheoretiker Alex Jones meldet Privatinsolvenz an*, in: Tagesspiegel, 2.12.2022, https://www.tagesspiegel.de/gesellschaft/fast-eineinhalb-milliarden-dollar-schadenersatz-us-verschworungstheoretiker-alex-jones-meldet-privatinsolvenz-an-8964043.html [19.8.2020].

→ *Zur Person: Mit eigenem Betrieb im Gut Nöbeditz in Stößen ansässig*, in: Naumburger Tgeblatt, 12.5.2014, https://www.mz.de/lokal/naumburg/zur-person-mit-eigenem-betrieb-im-gut-nobeditz-in-stossen-ansassig-1765538 [25.1.2022].

→ *Zu wenig Polizei in Chemnitz*, in: SZ-ONLINE.de, 27.8.2018, https://web.archive.org/web/20180830210141/https://www.sz-online.de/sachsen/zu-wenig-polizei-in-chemnitz-4002880.html [4.12.2023].

→ *Zwickau weiht Mahnmal für NSU-Opfer ein*, in: ZEIT ONLINE, 3.11.2019, https://www.zeit.de/gesellschaft/zeitgeschehen/2019-11/nationalsozialistischer-untergrund-nsu-opfer-gedenkfeier-zwickau-kritik?utm_referrer=https%3A%2F%2Fwww.google.com%2F [20.1.2022].

→ *1. Mai. NPD zieht durch Erfurt*, in: Endstation Rechts., 2.5.2018, https://www.endstation-rechts.de/news/1-mai-npd-zieht-durch-erfurt [28.2.2023].

→ *1200 protestierten gegen Parteitag in Hannover. AfD hofft bei Bundestagswahl auf über 20 Prozent*, in: Der Tagesspiegel, 18.11.2015, https://www.tagesspiegel.de/politik/1200-protestieren-gegen-parteitag-in-hannover-afd-hofft-bei-bundestagswahl-auf-bis-zu-20-prozent/12651956.html [10.11.2021].

→ *20. Todestag von Rudolf Hess. Proteste gegen recht Aufmärsche*, in: Der Spiegel, 18.8.2007, https://www.spiegel.de/politik/deutschland/20-todestag-von-rudolf-hess-proteste-gegen-rechte-aufmaersche-a-500672.html [12.3.2023].

→ *23 Verletzte bei Gewalt zwischen Kurden und Islamisten*, in: ZEIT ONLINE, 8.10.2014, https://www.zeit.de/news/2014-10/08/demonstrationen-kurden-und-salafisten-pruegeln-sich-in-hamburg-08070804 [13.9.2023].

→ *3. Oktober 2020 – „III. Weg"-Aufmarsch in Hohenschönhausen*, in: Fight back, 7.10.2020, https://antifa-berlin.info/recherche/1745-3-oktober-2020---iii-weg-aufmarsch-in-hohenschnhausen [15.3.2023].

→ *4. September 2005*, in: a.i.d.a (antifaschistische informations-dokumentations- und archivstelle münchen e. V.), 4.9.2005, https://www.aida-archiv.de/chronologie/4-september-2005/ [11.3.2023].

Video

→ *Rechter Abschied: Trauermarsch für „SS-Siggi"*, in: Spiegel TV, 23.10.2021, https://www.google.com/search?client=firefox-b-d&q=Trauermarsch+Siegrfried+Borschard#fpstate=ive&vld=cid:e9397309,vid:EYZvFyXsNQk [19.3.2023].

→ STRG_F: *Nazi-Terrorist im Verhör. Exklusiv: Die Vernehmung des Stephan Ernst*, in: YouTube, 14.8.2020, https://www.youtube.com/watch?v=lF6_8sAHPZQ, [14.11.2023].

→ Spiegel TV: *Die Verschwörungsfanatiker von QAnon*, in: YouTube, 3.8.2020, https://www.youtube.com/watch?v=9R5TvLCsN-E&pbjreload=101, [14.11.2023].

→ Beobachter News: *Pegida-Umfeld feiert Durchbruch in Kandel – Angriff und Demo rechts Kandel, 3.3.2018*, in: YouTube, 5.3.2018, https://www.youtube.com/watch?v=vToWfp8rjqs [21.7.2020].

Bildnachweis

→ **Bernd Langer:** Umschlag, Seite 111, 220, 247, 337.
→ **Tape Lago:** Seite 267, 269.
→ **Rainer Recke:** Seite 319.
→ **Bundesarchiv:**
Bildnummer 146-1978-070-04A, Seite 298,
Bildnummer 101III-Mielke-036-23, Seite 299,
Bildnummer 101I-177-1465-04, Seite 300.

Titelseite

Antifa-Demo *Wir sind alle LinX* am 18. September 2021 in Leipzig. Mehr als 5.000 Menschen, vorwiegend aus dem autonomen Spektrum, zeigten ihre kämpferische Solidarität mit der inhaftierten Lina E. Gegen Lina E. und drei Mitangeklagte lief vor dem Dresdener Oberlandesgericht ein Prozess wegen mehrerer Angriffe auf Rechtsradikale. Ende Mai 2023 wurde Lina E. zu fünf Jahren und drei Monaten Haft verurteilt. Nach zweieinhalb Jahren Untersuchungshaft kam die 28-jährige aber vorerst frei. Die Reststrafe muss Lina E. erst antreten, wenn das Urteil rechtskräftig wird. Bis dahin hat sie sich zweimal wöchentlich bei der Polizei zu melden, darf den Wohnsitz nur mit Zustimmung des Gerichts wechseln und musste ihren Reisepass und Personalausweis abgeben. Die drei mitangeklagten Männer erhielten Haftstrafen zwischen zwei Jahren und fünf Monaten sowie drei Jahren und drei Monaten. Einer wurde wegen Mitgliedschaft, die beiden anderen wegen Unterstützung einer kriminellen Vereinigung verurteilt.

Band 1:
Antifaschistische Aktion
Geschichte einer linksradikalen Bewegung

1918 – 2010, inkl. Exkurs zum italienischen Faschismus

408 Seiten, 22 €
ISBN 978-3-89771-180-8

Band 2:
Antifaschistische Aktion
Von der Geschichte in die Gegenwart

2010 – 2020, inkl. Exkurs zum Islamismus

384 Seiten, 22 €
ISBN 978-3-89771-363-5

Band 3:
Antifaschistische Aktion
Die aktuellen Entwicklungen

2020 – 2024, inkl. Exkurs Antifa in den USA

ca. 400 Seiten, ca. 22 €
ISBN 978-3-89771-382-6

Die **Trilogie zur Antifaschistischen Aktion** stellt die umfangreichste Arbeit zum Antifaschismus in der Bundesrepublik Deutschland dar. Ausgehend vom Ersten Weltkrieg werden die historischen Hintergründe für die Entstehung von Faschismus und Antifaschismus erläutert und ihre Geschichte beschrieben. Wesentlich ist dabei die Frage, was Faschismus bzw. Antifaschismus ausmacht: Neben einer theoretischen Beschäftigung wird dokumentiert, wie sich der Kampf dieser Antipoden praktisch dargestellt hat.

Die Analyse wird umso detaillierter, je mehr sie in die Gegenwart reicht – die Trilogie ist also kein bloßes Geschichtswerk. Vielmehr soll ein Einblick in den Antifaschismus ermöglicht werden, der seine Inhalte klärt, die aktuelle Situation zu verstehen hilft und so hoffentlich dazu beiträgt, sich aktiv zu beteiligen.